연해주 고려인의 법과 생활 그리고 교육(1920~30년대)

저자

임채완 전남대학교 정치외교학과 교수, 전남대학교 세계한상문화연구단 단장, 정치사회학 박사

허성태 조선대학교 러시아어과 교수, 문학 박사

정금희 전남대학교 미술학과 교수, 미술사학 박사

이명규 전남대학교 문헌정보학과 교수, 문학 박사

장우권 전남대학교 문헌정보학과 교수, 문헌정보학 박사

전형권 전남대학교 세계한상문화연구단 연구위원, 정치학 박사

전남대학교 세계한상문화연구 4차 총서 ❹
연해주 고려인의 법과 생활 그리고 교육(1920~30년대)

2012년 6월 25일 초판 인쇄
2012년 6월 30일 초판 발행

지은이 │ 임채완 허성태 정금희 이명규 장우권 전형권
펴낸이 │ 이찬규
펴낸곳 │ 북코리아
등록번호 │ 제03-01240호
주소 │ 462-807 경기도 성남시 중원구 상대원동 146-8
　　　　 우림2차 A동 1007호
전화 │ 02) 704-7840
팩스 │ 02) 704-7848
이메일 │ sunhaksa@korea.com
홈페이지 │ www.bookorea.co.kr
ISBN │ 978-89-6324-099-2 (94360)
　　　　 978-89-6324-095-4 (전9권)

값 23,000원

전남대학교 세계한상문화연구 4차 총서 ❹

연해주 고려인의 법과 생활 그리고 교육(1920~30년대)

The Laws, Life and Education of Koreans in the Primorsky Province
(in the 1920s and 1930s)

임채완 허성태 정금희 이명규 장우권 전형권 지음

북코리아

이 총서는 전남대학교 세계한상문화연구단이 2007년 8월부터 2010년 7월까지 수행한 한국연구재단 기초연구과제 "근현대 한인디아스포라 지식자원 발굴과 DB 구축" 사업의 연구 결과를 담은 것이다. 이 연구의 목적은 재외한인이 생산한 문헌정보자원(도서, 신문 등)의 발굴, 수집, 그리고 체계적인 정리와 데이터베이스(DB)화를 통해 자료의 영구보존과 학술적 활용체계를 갖추는 데 있다.

근대 한민족 역사에서 발생한 정치 · 사회적 급변은 우리 민족이 생산한 수많은 지적 · 문화적 유산들을 망실하게 하였다. 또한 재외한인이 집단적으로 거주한 지역에서도 이들이 생산한 많은 자료들 역시 관리 소홀과 체계적 정리의 미흡으로 망실되었다. 이러한 현실 인식을 바탕으로 우리 연구단은 해외 한민족 이주 100년사를 정리하는 중요한 학문적 접근의 하나로 그동안 생성된 해외 한민족의 지식자원을 발굴하고 이를 학문적으로 활용할 수 있도록 체계적 정리작업을 수행하였다.

현재 연구결과는 이미 DB화되어 있으며, 그 가운데 중요한 내용은 이 분야에 관심 있는 연구자와 후학들을 위하여 총서로 출판하게 되었다. 총 9권으로 구성된 이번 4차 총서의 내용은 다음과 같다. 즉『재일코리안 디아스포라 문화콘텐츠』,『근현대 중국 조선족 문헌집』,『중국 조선족 교육자료 해제』,『연해주 고려인의 법과 생활 그리고 교육(1920~30년대)』,『연변조선족 기업의 형성사』,『중앙아시아 고려인 지식자원 해제』,『재일코리안 디아스포라 문학』,『이미지로 보는 한인디아스포라와 한반도』,『흑룡강성 조선족 기업의 성장과 기업가정신』 등이다.

연구의 내용은 구체적으로 러시아, 중앙아시아, 중국 지역에 한인디아스포라가 이주한 이후 1990년대까지 100년 동안 생산된 문헌정보자원의 핵심원문정보를 수집·정리하여 메타데이터를 작성하고 데이터베이스를 구축하는 것이다.

연구단은 사업기간 3년 동안 5개 국가, 50여 곳의 기록보관소와 도서관 및 언론사 등을 대상으로 자료조사를 수행하였다. 방문조사 지역은 러시아의 모스크바, 페테르부르크, 연해주, 사할린 지역의 국립도서관, 역사문서보관소, 대학도서관, 그리고 한인언론사 등이다. 또한 중앙아시아 지역은 우즈베키스탄, 카자흐스탄, 그리고 키르기즈스탄의 국립도서관, 국립중앙기록보존소, 대학도서관 등이다. 특히 카자흐스탄에서는 고려신문 등 한인언론사도 방문하였다. 중국 지역 조사대상은 길림성, 흑룡강성, 요령성, 그리고 북경 지역의 민족도서관, 대학도서관, 민족출판사, 연변일보 등 한인언론사 등이다. 재외한인 관련 자료 가운데 희귀한 것들은 개인이 소장하고 있는 경우가 많기 때문에, 시간이 촉박함에도 불구하고 일일이 개별방문을 통하여 개인 소장 자료들을 수집하였다.

지난 3년간 수집한 자료는 다음과 같다. 중국 지역에서 단행본 3,686건, 저널 3,449건, 신문 5,426건, 러시아 지역에서 단행본 2,327건, 논문 506건, 신문 1,964건, 그리고 중앙아시아 지역에서 단행본 1,167건, 논문 249건, 저널 494건, 신문 394건을 수집하였다. 제3차년도 한 해 동안 수집한 일본 지역 자료는 단행본 1,210건, 저널 226건, 신문 465건 등이다.

이러한 사업의 성과는 학술적으로 학문후속세대에게 귀중한 토대자료를 제공하고, 재외한인이 남긴 지적 유산을 영구 보존함과 동시에 교육적 활용체계를 구축하는 데 그 의의가 있다. 또 구체적인 조사결과는 재외한인이 거주하는 국가의 초기 이주사를 비롯하여 재외한인들의 생활상, 사회상, 그리고 문화활동 등을 담고 있으므로 재외한인 연구의 귀중한 자료로 활용될 수 있을 것이다. 특히 거주국 재외한인과 관련하여 어떠한 자료가 어디에 어느 정도 있는지 소상히 밝혀 줌으로써 재외한인 관련 문헌자료에 대한 정보를 제공하는 데 큰 의의를 갖는다. 수집된 자료 중에는 거주국과 모국과의 관계를 엿볼 수 있는 자료도 포함되어 있어 지구화시대 국제경쟁력을 제고하는 데 기여할 수 있을 것이다.

9권으로 구성된 이번 총서는 전남대학교 세계한상문화연구단이 그동안 출판한 33권의 총서에 이어서 발간되는 네 번째 시리즈이다. 이번 4차 총서 역시 재외동포 연구자들에게 귀중한 자료로 활용되어 한국연구재단이 추구하는 사업성과의 사회적 확산이라는 사업목적에 부응할 수 있었으면 한다. 특히 재외동포학 또는 디아스포라학의 심화를 위하여 열심히 연구하고 있는 학문후속세대에게도 재외한인 사회와 문화연구에 큰 도움이 되기를 바란다.

총서 발간을 위하여 성원과 협조를 아끼지 않은 모든 분들께 이 기회를 빌려 깊은 감사의 마음을 전한다. 지난 3년간 현지 조사과정에서 많은 도움을 주신 관련 단체, 연구자, 현지 조력자들의 노고에 감사드린다. 그리고 이번 연구가 원활하게 수행될 수 있도록 배려해 주신 한국연구재단, 전남대학교 산학연구처에 진심으로 감사드린다. 특히 현지에서 연구조사를 수행한 연구원은 누구도 가지 않은 전인미답의 길을 개척하는 심정으로 현지조사에 최선을 다하여 임하였다. 또한 자료 복사의 시설과 조건이 너무도 열악하였으며, 자료의 열람 자체가 험난한 과정의 연속이었기 때문에 조사기간

동안 열성을 다하여 유종의 미를 거둔 연구원들의 노고에 진심으로 감사드린다. 끝으로 총서 출간을 위하여 애쓰신 북코리아 이찬규 사장님께도 심심한 사의를 표한다.

2012년 6월
전남대학교 세계한상문화연구단장 임채완

1960년대 후반부터 한국인의 미국 및 서구 국가로의 대량 이민과 1990년대 초기부터 한국 정부가 중국 및 독립국가연합(CIS)과 국교를 정상화함에 따라 재외동포는 한국과 점점 밀접한 관계를 유지하게 되었다. 이러한 과정에서 한국 내에서 재외동포에 관한 연구가 점차 활성화되었다. 1980년대 미국에서는 재외동포를 연구하는 한국계 학자들이 많았으며 일본에서도 재일동포를 연구하는 한국계 및 일본계 학자들이 상당히 있었다. 하지만 사회과학이 별로 발달하지 못했던 중국과 독립국가연합에서의 재외동포 연구는 한국 소재 대학과 학자들의 몫이었다. 한국에서는 그동안 재외동포를 연구하는 학자의 수가 급격히 증가했으며 전문연구소도 여러 개 설립되었다.

한국의 재외동포 연구소 중 지금까지 제일 큰 규모의 연구진을 구성하여 가장 큰 연구업적을 이룬 기관은 단연 전남대학교 세계한상문화연구단과 연구자 양성기관인 디아스포라학과이다. 세계한상문화연구단은 2002년 설립 이후 세계한상과 글로벌 디아스포라 연구를 통해 700만 한인디아스포라를 민족 자산으로 활용할 수 있는 대안과 구체적인 실천 방법을 모색하기 위해 노력해 왔다. 그동안 세계한상문화연구단은 어떠한 다른 연구소보다 월등히 많은 연구비를 한국연구재단으로부터 지원받아 세계 여러 나라에 흩어져 있는 재외동포와 그곳 동포사회의 구조에 대해서 다방면으로 연구해 왔다. 그 결과 33권이나 되는 거대한 분량의 책을 발간하기도 했다.

전남대학교 세계한상문화연구단이 이번에는 "근현대 한인디아스포라 지식자원 발굴과 DB 구축"의 연구 성과를 집약해서 총서로 발간하게 되었다. 재외동포를 연구하는 학자로서 임채완 교수와 연구단의 다른 관련 교수 및 연구원들에게 이 책의 출판에 대해서 심심한 축하를 보낸다. 총 9권으로 구성된 연구총서는 지난 2007년 8월부터 3년간 한국연구재단의 지원을 받아 수행된 결과이다. 이 책의 내용은 19세기 후반부터 1990년대까지 100년간 중국, 러시아, 중앙아시아 국가와 일본 등지로 이주한 한인디아스포라들에 의해 생산된 도서와 신문들 중 학술적 가치, 활용도가 높은 문화자원을 중심으로 발굴ㆍ수집하여 이들의 해제 및 소개에 중점을 두고 있다. 9권의 책 내용을 훑어보니 모두 중요해 보이는데, 특히『근현대 중국조선족 문헌집』, 『재일코리안 디아스포라 문화콘텐츠』및『중앙아시아 고려인 지식자원 해제』는 현지 동포를 연구하는 학자들에게 매우 중요한 자료가 될 수 있다.

한국 내 재외동포를 연구하는 학자들이 지금까지는 현지에서 동포와의 개인 인터뷰나 역사자료를 수집하여 분석함으로써 저서와 논문을 쓰는 데 바빴다. 하지만 이 총서는 재외동포가 크게 집중되어 있는 세 지역의 동포에 대한 중요한 문화·역사·지식자료를 정리하고 해설하였기 때문에, 다른 학자들이 재외동포를 연구하는 데 많은 도움을 줄 수 있게 만들었다는 점에서 재외동포 연구의 수준을 한 단계 높였다고 생각한다. 특히 독립국가연합과 중국지역에서 한인디아스포라 주요 문화자원에 대한 접근이 현지 사정상 갈수록 어려워지고, 또한 현지 한글사용세대의 고령화와 3~4세대의 무관심으로 개인소유 문화자원이 폐기와 훼손의 위기에 처해 있는 시점에서 이 총서의 발간은 매우 시의적절한 것이다.

2012년 6월

뉴욕시립대학교 퀸즈칼리지 재외한인연구소장 민병갑

| 서 문 |

『연해주 고려인의 법과 생활 그리고 교육(1920~30년대)』은 전남대학교 세계
한상문화연구단이 한국연구재단의 지원을 받아 수행한 '근·현대 한인디아스
포라 지식자원 발굴과 DB구축(KRF-2007-322- H00001)' 사업의 결과물이다.

전남대학교 세계한상문화연구단은 러시아 전역에 산재해있던 망실위기
에 처한 방대한 양의 근·현대 한인 관련 자료와 한인지식자원을 '근·현대
한인디아스포라 지식자원 발굴과 DB구축' 사업의 일환으로 3년
(2007.8.1~2010.7.31)여에 걸쳐 발굴·수집하였다. 이 책은 당시 발굴·수집한
자료 중에서 스탈린에 의해 중앙아시아시아로 강제이주 당하기 전 연해주 지
역 한인들의 삶을 규정하고 정형화했던, 아직 국내에 소개되지 않은 1937년
이전의 고려어판 주요 법과 생활규정 그리고 교육강령 등을 선별하여 수록
한 것이다. 현대표준한국어와 차이가 많이 나는, 1920~30년대 연해주 지역
에서 통용되었던 고려어 맞춤법과 띄어쓰기가 생생히 반영되어 있는, 고려
어 원문자료를 있는 그대로 최대한 살려 묶어낸 이유는 원자료 복사와 스캔
은 물론 단순한 열람조차 엄격히 통제하는 러시아 자료소장기관과 현지 상
황을 고려하여 당대 연해주 지역 한인 관련 연구를 하는 국내외 학자들에게
원본에 가까운 '1차 자료'를 제공하기 위한 의도에서 비롯되었다. 이 책 출판
의 가장 큰 의의는 러시아라는 지역적 특수성과 언어장벽으로 인해 그동안
자료접근에 많은 어려움을 겪어왔던 연구자들에게 당시 연해주 일대 원동지
역에 거주했던 한인들의 일상을 지배했던 정치, 경제, 사회, 문화, 교육, 언어
전반을 포괄하는 전통, 법, 생활규정, 교육 등에 관한 원천자료를 제공한다는
데 있다. 재외한인 역사의 상당 부분이 아직 여백으로 남아있는 상황에서 이

책의 출판이 재외 한인 연구를 촉진하고 장려하는 계기가 되길 바란다. 특히 1920~30년대 연해주 지역 한인과 한인사회의 연구에 일정정도 기여했으면 하는 바람이다.

『연해주 고려인의 법과 생활 그리고 교육(1920~30년대)』은 제1장 "1920~30년대 주요 법", 제2장 "1920~30년대 주요 규정", 제3장 "1920~30년대 교육 강령", "맺음말을 대신하여"로 구성하였다.

제1장 "1920~30년대 주요 법"은 '헌법(1926년 고려어판)', '토지법전(1937년 고려어판)', '노동법전(1925년 고려어판)'을, 제2장 "1920~30년대 주요 규정"은 '검사국 후원 그룹에 대한 규정(1932년 고려어판)', '원동변강 주민을 위한 특전 조건(1933년 고려어판)', '농민상조회규정(1924년 고려어판)', '고려이민지남(1928년? 고려어판)', '합동계약서(1927년 고려어판)', '모쁘르 야체이까와 농촌(1927년 고려어판)', '농민은 무엇을 알아야 될까?(1927년 고려어판)', '꼴호즈 내부 관리규정(1931년 고려어판)', '소련 농촌소비에트들에 대한 규정(1931년 고려어판)', '꼴호즈에서의 문화와 생활제도(1931년 고려어판)', '전동맹공산당 원동변강위원회결정(1931년 고려어판)'을, 제3장 "1920~30년대 교육 강령"은 '초등학교 강령(수학 지리 자연학 체육, 1932년 고려어판)', '사범전문학교 강령에 의하여 공부하는 교원·통신강리 학생들과 속성과생들을 위한 자료집(1936년 고려어판)', '사범전문학교 강령에 의하여 공부하는 초급학교 교원자격 향상에 대한 재료(1935년? 고려어판)'을, 그리고 맺음말을 대신하여 1933년 10월 26일~1933년 11월 13일까지 3주간 조선과 일본출판물에 게재된 일본의 조선침탈을 옹호하는 기사를 분석하여 반박한 '조선의 사회상(1934년 고려어판)'을 각각 담았다.

2010년은 일본에 의한 한국 강제 병합 100년, 국권회복 65주년, 6·25 발발 60년, 냉전시대의 한 축을 담당했던 소비에트 붕괴 후 한국과 러시아가 외교관계를 복원한 지 20주년이 되는 중요한 해였다. 민족사적으로 매우 의미 있는 2010년에 출간하고자했던 이 책이, 여러 가지 사정으로 인해 다소 늦게 출판되지만, 신분차별과 탐관오리의 횡포를 피해 조국을 등지고 국경을 넘은 초기 이주민들, 민족 독립의 염원을 안고 조국을 떠나 낯설고 물선 연해주 땅을 무대로 독립운동을 전개하다 이름 없이 사라져간 독립투사들, 인간이 살 수 없는 '저주의 땅' 연해주를 '생명의 땅'으로 탈바꿈시켜놓고도 포상은커녕 영문도 모르고 수억 만리 중앙아시아로 강제이주당해 형극의 삶을 살다간 '고려인' 동포들의 넋을 조금이나마 위로할 수 있기를 바란다.

이 책이 나오기 까지 여러분들의 도움이 있었다. 먼저 책 발간을 지원해 준 한국연구재단에 감사드린다. 해외조사 과정에서 여러 가지 도움을 주신 현지 관계자 여러분, 그리고 이 책이 나오기까지 수고를 아끼지 않으신 공동연구원 여러분과 연구보조원 여러분께 감사의 마음을 전한다. 마지막으로 어려운 여건 속에서도 이 책의 출간을 허락해 주신 북코리아의 이찬규 사장님께도 이 자리를 빌려 감사의 말씀을 드린다.

2012년 6월
공동저자 일동

Ⅲ 1920~30년대 교육 강령

Ⅳ 맺음말을 대신하여

I

1920~30년대 주요 법

　본 장은 1920~30년대 연해주 지역의 주요 법에 해당하는 "헌법", "토지법전", "노력법전"을 담았다. "러시아 사회주의 연방 공화국의 기본법"인 "헌법"은 소비에트 연방 공화국(SSSR)의 일원이었던 나머지 14개 공화국과 마찬가지로 『소비에트 연방 헌법』에 기초하고 있다. 『소비에트 연방 헌법』은 1918년, 1924년, 1936년, 1977년에 제정되고 개정되었는데 이 책에서 소개하는 '러시아 사회주의 연방 공화국의 헌법'은 1922년 12월에 개최된 제10차 전 러시아 소비에트대회에서 러시아, 우크라이나, 백러시아간 연방조약 체결로 소비에트 사회주의 연방공화국이 성립되고 2년 후에 채택된 '1924년 연방헌법'을 조선말로 번역하여 당시 러시아어를 잘 알지 못했던 연해주 일대 고려인들에게 보급되었던 것이다. 이 헌법은 총6편, 8장, 89항으로 구성되어 있는데 제1편은 총칙 제1장(1~15항), 제2편은 제2장 '전 러시아 소비에트 대표회의와 전러시아 중앙집행위원회의 권한'(16~19항), 제3편 '소비에트 정권의 구성'은 제3장 '중앙정권'(20~43항), 제4장 '소비에트 사회주의 자치공화국들과 자치주들'(44~48항), 제5장 '지방정권'(49~67항), 제4편 '소비에트의 선거'(68~75항), 제5편 제7장 '예산에 대한 권한'(76~86항), 제6편 제8장 '러시아 사회주의 연방 소비에트의 휘장, 국기 또는 수도'(87~89항)로 세분화되어 있다.

　"토지법전"은 모스크바 크레믈린에서 개최되었던 제4차 전러중앙집행위원회총회(1922년 10월 30일)에서 채택한 전러중앙집행위원회의 토지법전 발효에 대한 결정서(1922년도 법률집 제68호 제901조)로서 본칙, 토지에 대한 노동력 사용, 토지와 노동력 대차, 농업의 보조노동력 고용, 토지단체의 구성, 토지단체의 관리기관, 토지단체의 권리와 의무, 농가의 구성, 농업 살림의 분할, 살림의 세분화 예방 방침, 토지 사용순서, 토지구획, 조합토지사용순서, 공동경작, 토지 재분배, 전답과 초지, 토지분할, 도시토지, 국유재산, 소비에트 경리, 토지정리, 토지정리 비용 지불, 토지정리 행사 진행 순서, 전국 토지경작조사,

토지분쟁 심사 순서, 이주 등의 내용을 담고 있다.

"노력법전"은 1922년에 발행된 "러시아 사회주의 소비에트 노력법전"을 최고려라는 인물이 1924년에 해삼위(블라디보스토크)에서 조선말로 번역하여 출판한 것으로서 범례, 소비에트 전러중앙집행위원회결정서, 총칙, 고용과 노동분배의 방법, 러시아 공민들의 의무노동 절차, 협동계약, 노동계약, 내부관리규정, 물건 생산 한도, 노동에 대한 보수, 담보와 상쇄, 노동시간, 휴식시간, 견습생, 여자와 미성년자의 노동, 노동보호, 사무노동자들의 직업동맹회와 그 업소, 노동법률 위배에 대한 감찰 기관, 사회보험, 임금결정, 경리 회계에 의한 범죄, 개인의 생명 위생 자유 인격에 대한 범죄, 국민건강과 사회안녕, 공중질서를 보호하는 규칙 등으로 구성되어 있다.

1. 헌법(긔본법)

- 출판언어: 고려어
- 저자: 러시아사회주의연방소비에트공화국
- 발행처: 원동변강위원회 번역급
- 자료유형: 단행본
- 출판년도: 1926년
- 발행지: 하바롭쓰크

로씨야 사회쥬의 련방 쏘베트공화국 헌법(긔본법)

뎨 일 편. 총 측

뎨 일 쟝

1. 로씨야 사회쥬의 련방 쏘베트공화국의 본 헌법(긔본법)은 뎨3차
   전로씨야 쏘베트대표회의에서 접수된, 로력하고 착취밧는 민즁
   의 권리선언의 근본정신과, 뎨오차 전로씨야 쏘베트 대표회의
   에서 접수된, 로씨야 사회쥬의련방 쏘베트공화국의, 헌법(긔본
   법)의 근원에서 나오며, 쏘는 불수아를 진압하고 사람으로서 사
   람을 착취하는 것을 근절하고 쏘는, 게급의 분별도 업고, 국가
   의 정권도 업슬, 공산쥬의를 실현할 목뎍으로 무산게급의 독재
   를 보장하므로써 그 과업을 삼음.

2. 로씨야 공화국은 각민족 쏘베트공화국들의 련방을 긔초하여 건
   설되는 로동자와 농민의 사회쥬의덕 국가임. 로씨야 사회쥬의
   련방쏘베트공화국령역 안에 모든 정권은 로동자, 농민, 짜자크
   및 붉은군인 대표들의 쏘베트에 속함.

3. 로씨야 사회쥬의 련방 쏘베트공화국 안의 최고정권을 행사하는
   자는 전로씨야 쏘베트 대표회의오, 대표회의 페회된 동안에는
   쏘베트 전로씨야 즁앙집행위원회임.

데10차 전로씨야 쏘베트 대표회의에서 쏘베트 사회쥬의 공화국동맹을 건설하기로 결명한 로씨야 사회쥬의 련방 쏘베트공화국 국민들의 지원에 의하야, 로씨야 사회쥬의 련방 쏘베트공화국은, 쏘베트 사회쥬의 공화국동맹에 가맹(加盟)하고 쏘베트 사회쥬의 공화국동맹의 헌법 데 1됴에 의하야, 쏘베트 사회쥬의 공화국동맹 긔관의 관할에 속한 전권을 동맹에 넘겨줌.

4. 로력자들의 진정한 량심상 자유를 보장할 목뎍으로, 교회를 국가에서 쏘는 학교를 교회에서 분리하며, 종교상 쏘 반종교상 선전의 자유를 일반인민에게 허여함.

5. 로력자들의 그 사상발표의 진정한 자유를 보장할 목뎍으로, 로씨야 사회쥬의 련방 쏘베트공화국은 출반이 자본에게 매인 것을 업시하며 쏘는 로동게급과 농민들에게 신문, 소책자, 책자와 및 기타 출판물에 대한 긔슐상 쏘 물질상의 모든 것을 맛기며 쏘는 그것을 전국내에 자유로 전파함을 보장함.

6. 로력자들의 진정한 집회자유를 보장할 목뎍으로, 로씨야 사회쥬의 련방 쏘베트공화국은 인민들에게 회의, 연설회, 행열(行列) 및 기타를 자유로 할 권리를 승인하며 로동게급과 농민들에게 인민회의에 사용할만한 장소의 사용을 허함.

7. 로력자들의 진졍항 결사자유를 보장할 목뎍으로, 로씨야 사회쥬의 련방 쏘베트공화국은, 소유게급들의 경제상 및 정치상 권력을 파궤하야 그것으로써 지금까지 불수아사회에서 로동자들과 농민들에게 조직과 행동의 자유를 방해하던 모든장애를 제거하고, 로동자들과 농민들에게 그들의 련합과 조직에 대하야 방조하여줌.

8. 로력자들의 지식어듬에 대한 진실한 가능(可能)을 보장할 목뎍으로, 로씨야 사회쥬의련방 쏘베트공화국은 그들에게 충분한, 각방면인, 쏘는 면비(免費-БесплАтноЕ)인 교육을 시김을 자긔의

과업으로 함.

9. 로씨야 사회쥬의 련방 쏘베트공화국은 로력을 공화국 일반인민의 의무로 인뎡함.

10. 만반으로 위대한 로-농혁명의 승리를 옹호할 목덕으로, 로씨야 사회쥬의 련방 쏘베트공화국은 사회쥬의의 모국(母國)의 방위를 공화국의 일반 인민의 책임으로 인뎡하고 쏘는 일반 병역의무를 뎡함. 손에 무긔를 쥐고 혁명을 옹위하는 명예의 권리는 다만 로력자들에게 돌리고, 비로력분자들에게는 기타 군사상임무의 리행을 부담시킴.

11. 로씨야 사회쥬의 련방 쏘베트공화국은, 로씨야 사회쥬의 련방 쏘베트공화국 공민들에게 대하야 공화국의 헌법과 쏘는 법령으로 제뎡되는 모든 권리는, 로씨야 사회쥬의 련방 쏘베트공화국 령토 안에 거류하는 다른 각 동맹 쏘베트, 공화국 공민들에게도 허하여줌.

    로씨야 사회쥬의 련방 쏘베트공화국은, 각 민족 로력자들의 합동으로 출발하야, 쏘베트 사회쥬의 공화국동맹 최고 긔관들의 결의로 로씨야 사회쥬의 련방 쏘베트공화국 안에 로력덕 직업을 위하야 거주하며 로동계급에 속한 외국인들에게와 이와 갓티 다른 사람의 로력을 사용하지 안는 농민들에게 모든 정치상 권리를 허하여줌.

12. 로씨야 사회쥬의 련방 쏘베트공화국은, 정치덕 활동이나 혹은 종교덕 신앙으로 인하야 미행(尾行)을 밧는 모든 외국인에게 안신할 권리를 허여함.

13. 로씨야 사회쥬의 련방 쏘베트공화국은, 색별 쏘는 민족별을 관게하지안코, 민권평등에 의하야, 소수민족을 어쩌한 압밥이나 혹은 그들의 평등을 제한하는 것 쏘는 용인하는 것은 절대로 공화국의 긔본법과 량립치 못할 것을 언언하고 쏘는 로씨

야 사회쥬의 련방 쏘베트공화국 최고긔관의 승인으로 각 민족이, 자긔들의 쏘베트 대표회의 결의에 의하야, 쏘베트 사회쥬의 자치공화국이나 쏘는 자치주(洲)로서 분립할 권리를 승인함. 로씨야 사회쥬의 련방 쏘베트공화국 공민들에게 대표회의에서나, 재판소에서나, 관청에서나 쏘는 사회생활에 자국어를 자유로 사용하는 권리를 승인함. 소수민족들에게 학교에서 자국어로 교슈하는 권리를 보장함.

14. 로씨야 사회쥬의 련방 쏘베트공화국은, 로력자의 리익을 위하야, 개인이나 혹은 어느단톄에서, 그들의 사회혁명에 손샹되게 사용하는 권리를 박탈함.

15. 일반 토디, 삼림, 광산, 물, 그와 한가지로 공장과 제조소, 털도, 수상(水上), 공중의 운수 쏘는 련락긔관들은 쏘베트 사회쥬의 공화국 동맹의 특별법률과 로씨야 사회쥬의 련방 쏘베트공화국 최고긔관의 결명에 의하야 로농국가의 소유로 함.

뎨 이 편

뎨 이 장. 전로씨야쏘베트 대표회의와 전로씨야 중앙집행위원회의권한

16. 전로씨야 쏘베트 대표회의의 특별권한에 속한 것은:

ㄱ. 로씨야 사회쥬의 련방 쏘베트공화국의 헌법(긔본법)의 제명, 보충 및 개명과 쏘는 전로씨야 쏘베트 대표회의가 폐회된 동안에 전로씨야 중앙 집행 위원회 회의에서 접수된, 로씨야 사회쥬의 련방 쏘베트공화국 헌법의 부분뎍 개명안을 종결뎍으로 인준함.

ㄴ. 쏘베트 사회쥬의 자치공화국들의 헌법을 종결뎍으로 인준함.

17. 전로씨야 쏘베트 대표회의와 밋 전로씨야 쏘베트 중앙 집행위원회의 권한에 전국뎍으로 관게되는 모든 문뎨들이 속하엿나

니 그것은:

ㄱ. 로씨야 사회쥬의 련방 쏘베트공화국의 일반 정책과 쏘는 국민경제의 일반덕 지도.

ㄴ. 로시야 사회쥬의 련방 쏘베트공화국에 가입되는, 쏘베트 사회쥬의 자치공화국들의 국경을 획명하며, 그들의 헌법을 인준하며, 동시에 쏘베트 사회쥬의 자치 공화국들의 사이에와 쏘는 그들과 련방의 다른 부분들 사이의 쟁의(爭議)를 해결함.

ㄷ. 로시야 사회쥬의 련방 쏘베트공화국 령토의 일반 행정구역의 획명과 쏘는 변령(邊領-КРАЙ) 들과 주(洲-ОБЛАСТЬ) 들을 인준함.

ㄹ. 쏘베트사회쥬의 공화국 동맹의 법령에 응하야 일반인민경제와 쏘는 그 부분들의 게획을 로씨야 사회쥬의 련방 쏘베트공화국 안에 명립함.

ㅁ. 로씨야 사회쥬의 련방 쏘베트공화국의 예산안을, 쏘베트 사회쥬의 공화국동맹의 유일한 국가예산안의 부분으로 통과함.

ㅂ. 쏘베트 사회쥬의 공화국동맹의 헌법과 법령에 응하야, 국가덕 쏘는 디방덕 조세, 잡세(雜稅-СБОР) 쏘 비세랍덕 수입을 덩하고, 쏘는 로씨야 사회쥬의 련방 쏘베트공화국의 국내 및 국외의 공채게약을 톄결함.

ㅅ. 로씨야 사회쥬의 련방 쏘베트공화국의 국가 수입 지출의 최고검사.

ㅇ. 쏘베트 사회쥬의 공화국동맹 헌법에 응하야, 로씨야사회쥬의 련방 쏘베트공화국의 법뎐을 인쥰함.

ㅈ. 로씨야 사회쥬의 련방 쏘베트공화국 령토 안에서, 일반덕이나 쏘는 부분덕의 대사(大赦)권을 행사함.

ㅊ. 본 헌법이나 로씨야 사회쥬의 련방 쏘베트공화국 최고 긔
관들의 결의를 위반하는, 쏘베트 사회쥬의 자치 공화국들
과 밋 자치주들의 쏘베트 대표회의나, 쏘는 다른 쏘베트
디방대표회의의 결의들을 취소함.

18. 이우에 열거한 문데들 외에, 전로씨야 쏘베트 대표회의 와 쏘
는 전로씨야 즁앙 집행위원회의 권한에, 쏘베트 사회쥬의 공
화국 동맹헌법에 응하야, 다른 문데들도 속하엿음.

19. 쏘베트 사회쥬의 공화국동맹의 긔본법(헌법)에 지시한 범위 내
와, 쏘는 동맹의 권한에 속한 됴건에 대하여서는, 로씨야 사회
쥬의 련방 쏘베트공화국 령토 내에서 쏘베트 사회쥬의 공화국
동맹 최고 긔관들의 결의가 맛당이 시행될 힘이 잇음. 이것을
제하고는 전로씨야 쏘베트 대표회, 전로씨야 즁앙 집행위원회
그상무부(常務部-ПРЕЗИДИУМ), 쏘는 인민위원 쏘베트(СОВЕТ НАР
ОДНЫХ КОМИССАРОВ)외에는 어쩌한 긔관이던지 로씨야 사회쥬
의 련방 쏘베트공화국 령토 안에서 전국덕으로 관게되는 법령
을 발표할 권한이 업슴.

데 삼 편. 쏘베트 정권의 구성

데 삼 쟝. 즁 앙 정 권

ㅏ. 전로씨야 쏘베트 대표회의

20. 데오차 전로씨야 쏘베트 대표회의에셔 접수된, 로씨야 사회쥬
의 련방 쏘베트공화국 헌법(긔본법) 데25됴에 지뎡한 바에 의
하야, 전로시야 쏘베트 대표회의는 도시와 쏘 도시부근의 쏘
베트 대표들로, 선거자 25000명에 대표한 사람식으로, 쏘는
도(ГУБЕРНИЯ)와 현(ОКРУГ) 쏘베트 대표회의의 대표로, 주민
125000명에 대표 한 사람식으로 성립됨.

※ 다만: 만일 도 쏘베트 대표회의가 전로씨야 대표회의 전에

되지 못한 경우에는, 이 대표들을 군(УЕЗД) 쏘베트 대표회의에서 직접 파송함.

21. 전로씨야 쏘베트 대표회의는, 쏘베트 대표회의에서 뎡하는 위원의 수효로, 전로씨야 중앙 집행 위원회를 선거함.

22. 전로씨야 쏘베트 대표회의는 전로씨야 중앙 집행위원회로서 한해에 한 번식 소집됨.

23. 전로씨야 쏘베트 특별 대표회의는 전로씨야 중앙 집행위원회의 자발로나, 로씨야 사회쥬의 련방 쏘베트공화국 젼인민의 삼분일 이하가 아닌 수효를 가진, 디방들의 쏘베트나 쏘는 쏘베트 대표회의의 요구로 소집됨.

ㅓ. 전로씨야 쏘베트 중앙 집행 위원회

24. 전로씨야 쏘베트 중앙 집행위원회는 본 헌법 뎨3, 뎨17 및 뎨18됴에 지시한 범위 안에서 로씨야 사회쥬의 련방 쏘베트공화국의 립법, 행정, 쏘는 검사의 최고 긔관이 됨.

25. 전로씨야 중앙 집행 위원회는 자의로 법률, 명령 및 결의안들을 발포하며, 쏘는 인민위원 쏘베트에서 건의한 법안을 심사하며 인준함.

26. 로씨야 사회쥬의 련방 쏘베트공화국의 정치덕 및 경제덕 생활의 일반덕 궤도(軌途)를 판뎡하고, 쏘는 로씨야 사회쥬의 련방 쏘베트공화국 국가 긔관들의 현행실무에 근본덕으로 변개하는 일톄 명령 및 결의안과, 이와 가티 로씨야 사회쥬의 련방 쏘베트공화국의 예산안은, 반듯이 전로씨야 쏘베트 중앙 집행 위원회의 심사와 인준에 밧침이 가함.

27. 전로씨야 중앙 집행 위원회가 폐회한 동안에, 로씨야 사회쥬의 련방 쏘베트공화국의 최고 립법, 행정, 검사긔관, 전로씨야 중앙 집행위원회에서 선거하는 전로씨야 중앙 집행 위원회 상무부임.

28. 전로씨야 쏘베트 중앙 집행 위원회는 로-농정부 쏘는 로씨야
    사회쥬의 련방 쏘베트공화국 쏘베트, 정권의 모든 긔관들의
    사업의 일반덕 방향을 명하여 주며, 립법 및 관할에 대한 정무
    를 통일하며, 전로씨야 중앙 집행위원회 상무부와 쏘는 인민
    위원 쏘베트의 사업의 범위를 명하며 쏘는 로씨야 사회쥬의
    련방 쏘베트공화국의 헌법 실시와, 전로씨야 쏘베트 대표회의
    와 쏘 쏘베트 사회쥬의 공화국동맹의 최고 긔관들의 모든 결
    명의 실시를 감시함.

29. 전로씨야 중앙 집행위원회는 전로씨야 중앙 집행위원회 상무
    부의 소집으로 회의를 개함. 특별회의는 전로씨야 중앙 집행
    위원회 상무부의 자발덕으로나, 인민위원 쏘베트의 데의로나,
    전로씨야 중앙 집행위원회의 위원1/3의 요구로나 혹은 6개
    이하가 아닌 쏘베트 사회쥬의 자치공화국 중앙 집행위원회들
    의 요구로써 소집함.

30. 전로씨야 중앙 집행위원회는 로씨야 사회쥬의 련방 쏘베트공
    화국을 통치하기 위하야 인민위원 쏘베트와 각부분덕의 관할
    을 지도하기 위하야 인민위원부들을 조직함.

31. 전로씨야 중앙 집행위원회는 로씨야 쏘베트 대표회의에 대하
    야 책임을 지며, 그 에에 자긔의 경과사업보고와 쏘는 일반덕
    정책과 각 부분덕 문뎨에 대하야 보고함.

ㄴ. 인민 위원 쏘베트

32. 로씨야 사회쥬의 련방 쏘베트공화국의 인민위원 쏘베트에 쏘
    베트위원의 권한으로 참가하기를 인민위원 쏘베트의장, 그 부
    의장들, 로씨야 사회쥬의 련방 쏘베트, 공화국 헌법 뎨37됴에
    지시한 인민위원들, 쏘는 전동맹의 립법순서로 지명되며 쏘는
    전로씨야 중앙집행위원회나 그 상무부의 결명에 의하야, 발언
    권이나 혹은 표결권을 가진 전동맹인민위원부들의 대표들도

참가함.

33. 로씨야 사회쥬의 련방 쏘베트공화국의 일반덕 관리는 인민위
원 쏘베트에 속하엿음.

34. 로씨야 사회쥬의 련방 쏘베트공화국의 인민위원 쏘베트는 전
로씨야 중앙 집행위원회로서 허락한 권한 범위 내와 쏘는 본
됴의 해석으로 발포되는, 인민위원 쏘베트에 대한 규뎡에 의
하야 로씨야 사회쥬의 련방 쏘베트공화국 전령토 내에서 맛당
이 실행될, 명령과 밋 결뎡을 발포함.

35. 인민위원 쏘베트는 전로씨야 쏘베트 대표회의와 쏘는 전로씨
야 중앙 집행위원회에 대하야 책임을 짐.

36. 인민위원 쏘베트의 어쩌한 결의안이던지 전로씨야 중앙 집행
위원회나 그 상무부에서 취소나 혹은 정지할 수 잇음.

Г. 로씨야 사회쥬의 련방 쏘베트공화국의 인민위원부들

37. 로씨야 사회쥬의 련방 쏘베트공화국 인민위원 쏘베트의 소관
범위 안에 들어오는, 국가행정 각부를 직접지도하기 위하야
열한개의 인민위원부를:

최고인민경제쏘베트(Высший Совет Народного Хозяй ства)

국내 상업부(Внутренней Торговли)

로력부(Труда)

재정부(Финансов)

로-농 검사부(Рабоче-Крестьянской Инспекции)

내무부(Внутренних Дел)

법무부(Юстиции)

학무부(Просвещения)

위생부(Здравоохранения)

농무부(Земледелия)

사회보험부(Социалћного Обеспечения)들로 조직함.

38. 로씨야 사회쥬의 련방 쏘베트공화국의 최고인민 경제 쏘베트
   와 쏘는 국내상업, 로-농검사 인민위원부 전로씨야 즁앙집행
   위원회, 그상무부 쏘는 로씨야 사회쥬의 련방 쏘베트공화국
   인민위원쏘베트에 복종하는 도이에 여기에 해당한 쏘베트 사
   회쥬의 공화국동맹 인민위원부들의 명령을 실시함.

39. 각인민위원부의 수석은 인민위원 쏘베트 위원-인민위원들이
   차지함.

40. 각인민위원은 인민위원 쏘베트에서 승인하는 인원으로 동무
   회(同務會-КОЛЛЕГИЯ)를 조직하되 자긔가 그 회장이 됨.

41. 인민위원은 그와 해당한 인민위원부 관할에 속한, 일반 문뎨
   에 대하야 단독으로 판명할 권리가 잇음. 동무회(同務會)가 인
   민위원의 어떤 판명에 불복하는 경우에는, 그 동무회가 그 판
   명을 즁지하지 안코, 그것을 전로씨야 사회쥬의 련방 쏘베트
   공화국 인민위원 쏘베트에나 전로씨야 즁앙 집행위원 쏘베트
   상무부에 상소(上訴)할 수 잇음, 이러한 권한은 동무회 개인에
   게도 잇음.

42. 인민위원들은 그 집무에 대하야 인민위원 쏘베트에와 쏘는 전
   로씨야 즁앙집행위원회와 쏘 그 상무부에 대하야 책임을 짐.

43. 로씨야 사회쥬의 련방 쏘베트공화국 인민위원부들의 명령은
   전로씨야 즁앙집행위원회나 그 상무부나, 로씨야 사회쥬의 련
   방 쏘베트공화국 인민위원 쏘베트에서 취소할 수 잇으며, 쏘
   는 로씨야 사회쥬의 련방 쏘베트공화국 인민위원부들의 합동
   으로 한 지령은 동일한 명의의 쏘베트 사회쥬의 공화국동맹
   인민위원부들로서 취소할 수 잇음.

   후자의 지령은 전로씨야 즁앙 집행위원회나 그 상무부나 쏘
   는 로씨야 사회쥬의 련방 쏘베트공화국 인민위원 쏘베트의 일
   명한 명령에 근거하지 아닌 경우에만 한하야 취소함.

뎨 사 쟝. 쏘베트 사회쥬의 자치공화국들과 자치쥬들

44. 쏘베트 사회쥬의 자치공화국들과 쏘는 자치쥬들의 국가정권
의 긔관들은 로씨야 사회쥬의 련방 쏘베트공화국 헌법에 의하
야 디방 쏘베트들과, 그 대표회의들과, 집행위원회들과, 주나
쏘는 중앙집행위원회들로 조직함.

　사회쥬의 쏘베트 자치 공화국들의 긔본법(헌법)은 그들의 쏘
베트 대표회의에서 통과하야, 전로씨야 중앙 집행위원회의 인
준에 바치며 쏘는 전로씨야 쏘베트 대표회의의 종결뎍 인준에
바침.

　※ 다만, 자치주에 대한 규뎡은 그 쏘베트 대표회의에서 통과
하야 전로씨야 중앙 집행위원회에서 인준함.

45. 쏘베트 대표회의며, 대표회의 폐회한 동안에는 거기에서 선거
되는 중앙 집행위원회며, 그 권한은 각 사회쥬의 쏘베트 자치
공화국 헌법으로 뎡함.

46. 사회쥬의 쏘베트 자치 공화국들의 중앙집행위원회들과 쏘는
자치주들의 주집행위원회들은, 중앙 혹은 주집행위원회들의
폐회한 동안에는 그 공화국이나 주 령토 내에서 정권의 최고
긔관이 되는 상무부를 자긔들 중에서 선거함.

47. 사회쥬의 쏘베트 자치공화국들의 중앙집행위원회들은 자긔들
의 집행긔관-인민위원 쏘베트들을, 인민위원 쏘베트 의장, 내
무, 법무, 학무, 위생, 농무 및 사회보험 등 위원들과, 쏘는 로
씨야 사회쥬의 련방 쏘베트공화국의 련합인민위원부들의 재
정, 로력, 국내상업, 로-농검사 및 최고인민경제쏘베트등의
위원들로 조직함.

　디방의 사정에 의하야, 쏘베트 사회쥬의 자치공화국들의 중
앙 집행위원회들은 인민위원부의 수효와 쏘는 그대로 인민위
원 쏘베트에 인원을 변경할 권한이 잇음.

48. 사회쥬의 쏘베트 자치공화국들에게 허락하여준 권한 내에서
는…

뎨 오 쟝. 디방 정권

ㅏ. 쏘베트 대표회의

49. 자기가 관할하는 변령(邊領-край), 주(洲-овласть), 도(道-Губерни
я), 현(縣-округ), 군(郡-уезд), 구역(區域-рай ои) 밋 면(面-Волость)
등의 범위 안에서는 그 쏘베트 대표회의가 최고정권이 됨.

50. 변령, 주, 도 ,현, 군, 구역 밋 면 등의 대표회의에는 그 행정
단위 구역 범위 내에 잇는, 모든 쏘베트 대표들이 참가함.

51. 쏘베트 대표회의는, 로씨야 사회쥬의 련방 쏘베트공화국의
1918년 헌법(긔본법)과 쏘는 뎨칠차 전로씨야 쏘베트 대표회의
의 결의안에 의하야 아래와 가티 조직함:

ㄱ. 변령과 주에서는-도시와 도시부근 쏘베트, 도시부근 박게
잇는 공장, 제조소, 쏘는 현 쏘베트 등의 대표들로 조성하
되 도시 쏘베트에서는 선거자 5,000명에 대표 한 사람씩
으로 현 대표회에서는 주민 25,000명에 대표 한 사람식
으로 함.

ㄴ. 도에서는-도시와 도시부근 쏘베트 도시부근 박게 잇는 공
장 제조소 쏘는 군 쏘베트 등의 대표들로, 조성하되 도시
쏘베트에서는 선거자 2,000명에 대표 한 사람식으로, 군
대표회에서는 주민 10,000명에 대표 한 사람식으로 함.

ㄷ. 현에서는 도시와 도시 부근 쏘베트 도시부근 박게 잇는
공장, 제조소, 촌 쏘베트 등의 대표들로 조성하되 도시 쏘
베트에서는 선거자 1,000명에 대표 한 사람식으로, 구역
쏘베트 대표회에서는 주민 5,000명에 대표 한 사람식으
로 함.

ㄹ. 군에서는 도시와 도시부근 쏘베트, 군구역 내에 잇는 공장, 제조소, 쏘는 촌 쏘베트 등의 대표들로 조성하되 도시 쏘베트에서는 선거자 200명에 대표 한 사람식으로, 쏘 면 쏘베트 대표회에서는 주민 1,000명에 대표 한 사람식으로 하되 전군의 대표수가 300명 이상을 초과치 못 함.

ㅁ. 구역과 면에서는 구역이나 혹은 면디경 안에 잇는 모든 쏘베트의 대표들로 조성하되 주민 300명에 대표 한 사람식으로 하되, 그러나 구역이나 혹은 면에서 대표수가 150명 이상을 초과치 못함.

52. 쏘베트 대표회의는 정긔 대표회의와 림시 대표회의가 잇음. 정긔 쏘베트 대표회의는 한해에 한 번식, 림시대표회의는:

ㄱ. 상급 쏘베트 대표회의들로나 그 집행위원회들의 뎨의로.

ㄴ. 그 구역 내에 해당한 쏘베트 정권의 집행 긔관들(집행위원회들)의 자발로나 쏘는 그 구역 내에 주민 삼분의 일 이하가 아닌 수효를 가진 쏘베트들의 요구로써 소집함.

53. 쏘베트 대표회의들은 자긔들의 집행긔관-집행위원들을 선거하되, 그 위원 수에 대하여서는 각 행정구역 단위의 쏘베트 대표회의에 대하야 전로씨야 중앙 집행위원회나 그 상무부의 결의로 지뎡함.

ㅓ. 집행 위원회들

54. 집행위원회들은 쏘베트 대표회의들에서 선거되며 쏘는 대표회의 폐회한 동안에는 당해 구역 내에서 쏘베트 정궈이 최고 긔관이며, 쏘는 우에 서고 잇는 집행위원회, 전로씨야 중앙 집행위원회 및 로씨랴 사회쥬의 련방 쏘베트공화국 인민위원 쏘베트에 복종함.

55. 당해구역의 관리에 대한 모든 상무(常務) 쏘는 중앙정권의 명령과 밋 결의안들 실시의 지도를 위하야 집행위원회들은 상무

부들을 선거하되 그 위원 수효는 각 행정구역단위에 대하야 전로씨야 중앙 집행위원회나 혹은 그 상무부에서 뎡함.

56. 집행위원회들이 폐회한 동안에는 집행위원회들의 상무부들이 그들의 정권을 며 쏘는 집행위원회들 압폐 책임을 짐.

57. 디방정권에 관한 모든 정무와 쏘는 상급 집행위원회들과 밋 중앙 정권의 결의안을 실시하기 위하야, 집행위원회들은 전로 씨야 중앙 집행위원회나 그 상무부의 결뎡한 바에 의하야, 각 분과를 조직함.

집행 위원회들의 현존한 분과들을 폐지하거나 쏘 합병하거 나, 그와 한 가지로 새로 분과를 조직하는 것은 로씨야 사회쥬 의 련방 쏘베트공화국 인민위원 쏘베트의 결의로 하고 쏘는 전로씨야 중앙 집행위원회나 그 상무부의 인준으로 함.

※ 다만, 구역 및 면 집행위원회에는 분과나 혹은 분사무소를, 도집행위원회나, 그 상무부의 허가로, 조직할 수 잇슴.

58. 집행위원회들의 직할 하에 잇으며 쏘는 집행위원회와 그 상무 부, 그와 한가지로 상급 집행위원회의 당해부의 모든 명령과 및 지시들을 책임뎍으로 실행할 것이며, 변령, 주 쏘는 도집행 위원회들의 각 분과들은 이와 한가지로 로씨야 사회쥬의 련방 쏘베트공화국 각해 인민위원부들의 명령과 및 지시를 맛당이 실행할 것.

ㄴ. 쏘베트의 대표들

59. 대표원들의 쏘베트들은 는 주민 1,000명에 대표 한 사람식으 로, 그러나 50명 이하가 아니고 1,000이상이 아닌 수효로, 촌(적은 촌-ДЕРЕВНЯ, 큰촌-СЕЛО, 스짠니차-까사크의 촌명-СТАНИЦА 며스 쩨치꼬-적은 도회-МЕСТЕЧКО, 인구 만 명 미만인 도시, 아울-까브까스의 촌명- АУЛ, 면쟝(田莊)-ХУТОР과 기타)에서는 - 주민100명에 대표 한 사 람식으로, 그러나 각 촌 쏘베트에 3명 이하가 아니고 50명 이

상이 아닌 수효로 함.

※ 다만, 본됴에 지명한 대표수효의 변경은, 전로씨야 즁앙 집
행위원회의 결의로써 함.

60. 일반 상무(常務)를 위하야 도기 쏘베트 대표들은, 전로씨야 즁
앙집행위원회나 그 상무부에서 지명한 바에 의하야 자긔들 즁
에서 집행긔관을 선거함.

61. 촌 쏘베트에는 전로씨야 즁앙 집행위원회나 그 상무부에서 작
명한 바에 의하야 집행위원회를 조직할 수 잇음.

62. 대표원들의 쏘베트들은 집행위원회나 쏘베트 회쟝의 자발로
나 쏘는 쏘베트위원 반수 이하가 아닌 요구로써 소집함.

63. 대표 쏘베트 위원들은 명규에 의하야 자긔들을 선거한 자들에
게 경과사업을 보고할 책임이 잇음.

ㅜ. 디방정권 긔관들의 권한

64. 쏘베트 정권의 변령, 주, 도, 현, 군, 구역 및 면 긔관-집행위
원회들과 쏘는 그 상무부들, 그와 한가지로 대표 쏘베트들은:

　ㄱ. 딩해 구역을 문화상 쏘는 경제상으로 향상시길 방침을 취
　　할 것.

　ㄴ. 디방 예산안들을 편성하며 쏘는 인준할 것.

　ㄷ. 쏘베트 정권의 당해 최고 긔관들의 결의안들을 실행할 것.

　ㄹ. 그 구역에 디방뎍 관게되는 문뎨들을 해결할 것.

　ㅁ. 그 디방 내의 쏘베트의 정무를 통일할 것.

　ㅂ. 그 구역 범위 내에서 혁명뎍 법측과 쏘는 국가뎍 질서의
　　유지와 및 사회뎍 안녕을 보장할 것.

　ㅅ. 전국뎍으로 관게되는 문뎨들을 자발뎍으로나 쏘는 상급
　　집행위원회들의 뎨의로 토의하는 것들로 자긔의 과업으로
　　삼음.

65. 쏘베트 대표회의들과 쏘는 그 집행위원회들은 그 하급 디방

쏘베트들과 밋 그 집행긔관들의 사업을 감독함.

디방 대표회들의 결의안들은 다만 상급대표회의들과 쏘는 그 집행위원회들과 전로씨야 중앙 집행위원회나 그 상무부에서 취소할 수 있음.

집행위원회들과 밋 그 상무부들의 결의들은 그들을 선거한 대표회들 쏘는 그 상급 대표회의들, 집행위원회들, 그 상무부들, 전로씨야 중앙 집행위원회, 그 상무부, 쏘는 로씨야 사회쥬의 련방 쏘베트공화국 인민위원 쏘베트 등에서 취소할 수 잇음.

66. 변령 쏘는 주집행 위원회들이나 그 상무부들이나, 그와 한가지로 도 집행 위원회들은 로씨야 사회쥬의 련방 쏘베트 인민위원부들의 명령의 실시를 다만 특별한 경우에만 자긔의 책임으로 명지할 수 잇으되 전로씨야 중앙 집행 위원회의 명규에 의하야 함.

67. 현, 군 집행위원회들은 각 분과들이 혹은 그와 해당한 변령, 주, 도 집행위원회의 명령 실시를, 다만 특히 이 명령이 전로씨야 중앙 집행 위원회 그 상무부, 로씨야 사회쥬의 련방 쏘베트공화국 인민위원 쏘베트나 변령, 주나 도 집행 위원회 등의 결의들과 현저하게 위반되는 경우에는 명지할 수 잇으며, 쏘 그 즉시 이에 대하여 변령, 주, 도 집행 위원회나 쏘는 당해 분과 주임에게 통고할 것.

뎨 사 편

뎨 륙 장. 쏘베트의 선거

ㅏ. 선거와 피 선거권

68. 쏘베트의 선거나 쏘는 피선거권은 성별, 종교별, 색별, 민족별, 토착별(土着別-ОСЕДЛОСТЬ)과 밋 기타를 관계하지 안코, 선

거당일에 18세 된, 아래와 가튼 로씨야 사회쥬의 련방 쏘베트
공화국 공민들에게 잇음:

ㄱ. 생활재료를 생산덕 쏘는 사회-유익의 로력으로 엇는 자들
　　과 쏘는 그네들의 생산 로력의 가능을 보장하는 가명에
　　종사하는 자.

ㄴ. 로-농 붉은 해륙군의 붉은 륙군군인과 붉은 해군군인들.

ㄷ. 본 됴, "ㄱ"와, "ㄴ"항의 등급에 속한자로 어쩌한 정도까지
　　로력의 능력을 상실한 자.

※ 다만, 로씨야 사회쥬의 련방 쏘베트공화국 공민이 되지 못
　　한 자로서는 본 헌법 뎨11됴에 지시한자들만 선거 피선거
　　권을 가짐.

69. 비록 우에 열거한 등급 중의 한아에 속한 분자라도 선거나 쏘
　　는 피선거권이 업는 자는:

ㄱ. 리익을 취하기 위하야 고용로력을 사용하는 자.

ㄴ. 비로력덕 수입: 자본의 자리나 긔업소의 수입으로나 소유
　　물의 수입과 밋 기타로 생활하는 자.

ㄷ. 개인 상업자들 상업 쏘는 상사 거간업자들.

ㄹ. 수도승(修道僧) 쏘는 각 종교덕 신앙에 종사하야 그것이 그
　　들에게 직업이 되는 자들.

ㅁ. 이전의 경찰서나, 헌병대나 쏘는 보안부의 사무원이나,
　　로씨야의 황족에 속한 자나, 그와 한가지로 경찰서와 헌
　　병대 쏘는 형벌긔관의 사무를 지도하던 자들.

ㅂ. 정신병자나 쏘는 정신 상실자로 판명된 자.

ㅅ. 사욕 쏘는 명에를 훼상한 범죄로 법률이나 혹은 재판의
　　판결로 명한 긔간까지 판결을 바든 자들임.

ㅓ. 선거의 집행

70. 선거집행은 디방 쏘베트들이나 그들의 집행위원회에서 명하

는 긔일에 집행함.

71. 선거의 진행과 쏘는 종결에 대하야 시말서를 선거위원회의 위
    원들의 서명으로 작성함.

72. 선거집행 순서와 그와 한가지로 거긔에 직업동맹들 쏘는 다른
    로동자 단톄들의 참가함을 로씨야 즁앙 집행위원회나 그 상무
    부에서 지뎡함.

ㄴ. 선거의 검사 및 취소와 쏘는 대표의 소환

73. 쏘베트 선거의 올케 되고 안 된 것은 선거위원회들이 검사하
    며 쏘베트 대표회의루 선파되는 대표들의 위임장 정당여부(與
    否)는 위임장 검사 위원회가 함.

74. 만일 선거가 진톄로 불당한 경우에는 선거취소에 대한 문톄는
    쏘베트 정궈의 상급긔관에서 하되 순차뎍으로 함. 쏘베트 선
    거의 취소에 대하야 상소(上訴)할 최고 긔관은 젼로씨야 즁앙
    집행위원회와 그 상무부임.

75. 쏘베트에 대표를 패송한 선거자들은 어느 째던지 그를 소환하
    고 쏘는 새로 선거할 권한이 잇음.

뎨 오 편

뎨 칠 장. 예산에 대한 권한

76. 로씨야 사회쥬의 련방 쏘베트공화국 국가의 일반수입과 일반
    지출 겸하야 그 속에 들어오는 자치공화국들의 수입과 쏘는
    지출은 전국뎍 예산안에 통일됨.

77. 로씨야 사회쥬의 련방 쏘베트공화국의 예산안은 쏘베트 사회
    쥬의 공화국동맹 헌법과 쏘는 전동맹의 법률뎍으로 발포하는
    슝서에 응하야 쏘베트 사회쥬의 공화국 동맹유일한 국가예산
    산안의 부분으로 편성함.

78. 지출 쏘는 로씨야 사회쥬의 련방 쏘베트공화국 령토 내에서

수입하는 수입을 전동맹의 재정목록 쏘는 로씨야 사회쥬의 련
방 쏘베트공화국 재정목록에 등록하는 지출과 쏘는 수입에 대
한 분배는 전동맹의 입법덕 순서로 명함.

79. 로씨야 사회쥬의 련방 쏘베트공화국 에산안은 로씨야 사회쥬
의 련방 쏘베트공화국 인민위원 쏘베트에서 심사하고 전로씨
야 중앙 집행 위원회에서 인준하야 쏘베트 사회쥬의 공화국동
맹 헌법의 순서로 쏘베트 사회쥬의 공화국동맹의 립법긔관들
에게 보냄.

80. 로씨야 사회쥬의 련방 쏘베트공화국에 가입되는 사회쥬의 쏘
베트 자치공화국들의 국가덕 수입 쏘는 지출은 그들의 인민위
원쏘베트와 쏘는 그 공화국 중앙 집행 위원회들이 통과한 뒤
에 쏘 로씨야 사회쥬의 련방 쏘베트공화국 인민위원 쏘베트에
서 심사한 뒤에 전 로씨야 중앙 집행 위원회는 로씨야 사회쥬
의 련방 쏘베트공화국 예산의 부분으로 인준함.

81. 국고의 재산 중에서 한 가지 지출이라도 그에 대하야 국가수
입 쏘는 지출목록에 에명한 거시 업시나 혹은 로씨야 사회쥬
의 련방 쏘베트공화국 립법긔관의 특명한 결의의 발포가 업시
는 못 함.

82. 로씨야 사회쥬의 련방 쏘베트공화국 수지목록의 모든 지출은
예산 세목 범위 내에서 명한 대로 바르 지출함.

83. 일반 디방수입과 쏘는 일반 디방 지출은 전련맹 쏘는 공화국
립법 순서로 디방 예산안에 통일됨.

84. 디방 예산안들은 당해 쏘베트 대표회의들에서 심사하며 쏘는
인준하나 그러나 어쩐 경우에는 집행 위원회에서 로씨야 사회
쥬의 련방 쏘베트공화국 당해 중앙 긔관들의 일반덕 감시하에
서 함.

85. 로씨야 사회쥬의 련방 쏘베트공화국 에산실행의 결산서는 전

로씨야 중앙 집행 위원회에서 승인함.

86. 사회쥬의 쏘베트공화국동맹 쏘는 로씨야 사회쥬의 련방 쏘베트공화국의 립법 순서로 그 립법에 의하야 디방비로 한 지출을 충당하기 위하야 디방 에산안에 수입의 세납덕 쏘는 비세납덕 원천을 허락함.

데 륙 편

데 팔 장. 로씨야 사회쥬의 련방 쏘베트의 휘장, 국기 쏘는 서울

87. 로씨야 사회쥬의 련방 쏘베트공화국의 국가 휘장(徽章)은 붉은 바탕에 태양비체다가 금색의 낫과 마치를 십자로 교차하되 자루가 미트루 가게하고 이삭(곡식)으로 테를 둘으고 글자를:

ㄱ. Р.С.Ф.С. (ㄹ.ㅅ.ㅍ.ㅅ.ㄹ.) 쏘는

ㄴ. Пролетарии всех стран соединяй тесь!(전세게 무산자는 단결하라!)고 씀.

88. 로씨야 사회쥬의 련방 쏘베트공화국 국긔는 붉은(홍옥색)폭에 긔대쪽 윈쪽 우귀에 금자로„Р.С.Ф.С.Р."라고 씀.

89. 로씨야 사회쥬의 련방 쏘베트공화국 정부 소재디는 모쓰크바임(Москва).

데십이차 전로씨야 쏘베트 대표회의 의장 ㅁ. 짜리닌(М. Калинин)

데십이차 전로씨야 쏘베트 대표회의 비셔 아. 찌쎄료프.(А. Киселев)

2. 토디법뎐

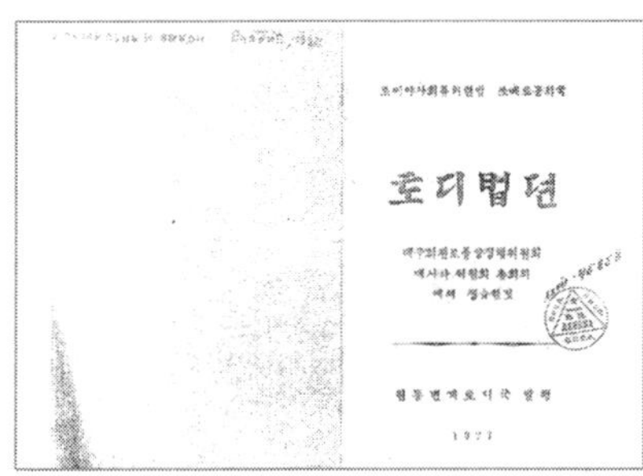

- 출판언어: 고려어
- 저자(발행처): 원동변계토디국
- 자료유형: 단행본
- 출판년도: 1922년
- 발행지: 해삼위(블라디보스토크)

목 록

1. 전로즁앙집행위원회의 토디법뎐실행에 대한 결뎡서
2. 本則
3. 토디에 대한 로력뎍 토디 사용권에 대하여
4. 토디의 로력력 대차
5. 로력뎍 농업살림에서의 보조뎍고용로력에 대하여
6. 토디단테의 조립에 대하여
7. 토디단테의 관리긔관에 대하여
8. 토디단테의 권리와 의무에 대하여
9. 농호의 조립에 관하여
10. 로력뎍 농업살림의 분활에 대하여
11. 살림의 세분을 예방하는 데 대한 방침
12. 로력뎍 토디사용순서에 대하여
13. 토디 평균뎍 사용순서에 대하여
14. 구획뎍 토디 사용방법에 대하여
15. 조합뎍 토디 사용순서
16. 공동경작에 대하여
17. 토디를 평균으로 사용하는 단테에셔의 토디의 재분배에 대하여
18. 택뎐과 초디에 대하여
19. 토디분할에 대하여
20. 로력뎍 토디사용의 안고와 정리에 대하여
21. 도시 토디에 대하여
22. 국유디산에 대하여
23. 쏘베트경리에 대하여
24. 토디정리에 대하여

25. 토디정리에 대한 비용의 지불
26. 토디정리 행사진행의 순셔에 대하여
27. 토디사용의 전국뎍 조사에 대하여
28. 토디쟁의를 심사하는 슌서에 대하여
29. 이주에 대하여

전로즁앙집행위원회의 토디법 실시에 대한 결뎡
1922년 十月 三十日 뎨四차
위원회총회의에서 졉슈된 것

뎨九차 전로쏘베트 대표회의의 토디문뎨에 대한 결뎡(뎨八항)의 실행과 변동 업시로-농국가의 쇼유되는 토디의 정당하고 견고하고 경제됴건에 뎍당한 사용을 보장할 목뎍으로 전로즁앙 집행위원회는 다음과 갓티 결뎡함.

1. 로씨야 사회쥬의 련방 쏘베트공화국의 토디법뎐을 인쥰하며 그것을 1922년 十二月 一日로부터 실시하며 로씨야 사회쥬의 쏘베트공화국 전강토 내에 보급시길 것.

2. 본 법뎐을 실시하는 동시에 법뎐 속에 들어잇는 이전에 뎨뎡한 법규와 쏘는 본 법뎐과 모슌되는 모든 법규의 뎍용을 폐지하며, 따라서 본법규의 정확한 등본을 만들어 그것을 전로즁앙위원회 샹무위원부의 인쥰을 바다 법무인민위원부와 아울러 농무인민위원부에 맞길 것.

3. 각자치공화국과 쏘는 각 자치쥬의 특이한 됴건에 맞게 하기 위한 로씨야 사회쥬의련방 쏘베트공화국 토디법뎐에 대한 결뎡은 1923년 二月 十五日전으로 련방토디위원회에서 제출하는 졔의에 의지하여 전로즁앙집행위원회 샹무위원부에서 함.

4. 로씨야 사회쥬의련방 쏘베트공화국에 가입된 각 쏘베트공화국 농무인민위원부들에 로씨야 사회쥬의련방 쏘베트공화국의 국유에 쇽한 모든 토디재산에 대한 통보(通報)와 그들의 재산목록

작성을 신숙히 하되 국유재산의 목록은 반듯이 1923년 五月
一日전으로 전로중앙집행위원회 상무위원부의 인쥰에 제출할
의무를 지우는 동시에 각 농업인민위원부들에게 토디정리를 속
히 할 것과 갓갑은 여름동안에 그들의 한계(限界)를 획명할 것을
위임함.

5. 로씨야 사회쥬의련방 쏘베트공화국에 가입된 각 쏘베트공화국
의 내무 및 농무 인민위원부긔관들에게 갓갑은 시긔에 다수한
산업로동쟈들이 집중된 각 도시에 필요한 면적의 토디를 난호
아 줄 것을 위임하되 이 도시들의 명록은 우에 말한 각 인민위
원부들의 공동제출에 의하여 로씨야 사회쥬의련방 쏘베트공화
국 인민위원 쏘베트에서 확명하도록 위임함.

6. 토디법뎐 뎨220됴에 지시한 각 자치쏘베트공화국들과 자치쥬
들의 강토안에 관한 토디쟁의(土地爭議)의 해결과 쏘는 그들의 경
계(境界)에서와 셔로 졉경된 도와 쥬들에서 일어나는 토디쟁의
등의 해결은 본 법뎐 뎨220됴에 예명한 토디쟁의 최고감독(最高
監督)의 특별위원회에서 하되 그에는 전로중앙집행위원회 상무
위원부의 인쥰을 바든 련방토디위원회 대표 두 사람을(결명권을가
진) 보츙함.

7. 각 자치 쏘베트공화국 강토 내에 라던지 그들의 강토로부터 다
른 디방으루 하는 이민(移民)의 개시나 명지와 쏘는 이민에 관한
규약과 순서는 련방 토디위원회의 제의에 의하여 전로중앙집행
위원회 상무위원부에서 확명함.

8. 토디사용과 토디정리 등 문뎨는 산림사용의 규약과 순셔로 더
불어 극히 밀졉한 관계가 잇음으로 농무인민위원부에 각 쇼관
긔관과의 협의로 삼림법뎐을 제명하되 그것을 토디법뎐의 계쇽
과 갓티 간주(看做)하여 그에 대한 평판을 엇기 위하여 뎍당한
시긔에 각 디방에 보낸 후에 그것을 전로중앙집행위원회의 다

음 총회의에 졔졍(提呈)할 의무를 지움. 이 법면에는 반듯이 국유와 쏘는 디방뎍 셩질을 가진 산림들의 관리슌서라던지 쏘는 림시로나 영구히 농촌경리의 사용으로 된 산림디 사용의 규측 및 됴건 등에 관한 모든 문뎨를 에명할 것.

9. 농무인민위원부에 각 토디기관에 대한 지도를 위하여 본 법면 실시에 관한 규뎡, 지령 쏘는 기타 결뎡, 명령 등을 발포할 권을 주되 각 자치 쏘베트공화국에는 련방토디위원회에 이상의 권을줌.

전로중앙집행위원회회쟝 口.싸리닌

비셔 ㅇ.예누끼드제

모쓰크바, 크레므리, 1922년 十月 三十日

로씨야 사회쥬의련방쏘베트 공화국 토디법면(1922년도 법률집(法律集) 뎨68호 뎨901됴)

本則

1. 명백히 표시된 로동쟈들과 농민의 혁명뎍의지(意志)에 근거한 로, 농, 병쏘베트 전로대표회의들의 결뎡들로 로씨야 사회주의 련방 쏘베트공화국 강토 내의 모든 토디, 광산, 강해(江海), 밋 산림등에 대한 사유권은 영원히 폐지되엿음.

2. 로씨야 사회쥬의련방 쏘베트공화국 강토 내의 전부 토디는 누구의 관리에 잇엇음을 물론하고 로-농국가 쇼유로 됨.

3. 농업의 사용으로 된 것과 쏘는 농산업에 사용할 슈 잇는 단일한국유 토디의 져장(貯藏)으로 되여 모든 토디는 농무인민위원부와 그의 디방기관들의 관리에 속함.

4. 인쥰된 법률뎍 기초에셔 단일 국유토디 져장즁으로부터 농업용 토디의 직접사용권은: ㄱ) 로력농부와 그들의 련합 ㄴ) 도시 부근촌락 ㄷ) 국가기관과 국영긔업(國營企業) 등에 줌. 이상에 말

한 토디 사용쟈들의 직접 사용에 속하지 아닌 토디는 농무인민 위원부의 직접 관할에 속하며 쏘는 국가로서 특별결명과 특별 계약에 의하여 어썬기관, 사회단톄들과 개인들에게 줌.

5. 로력농부와 그들의 련합, 도시와 도시 성질을 가진 촌락 등의 직접 사용에 난호아준 후에 단일국유토디 져장에 남아잇는 전부토디는 직접 국유디로 잇어 국가토디재산이 됨.

6. 토디기관이나 혹은 토디단톄 등의 관할에 속한 공디(예비디로잇는 것과 사용치안는것) 사용의 슌셔 및 규약과 쏘는 여러 가지 토디 사용쟈에게 토디를 난호아 주는 슌셔는 농무인민위원회에서 각개 구역의 디방덕 특슈됴건을 쟐 죠사한데 의하여 발포하는 특별 규명으로써 명함.

7. 토디에서 농업을 하는 모든 토디 사용쟈들은 토디단톄에 쇽한 쟈이나 국가에셔 허락한 기타 토디 사용쟈나 물론하고 다 토디 기관의 총감독에 복죵하며 그들에게 허락한 토디의 정당한 사 용에 대하여는 본 법뎐과 쏘는 다른 법규로 당하여 노흔 의무를 리행(履行)함.

8. 토디사용쟈들과 쏘는 그들 련합의 토디에 대한 권리와 의무는 로씨야 사회쥬의련방 쏘베트공화국의 일반덕 법률로와 본 법뎐 으로와 본 법뎐의 보급에 관하여 발포되는 모든 법령과 명령 등 으로써 명하며 토디단톄에 대하여는 역시 그들의 규측(판결)과 디방덕 관례(慣例)로써(그것들의 실시가 법률에 져촉되지 안는 경우에는) 명함.

뎨 一 부. 로력덕 토디 사용에 대하여

뎨 一 편. 토디에 대한 로력덕 사용권에 대하여

9. 농업에 관한 토디 사용권은 토디를 자력으로 경작하기를 원하 는 로씨야 사회쥬의련방 쏘베트공화국 공민에게(남녀, 종교, 민족 등 분별이 업시) 다 잇음. 로력덕 사용에 대한 토디를 밧기 원하는

공민들에게는 토디를 할급(割給) 하던지 혹은 토디기관으로서 만일 토디기관의 관리하에 로력덕 사용에 주기로 예명한 보류토디((保留土地) 남겨둔 토디가 잇으면) 할급함.

※ 비고1. 귀족이 아닌 이전 디쥬들과 굵은 토디 쇼유쟈들로셔 쎄쎄쎄르 중앙집행위원회와 인민위원 쏘베트의 1925년 三月 二十日 결명에 의하여 十月혁명 째까지 그들의 쇼유로 잇던 가산(家産)으로부터 전거(轉居)된 쟈들은 토디할급을 오직 이민용디(移民用地) 중으로부터 바드되 다만 그들이 이전에 사유토디를 가지지 아니하엿던 도내(道內)에서만 바들 수 잇으며 그박에도 이쥬민들에 대하여 명한 요구됴건을 직히 여야됨(1925년 五月 六日 전로중앙집행위원회 결의안, 1925년도 법률집 데 29호 데206됴).

※ 비고2. 로씨야 사회쥬의련방 쏘베트공화국 강토 내에 거주하며 정치샹 권리를 사용하는 로력하는 외국인도 로씨야 사회쥬의련방 쏘베트공화국 헌법에 의하여 로씨야사회쥬의련방 쏘베트공화국 공민과 동일한 긔초에셔 농업에 대한 토디 사용권이 잇음(1925년 十月 二十四日 전료중앙집행위원회 결명, 1925년도 법률집 데88호 데206됴).

10. 토디 사용자들의 토디에 대한 권리의 실현은: ㄱ) 토디단톄에서 명한 토디 사용에 대한 슌셔에 복죵하는 토디단톄의 한 사람이 되거나, 혹은 ㄴ) 토디단톄에 들지 안코 각개로나 다할 수 잇음.

11. 로력덕 사용에 준 토디에 대한 권리는 긔한이 업스며 다만 법률에 근거하여만 정지될 수 잇음.

12. 로력덕 사용 토디에 대한 권리는 다음과 갓튼 여러 형식으로 인명됨: ㄱ) 한곳에나 혹은 몃 곳에 잇는 구획덕 디단(區劃的地段)(독립농장(후쪼르), 분립디단(짜로쩌러저잇는쟈) 분경디단(여러사람의

밧이 디경으로구분된디단)에 대한권 ㄴ) 토디단톄에 할급한 토디에 대한권 ㄷ) 토디단톄에셔 공동으로 사용하는 택뎐(터밧)사용에 참여하는 권.

13. 로력뎍 사용의 토디를 농촌산업과 생산이 아닌 사용으로 변환하는 것은 군토기관의 허락이 잇어야 됨.

    ※ 비고. 본됴의 규뎡에 의하여 난호아 주는 토디는 민법(民法) 뎨71됴에 달린 비고 뎨2에 의하여 토디단톄로서 건축용디로 주는데 사용할 수 잇음(1925년 十月 二十四日 뎐로중앙집행위원회 결뎡. 1925년도 법률집 뎨88호 뎨648됴).

14. 로력뎍 사용의 새 디단에 대한 권리는 다음과 갓튼 방식으로 줌: ㄱ) 토디기관에셔의 디단할급 ㄴ) 토디단톄로셔의 토디허급 ㄷ) 토디의 로력뎍 뎜령(국유디를 자력으로 개간하는 것).

15. 토디기관으로셔 토디를 할급하는 것은 토디정리규뎡(土地整理規定)에 의하여 하며(본법뎐 뎨二부) 토디단톄로셔 토디를 허급하는 것은 그 단톄의 토디규측의 규뎡이나 혹은 그의 결뎡에 의하여 함.

16. 농산업의 필요로 인하여 장구히 사용할 목뎍으로 한가한(아무에게도 사용되지 안코 아무에게도 주기로 예뎡되지 안엇고 직졉으로 국가의 관할에 속한) 토디에 자긔의 로력을 들이는 것을 로력뎍 토디뎜령으로 인뎡함.

    ※ 비고. 뎜령디와 그것을 허락하는 구역셜치에 관한 규뎡은 농무인민위원부의 특별한 지령으로써 뎡함.

17. 군사상복무나 징병(徵兵)이나 혹은 쏘베트와 사회상 직무에 피션되는 등 관게로 누가 살림에서 쩌나게 되는 경우에는 그의 올세 돌아가는 부분의 토디는 그가 복무하는 동안에 그의 살림 그대로 보류됨. 로력뎍 슈입을 위하여 쩌나가는 경우에는 쩌나간 쟈의 올세 잇는 토디는 그가 쇼속된 단톄에 두 파뎐긔

(播傳期, 긁을박구어심온다는말) 까지는 그의 살림으로 보류되며 만일 정당한 파전법이 업는 경우에는 그가 쩌난 째로부터 六년 동안을 보류되며 만일 그가 이긔한 후에 살림에 돌아온 째에는 그는 남아 잇는 예비 토디즁으로부터 토디분급을 바드며 그것이 업는 째에는 다른 토디단톄원들과 한 가지로 갓가운 토디분배 시에 밧음(1923년 三月 二十九日 전로즁앙집행위원회결뎡, 1923년도 법률집 뎨26호 뎨304쵸).

18. 로력뎍 토디사용쟈들에게 주엇던 토디권은 다음과 갓튼 경우에 뎡지됨: ㄱ) 젼가족이 자원으로 토디를 거절하는 경우 ㄴ) 농호가 자립뎍 살림처리를 아주 정지한 경우 ㄷ) 농호가 소멸(사람이다죽어)된 경우 ㄹ) 아주 다른 곳으루 이젼하고 이젼에 살던 곳에는 자립살림을 폐지한 경우 ㅁ) 법률에 지시한 범죄행위에 대하여 재판상으로 토디 사용권을 박탈한 경우 ㅂ) 뎡법에 의하여 토디를 국가와 사회의 필요(도로개통, 갑잇는 광물(鑛物)의 채굴 및 기타)에 사용하는 경우.

※ 비고. 본됴「ㄹ」항에 뎡한 바와 갓튼 경우에 이쥬쟈들은 새로 이주한 디방에서 그들에게 토디를 주는 째로부터 량년 동안은 이젼 거주디에서 차지하엿던 디단에 대한 권리를 그대로 보젼하며 어쩐 경우에는 농무인민위원부의 허가로 三년 동안을 보류함. 만일 분산호(分散戶)에 벌목(伐木)을 하거나 짜을 말리거나 기타 여러 가지 개간에 관한 일을 하여야 될 토디를 할급하는 경우에는 그들에게도 이상의 권리를 줌.

토디단톄들에셔는 이상에 말한 긔한 젼에 할급디 내부의 토디졍리를 하게 되면 이쥬쟈들과 분쥬쟈(한 곳으로부터 여러 곳으로 흐터보내는 것)들의 토디권은 그 단톄가 인쥰을 바든 토디졍리계획에(토디법뎐 뎨191쵸) 의하여 새 경계 내에셔의 토디 사용에 착슈하는 째부터 정지됨(1925년 十二月 十四日 로씨야 사회쥬의련방 쏘베트공화국 중앙집행위원회와 인민위원쏘베트의 決定, 1925년도 법률집 뎨93호 뎨676됴).

19. 자원으로 토디에 대한 권리를 거절하는 것은 전가족의 동의로써 자긔 살림이 쇼쇽된 토디단톄에 청원하던지 혹은 만일 사용하는 토디가 토디단에 매이지 아닌 경우에는 본디 방토디 기관에 청원함.

20. 토디 사용자가 즁요한 리유 업시 계쇽하여 三년 동안을 확실히 자긔의 살림상 필요에 토디를 사용치 아니하는 것은 살림 폐지로 인뎡하며 이 원인에 의한 토디권 졍지는 토디위원회로서 판뎡함.

21. 토디 사용쟈가 새 디방에셔 다른 순셔로 토디할급을 바든 데 짜라 거쥬디를 박구는 동시에 이전 거듀디에 살림경영을 폐지하는 것을 이쥬로 인뎡함.

22. 토디졍리에서와 쏘는 도로슈축이나 혹은 기타 국가덕 혹은 사회덕 필요를 위하여 토디를 취제(取除, 뗴여낸다는말)하는 것은 특별 규뎡에 의하여 함(뎨三부).

23. 만일 로력덕 사용의 토디를 덕법으로 국가나 혹은 사회의 필요를 위하여 그의 전부를 취제하거나 혹은 그의 일부를 취제하기 째문에 남아 잇는 토디만 사용함으로는 살림에 곤난이나 혹은 불편이 생기는 경우에는 그 손해를 토디 사용쟈에게 보상하는 동시에 다른 곳에서 토디를 할급함.

24. 토디 사용쟈들은 현행법률의 기초에셔 자긔의 피할디(할급을바든자)에 대하여 다음과 가튼 권리 잇음: ㄱ) 아래 지시한 한도 안에셔 자긔의 생각대로 션택한 방법으로써 토디의 생계상리용(生計上利用)을 실행하며 ㄴ) 생계와 쥬쇼의 필요를 위하여 토디에 건축과 셜비를 배치하며 리용할 수 잇음. 토디 사용쟈가

자긔의 피할디에 리웃사람의 진정한 리익에 위반되는 행동이
나 혹은 건축을 설치하는 등 권리가 업슴.

25. 토디 사용쟈의 사용에 잇는 디단과 련결된 모든 시셜, 건물,
경작디, 식물 기타 전부는 그에게 속함.

26. 토디단톄나 쏘는 개인 토디 사용쟈의 토디권을 침해하거나 혹
은 그들의 살림에 부뎍법(법에 어기는)의 간섭을 하는 경우에 토
디위원회는 토디 사용쟈의 신청에 의하여 권리침해에 대한 쟁
의를 침해당한 토디 사용권이나 혹은 살림을 사실대로 해결하
는 째까지는 회복시길 의무가 잇음.

27. 토디를 매매하거나 혹은 뎡긔로 팔거나(예매) 유산(遺産)을 만들
거나 긔부(寄附)를 하거나 쏘는 담보물을 삼는 등은 금지하며
이 금지를 위반한 모든 계약은 무효로 인뎡하며 그것을 위반
한 쟈들은 형사범으로 처벌하는 박게 그들의 사용에 잇는 토
디를 압수함.

뎨 二 편. 토디의 로력뎍 대차(로력뎍 사용의 토디권을 림시로 남에게 양여하는 것)

28. 자연계의 재변(災變, 흉작, 화재, 우마의 사멸, 및 기타)으로 인하여 농
구나 혹은 농력이 부족하던지 쏘는 사망하거나 징병되거나 쏘
베트와 사회상 직무에 피션되거나 로력뎍 수입을 엇기 위하여
림시로 살림에서 떠나거나 이쥬하는 등 여러 가지 관계로 인
하여 림시로 쇠약하여진 살림들에는 아래에 지시한 규뎡을 직
히는 한도 내에서 토디의 전부나 혹은 일부를 금전이나 혹은
농산물을 밧기로 하고 대디(貸地, 짜을 세준다는 말)하는 것을 허락
함(1925년 五月 五日 전로중앙집행위원회 결뎡, 1925년도 법률집 뎨29호 뎨
207됴).

※ 비고. 토디단톄에 토디법뎐 뎨46됴에 지시한 바와 갓튼 잉

여디(剩餘地, 날믄짜)가 아니고 그 단톄의 예비디(豫備地)로 잇는 토디는 개인 토디 사용쟈에게나 그들의 련합에나 쏘는 다른 어썬 단톄에나 기관에나 긔 업소에나 물론하고 대디하는 것을 허락하되 대디긔한, 토디의 뎍당한 사용, 대디계약의 내용, 계약의 취쇼, 토디위원회의 감독, 쏘는 이중대디(세를어더 쏘 다른 데 세 주는 것)의 금지 등에 대한 이하 각 됴 규뎡을 직히는 범위 내에서 할 수 잇음.

우에 말한 계약의 톄결과 셩식(成式, 공식으로 효력잇게 만드는 것)등에 관한 순셔는 농무인민위원부에서 발포하는 특별 규뎡으로써 뎡함(1925년 十月 二十四日 전로중앙집해위원회 결뎡, 1925년도 법률집 뎨88호 뎨648됴).

29. 대디하는 긔한은 류포식 경작(六圃式耕作, 로씨야 경작방식인데 류포식은 토디를 류분에 난호아 류종의 곡물을 심으되 해마다 긁을 박구어 심으는 농작방식)이나 혹은 그 이상의 경작식에 잇어서는 二회순경긔(二回巡耕期, 두돌개)를 넘지 못하며 六포식 이하의 경작에서와 쏘는 정당한 순경식이 업는 데셔는 十二개년이 넘지 못 함(1926년 二月 二十二日 전로중앙집행위원회 결뎡, 1926년도 법률집 뎨11호 뎨89됴).

30. 만일 뎨29됴에 지시한 긔한이 지난 후에도 대디쟈(짜을 세 쥰 쟈)가 주엇덩 짜에서 자립뎍으로 작업을 할 형편이 못 되는 째에는 그 토디는 로력뎍 농민의 요구를 슈응키 위하여 만일 대디인이 그 단톄에 속한 쟈이면 토디단톄의 예비 토디에 들어가며 다른 경우에는 국가 예비토디에 들어감(1926년 二月 二十二日 전로중앙집행위원회와 로씨야 사회쥬의련방 쏘베트공화국 인민위원 쏘베트 결뎡, 1926년도 법률집 뎨11호, 뎨89됴).

31. 대디계약에 의한 토디 사용은 다만 그 어든 토디를 자긔 가뎡의 농력과 본 법뎐 뎨 39, 41 각 됴 규뎡에 의한 고용로력만으로 경작하는 됴건에서만 할 수 잇음(1926년 二月 二十二日 전로중

앙집행위원회와 로씨야사회쥬의련방 쏘베트공화국 인민위원쏘베트 결명, 1926년도 법률집 뎨11호, 뎨89죠).

32. 대디계약이나 혹은 보츙덕 계약은 만일 세 주는 토디가 대디인의 뎜유한 토디 전부의 반 이상 되는 쌔에는 본 디방면집행위원회에서, 세 주는 토디가 그 이하되는 쌔에는 본 촌 쏘베트에서 그것을 등긔한 후에라야 효력이 잇음. 다만 그 계약상 됴건이 법률에 위반되는 경우에만 등긔를 거절할 수 잇음.

33. 대디계약은 셔면으로든지 쏘는 구두방식으로 톄결하는데 반듯이 쌍방에서 면집행위원회 위원들이나 혹은 촌 쏘베트 의원들이 참석한 데서 명언(明言)하여 특별한 계약셔 책에 긔입하여야 됨.

    ※ 비고. 도토디국이나 혹은 그와 상등한 토디기관에 잔약한 살림들의 리익을 보장하며 노예덕 문셔(奴隷的文書, 의무가넘우 중한계약)를 예방키 위하여 대디계약식양을 만들 의무를 맛김(1923년 三月 二十九日 젼로즁앙집행위원회 결명, 1923년도 법률집 뎨26호, 뎨304죠).

34. 만일 대디쟈가 자긔호의 자립덕 살림을 아주 폐지한 경우이면 대디를 허락지 아님.

    ※ 비고. 전호가 낡은 고데셔 자립덕 살림을 폐지하고 아주 다른 곳으로 이쥬하던지 쏘는 벌목하거나 싸을 말리우거나 기타 개간에 대한 로력을 만히 요구하는 토디에 새로 쳔거하는 경우에는 낡은 곳에 잇는 디단을 세 주는 것을 허락하되 다만 토디법뎐 뎨18죠 비고에 지시한 범위 내에서만 허락함(1626년 二月 二十二日 젼로즁앙집행위원회와 로씨야 사회쥬의련방 쏘베트공화국 인민위원 쏘베트 결명, 1926년도 법률집 뎨11호, 뎨89죠).

35. 대디계약에 의하여 챠디쟈(借地者, 따을 세 마튼 쟈)는 챠득한 토디에셔 부즈런하고 션각한 쥬인 가티 살림을 처리할 의무가 잇

고 그 토디를 다른 사람에게 넘겨줄 권리가 업슴. 짜라서 농촌 살림에 대하여 대디쟈에게 돌아오는 세납, 슈렴, 의무 등은 대디계약이 효력이 잇는 동안에는 챠득한 토디 수량에 덕당한 부분은 챠디쟈가 지불함.

※ 비고. 계약에는 반듯이 챠디쟈가 꼭 실시하여야 될 개량사업이라던지 쏘는 그 개량한 것들을 경리상에 만쪽히리용치 못하는 경우에는 대디쟈다 그에 대한 지불 됴건과 방법 등에 대한 것을 꼭 명하여야 됨.

36. 대디계약은 챠디쟈가 이상 각 됴에 지시한 요구를 위반하거나 혹은 그가 대디계약의 모든 됴건을 실행치 아니하는 경우이면 대디쟈나 혹은 토디기관의 요구에 의하여 긔한 전에라도 취쇼할 수 잇음.

  이런 경우에서 계약을 취쇼하는 것과 쏘는 여기로부터 대디쟈와 챠디쟈 쌍방에 발생되는 재산상 결말을 짓는 것등은 토디쟁의를 해결하는 슌셔로 처리함.

37. 대디긔한이 다 된 뒤에는 챠디쟈가 실시한 모든 개량과 디단의 경리상 필요에 손해가 밋지 안코는 짜에셔 쩨어낼 수 업는 셜비품과 함께 디단을 대디쟈에게 돌려주며 동시에 대디에 관한 피차의 회계와 그중에서 챠디쟈가 채 리용하지 못한 개량의 결과에 대한 것 까지를 계약을 근거하던지 혹은 보츙덕 계약상 협의로써 청산함.

38. 대디계약과 규명의 적당한 덕용을 감시하는 것이나 쏘는 대디계약을 리행하는 데서 생기는 모든 쟁의(爭議)를 심사하는 것은 토디쟁의를 심사하는 슌셔에서 토디법뎐으로써 쳐결하며 노역덕(奴役的) 성질을 가진 계약의 취쇼는 재판에 의해서 쳐결함.

데 三 편. 로력뎍 농업 살림에서의 보조뎍 고용로력에 대하여

39. 로력뎍 농업살림에서 농사의 한철이나 쏘는 완一년 동안을 보
조뎍 셩질로 고용로력을 사용함을 허락하며 짜라셔 그 살림
에 로력뎍 사용으로 할급한 토디에나 쏘는 본 법뎐 뎨28됴로
38됴까지에 의거한 챠득디에나 다가티 사용할 수 잇음(1926년
六月 二十日 젼로즁앙집행위원회와 로씨야 사회쥬의련방 쏘베트공화국 인민위원
쏘베트 결뎡. 1926년 六月 三十一日 젼동맹즁앙집행위원회통보 뎨174호).

40. 고용로력은 다만 그를 사용하는 살림으로 하여 금자기의 로력
규률을 확실히 직히는 경우 다시 말하면 그 농가의 로력상 가
능이 잇는 가솔 젼톄가 고용 로동쟈와 쏙가티 농역에 참가하
는 됴톄하에거만 허락할 수 잇음.

41. 고용로력은 농업 살림에 보조뎍 고용로력을 사용하는 됴건에
대한 림시규뎡(1925년도 법률집 뎨26호 뎨183됴)과 농업살림에서 로
력의 보호와 뎡한에 대한 기타법률과 법령을 확실히 직히는
됴건하에셔만 허락함(1926년 二月 二十二日 젼로즁앙집행위원회와 로씨야
사회쥬의련방 쏘베트공화국 인민위원 쏘베트 결뎡. 1926년도 법률집 뎨11호 뎨
89됴).

  ※ 비고. 로력뎍 농업 살림에 고용 로력의 사용을 관찰하며 감
독하는 규뎡은 농무인민위원부와 직업동맹젼로즁앙쏘베트
의 동의에 의하여 로력인민위원부에서 뎡함.

뎨 四 편. 토디단톄에 대하여(토디 사용쟈들의 단톄)

뎨 一 쟝. 토디단톄의 조립(組立)에 대하여

42. 본래 잇는 토디단톄박게 농업꼼무나와 알쩨리, 각각으로 잇던
농호들의 자원뎍 련합이나 혹은 이젼 토디단톄로붓터 갈라나
간 농호들의 련합 등을 토디단톄라고 명칭함.

  ※ 비고1. 토디단톄는 행정상농촌단위(農村單位)의 디경과 쏙

부합되지 아닐 수도 잇음.

　※ 비고2. 농업단은 다만 그것이 장년농부(壯年農夫) 15인 이
　　하로 셩립되지 아닌 경우에라야 토디단톄로 인뎡함.

43. 공동으로 사용하는 농작디를 가진 농호들의 련합은 어쩐 경우
　에던지 한 토디단톄로 인뎡함.

　※ 비고. 사용하는 농작디를 가지고 촌에셔 갈라진 어느 촌의
　　한 부분도 자립적 토디단톄로 인뎡함.

44. 만일 보됴용디(補助用地, 풀밧, 마소장 밋기타)가 농작디에 의하여는
　여러 토디단톄에 들어 잇는 각 농호들의 련합하여 사용하는
　것으로 되엿으면 이 보죠디 사용으로 인하여 된 그 농호들의
　련합을 특별 토디단톄로 인뎡함.

45. 몃 개의 토디단톄가 피차의 동의에 의하여 한 토디단톄로 련
　합할 수 잇으며 쏘는 분리되여 잇는 토디 사용을 공통으로 만
　들기 위하여셔나 혹은 일뎡한 농업상 과업을 공동으로 셩취할
　목뎍으로 토디단톄들의 동맹에 단합할 수 잇음.

46. 토디단톄의 토디를 사용할 권리를 가진 토디 업는 새 농호가
　토디단톄에 드는 것은 토디단톄의 동의가 잇기 전에는 아니되
　나 그러나 토디단톄에서 확뎡한 슌셔에 의하여 날믄 토디가
　잇는 경우에는 디토기관의 명령에 의하여 토디단톄에 새 농호
　를 더 밧는 것을 허락함.

　※ 비고. 이민하기로 공개한 각 디방에셔는 토디가 넉넉하여
　　아주 사용되지 안커나 혹은 강뎜뎍으로 사용되는 토디가
　　잇는 토디단톄의 공남토디는 당연한 토디졍리 슌셔(토디법뎐
　　뎨168됴 "ㄴ"항)로써 이민상 필요에 사용키 위하여 쩨여내는
　　권리를 본 법뎐 뎨223됴에 의하여 허락함. 토디를 쩨여내
　　는 일은 그 디방의 자연뎍 쏘는 경제뎍 모든 됴건에셔 살림
　　이 압프로 튼튼하여지며 잘 발전될 만한 토디의 표준에 의

하여 실행함. 토디 표준을 뎡하며 인쥰(認準)하는 슌서는 농무인민위원회에서 발포하는 특별 규뎡으로써 확뎡함(1926년 三月 二十二日 전로중앙집행위원회와 로씨야 사회쥬의련방 쏘베트공화국 인민위원 쏘베트 결뎡, 1926년도 법률집 뎨17호 뎨138됴).

47. 토디단톄를 셩립하는 농호들의 식구된 쟈들과 쏘는 농업단(꼼무나, 알쩨리)원들은 남녀별과 년령별이 업시 누구나 다 토디단톄원으로 인뎡하며 그들 중에서 완전한 권리 잇는 단톄원으로는 남녀 분별이 업시 나히 18세 된 쟈들과 쏘는 나혼 그리 되지 못하엿더라도 살림을 자립뎍으로 관리하는 호쥬들만으로써 인뎡함.

48. 토디단톄에셔 여러 가지 디단을 사용하는 슌셔와 토디단톄의 토디경작과 농업에 관한 전톄뎡은 토디단톄의 규측으로와 혹은 본 법뎐을 의거한 상뎍한 결의로써 뎡함.

49. 새로 셩립되는 각 토디단톄는 등긔한 쌔로붓터 자긔의 존재를 어드며 현존한 토디단톄들과 그들의 모든 변경은 반듯이 뎡법에 의하여 등긔하여야 됨.

    ※ 비고. 등긔의 긔한과 규뎡은 농무인민위원부에셔 뎡함.

뎨 二 쟝. 토디단톄의 관리기관에 대하여

50. 토디단톄의 모든 사무는 완전한 권리 잇는 단톄원 총회의와 쏘는 그의 션출한 기관으로써 처리함.

    ※ 비고. 자긔의 경계가 촌 쏘베트령토와 부합되는 토디단톄들에셔는 토디단톄의 션츌한 기관에 맛기는 사무는 촌 쏘베트로써 실행하며 그들의 단톄 자톄에셔 단톄원 총회의에셔 션츌한 토디 전권 위원들로써 처리함.

51. 총회의는 토디단톄에 관계 잇는 다음과 갓튼 모든 문뎨들을 해결함: ㄱ) 단톄에 속한 모든 디단의 사용 슌셔를 설명, 또

는 변경하며 ㄴ) 토디규측을 졔뎡, 또는 필요한 경우에는 그 규측에 변경과 첨부를 행하며 ㄷ) 토디단톄에 외방으로붓터 들어오는 새 토디 사용자 접수와 토디를 가진 채로 단톄에서 나가는 등에 대한 청원을 해결하며 ㄹ) 토디졍리 실행에 대한 것과 토디구획 확장(각인이 사용하는 토디의 디경이 자즌 것을 디경을 변하여 여러 조각을 한 쎄로 만드는 것), 분리디단(分離地段, 동 종류의 토디를 몃 호가 공동으로 사용하는 것) 독립농장(獨立農場, 촌에서 쩌러저서 독농장을 가지고 사는 것)등 방식에 넘어갈 데 대한 것과 토디단톄의 각 부분들 사이에서 토디를 분배하는 등에 대한 모든 것을 결뎡하며 ㅁ) 토디 사용에 관한 규뎡에 의하여 토디의 분배와 재차분배를 행하며 ㅂ) 구획뎍 토디사용(區劃的土地使用, 제밧디경씩 뎡하여 가지는 것)에 잇어서 그것을 공동경작, 공동목장(牧場, 마쇼장) 등을 실시할 문뎨를 해결하며 ㅅ) 공동으로 사용하는 디단들과 공디단들을 관리하며 ㅇ) 전권위원들을 선뎡(뎨50됴비고에의하여)하며 그들에 대한 감독 방법을 셜뎡할 것 등.

52. 총회의에는(뎨54됴) 그 단톄에 속한 토디 사용자는 남녀 별이 업시 18세 된 쟈들과 또는 18세 미만일지라도 자립뎍으로 살림을 치리하는 호쥬들은 전부 참가함.

53. 총회의는 그 토디단톄에 잇는 호쥬(혹은 그의대표쟈)들의 반슈가 출석한 째라야 뎍법회의로 인뎡하며 토디 사용순서를 뎡하거나 변하는 등 일에는 총회의는 호슈의 三분 二의 대표와 또는 완전한 권리 잇는 단톄원의 반슈가 출석한 째라야 뎍법회의로 인뎡하며 각 호로 련합되지 아닌 토디사용쟈(꼼무나, 농업로력조합)들로 성립된 토디단톄들에서의 뎍법 회의는 이상에 말한 첫째 경우에 잇어서는 완전한 권리 잇는 토디 사용쟈 전톄의 반수의 출석, 둘째 경우에 잇어서는 三분二의 출석을 요함.

※ 비고. 만흔 호슈를(250호로붓터 그 이상)가진 토디단톄들에셔

는 만일 본 됴에 요구하는 츌셕원 수의 불족으로 인하여 총회의가 성립되지 못한 경우에 재차총회에는 만일 거기에 토디단톄에서 선출한 대표(250-500호가 되는 토디단톄에서는 매 十호에 대표 一인, 500호 이상이 되는 단톄에서는 매20호에 대표 一인)의 반수만 츌셕하면 덕법 회의로 인뎡됨.

토디 사용 슌셔를 뎡하거나 혹은 변경하는 데 관한 재차총회의는 호슈가 만흔 토디단톄에셔는 이상에 말한 대표들 총 수의 三분 二가 츌셕하여야 덕법 회의로 인뎡됨.

이상에 말한 대표들의 선거는 그에 쇼관된 각 호 인원 총회의에셔 거행함.

토디단톄를 성립하는 농호들을 덕당한 구루쌔로 배뎡하는 것은 소관 촌 쏘베트가 실행함(젼료즁앙집행위원회 결뎡. 1927년 一月 十三日 "농촌생활" 잡지 데二호에서).

54. 토디 사용 슌셔를 뎡하거나 혹은 변경하는 데 관한 사건은 총회의에셔 츌셕원 三분 二의 다수로라야 결뎡되며 기타 사건은 보통 다수로 결뎡됨. 각 츌셕원은 투표권을 다만한 목시만 가짐.

55. 총회의에셔나 쏘는 토디단톄의 다른 기관에셔나 토디사건의 해결은 본 법뎐과 기타 현행법령에 의하여와 쏘는 토디단톄의 규측이나 혹은 결뎡과 쏘는 법률에 저촉되지 안는 경우에는 본 디방 관례(慣例)에 의하여 함.

※ 비고. 토디단톄의 법률 덕용에 대한 관찰은 면집행위원회에 맛김.

56. 총회의의 각 결뎡은 반듯이 회의록(의뎡셔, 議定書)에 긔입하되 그에는 시일과 그것을 작성한 장쇼, 츌셕원의 그에 대한 찬성자와 반대자의 슈, 밋 기타 사건에 대한 중요한 상황 등을 밝이 긔록함. 회의록(의뎡셔)은 다만 의장, 서긔 쏘는 회의에 츌셕한 토디 사용쟈의 다수가 그에 셔명(표를둚)한 후에라야 효력이

잇음.

57. 토디단톄는 국가에 대하여 자긔에게 속한 토디를 뎡당하게 또
는 편리하게 리용할 책임을짐.

뎨 三 장. 토디단톄의 권리와 의무에 대하여

58. 토디단톄마다 완전한 권리 잇는 단톄원 다슈의 결뎡,(뎨53,54등
료에의하여)으로 토디사용에 대한 어떤 방법이던지 그대로 보전
하거나 혹은 다른 방법을 선택하는 권리가 잇음.

59. 토디 사용방법의 자유선택은 이젼 농민 할급디와 매득디에서
와 쏘는 이젼 개인 소유디(만일그토디들이 토디기관이나 혹은 쏘베트 대
표회의의 결뎡으로 쥬민들 사이에 로력뎍 사용으로 분급되엿으면)에서 조직된
농업로력협동조합원들에도 실시함. 이런 농업로력조합원으로
서 토디를 가진 채로 그 조합에셔 나가는 쟈에게는 조합에셔
바든 국가의 금전상, 혹은 물질상 대부의 그에게 돌아가는 배
당액을 환부(갑는다는 말)할 의무가 남아잇음.

※ 비고. 조합이 조직될 째에 쥬민들 사이에 로력뎍 사용으로
분급되지 아닌 토디(쏘베트경리, 도시 부근 촌락 등의 토디와 각 기관,
단톄, 긔업 등에 쩨여 준 국유디)에서 조직된 농업로력죠합들의 폐
지에 대한 됴건과 슌셔는 특별한 규측으로 뎡함.

60. 만일 토디 사용자가 중요한 리유 업시 토디를 생계상 사용을
하지 안코 그대로 두거나 혹은 그것을 위법으로 타인에게 대
급(貸給, 세준다는말) 하는 째에는 토디단톄에서는 한 파젼긔(播轉
期)가 넘지 안케, 혹은 정당한 파젼식이 업는 경우에는 三년이
넘지 안케 그 토디에 대한 그의 사용권을 박탈함. 이로 인하여
일어나는 쟁의는 그에 관계 잇는 토디 사용자들의 쇼고에 의
하여 토디위원회에셔 심사함(1923년 三月 二十九日 전로중앙집행원회
결뎡, 1923년도 법률집 뎨26호 뎨305료).

61. 토디를 강뎜덕으로와 토디가 척박하여지도록 살림을 처리하는(특히 토디개량과 자긔에게 잇는비료(거름)를 토디에 주는 등 일을 짐짓하지 아니는)토디 사용쟈들은 토디단톄의 청원이나 혹은 토디기관의 뎨출에 의하여 한파전긔(播轉期)던지 확명한 파전식이 업는 데셔는 三개년이 넘지 안는 긔한짜지는 토디쟁의 심사규명에 의하여 다른 토디를 대로 밧지도 못하고 자긔가 사용하던 토디는 압슈를 당함(1923년 三月 二十九日 젼로중앙집행원회 결명, 1923년도 법률집 뎨26호 뎨304됴).

62. 호가 업서진 데서와 본 법뎐에 지시한바 와 갓튼 경우에 슈회(收回)한 것과 할급디를 사졀(辭絕, 내여놋는다는 말)하는 자들게로서 쩌러저 잇는 것이나 혹은 재판에 의하여 압수한 디단과 토디단톄원들의 목시는 토디단톄의 관할에 들어감.

63. 토디단톄에 속한 공동용디(분배하지아닌): 목장, 물, 불 편리한 토디, 밋 기타는 직졉으로 토디단톄의 관할에 잇음.

64. 토디단톄는 자긔 명의로 재산을 슈득(收得)하며 계약을 테결하며 재판에 쇼숑뎨긔(提起)와 책임부담을 하며 다른 기관들에 신청하는 등 모든 행사를 할 수 잇음.

뎨 五 편. 농호(로력뎍 농업살림)에 대하여

뎨 一 쟝. 농호의 조립(組立, 호가셩립되는 것)에 대하여

65. 한 가지로 농업을 영하는 사람들의 가족뎍-로력뎍 단합을 농호로 인명함. 농호는 가족 업는 단신쟈로도(남녀 별이 업이) 셩립될 수 잇음.

66. 현시에 가명 내에 잇는 사람(어린이와 늙은이짜지)이나 쏘는 로력뎍 슈입을 위하여 림시로 츌타하엿으되 법률상으로는 그 가명에서 아주 나가지 아닌 사람이나 다 농호의 인원(식구)으로 인명함. 농호의 인원은 혼인과 농호에 새 인원을 밧는 경우에 증

가되며 그 호에서 그집 식구가 나가거나 혹은 그들이 사망하는 경우에 감쇼됨.

※ 비고. 혼인이나 혹은 농호에 새 인원을 바듬으로 인하여 농호에 새 인원으로 들어온 쟈들은 보통 슌셔로 그 가명 인원의 공동 사용으로 잇는 토디와 재산에 대한 사용권이 잇으며 짜라셔 다른 농호인원으로 잇을 째의 토디 사용권은 상실함.

67. 농호(살림)의 로력뎍 사용에 속한 토디와 쏘는 건축물과 농구에 대한 권리는 그집 식구 젼톄에(남녀 분별이 업시) 꼭갓이 잇음.

68. 대표로는 농호의 살림에 관한 호쥬로써(남자나 혹은 녀자) 인명함.

69. 호쥬가 살림처리를 쥬의치 아니하여 그 살림이 패망에 이르게 처리하는 경우에는 그 농호 인원의 쳥원과 그에 대한 촌 쏘베트의 단안(斷案)에 의하여 면집행위원회의 결명으로 그 농호 인원 중으로서 다른 사람으로 호쥬를 박굴 수 잇음.

70. 만일 농호 인원 즁에셔 다만 미성년쟈 한 사람만 그의 인원으로 남기는 경우에 촌 쏘베트는 후견(後見, 뒤를 보아주는 쟈)에 관한 법률에 의거하여 그에게 후견인을 임명함.

71. 농호의 재산은 그 호의 어떤 한 사람(그즁에 호쥬까지도)의 개인 쇼용으로 진 빗을 갑는데 사용될 슈 업슴.

72. 각 호와 쏘는 그들의 인원 변동에 대한 것은 촌 쏘베트에셔 그 호 인원 젼톄와 호쥬까지 긔명(記名)하여 호구 문셔에 등록함. 등록 거절에 대한 쇼고는 14일 긔한 내로 면토디위원회에 뎨출할 수 잇음.

뎨 二 쟝. 로력뎍 농업살림(농호)의 분할(分割, 가른다는말)에 대하여

73. 로력뎍 농업살림(호) 분할은 농호 젼톄의 공동 사용에 속한 디단과 재산을 농호인원들(남녀 별과 년령 별이 업시) 사이에셔 각각의

사용으로 분할하는 데서 생김.

74. 농호의 디단 분할은 다만 그 호에서 갈라나는 인원들이 그들이 갈라 가지는 토디에서 새 농업 살림을 조성할만한 가능이 잇는 경우에만 허락하고 그럿치 못한 경우에는 다만 농호의 재산만 분할할 수 잇음.

75. 18세 미만쟈나 쏘는 두파젼긔(播轉期) 이상(정당한 파전식이 업는 데서는 六년 이상)을 계쇽하여 농호의 공동살림처리에 자긔의 로력이나 혹은 물쟈를 넛치 아닌 쟈는 분호(分戶)를 요구할 권리가 업슴(1923년 三月 二十九日 젼로중앙집행위원회 결명. 1923년도 법률집 데26호 뎨304됴).

　※ 비고. 본 됴의 효력은 살림에 참가치 못한 것이 병역에 징모, 동원(動員)국가 사무에 피선, 병고나 혹은 공부 등으로 인하여 된 경우에는 뎍용되지 아님.

76. 토디와 재산의 분활은 원물(原物, 본물)로 하되 재산에 대하여는 (토디에는 안고) 한 가지물품으로 다른 물품을 대신하거나 쏘는 올세 돌아가는 액슈에 비쥰하여 금젼으로나 혹은 생산품으로써 회계하는 것을 허락함.

77. 분할에는 다만 공동으로 사용하는 재산만 들어가며 그 농호의 엇던 개인의 요구에 의하여 그들 개인의 사용으로 잇는 재산은 분할에 넛치 아니하나 그것에 대하여 그것이 확실히 자긔들의 개인 소유로 되엿다는 것을 증명하여야 되며 쏘는 본 디방 관례(慣例)에 의하여도 그 재산이 그 농호의 어느 개인 쇼유로 인뎡됨.

78. 분할할 때마다 분할쟈들은 분할계약을 등록하기 위하여 면집행위원회에 제출하되 그에는 다음과 갓튼 것을 첨부함: ㄱ) 어느 째에 쏘는 집안 어느 인원들 사이에셔 분할에 대한 협의가 셩립된 것 ㄴ) 어대서 쏘는 어쩐 디단(그의 종류, 면젹, 사

포)이 분할에 들어가며 쏘는 그것이 서로 합의된 쟈들 사이에서 어쩌케 배당되는 것 ㄹ) 분할을 실행할 긔일과 슌셔 ㅁ) 협의쟈들 중에셔 혹쟈들 생각에 뎡하는 것을 필요로 인뎡하는 위법되지 안는 기타계약 ㅂ) 협의쟈들의 슈표.

79. 면집행위원회는 다만 분할계약이 법률에 위반된 경우라야 분할계약 등록을 거졀할 수 잇음. 등록거졀에 대한 소고는 十四日 내로 군토디위원회에 졔긔(提起)할 수 잇음.

80. 분할쟈들 사이에셔 분할에 대한 합의가 성립되지 못하는 경우에는 분할에 대한 요구는 면토디위원회에 보내며 이런 경우에 분할등록은 다만 토디위원회에셔 문뎨를 완전히 해결하엿고 또는 그들의 해결이 법률상 호력이 발생한 후에라야 면집행위원회에셔 실행함.

81. 만일 농호의 토디분할과 함께 그의 재산분할까지를 요구하는 째에는 이런 분할에 관한 쟁의는 그 젼부가 토디법뎐에 속한 것이며 토디는 관계 업시 다만 재산분할에 만대한 쟁의는 민사재판으로 해결함.

82. 로력뎍 살림의 토디분할에 대한 쟁의를 심사하는 째에 면토디위원회는 무엇보다 면저 분할을 원하는 그 살림의 인원들이 토디단톄와 본 디방 토디기관의 관할에 잇는 사용되지 아니하는 토디에셔 살림 셜치를 할만한 가능이 잇고 업는 것을 밝이 사실하여 다만 이와 갓튼 셜치를 할 수 업는 것을 확인한 경우에라야 살림용의 디단의 분할을 행함.

83. 분할로 말미암아 성립되는 새 농호는 만일 그에게 이젼 호의 터밧트로붓터 만족한 할급을 하지 아닌 경우이면 그는 토디단톄에 향하여 예비로 잇는 공디 중에셔 주택과 쏘는 살림에 필요한 건축을 할디단 할급을 요구할 권리가 잇음.

84. 평균뎍 토디 사용방식을 가진 토디단톄에 잇는 토디를 분할하

는 경우이면 분할되는 농호인원의 목시는 배당되는 단위(割給單位)와 비쥰하여 뎡하며 기타 모든 경우에는 법률에 져촉되지 아니하는 한도에서 현죤한 통례에 의하여 뎡함. 따라셔 어떤 경우로 분호가 되던지 분활되는 모든 인원은 남녀를 물론하고 동등한 권리가 잇음.

※ 비고. 토디위원회들에 대한 단일한 지도를 위하여 도토디국의 제의와 농무인민위원부의 인쥰을 바든 분호에 관한 상뎍한 규뎡을(디방뎍됴건에 맛도록) 발포할 권리를 도집행위원회에 허락함.

뎨 三 장. 살림(농호)의 세분(細分)을 예방하는 데 대한 방침

85. 젹치(積置. 한데 모듸엿다는 말)된 살림을 극히 젹은 여러 부분으로 나 혹은 그것을 넘우 미약하게 만드는 디경으로 호를 갈으는 폐단을 예방키 위하여 도집행위원회에 도토디국의뎨의에 의하며 농무인민위원부의 인쥰을 바다 분호하는 째에 살림을 극소부분으로 분할하는 것을 제한하는 뎍당한 결뎡을 할 권리를 허락하되 더 분할하지 못 할 최져표쥰(最低表準)은 농무인민위원부에서 먼저 뎡함.

86. 뎡하여 노은 최져표쥰은 분할 못 하는 모든 독립농장과 분립된 디단을 사용하는 등 모든 살림들에 대하여는 의무뎍으로 쥰슈할 것이 되여 어쩐 살림이던지 뎡한 표준보다 세부분으로 분할함을 금지하며 평균뎍으로나 디단구획뎍(地段區劃的) 토디 사용방식을 가진 토디단톄에 속한 살림들에 대한 분할표준은 젼단톄로나 쏘는 각 호들로나 자원뎍으로 뎡하되 이상 각 됴의규뎡에 의하여 함.

87. 살림을 세분치 아닌다는 자원뎍 광포는 젼단톄에 대한 것은 완젼한 권리 잇는 단톄원 총슈의 三분 二가 출셕한 회의에셔

하되 분할을 실행하지 못 하는 가장 졀은 긔한(한파전긔 이상으로,
만일 파젼식이 업는 경우에는 三년 이상으로)까지 명하는 결명으로써 하
며 각개 농호에 대한 것은 그 호 내의 완전한 권리 잇는 쟈젼
톄의 동의로 함. 성립된 협의는 명식(定式, 일정한 방식)에 의하여
면집행위원회에셔 그를 등록한 후라야 효력이 잇음. 평균뎍
토디 사용방식을 가진 토디단톄들에셔는 살림을 세분치 아니
는 데 대한 협명이 토디 재분배와 그에 짜라 더 분할치 못 할
살림(호)의 디단표쥰을 변경하는 데 대하여는 토디단톄에 지장
을 주지 아니함(1923년 三月 二十九日 전로중앙집행위원회 결명, 1923년도
법률집 데26호 뎨304됴).

88. 살림을 세분치 아니하기로 선언한 살림에셔 그 살림으로붓터
나가는 쟈는 그의 목시에 돌아가는 재산을(토디는 말고)돈으로나
혹은 산물로 지불하기를 요구할 권리가 잇음. 만일 이에 대하
여 합의되지 못 되는 경우에는 지불액(支拂額)은 토디위원회에
셔 명하되 그 농호전톄 살림상 필요품종 가치의 三분 一에 넘
지 못 하게하며 짜라셔 호에 남아 잇는 인원들의 요구에 의하
여 돈으로나 산물로 내여줄 것 을 아모 변리도 업시 五년 이하
로 연긔할 수 잇음.

89. 살림분할을 명법에 의하여 면집행위원회에 등록하지 아닌 것
은 법률상 효력이 업스며 이런 경우에는 토디와 재산을 분할
한 농호도 토디졍리와 재분배에셔라던지 모든 수렴과 세납과
의무를 징수하는 데셔 라던지 다 한 호로 인명됨.

뎨 六 편. 로력뎍 토디 사용 슌셔에 대하여
뎨 一 장. 총측
90. 토디단톄에서는 다음과 갓튼 방법으로 토디를 사용할 수 잇
음: ㄱ) 농호들 사이에서 토디를 평균으로 분배하는 평균토디

사용 ㄴ) 구획뎍 토디 사용(구획뎍, 분립뎍 혹은 독립농쟝(후쏘르) 디단 형식의 토디에 대한 변치 아니하는 한도의 토디 사용권을 가진) ㄷ) 조합뎍 토디 사용(농업꼼무나, 로력조합, 혹은 공동경작조합 등을 조성하는 단톄원들의 단합뎍 토디 사용).

※ 비고. 토디단톄는 각죵 용디에 대하여 그 사용하는 슌셔를 여러 가지로(혼합뎍 토디 사용방식) 뎡할 수 잇으되 생계상 주요한 용디에 대하여 뎡하는 그 슌셔를 근본 슌셔로 인뎡함.

91. 토디단톄에서 토디 사용에 대한 한 가지의 슌셔에서 다른 슌셔로 넘어가는 데 대하여 동의하지 아니는 단톄원들은 토디 분배에 대한 규측에 의하여 자긔의 토디를 한곳에 갈나대여 그것을 이뎐 슌셔대로 사용할 수 잇음.

데 二 쟝. 토디의 평균뎍 사용 슌셔에 대하여

92. 토디를 평균뎍 슌셔로 사용할 때에는 토디단톄에 들어 잇는 농호에게 단톄의 뎐토디로붓터의 토디의 배당권을 승인하되 단톄원들 사이에 토디를 평균으로 분배키 위하여 배당되는 토디의 량을 변경할 수 잇음.

93. 토디를 평균뎍으로 사용하는 토디단톄들에서의 토디의평균뎍 분배는 전부 토디를 다시 분배하거나 혹은 각개 농호의 할급디를 감축 또는 첨부하는 방법으로써 함.

※ 비고. 할급디의 감축과 첨부를 그에 관계 잇는 농가들이 동의치 아니하는 경우에는 한 파뎐귀 동안에 한 번 이상을 하지 못 하며 쏘는 파뎐긔 시작 전에 밧게는 하지 못 함.

94. 법률에 의거한 토디의 평균분배에 관한 총규뎡은 토디단톄의 토디규측에(판결에) 진슐(陳述)하며 그 규측에는 반듯이 다음과 갓티 규뎡되여야 함: ㄱ) 토디단톄에 잇는 각죵 용디(경작디, 초면, 및 기타) 즁에서 어쩐 용디들을 다시 분배할 수 잇는 것 ㄴ)

각죵 용디를 어썬 단위(單位)(식구, 로동력 및 기타)에 의하여 어썬 형식(면적에 의하여, 슈확물에 의하여 및 기타)으로 배당분을 뎡할 것 ㄷ) 어썬 긔한을 지나서 토디를 다시 분배할 것 ㄹ) 공동사용으로 두는 용디를 어쩌케 리용할 것.

95. 도 혹은 그의 각개 구역에 대한 분할단위는 디방뎍 됴건과 농업방식에 뎍응한 도토디부의 졔츌에 의하여와 농무인민위원부의 승인으로 도집행위원회에서 뎡할 수 잇음. 이러한 결뎡을 공포하기 젼까지는 토디를 평균으로 분배할 때에 분할단위를 토디단톄에서 뎡함. 그러나 도집행위원회에서 발포하는 분할단위에 대한 의무뎍으로 실행하여야 될 결뎡은 토디를 긔한 젼에 다시 분배하거나 혹은 평등케 할 의무를 토디단톄에 지우는 것은 아님(만일 이젼에 토디단톄에서 뎡한 단위에 의거하여 실시된 것이 잇다면).

뎨 三 쟝. 구획뎍 토디 사용방법에 대하여

96. 토디를 구획뎍으로 사용하는 경우에는 토디단톄에서 속한 각 농호에 일뎡한 면적 즉 구회뎍 형식의 토디권을 승인함: ㄱ) 분경디단(여러 사람의 토디가 디경으로써 분별되는 것) ㄴ) 분립디단 ㄷ) 독립농쟝디단.

97. 구획뎍-분경뎍 토디 사용에 잇어서는 일개 토디 사용쟈의 용디로 된 디단들은 다른 토디 사용쟈들의 그와 동죵류의 디단들로 더불어 혼잡되여 토디단톄의 전토디에 여러 곳에 노히여 잇음.

98. 분립디단뎍 토디 사용에 잇어서는 토디 사용쟈의 전토디 혹은 동죵류 디단들이(레컨대 파죵디) 한곳에 잇으며 뎐택은 고동 거주디에 잇음.

99. 독립농쟝뎍 토디 사용에 잇어서는 토디 사용쟈의 뎐택은 근본

용디들로 집셩(集成)된 구획 디단에 잇음.

100. 구획덕 토디 사용방법은 그것이 쥬요한 용디들에 대하여 증권으로나 혹은 토디단톄의 판명으로 이미 확명되엿으며 쏘는 그 후에 법률샹으로 그것이 변경되지 아니하고 잇는 토디단톄들에서만 존재한 것으로 인뎡함.

101. 구획덕 토디 사용방법을 새로 뎡할 때에는 각 농가에서 사용할 토디량을 일반덕 긔초에서 토디단톄의 결뎡으로 뎡하며 벌서 구획덕 토디 사용방법을 실시하는 토디단톄들에 잇어서는 각 농가의 구획디량을 확실한 로력덕 토디 사용에 의하여 뎡하며 쟁론이 잇는 경우에는 샹당한 증권과 기타 증거에 의하여 토디위원회에서 뎡함.

102. 구획덕-분경덕 토디 사용방법에 잇어서는 각개 농가의 디단의 위치와 경계를 국가덕 혹은 단톄덕 내부의 토디졍리를 실시할 때에나 혹은 국가의 필요를 위하여 토디를 슈회(收回)하는 경우에서 변경할 수 잇음. 이외에도 토디단톄는 토디 사용방법을 개선할 목덕으로 완젼한 권을 가진 단톄원들 다수의 결뎡에 의하여(광대한 디대와 디포식 파전법 및 기타 방법을 취함) 각 농가의 디단의 위치와 경계를 변경할 수 잇음. 개량식으로 농업을 하는 독립농쟝 디단과 분립디단의 위치와 경계는 그 디단 사용쟈들의 승낙이 업시는 다만 토디졍리의 슌셔에서와 국가덕 의의를 가진 특별 필요가 잇는 경우에 잇어서만 변경할 수 잇음. 개량된 살림으로 인뎡하는 모든 규뎡은 농무인민위원부에서 디방 특수됴건에 쥰응하여 뎡함.

데 四 쟝. 조합덕 토디 사용슌셔

103. 조합덕 토디 사용 슌셔에 잇어서는 토디단톄에 들어 잇는 각 토디 사용쟈들에게 쥬요한 용디들에 잇어서 조합원 각 개인

에게 토디를 할급함이 업시, 조합의 공동 할급디의 사용에 공동으로 참가할 권을 승인함.

104. 토디를 조합덕으로 사용하는 토디단톄들은 토디 사용쟈들이 자원덕 승낙에 의하여 그들이(토디 사용쟈들이) 이젼에 사용하던 용디 전부나 혹은 다만 어쩐 용디들만을 련합하여 공동으로 사용하거나 혹은 토디를 조합에 공동으로 할급하는 등으로 써 단톄원들의 로력을 가장 유익하게 리용하여 농업생산을 진행할 목덕으로 조직함.

105. 토디를 조합덕으로 사용하는 토디단톄에서는 각 단톄원들에 게 돌아가는 토디의 배당분을 명하기도 하고(로력조합 혹은 공동 토디조합) 혹은 명하디 안키도 함(농업꼼무나).

106. 로력조합과 공동 토디조합에서 생계상 용디에 대하여는 각 조합원들의 배당디을 고명한 면적으로나 혹은 후에 평균으 로 다시 분배하는 원측으로써 명할 수 잇음.

107. 조합을 조직함에는 다움과 가튼 문셔를 작성하여야 됨: ㄱ) 창립에 대한 결명서 ㄴ) 규측 ㄷ) 할급디에 대한 증권. 일시 덕 성질을 가진 조합은 토디의 할급에 대한 증권과 규측이 업시도 조직할 수 잇음.

108. 조합창립에 대한 결명에는 다음 가튼 것들을 지시함: ㄱ) 조 합의 명칭과 과업 ㄴ) 조합(로력조합 혹은 꼼무나)에 드는 토디 사 용쟈들의 수효와 셩명 ㄷ) 토디를 조합덕으로 사용키 위하여 련합하거나 혹은 할급하는 토디의 면적 ㄹ) 각 토디 사용쟈 의 생계상 용디의 배당분(만일 이것을 명한다면).

109. 토디를 조합덕으로 사용하는 토디단톄의 규측에는 그의(단톄 의) 명칭과 소재디 외에 또 다음과 갓튼 것들을 지명하여야 됨: ㄱ) 조합에 새로 들어오거나 혹은 이미 조합에 들어온 쟈들이 거기로부터 나아가는 데 대한 됴건 ㄴ) 긔구의 매득

과 사용에 대한 순셔 ㄷ) 조합원들의 로력, 생산긔구 밋 기타 소유물 등의 한도 여하 ㄹ) 토디 공동경작의 순셔와 조합원의 생계상 작업에 참가하는 규뎡 ㅁ) 공동경작디에서 슈확하는 산물분배의 총측 ㅂ) 공동재정(자본)의 구셩 방법 ㅅ) 조합폐지의 순셔와 조합원들이 필요로 인뎡하는 법률에 위반되지 아니하는 기타 됴건과 규뎡.

※ 비고. 각종 조합챵립에 대한 표쥰적 결뎡과 그의(조합의) 표쥰뎍 규측을 제뎡하여 발포할 의무를 농무인민위원부에 지움.

110. 조합에서 나가는 조합원은 그가 들인 로력과 조합의 공동 소유물(농구), 져축물 밋 기탸 즁에 그대로 두는 그의 올세 대한 보슈를 요구할 권리 잇음. 그와 동시에 조합은 거기에서 나가는 쟈에게 대하여 그의 나감으로 인하여 생기는 손해에 대한 배상을 요구할 수 잇음. 이에 관계되는 모든 쟁의는 토디위원회에서 해결함.

※ 비고. 조합원이 슈확긔젼에 조합에서 나가는 경우에 잇어서는 그만치 감쇼되는 비례의 슈확물 배당을 바들 권을 가짐.

111. 조합이 합법으로 평균뎍 혹은 구획뎍 토디 사용순셔에 넘어가거나 혹은 페지되는 경우에 잇어서는 각 조합원들의 조합용디의 배당분은 조합의 규측에 의하여 뎡하며 그 규측에 이에 대한 확뎡이 업는 경우에는 조합원총회의의 결뎡에 의하여 뎡함.

※ 비고. 국가의 직접 관리에 잇는 토디에서 농업을 경영하던 농업단테들이 페지되는 째에는 그 토디는 토디긔관의 관리에 둠.

뎨 五 장. 공동경작에 대하여

112. 각 토디단톄에서는, 그의 토디 사용순셔의 여하를 물론하고,
완전한 권을 가진 단톄원들 다수의 결뎡에 의하여(뎨53_54등됴
의 규뎡으로) 그의 토디 젼부나 혹은 일부에서 경디, 파죵, 슈확
등을 할 때에 공동으로 로력함과 생상긔구와 물자를 공동으
로 사용하는 등 방법으로써 공동경작을 실행할 수 잇음.

113. 토디의 공동경작에 넘어감과 그의 실행에 대한 됴건과 순셔
는 면집행위원회에 등록된 공동 토디 경작쟈들의 게약으로
써(결뎡으로) 뎡함.

114. 단톄원들의 다수는 공동경작에 과도를 동의하지 아니하는
데서 그의 쇼수가 공동경작에 넘어가려고 하는 경우에 잇어
서는 단톄는 이 쇼수 단톄원들의 요구에 싸라 토디할급의
통측에 의함과 동시에 토디 사용에 대한 호상 간의 편리를
위하여 한곳에 샹당한 디단을 갈라줄 의무를 짐.

115. 공동으로 경작하는 토디는 토디를 다시 분배할 때에도 이젼
토디 사용쟈들에게 그대로 보유되며 쏘는 그들에 에돌아가
는 면적이 분할 단위에 의한 배당분보다 더할지라도 그것을
감쇼시기지 아님.

뎨 七 편. 토디를 평균으로 사용하는 단톄에서의 토디의 재분배 에 대하여

116. 각 토디의 재분배는 단톄원들의 투표의 보통 다수에 의한 토
디단톄의 특별 결뎡에 의하여 하되 그 결뎡에는 다음과 가
튼 것들을 지시함. ㄱ) 다시 분배하는 각죵 용디 ㄴ) 분할단
위의 종류(식구, 로동력 및 기타) ㄷ) 매 호에 돌아가는 단위의 수
효 ㄹ) 토디 재분배에 대한 긔한 ㅁ) 예비 디단의 사용 슌셔
(만일 토디를 다시 분배할 때에 여존이 잇다면).

※ 비고1. 1917년 十日月 七日 이후로 단테원들 전테에 대하여 동일한 기초에서 토디의 전테 재분배나 혹은 평균분배를 실시 못하거나 쏘는 각 농호의 토디 사용에 그 단테 내에 잇는 분할 단위와(식구, 로동력 혹은 혼합덕의) 비겨셔는 적지 아닌 불평균이 그대로 잇는 토디를 평균덕으로 사용하는 단테들에서는 토디 사용을 평균케 할 목덕으로 토디의 전테 평균덕 재분배나 혹은 할급디의 텀부나 축쇼 등은, 단테원 쇼수의 요구일지라도 그 요구에 짜라 도(道)(혹은 그와 상등한) 이하가 아닌 토디 긔관들에서 내여주는 증명셔에 의거한 농민위원부의 허가에 의지하여 실행함. 우에 말한 원측에 의하여 토디의 전테 평균 재분배나 혹은 할급디의 축쇼나 텀부 등을 실행한 뒤에 이런 단테들에서 장래의 토디 재분배는 다민 보통원 측에 의하여만 할 수 잇음(1926년 二月 八日 전로중앙집행위원회와 로씨야 사회쥬의련방 쏘베트공화국 인민위원 쏘베트 결뎡, 1926년도 법률집 뎨八호 뎨五十八됴).

※ 비고2. 자긔의 조립에 250호 이샹의 농호를 가진 토디단테들에 잇어서는 토디의 재분배에 대한 덕법의 판뎡은 토디법뎐 뎨53, 54등 됴의 비고에 지시한 규뎡에 의하여 함.

117. 재분배의 토디 분배는 분할단위에 응쥰하여 단테에 잇는 모든 농호들 사이에서 동일한 원측으로써 함.

118. 생계샹 및 기타의 건물로와 쏘는 채원 등으로 덤령된 디단과 쏘는 뎡원, 포도원 및 기타의 특별한 가치를 가진 식물(植物)로 덤령된 디단들은 다시 분배에는 너티는 아니하나 그들의 면젹을 각 농호들에 할급하는 기타 용디들의 량을 뎡할 째에 총계산에는 너흘 수 잇음.

119. 디단을 사용하는 쟈들이 근본덕 개량, 특히 인공덕으로 관개나 혹은 간조케 한 디단들은 토디를 다시 분배할 째에 그것

을 이전에 사용하던 쟈들에게 그대로 둠. 그대로 두기 불능
하거나 혹은 불편리한 경우에는 그 디단들을 다른 사람들에
게 넘겨줄 수 잇나니 이런 경우에 잇어서 디단을 남겨 가지
는 쟈들은 이전 사용쟈들이 특별한 소비를 하고 리용치 목한
그것에 대한 보슈를 할 의무가 잇음.

※ 비고. 어떤 농가에셔 경작을 뎍당히 하고 비료를 잘 내던
경작디단들은 토디를 다시 분배할 때에도 될 슈 잇는 대
로 다른 사람들에게 보다도 그 농가에 특별히 허여함
(1926년 二月 八日 전로중앙집행위원회와 로씨야 사회쥬의련방 쏘베트공화
국 인민위원 쏘베트 결뎡. 1926년도 법률집 뎨八호 뎨五十八됴).

120. 토디의 재분배에 대한 단톄의 판뎡은 그것이 면집행위원회
에서 등록된 뒤어라야 실행됨. 재분배에 대한 판뎡이 재분배
에 대하여 이미 뎡한 규뎡을 불쥬의하엿거나 혹은 각개 단톄
원들의 권리를 위반하는 경우에는 등록을 거절하는 동시에
그 판뎡에 단톄가 반듯이 졔거하여야할 것이나 혹은 그가 재
분배를 거절하여야 될 모든 오착이 잇는 것을 지뎍함.

121. 경작디의 재분배는 단톄에서 실시하는 파뎐법의 세 번 슌경
긔(巡耕期)가 지난 뒤에라야 실행하며, 정확한 파뎐법이 업는
경우에는 토디를 마감 번 분배한 째로부터 九개년이 지난 뒤
에라야 다시 분배할 수 잇음(1923년 三月 二十九日 전로중앙집행위원
회 결뎡. 1923년도 법률집 뎨26호 뎨304됴).

122. 용디의 긔한 뎐재분배는 단톄에서 개량된 토디 사용과 농업
방식에 넘어가는 경우에와(좁은 구획으로부터 넓은 구획에, 삼슌경작으
로부터 다포식(多圃式) 및 기타) 또는 용디의 일부를 단톄로부터 강
졔로 취졔하엿거나 혹은 토디정리를 실행하는 등 경우에만
용허할 수 잇음.

123. 토디를 다시 분배할 동안에 할급디의 축쇼와 톔부는 각 경우

에(데93됴의 비고에 응쥰하여) 단톄의 판뎡에 의하여 하되 그 판뎡에는 할급디의 취제를 당하거나 혹은 허급을 밧는 각 농호 및 개인과 쏘는 축쇼하며 텀부하는 표쥰량을 지시함.

124. 할급디의 축쇼와 텀부에 대한 단톄의 판뎡은, 만일 그에 대하여 불만족히 녀기는 단톄원들이 十四日 이내로 토디위원회에 소송을 데츌치 아니면, 실행에 착수하며 소송을 데츌하는 경우에는 다만 그것을 토디 쟁의 해결 순셔로 심사한 뒤에라야 실행함.

뎨 八 편. 택뎐(宅田, 터밧)과 초디(草地, 풀밧)에 대하여

125. 농호마다 촌의로 디대에 택뎐 용디의 할급을 바들 권리가 잇음.

126. 토디의 재분배와 할급 단위에 대한 규뎡은 로력뎍 토디 사용자들의 택뎐디단에 대하여는 아모 관게도 업스며 쏘 이 디단들은 그 사용쟈들의 승낙이 업시는 평균으로 다시 분배하거나, 취제하거나 쏘는 이젼하지 못 함.

127. 촌에 잇는 택뎐디단의 면적은 단톄에서 완젼한 권리 잇는 단톄원들 다수의 결뎡에 의하여 뎡하되 그 면적은 농호에마다 동일하여야 됨. 그와 동시에 각 농호들의 택뎐디단에 뎡한 표쥰량보다 남아지나 불족이 잇는 것은, 다른 용디들로써 평균케 하되 토질에 대하여도 쥬의하여야 됨.

128. 각 토디단톄들에는 불츙분한 택뎐에 토디를 보태여주거나 세택뎐 디단을 할급하는 등에 사용할 다른 용디들로써 젼촌의 택뎐을 확쟝할 권을 허여함.

129. 토디졍리의 순셔에 의하여 독립농쟝 디단으루나 혹은 분립 디단으루 나가는 농호들은 삼개년까지는 촌에 잇는 자긔의 이젼 택뎐디단을 사용할 수 잇으며 그후에는 이 디단들을

그것들이 쇽하여 잇는 토디사용쟈들(단톄나 혹은 각개농호들)에게
루 넘어감.

130. 토디단톄의 사용즁에 잇는 초뎐들의 분배는 경작디를 분배
하는 원측과 분할 단위에의 하여 하며 동시에 한 단톄 내에
서 뎐디와 초디의 재분배를 위하여 여러 가지 분할 단위를(례
컨대 뎐디의 재분배는 식구에 의하여 하며 초디의 재분배는 가축의 수에 의하여
하는 등) 명합을 용허치 아님.

※ 비고. 특별한 경우에 잇어서는 특슈한 디방뎍 됴건에 싸
라 도집행위원회는 도토디국의 제출에 의하여 초디의 재
분배에 대한 특별한 긔한과 됴건을 명할 권을 가짐.

131. 초디 사용쟈들, 토디단톄들과 밋 각개 농호들이 근본뎍 개량
(간디 밋 기타 개량)을 실시한 초디 디단들은 우에 말한 사용쟈들
에게 그대로 두며 만일 평균뎍으로 다시 분배하거나 혹은 토
디를 졍리할 째에 그의 일부를 취제하는 경우에는 이젼 사용
쟈들이 비용을 들이고 리용치 못한 데 대한 보슈는 디단을
새로 사용하게 되는 쟈들에게서 바듬.

132. 토디단톄들이 사용에 잇는 초디나 쏘는 단톄에서 써러진 분
리 디단이나 혹은 양초업을 하는 각개 농호들의 사용에 잇는
초디의 경계 변경은 다만 토디졍리 슌셔로만 할 슌 잇음.

133. 도집행위원회들에게 도토디국의 제출에 의하여 초디의 군즁
뎍 개량을 쟝려하거나 강박하는 방책에 대한, 의무뎍 결명과
샹세한 규명을 발포할 권을 허여함.

뎨 九 편. 토디분할에 대하여

134. 토디를 평균뎍으로 쏘는 구획뎍－분경뎍으로 사용하는 경우에
잇어서는 각 농호가 각개로나 혹은 다른 농흐들과 함께 어느
째를 물론하고 단톄의 승락을 어더 그 현행 토디 사용 슌셔를

거절하고 토디를 한고데 갈나가지고 나갈 권리가 잇음.

135. 단톄에서 토디의 완전한 재분배나 쏘는 평균분배를 할 쌔에 농호들은 몃 개로나 혹은 각개로 단톄의 승낙이 업시도 그에게 나갈 수 잇으며 쏘는 다시 분배하는 표쥰량에 의하여(정당한 평가로 토질에 대하여도 쥬의를 함으로써) 그들에게 돌아가는 토디를 한고데 갈나주기를 요구할 권리가 잇으며 쏘 그 갈나낸 토디에서 어쩐 사용방법이던지 명할 수 잇음.

136. 단톄에서 토디를 완젼히 분배하지 안커나 혹은 다시 분배치 안는 경우에 잇어서는 만일 단톄에 들어 잇는 농호의 五분一 이샹이나 쏘는 350호 이샹이 되는 단톄에서는 50호 이샹이 단톄의 승낙이 업시도 단톄로부터 토디를 갈라가지고 나아가기를 요구하면 그것을 허락함. 그리고 개간되지 안엇거나 쏘는 자연뎍으로 쨔로 쩌러저 잇는 디단에서는 단톄의 승낙이 업시도 몃 호던지 쏘는 아모 쌔에나 갈라나가는 것을(만일 분할이 단톄 내에서 토디의 전톄 재분배를 이르키지 아니는 경우이면) **허락함.**

137. 분할될 때마다 단톄에서는 미리 분할단위를(식구, 로동력 혹은 두 가지를 합한 것 등에 의하여) 명하며 단톄에서 갈라나가는 쟈들에게 대하여는 토디면적을 그들에게 돌아가는 분할 단위의 량에 의하여 계산함. 그리고 그 분할 단위는 각죵 용디(면디, 초디 및 기타)에 대한 것이나 쏘는 단톄에서 갈라나가는 쟈와 그에 그대로 쇽하여 잇는 쟈에게 반듯이 동일하게 하여야 됨.

138. 단톄로부터 토디 분할은 그 단톄에 그대로 잇는 쟈들과 거기에서 나가는 쟈들 호샹 간에 토디 사용의 가장 뎍당한 편리, 곳 분명디단, 토디의 교착(交錯, 여러 사람의 土地가 석기어 잇는 것), 토디의 원격(遠隔, 토디가 멀리 잇는 것) 경계의 불규측 물과 길의 불죡 등을 제거함과 쏘는 토디정리에 대한 기타 모든 요구를 잘 쥬의하는 등으로써 실행하여야 됨.

139. 토디단톄에서 우에 말한 각 됴의 순셔로 토디를 분할함으로
    써 한 가지 토디 사용방법에서 다른 방법으로 넘어간 뒤에는
    젼토디의 긔한 젼 재분배를 요구하는 토디분할은 다만 단톄
    의 승낙이 잇어야 할 수 잇음.

140. 단톄에서 토디를 분할하거나 혹은 전부로 다시 분배할 째에
    는 다음과 가튼 순셔를 직히여야 됨:

    ㄱ) 모든 문톄는 토디단톄원들의 총회의에서 미리 토의함.

    ㄴ) 쟁론과 소송이 업는 째에는 단톄의 결뎡은 그것이 군토
       디 관리긔관에서 등록된 후에라야 실행하며 토디긔관에
       서는 이런 사건의 심사를 그것이 뎨출된 날로부터 二쥬
       이내에 하여야 됨.

    ㄷ) 토디에 대한 쟁론이 생기는 경우에는 불만족하여 하는
       측에서는 단톄의 결뎡에 대하여 토디 쟁론심사에 대한
       이젼 순셔에 의하여 샹고할 권리가 잇으며 쏘는 다만 사
       건이 완전히 심사되고 해결된 뒤에라야 군토디국에서는
       해당한 등록을 실행함.

뎨 十 편. 로력뎍 사용 토디의 안고(安固, 튼튼히)와 정리에 대
하여

141. 로력뎍 토디 사용에 대한 긔본법을 발포한 날로부터는(1922
    년 五月 22日부터)(1922년도 법률집 뎨36호, 뎨426됴)면, 촌 및 기타 농
    업단톄들은 현금에 실제로 그들의 로력 사용에 잇는 것이나
    쏘는 토디긔관 혹은 쏘베트 대표회의의(면, 군, 도등의) 결뎡으
    로써 로력뎍 사용에 주기로 예뎡한 토디중으로부터 뎍법으
    로 그들에게(면, 촌, 및 기타) 허여한 그 모든 토디를 그대로 쟝
    구히 로력뎍으로 사용할 것으로 인뎡함.

142. 그러케 되는 째로부터 면들과 촌들 사이에 의무뎍 토디평균

은 페지되며 압프로 토디정리는 다만 디단분경, 디단의 원격 및 기타을 제거함으로써 쥬민들에게 토디 사용에 대하여 가장 만흔 편리를 주기 위하여만 함.

143. 촌들과 밋 기타 농업단톄들 사이에 토디관게에 대한 혼란이 업는 구역들에서는 토디긔관들은 토디 사용에 대한 전국덕 됴사의 슌셔로(토디등록) 특별 규뎡에 의하여 다만 현존한 토디 사용을 명식으로 등록하며 면적과 경계를 뎡하며 쏘는 그에 대한 증권을 쥬민들에게 내여주는 등 사무를 진행함.

뎨 二 부. 도시 토디와 국유디산(地産)에 대하여

뎨 一 편. 도시 토디에 대하여

144. 본 토디 법뎐을 발포함으로부터는 도시 경내에 잇는 모든 토디는 도시의 토디로 승인됨. 이외에 아래 말한 각 면에 잇는 토디들도 도시의 사용에 속함. 면토디로 도시의새경계를 뎡함으로써의 도시의 강역(疆域) 확쟝은 뎨146됴에 지시한 긔초에 의하여 함.

145. 1922년 八月一日경싸지는 쏘베트의 관할에 잇는(건축물이 잇는 것이나 또는 업는 것이나) 토디들의 표면경계와 도시경계에 련접한 이젼의 도시 토디들을, 만일 그것이 실제로 농촌 쥬민이나 혹은 로동단톄들의 사용에 잇지 아닌 경우에는 본 법뎐이 실시되기 시작한 그 당시의 도시계션으로 인뎡함.

※ 비고1. 디면에서나 혹은 도면(圖面)에서 도시 계션의 전부나 혹은 일부의 획뎡은 필요한 경우에 잇어서는 도시 쏘베트나 또는 그 부근 쥬민의 청원에 의하여 토디정리의 보통 슌셔로써 함.

※ 비고2. 본 됴에 지시한 도시경계의 획뎡에 대한 일은 첫 차례로 실행하여야 됨.

146. 도시의 확장을 위하여 현존한 도시의 경계를 변경하여 새로
     명할 필요가 잇는 경우에는 이에 대한 문데를 도시 쏘베트나
     혹은 내무인민위원부에서 데긔함. 새 도시경계의 획명에 대
     한 일은 토디정리 규명의 보통 순셔로 실행함. 동의를 엇지
     못하는 경우에는 최후 해결은 전로중앙집행위원회 샹무위원
     부에서 하게 됨. 인쥰된 새 도시경계에 대한 계획안은 토디
     긔관들로 실황함.

147. 도시경 내의 토디정리는 특별법규로써 명함. 토디긔관들의
     행사는 이 토디에 대하여는 관게 업슴.

     ※ 비고. 본 됴에 지시한 법규와 규명은 내무인민위원부와
        농무인민위원부등의 졔안에 의하여 전로중앙집행위원회
        샹무의원부에서 발포함.

148. 도시경계 박게 잇는 모든 토디는 그들이 누구의 사용에 잇음
     은 물론하고 면의 령토에 속하며 토디긔관의 총관할에 잇어
     토디법뎐에 덕응한 결명에 복죵하며 쏘는 도시 공산 긔업들
     의 실졔 사용에 잇는 토디들은(슈도, 저수장(貯水場), 쏘베트경리 밋
     기타) 이 긔업들의 사용에 그대로 둠.

149. 공산 관리긔관의 소관에 들지 아니는 긔관들와 긔업들의 사
     용중에 잇으며 쏘는 그들에게 덕법으로 허여한 도시경계 박
     게 잇는 토디들은 이 긔관들과 긔업들의 사용으로 시인하여
     시민들의 농업상 사용에 잇으며 쏘는 그들에게 덕법으로 허
     여한 토디들은 로력덕 토디 사용에 대한 보통 법규에 의하여
     그들의 사용에 그대로 두며 우에 말한 쥬민들의 토디 사용에
     대한 관계상으로는 토디단뎨에 단합함.

150. 쟝차 도시경 내에 들어올 수 잇는 토디들에서의 불규측한 건
     축을 예방할 목뎍으로 도시의 새 경계의 획명을 관게치 안
     코 도시 경계 박게 잇는 토디들에 대한 건축계획과 규명을

작성할 권리를 시쏘베트에 허여함. 그 계획과 규뎡이 뎡식으로 인쥰되고 쥬민에게 고시되는 날부터는 림시뎍 쏘는 간편한 건축물과 현존한 건축물 확대의 졔한 이외에는 이 계획과 규측을 위반하는 새 건축을 금지함. 이 토디들이 우에 말한 계획에 도시의 토디로 맨들 필요가 잇는 경우에는 그에 건축된 것이나 확대된 건축물은 이것을 실행한 쟈들의 자비로 그것을 회철(回撤)함.

151. 도시 경계에 접근한 토디에 건축하거나 혹은 그 토디를 공상긔관들과 긔업들이 차지하는 경우에는 이 토디를 도시의 령토에 녀키 위하여 토디졍리의 보통 슌서로 도시경계가 이젼됨. 본 됴에 말한 바와 가튼 경우에서 토디졍리에는 그에 관계로 시쏘베트와 면집행위원회 등의 대표, 관계되는 긔관, 단톄, 긔업, 토디단톄 밋 각개의 토디 사용자들이 참가함.

152. 본 편의 규뎡은 도시 셩질을 가진 촌으로 인뎡하는 모든 촌락들에도 뎍용됨.

153. 농무인민위원부와 내무인민위원부에 호샹 간의 동의로 본 법뎐의 뎍용에 대한 규뎡과 지령을 발포할 권리를 허여함.

뎨 二 편. 국유디산에 대하여

뎨 一 쟝. 총측

154. 단일 국유토디 적립으로부터 로력뎍 토디 사용쟈들과 그들의 조합, 쏘는 도시와 도시 셩질을 가진 촌락 등의 직접샤용에 토디를 허여하고 남은 모든 토디는 다 국유디산에 들어감.

155. 산림, 광산, 털됴, 셩보(城堡) 쏘는 그와 샹사한 군용건물 밋 기타로 뎜령된 토디들은 국유디산에 드지 아님. 이 모든 토디들은 특별규뎡에 의하여 각 소관 관서(官署)의 관할에 잇음. 우에 말한 토디들의 특별 사용에 대한 필요가 업서지는

째에는 역시 국유디산에 편입됨.

※ 비고. 특별한 의의를 가진 토디들을 분급함과 그 토디들을 다시 국유디산에 편입하는 것은 토디정리의 실행에 대한 총규뎡에 의하여 함.

156. 국유디산은 다음과 가티 구별됨: ㄱ) 쏘베트 경리 ㄴ) 자긔의 조림에 잇는 토디들과 쏘 산업상 필요품 쥰비에 사용하기를 용허하는 슈익을 주는 토디 ㄷ) 어떤 사용에던지 확뎡되지 아닌 토디, 달리 말하면 장구한 사용으로나 혹은 뎡긔 사용으로 누에게던지 허여치 아닌 전국 예비토디로 잇는 디단들.

157. 국유디산은 농무인민위원부와 그의 소쇽긔관들의 총관할과 처리에 잇으며 쏘 그 긔관들은 자긔들이 직졉으로 산업을 경영하거나 혹은 특별한 규뎡으로 국가 및 사회단톄들과 긔관, 긔업 및 개인들의 사용에 허여하는 등으로써 이 디단을 리용함.

※ 비고. 국유디산을 국가긔관, 긔업, 단톄 및 개인들의 사용에 허여하는 슌셔, 됴건 및 긔한 등은 농무인민위원부의 졔안에 의하여 인민위원 쏘베트에서 인쥰되는 특별규뎡으로 뎡함.

158. 국유디산은 로력농부와 그들 조합의 쟝구한 사용에 허여함을 **짜라**(토디 업는 쟈들과 토디 불쪽한 쟈들에게 토디를 분급하며 이주 혹은 분주시기는 등 슌셔로) 그들은 국유디산의 조림에서 졔외되여 로력뎍 토디의 조림에 편입됨. 게약샹으로 국유디산을 사용하는 데서 발생되는 모든 쟁의는 그에 대하여 이미 뎡한 슌셔로 해결함.

159. 일뎡한 필요를 위하여나 혹은 일뎡한 긔한으로 누구의 사용에던지 허여한 국유디산은 그의 필요가 더 업던지 혹은 그 긔한

이 지난 뒤에는 소관 토디 종류에 반환됨(데155됴에 뎍응하여).

뎨 二 쟝. 쏘베트 경리에 대하여

160. 쏘베트경리들은 농업발뎐과 그의공동화에대하여 과학-기술
샹 긔초될 임무를 가진 셜비된 농산긔업이다. 이목뎍을 실현
키위하여 그들은 가장 갓갑은 시긔에 자긔의 농업생산향샹
과개션, 실험-모범뎍 방침의 실시, 농예샹 가고물의(價高物)
(개션된가축종류, 종자 및 기타)생산, 쥬위에 잇는 쥬민들에게 농업
생산에 대한 영향파급, 혹은 특별한 임무(학교, 문화긔관, 료양디
및 기타)등의 실행에 대한 모든 일을 진행함.

161. 본 법뎐을 발포한 째로부터는 모든 쏘베트 경리들은 뎨148
됴에 지시한 것들을 졔한 외에는 다 농무인민위원부와 그의
디방 긔관들의 관할에 잇음.

　※ 비고. 토디긔관들과 쏘베트 경리들을 자긔의 사용에 가지
고 잇는 기타 긔관들과 단톄들(그중에 토디긔관들도) 사이의
호샹관계는 농무인민위원부의 뎨안에 의하여 인민위원
쏘베트에서 발포하는 특별 규측으로 뎡함.

162. 토디기관들은, 자긔의 사용중에 잇는 것이던지 쏘는 계약에
의하여 다른 사람들의 사용에 넘어간 쏘베트 경리들이 자긔
의 생산 및 농업샹 로동에 잇어서 디방 농민들과 밀졉히　교
졔함에 대하여 쥬목할 책임이 잇음. 이 목뎍을 위하여 농업
샹 방침 실시는 반듯이 그들과 련락 되어야 됨(종우(種牛)와 종
묘배양소, 교미소(交尾所)와 챠급소, 농구슈션공쟝 및 기타).

163. 모든 쏘베트 경리들은 토디긔관들과 톄결하는 특별 계약에
의하여 존재하며 그 계약에는 디방뎍 됴건에 짜라 계약긔한
내에 그들이 의무뎍으로 실행하여야 될 농업상 방침을　꼭
지시하여야 됨. 이외에도 그 계약에는 경작디 혹은 농구 및

건축물 등의 강탈뎍 사용은 그 계약의 취소를 의미한다는 됴
건이 잇어야 됨.

※ 비고1. 본 법뎐을 발포하기 전부터 쏘베트 경리의 사용쟈
이며 도는 그에 대한 계약을 톄결치 아닌 모든 긔관들과
단톄들은 삼개월 긔한 내로 토디긔관들과의 쏘베트 경리
의 사용에 대한 계약을 톄결하여야 됨. 이것을 위반하는
경우이면 그들은 쏘베트 경리의 사용에 대한 권을 일흠.

※ 비고2. 뎨148됴에 지시한 쏘베트 경리들은 본 됴의 뎍용
에서는 제외가 됨.

164. 국가뎍립토디에서의 새 쏘베트 경리들의 조직은 다만 농무
인민위원부의 명령으로 하되 그가 직졉으로 하던지 혹은 그
의 디방긔관들의 뎨안에 의하여 하던지 혹은 그의 인가와
그의 감독하에서 기타 국가긔관 사회긔관, 쏘는 긔업 등으로
도 함.

뎨 三 부. 토디졍리와 이쥬에 대하여

뎨 一 편. 토디졍리에 대하여

뎨 一 쟝. 총측

165. 토디졍리는 현존한 토디 사용의 졍돈과 토디에 대한 권리와
경리-긔술뎍 편리상 요구에 뎍합하도록 새 토디 사용의 조직
을 자긔의 임무로 삼음.

166. 본 결뎡의 슌셔에서 다음과 가튼 토디졍리에 대한 행사를
함: ㄱ) 국가단톄, 긔관, 및 긔업, 도시와 도시 셩질을 가진
촌, 로력 농부들의 조합 등과 쏘는 특별한 됴건으로(챠디, 조차
및 기타) 다른 긔관, 단톄 및 개인의 사용에 허락하는 토디의
할급 ㄴ) 특별 사용에 관한 토디격립의(이주, 조차, 초쟝 및 기타
의) 조직과 한 격립디로부터 다른 격립디에 용디들의 전환

ㄷ) 국가와 사회의 필요를 위하여 토디의 취졔 ㄹ) 도시경계의 획뎡 ㅁ) 토디단톄들 사용즁에 잇는 토디들의 분배 ㅂ) 각개의 농호들과 그들의 집단에 토디의 분급, 토디단톄 용디의 전부나 혹은 어떤 것만을 독립농장 디단이나 혹은 분립디단 등으로의 분할, 각개로 분립되여 잇는 농호들에 토디 분급 ㅅ) 각개로 분립된 토디 사용의 분경, 객인용디의 교착(交錯, 셕기여 잇는것)과 계선의 굴곡(屈曲), 토디의 원격(遠隔, 멀리 잇는 것), 경게선의 불규측 및 기타 결뎜의 졔거나 혹은 감쇼 ㅇ) 도로개통, 변경 혹은 폐지; 용디의 근본 개선의 실행을 따라 음슈쟝(飮水場, 마소를 물먹이는 곳) 공급과 토디 사용의 전환 ㅈ) 농촌 이쥬디의 평균화 ㅊ) 면경계의 획뎡과 변경.

167. 토디졍리 행사는 농무인민위원부의 총감시, 총지도, 및 총감독하에서 디방 토디졍리 긔관들소서 위입되는 측량긔슈 토디졍리원들을 경유하여 실행함.

168. 토디졍리 행사는 토디졍리 긔관들의 발긔로 다음과 가튼 경으에 진행함: ㄱ) 특별 사용에 대한 토디젹립의 조직과 그 셩분의 변환을 하여야 될 경우; 여러 구역에셔 특히 농업에 해로운 영향을 주거나 혹은 토디관게를 가장 맹렬케 하는 토디 사용의 결뎜을 신속히 졔거하여야 될 필요를 토디졍리 긔관들게서 인뎡하는 경우 ㄴ) 기타 모든 경우에 잇어서는 우에 말한 행사는 다만 관게자들의 토디졍리에 관계되는 청원에 의하여 함.

169. 토디졍리의 관계자들에게는 본 법뎐에 의하여 그들이 가질 권리가 잇는 토디의 분량을 할급함. 싸라셔 그들이 사용하던 토디 대신으로 동종류의 용디에서 다른 토디를 그들에게 분급하되 상덕한 평가로써 토디의 질에 대하여도 쥬의하여야 함. 토디 사용쟈의 승낙이 업시도 사용하던 토디를 다른 종

류의 용디로(례컨대 파종디(播種地)의 대신으로 벌목할 토디나 혹은 불편리한 토디) 톄대(替代)하는 것은 다만 그리하지 안코는 정당한 토디정리를 실행하기 불능한 경우에만 용인함.

※ 비고. 본 됴를 뎍용할 때에 발생되는 쟁의는 토디위원회에서 토디정리의 보통 슌셔로 심사함.

170. 토디정리의 관게쟈들에게 분급하는 토디면적은 다음 가튼 긔초에 의하여 뎡함: ㄱ) 국가단톄, 긔관 및 긔업 쏘는 도시와 도시 셩질을 가진 촌들에 토디를 분급할 때에는 본 법뎐 데144, 145등 됴에 쥰응하며 ㄴ) 현존한 토디단톄들과 각개로 분립되여사는 농호들의 토디를 정리할 따에는 뎍법뎍으로 그들에게 로력뎍 사용으로 허여한 토디들의 량에 의하여 하며 ㄷ) 토디단톄에서 토디의 분할, 분배, 쏘는 할취를 할 때에는 토디정리 관계쟈들에게 도라가는 분할 단위의 수효에 의하여 하며 ㄹ) 이주와 분주에 요용을 위하여 한가한 격립 토디를 균분 쏘는 할급할 째에는 이것을 위하여 특뎡하는 표쥰량에나 혹은 토디를 밧는 쟈의 로력뎍 사용의 실졔 가능에 의하여 하며 ㅁ) 특별한 원측에 의하여(챠디, 조차 및 기타) 긔관, 단톄 및 개인들에게 토디를 허여할 때에는 그에 대한 계약 됴건에 의하거나 혹은 이런데 관한 특별 명령에 의하여 함.

171. 만일 정리하여야 될 토디가 다른 토디들과 련결되여 잇으면 (여러 사람들의 토디가 석겨잇는 것, 토디가 먼 고데 잇는 것, 및 기타) 이 모든 토디들은 촌 분할디에 한데 너흐며 그들에 대한 토디정리는 일시에 함께함. 짜라서 토디정리 관게자들에게 분여하는 토디의 면적은 역시 이상 각 됴에 지시한 그 긔초에 의하여 뎡함.

172. 토디정리의 실행은 관계쟈들이나 혹은 그들의 대표(토디단톄들

의 위원, 단톄로부터 분리되여 농업을 하는 각개의 토디 사용쟈드릐 대리인, 단톄 긔관, 긔업) 등의 이상 대표들은 토디졍리를 할 때에 요구되는 자긔 위임쟈의 모든 행사를 대행할 위임을 바든 쟈들이라야 됨.

※ 비고. 졍리되는 토디가 소속된 국가긔관들은 토디졍리에 참가위임을 매번에 이 토디를 관리하는 쟈들에게나(레컨대 쏘베트 경리들에게) 혹은 특별히 임명하는 쟈들에게 줌.

173. 면의 경계를 획뎡하며 변경할 때에는 경계의 토디 사용쟈들 외에 관계되는 면집행위원회들의 대표들도 이에 참가케 하며 만일 획뎡되거나 혹은 변경되는 면경계가 군 혹은 도의 경계로까지 되는 경우에는 그 군 및 도집행위원회들의 대표들도 그에 참가케 함.

174. 토디졍리의 관계자들의 토디졍리에 참가할 통지는 그들의 직접으로 혹은 자긔의 대표들로 그들의 디방 됴건들에 의하여 지뎡한 때에 지뎡한 곳에 도착할 수 잇도록 미리 발숑할 것. 즁요한 원인으로 지참한 경우에는 지참한 원인이 지참쟈의 고의에 잇지 아닌 것(즁병, 자연 재변 및 기타)으로 확실히 립증된 경우에라야 용인함.

175. 토디졍리쟈들은 토디졍리를 할 때에 실행되는 모든 사실에 대한 확실한 립증을 위하여 자긔의 의견대로 모든 사람들에 신임 밧는 증인들을 쳥래할 권을 가짐.

뎨 二 쟝. 토디졍리에 대한 비용의 지불

176. 토디졍리 긔관들은 토디졍리의 실행에 대하여 이 졍리와 리해관계가 잇는 관계쟈 측으로부터 특별한 지불을 요함. 특별히 사용할(이민, 조차 및 기타) 토디 격립을 위하여 의무뎍 순셔로 토디졍리를 하는 경우에는 토디졍리에 대한 비용은 격립

하는 토디 소용에 따라 디방 혹은 국가재졍으로 츙당함.

※ 비고. 토디졍리로 말미암아 수입되는 금젼의 수액과 쏘는
그 금젼의 징수, 보관, 소비 등에 관한 슌셔는 특별규뎡
으로 뎡함.

177. 토디졍리의 관계쟈들은 토디졍리의 실행에 대한 경비를 지
불하는 외에 쏘 다음과 가튼 것들을 토디졍리쟈들에게 줄 의
무가 잇음; ㄱ) 쥬소와 사무에 편리한 가옥 ㄴ) 작사와 경계
표에 사용할 재료 ㄷ) 긔구와 토디졍리상 작사에 관한 재료
를 운반할 마챠 ㄹ) 필요한 로동력.

178. 젼됴에 지시한 의무는 토디졍리 관계쟈들 사이세셔 배당하
되 그들을 위하여 의무뎍 슌셔로(뎨168됴 ㄴ항) 진행한 토디졍
리에 대한 비용을 자원으로 지불치 아니는 경우이면 그 소비
를 관계쟈들로부터 우에 말한 비례에 의하여 행졍상 슌셔로
징슈함.

뎨 三 쟝. 토디졍리의 행사 진행의 슌셔에 대하여

179. 토디졍리행사는 다음과 가튼 절차로 함: ㄱ) 토디졍리행사
에 대한 발긔 ㄴ) 토디졍리에 대한 쥰비, 토디졍리에 대한
쥰비, 토디졍리에 대한 설계안의 뎨시 ㄷ) 토디졍리에 대한
설계안의 인쥰, 그의 실행 밋 경계표의 셜치 ㄹ) 토디졍리에
대한 증명셔류의 작셩과 관계자들에게 셔류의 발급.

180. 관계자들의 발긔에 의하여 하는 토디졍리는 토디졍리 긔관
에 뎨츌하는 그들의 셔면상 청원에 의하여 하며 토디졍리 긔
관들의 발긔에 의하여 하는 토디졍리는 그 긔관들의 특별 결
뎡에 의하여 개시함.

※ 비고. 로력뎍 토디 사용쟈들은 토디졍리에 대한 청원을
구두방식으로 할 슈 잇음. 이런 경우에 잇어서는 토디졍

리긔관에서는 정리 위임을 바든 직원들에게 청원의 내용을 셜명하며 그들은 그것을 긔록함.

181. 로력뎍으로 사용하는 토디와 젼군뎍 의의를 가진 단톄, 긔관 밋 긔업 등의 토디에 대한 토디정리 청원은 군토디정리긔관들에 데출하며 도나 혹은 젼국뎍 의의를 가진 토디 사용의 정리에 대한 청원은 도 혹은 중앙 토디정리 긔관들에 데츌함.

182. 토디정리 긔관들은 만일 본 법뎐에 위반되거나 혹은 그 긔관들의 경제 생산샹 견디로 보아 불편리한 것으로 인뎡되는 청원은 거절함. 이 거졀에 대한 소숑은 二쥬 내로 다음 샹급 긔관에 데츌할 슈도 잇음.

183. 토디정리 실행에 대한 청원을 데츌한 측에서는 토디정리 실행이 어떠한 형편에 잇던지를 물론하고 그것의(토디정리의) 중지를 요구할 권을 가지며 이러한 경우에 잇어서는 중지될 때까지에 실행된 토디정리에 대한 소비를 관계쟈들이 지불함. 그러나 토디정리의 중지에 대한 청원이 데출되거나 혹은 토디정리 관계쟈들 중에서 혹쟈가 토디정리의 계속을 요구하는 경우에는 토디정리의 실행을 계속하여야 됨. 이에 짜라 토디정리를 거절한 측에서도, 만일 그들의 토디가 다른 측의 토디들과 함께 정리되면 보통 원측에 의하여 토디정리에 대한 비용을 분부뎍으로 분담하여야 됨.

184. 토디정리에 대한 쥰비는 정리할 토디 성분의 예뎡(분할디), 정리할 디방의 경제-긔슐상 묘사, 토디권의 뎡한, 토디정리 관계자들의 토디정리에 대한 요구의 해명(解明), 그 디방에셔의 가장 정당하고 편리한 정리의 예비셜계안 작성 등에 잇음.

이 쥰비를 마친 뒤에는 측량긔슈-토디정리원은 보고를(필요한 셜명뎍 도안이 잇는) 작성하여 그것을 토디정리 관계자들에게 데시한 후 보고는 그들의 모든 셩원과 소숑쟝을(만일 이것들이 잇으면) 첨부하여 소관 토디정리긔관에 제츌함.

※ 비고. 필요가 잇는 경우에는 토디정리 쥰비에 농학사와 기타 전문가들을 쳥요함.

185. 측량긔슈-토디정리원이 제츌한 토디정리 쥰비에 대한 보고를 심사하고 쟁의와 소숑을 해결한 뒤에는 토디정리 긔관에서는 토디정리를 압흐로 그대로 실행하기로 하던지 혹은 그에 대한 보츙뎍 쥰비를 더하기 위하여(이 경우에 잇어서는 필요한 보츙을 지시함) 그것을 돌려보내던지 혹은 토디정리의 과업에 뎍합지 못한 것이 발견되는 경우에는 그것을 즁지시기던지의 결뎡을 함.

※ 비고. 토디정리 긔관들에게 토디정리에 대한 쥰비를 한 후에 직졉으로(토디정리 긔관들의 검사 업시) 토디정리에 대한 계획작셩과 실행을 측량긔슈-토디정리원들에게 위임할 권을 허여함.

186. 토디정리 셜계안 작셩은 토디정리 관계쟈들의 할급디를 샹세히 쏘는 정확히 지시하는 례와 그들의 권리와 뎍법뎍 리익 쏘는 토디정리의 경제-긔술상 규뎡의 요구 등을 수호(守護)하며 토디정리 셜계안에 할급디의 도본을 작셩하는 등에 잇음. 계획 잡은 토디경제는 림시뎍 경계툐로 지시하며 쟁의와 소숑이 업는 경우에는 영구한 경계표를 셜치함.

187. 작셩한 토디정리 셜계안은 특별 셜계안 작셩과 함께 관계자들에게 도안으로나 본물로써 뎨시함. 그와 동시에 측량긔수-토디정리원은 관게쟈들의 요구를 토디정리에 손해 업도록 서로 툐화시킴에 만반으로 힘쓰되 필요한 경우에는 셜계안을 뎍당하게 변경 쏘는 슈정할 의무가 잇음.

188. 제거치 못한 관게쟈들의 쟁의, 쳥원 밋 소숑 등은 토디정리 셜계안을 뎨시한 긔록에 긔입하며 측략긔수-토디정리원은

모든 사건을 자긔의 결론과 쟁의해결에 대한 제의안과 셜계
안을 뎨시한 째로부터 一쥬 내에 토디졍리 긔관에 랍부함.

※ 비고. 셜계안 제시안에 대한 관계자들의 뎍법뎍 슌셔에서
일어난 소숑은 토디졍리원과 토디졍리 긔관에 다만 셜계
안을 뎨시한 날로부터 二쥬 내에 토디졍리원에게와 토디
졍리 긔관에 뎨출할 수 잇음.

이 긔한이 지난 뒤에 뎨시된 셜계안에 대한 쟁의와 소
숑이 뎨긔되는 경우, 즉 셜계안 작셩에 대하여 새 사졍이
발견되는 경우 외에는 밧지 아님(1924년 十月 十六日 젼로즁앙
집행위원회 결뎡, 1924년도 법률집 뎨79호 뎨789됴.).

189. 토디졍리 긔관은 사건처리와 관계쟈들에게 셜계안을 뎨시할
째에 뎨긔한 쟁의와 소숑을 심사하되 작셩된 토디졍리 셜계
안을 그대로나 혹은 필요한 변경을 지시하여 다시 작셩하도
록 하는 것을 결뎡함.

190. 토디졍리에 대한 셜계의 실행은 디면에 계획 잡은 토디경계
에 영구한 경계표를 셜치하는데,(만일 셜계안을 뎨시할 때에 이와 가
티 하지 아니엿으면)음잇.

191. 졍당히 실행된 토디졍리 셜계안은 토디졍리 긔관에서 죵결
뎍으로 인쥰함. 그와 동시에 실행된 토디졍리 셜계안의 죵
결뎍 인쥰에 대한 결뎡에는 셜계에 대한 샹뎍한 증시로 반듯
이 다음과 가튼 것들이 표긔되어야 함: ㄱ) 어느 짜에 어느
디방에서 어썬 명령에 의하여 어썬 토디졍리에 대한 행사가
진행되엿으며 ㄴ) 어썬 토디를(그의 종류, 면젹, 위치 및 경계 등) 누
구에게, 어썬 필요를 위하여 할급하엿으며 ㄷ) 어느 때에,
어쩌한 슌셔로, 어쩌한 됴건을 준수하는 데서 관계쟈들이
토디졍리를 할 째에 뎡한 새 경계에서 토디 사용에 착슈하게
되며 ㄹ) 토디졍리에 대한 인쥰된 셜계안에 의하여 바든 토

디 사용을 따라 토디 사용쟈들에게 어떤 특별됴견, 의무 및 위임 등이 셜명되며 ㅁ) 관계쟈들 사이에서 토디정리에 대한 비용이 어쩌케 분배되며 ㅂ) 토디정리를 실행할 쌔에 할급되는 토디에 이젼 토디 사용쟈들이 소비하고 개량한 그것을 마즈 리용치 못한 데 대하여 누구로부터 누구에게 어떤 보슈가 돌아가는 것 등.

192. 토디정리에 대한 셜계를 종결뎍으로 인쥰한 뒤에 토디정리 긔관들은 조직된 토디 사용이 젼국뎍 등록이 된 후에는 샹당한 증셔를 작셩하여 토디정리 관계쟈들에게 내여줌. 이 중셔에는 경계, 위티, 면적 및 토디의 성분 쏘는 그들의 명칭, 토디 사용자들의 셩명, 토디정리를 실행한 시일과 실행한 원인, 토디 사용됴건 및 토디정리 셜계안 인쥰에 대한 결명서에 실인 기타 중요한 참고를 표긔하여야 됨.

193. 토디정리긔관 박게서 쟉셩된 것이나 혹은 그 긔관에서 샹당히 증명치 아닌 모든 토디정리 셜계와 증셔들은 효력이 업는 것으로 인명되며 또는 그것들을 의거하여 진행되는 토디 사용을 합법뎍이라는 증셔도 되지 못함.

뎨 二 편. 토디 사용의 젼국뎍 됴사에 대하여

(토디등록)

194. 토디 사용에 대한 젼국뎍 됴사(토디등록)는 토디에 대한 극가뎍 총관리 쏘는 인민 생계상 각죵 요구와 토디 사용쟈들의 권리와 리익 보호 등을 위하여 토디 사용쟈 젼톄의 법권샹 쏘는 경제상 모든 됴건에 대한 확실하고 새롭은 참고재료를 계통뎍이오 쏘는 현명한 형식으로 슈집하여 보젼하는 등 과업을 가지었다. 우에 말한 목뎌게 의하여 토디됴사에는 각 디단에 대하여 다음과 가튼 참고재료를 첨부함: ㄱ) 디단의

위치와 명칭에 대한 것, 그 디단에 잇는 토디 총면적과 각종 용디의 각개 면적에 대한 것, 중요한 건축물과 살림샹 셜비품에 대한 것 ㄴ) 토디 사용쟈의 셩명과 그에게 그 디단을 러급한 증거셔류에 대한 것 ㄷ) 그 디단 사용과 관게되는 특별한 권리와 의무에 대한 참고셔류 ㄹ) 장차 발포될 처분으로 등록에 꼭 첨부하여야 될 기타 재료.

195. 토디됴사는 도본과 등록부(登錄簿)에 처음으로 등록하는 기쵸뎍 됴사와 시일이 가는 데 짜라 디단의 법권샹, 경리샹, 본질샹 모든 됴건에서 생기는 변동을 제때에 됴사셔에 긔입(記入)하기 위하여는 림시뎍 됴사 등 두죵에 난홈.

196. 토디됴사는 각 연씩 각각으로 하되 가음과 가튼 증권들을 작셩함: ㄱ) 토디 사용의 전면 총도본(全面總圖本) ㄴ) 각 촌분도본 ㄷ) 전면토디사용자 총명록(등록부) ㄹ) 면 내 각 촌 쥬택용디 등록부 ㅁ) 면 내 토디단톄 등록부.

197. 됴사에는 면구역 내에서는 짜로 쩌러저 잇는 디단들까지도 루락 업시 다들며 짜라셔 공동사업으로 된 토디는 각개 사용쟈들 사이에서 분배함이 업시 한 개 디단과 가티 등록함.

198. 각 사용디마다 됴사셔에는 반듯이 다음과 가튼 것을 긔입함: ㄱ) 토디정리의 실시와 토디정리 셜계의 인쥰에 대한 토디정리 긔관의 결의안 ㄴ) 토디의 로력뎍 뎜령(국유공디를 자력으로 개간하여 뎜령하는 것) ㄷ) 로력뎍 사용으로 주엇던 토디에 권리 정지 ㄹ) 토디단톄의 사용에 속한 토디에 변동, 단톄에 새 농호의 신입과 단톄로부터 농호의 퇴츌, 토디단톄의 규측과 이 규측의 변경, 토디 사용방법의 션태과 변경에 대하여와 할급디의 전톄 변경, 쏘는 취제(取際, 떼여내는 것)와 첨부(添附, 보태는 것) 등에 대한 토디단톄의 결의안 ㅁ) 로력뎍 농업살림(호) 분할, 호쥬의 변환, 로력뎍 챠디에 대한 게약 ㅂ) 토디에

대한 쟁의의 발생과 그에 대한 토디위원회의 최후 해결 ㅅ) 디경의 획명과 회복 ㅇ) 장차 발포될 처분으로 꼭 등록하여야 될 기타 모든 문건.

199. 토디됴사의 실행은 농무인민위원부와 그의 디방긔관에 맛김.

200. 토디됴사긔관들은 됴사셔와 쏘는 내여준 그의 등본에 긔입된 모든 보도(報道)의 정당 여부에 대하여 법률샹 책임을 지며 짜라서 이 보도는 반듯이 토디 쟁의를 심사하는 슌셔에 샹위되는 뎜을 증명치 못 하는 째까지는 모든 긔관들에셔와 개인들에게셔 확실한 것으로 접슈됨.

201. 토디됴사긔관에는 중앙에나 디방에나 다 토디문셔보유쇼(保有所)를 셜치하고 이샹에 말한 긔관의 요구에 의하여 모든 긔관들로부터 이미 결말된 토디문건, 됴사셔, 도본 등과 쏘는 토디정리긔관들이 새 문건까지도 그것이 결말 되는대로 문셔보유쇼에 넘겨줌. 그리고 토디문셔보유쇼로부터는 토디됴사셔와 도안 등의 정본(正本)은 다만 토디정리긔관과 사법긔관의 요고에 의하여만 내여주며 필요가 종결된 즉시로 반듯이 보유쇼에 돌려보냄. 관원으로서 토디증권을 숑실한 쟈는 행정샹 슌서로써 그 문권을 회복하는 데 드는 비용을 배상함.

202. 토디됴사를 실행할 때에는 모든 토디 사용쟈들과 긔관들은 자긔들에게 잇는 토디 사용에 관한 증셔류를 전부로 제출하며 쏘는 토디됴사에 요구되는 모든 참고를 통지할 의무가 잇음. 이 의무를 리행치 아니한 토디 사용쟈들은 벌금과 그들으 쇼홀로 인하여생긴 토디됴사긔관의 비용을 배상케함.

203. 토디졍리긔관(그중에 토디위원회까지도)은 토디사건에 관한 자긔의 모든 규명과 결의안은 그것들이 법률샹 효력이 발생한 후에는 등록부에 긔입하며 쏘는 관계쟈에게 교부(交付)키 위하여 그것들을 두 쥬일 내로 등록기관에 보낼 의무가 잇음. 이

교부는 다만 등록 긔관에셔 그것들을 토디정리긔관으로부터 밧은 후에 건례 업시 실행함.

204. 정리를 요치 아니하는 토디됴사는 그의 면적, 성분, 경계 등의 결명과 쏘는 필요한 경우에는 경계표 설치까지를 함께하며 그것을 위하여 측량긔슈-토디정리원들을 디방으루 파견함. 짜라서 경계는 량측의 청구로써 측량긔슈가 쟁의 업는 실디 사용에 의하여 명하며 그것(실제사용)이 어븐 때에는 접경한 토디 사용자들의 협의에 의하여 하고 쟁의가 잇는 경우에는 증명 셔류에 근거하여 명함. 만일 경계표가 잘못 되엿거나 혹은 업서진 경우에는 그것을 회복함에도 역시 이샹의 순셔로 실행함.

※ 비고. 증거가 아주 업거나 혹은 츙분치 못함으로 인하여 접경한 토디단례들 사이의 쟁의 잇는 토디경계를 판명키 불능할 때에는 쟁의 잇는 디면을 그 토디단례들에 잇는 식구슈효와 토디의 츙분 여하에 비례하여 분배함.

205. 토디됴사 실시와 쏘는 토디에 대한 증명, 참고, 등본 등의 발급으로 인하여는 특명한 액수에 의하여 관계 측으로부터 료금(料金)을 바듬.

예 三 편. 토디쟁의를 심사하는 순셔에 대하여

206. 토디사건에 관한 쟁의의 해결을 위하여 면, 군, 밋 도등의 토디위원회를 셜립하며 짜라서 토디위원회에셔는 모든 사건을 쟁의재판 순셔로 심사함.

※ 비고1. 이전 행정구획(行政區劃) 대신에 구역과 현으로 구획을 고친 쥬(州)들에셔는 면과 군 토디위원회들을 구역과 현 토디위원회들로 박구며 도토디위원회는 쥬(변계)토디위원회로 박굼(1925년 五月 五日 전로중앙집행위원회 결명. 1925

년도 법률집 뎨29호, 뎨207됴).

　※ 비고2. 비고 뎨1에 지시한 디바들에 잇어서는 쟁의 잇는 토디사건들을 심사키 위하여 현(縣) 도시에마다 쥬(변계)토디위원회의 영구심리회의(永久審理會議)를 여는 것과 쏘는 림시뎍 순회심리(巡廻審理)를 죠직하는 것을 쥬(변계)집행위원회에 허락함(1925년 五月 五日 전로중앙집행위원회 결뎡, 1925년도 법률집 뎨29호, 뎨207됴).

207. 토디위원회의 관할에는 토디졍리에셔 생기는 모든 쟁의 잇는 사건과 쏘는 토디 사용상 권리에 관한 모든 쟁의가 속하나니 즉 군집뎍(群集的, 단합뎍) 혹은 개인뎍 토디 사용, 토디단톄로부터 토디의 분할, 토디의 공동뎍 쏘는 개인뎍 재분배(다시 분배하는 것), 법률로 확뎡된 경우에 토디 사용쟈들의 사용에 잇는 토디의 전부나 혹은 일부의 상실(喪失), 토디의 면젹, 경계, 위치 등과 또는 그의 셩분의 변경(토디졍리, 개간, 도로슈축, 국가뎍 또는 사회뎍 필요를 위하여 토디의 기각(棄却), 및 기타), 토디분할에 관련되는 가뎡분할(假定分割) 등과 및 기타 토디 사용에 관한 모든 쟁의. 이박게 토디위원회의 관할에는 토디졍리에 관한 모든 셜계안의 인쥰이 쇽함(1925년 五月 五日 전로중앙집행위원회 결뎡, 1925년도 법률집 뎨29호, 뎨207됴).

208. 이상에 지시한 것들 외에는 각 공화국 내에서 어떤 디방 긔관들이던지 자긔의 처리에 토디 쟁의를 접수하거나 그것들을 심사하는데 간섭하거나 실행을 중지시키거나 이산 긔관들의 지어노흔 결뎡을 변경 혹은 취쇼하는 등 권리가 업슴.

209. 면이나 구역토디위원회들은 쇼관집행위원회 내에 셜치 되며 그의 구조(構造)는 면집행위원회 위원들 중으로 임명되는 회장 一인과 위원 二인으로써 셩립되는데 면토디위원회 위원들은 면쏘베트 대표회의에서 셩뎡되며 구역 토디위원회 위

원들은 一인은 구역 쏘베트 대표회의들에서 선명하고 一인은 현토디긔관에서 토디졍리원들 즁으로부터 임명함. 흠석하는 위원들을 보츙키 위하여 이상과 갓튼 순셔로 그의 후보쟈를 선명함. 토디위원회의 모든 위원들과 그의 후보쟈들은 쇼관상급 집행위원회에셔 인쥰함.

※ 비고. 인쥰에 제츌한 후보들을 재차 인쥰치 안는 경우에는 군(현)집행위원회는 면(구역)토디위원회 인원들을 자긔의 의견대로 임명함(1925년 五月 五日 전로즁앙집행위원회 결뎡, 1925년도 법률집 뎨29호, 뎨207됴).

210. 군, 현, 도, 쥬(변계)등 토디위원회들은 쇼관 토디긔관 내에 셜치하며 회장 一인과 위원 二인으로써 구죠 됨. 쥬(변계) 등 토디위원회의 영구심리회의는 회장 대신에는 그의 대리가 잇음(1925년 五月 五日 전로즁앙집행위원회 결뎡, 1925년도 법률집 뎨29호, 뎨207됴).

211. 뎨210됴에 렬거한 토디위원회 회쟝들은 쇼관 집행위원회들에셔 셩명하며 위원들은 쇼관 토디졍리 부부장과 도나 혹은 쥬(변계) 재판쇼에서 임명하는 국민재판쇼 판사로 됨. 흠셕되는 위원들을 보츙키 위하여 역시 한 가지 순셔로 그의 대리인을 임명함. 토디위원회의 모든 위원들과 그들의 대리인들은 쇼관긔관들의 졔츌에 의하여 집행위원회에셔 인쥰함(1925년 五月 五日 전로즁앙집행위원회 결뎡, 1925년도 법률집 뎨29호, 뎨207됴).

212. 토디위원회의 위원 젼톄는 그들로서 법관의 직무를 실행하는 데셔는 국민재판관의 귀리를 사용함. 토디위원회의 션임위원은 일개년 임긔로 션거함.

213. 면과 구역 토디위원회의 관할에는 면이나 혹은 구역 내에서 일어나는 개인, 농호. 혹은 토디단톄들의 토디 사용권에 대한 모든 쟁의가 다 죵쇽됨(1925년 五月 五日 전로즁앙집행위원회 결뎡,

1925년도 법률집 례29호, 례207됴).

214. 군과 현 토디위원회의 관할에는 다음가 가튼 것들이 속함: ㄱ) 토디정리에셔 일어나는 모든 쟁의 ㄴ) 국유토디 사용과 관련되여 일어나는 모든 쟁의 ㄷ) 한측은 국가긔관이나 혹은 사회긔관으로 된 토디 사용에 관한 쟁의 ㄹ) 토디정리긔관의 단 안에 의한 모든 토디정리 셜계안의 인쥰(1925년 五月 五日 젼로즁앙집행위원회 결뎡, 1925년도 법률집 례29호, 례207됴).

215. 변계, 쥬, 도 등의 토디위원회의 관할에는 다음과 가튼 것들이 속함: ㄱ) 면, 구역, 군, 현 등 토디위원회들의 해결과 판뎡에 대하여 졔긔(提起)하는 상고(上告)에 대하여 복심(覆審)슌셔로의 해결 ㄴ) 변계, 쥬, 도 내 토디위원들에 대한 검사와 지도(1926년 七月 五日 젼료즁앙집행위원회와 로씨야 사회쥬의련방 쏘베트공화국 인민위원 쏘베트 결뎡, 1926년 八月 三日 „젼동맹즁앙집행위원회공보"례176호).

216. 토디위원회에셔의 사건 심사 그들의 위원퇴각(退却) 량측의 대표, 증인과 지사인(知事人, 일을 아는 쟈) 청래, 그들에 대한 보슈(報酬, 슈슈로), 그들이 오지 아니하는 경우, 밋 기타에 대한 모든 슌션는 국민재판쇼에셔 사건을 심리키 위하여 셜뎡된 해당(該當)한 법규로써 뎡함.

217. 토디위원회의 결뎡에 대한 쇼숑은 소숑되는 결뎡을 지흔 토디위원회를 경유하여 최후 결뎡을 선고한 날로부터 두 쥬일 긔간에 제긔함. 쇼숑장은 사건과 함께 그 결뎡을 지흔 토디위원회로서 상급긔관에 제졍하되 그것을 밧은 날로부터 두 주일 이내로 함. 처리를 지톄하는 것과 청원을 접수치 아니하는 데 대한 쇼숑은 직졉으로 상급긔관에 제긔함.

218. 토디위원회의 결뎡은 그 결뎡의 내용에 대한 소숑이나 혹은 상고하는 긔한이 마치기 젼에는 실행치 못 함. 이와 갓튼 쇼숑

의 졔긔는 사건의 최종 해결이 될 때까지는 실행을 졍지시김.

219. 주요한 리유로 인하여 쇼숑 긔한을 지내보낸 경우에 긔한 연긔에 대한 청원은 역시 그 토디위원회에서 심사하는데 그의 결뎡에 대하여는 쇼숑을 제긔할 수 있음. 연긔 청원을 거절하는 데 대한 쇼숑은 토디위원회의 결뎡에 대한 쇼숑슌셔로 제긔함.

220. a. 로씨야 사회쥬의련방 쏘베트공화국 농무인민위원부 내에는 토디 쟁의에 대한 최고감사(古最監査)의 특별심리회의(特別審理會議)가 잇어 그의 관할에는 다음과 가튼 것들이 속함: ㄱ) 모든 토디위원회들로써 실시되는 토디법뎐의 졍당하고 동일한 뎍용과 쟁의 잇는 토디 사건 심리에 관한 단일(單一)한 슌셔의 셜뎡 ㄴ) 토디위원회들의 위법되는 결뎡에 대한 쇼숑과 반항을 최고감사의 슌셔로의 해결과 쏘는 이런 결뎡들을 새로 발포되는 됴항에 의하여 재심(再審)하여 달라는 청원에 대한 해결 ㄷ) 자치공화국들과 자치쥬들, 쏘는 졉경한 행졍상 단위(行政上單位)들 사이의 경계에 관한 토디쟁의의 해결 ㄹ) 토디위원회들의 뎍당한 때에 쏘는 정당하게 조직되는 여부에 대한 감시 ㅁ) 로씨야 사회쥬의련방 쏘베트공화국 내의 모든 토디위원회에 대한 검사와 지도(1925년 七月 五日 전료중앙집행위원회와 로씨야 사회쥬의련방 쏘베트공화국 인민위원 쏘베트 결뎡, 1925년 八月 三日 „전동맹중앙집행위원회 공보"뎨176호).

220. 6. 토디 쟁의에 대한 최고감사 특별위원회는 전로중앙집행위원회에셔 인쥰하는 위원장 一인, 그의 대리 二인, 위원 十인으로 셩립되는데 위원장과 그의 대리와 위원 四인은 로씨야 사회쥬의련방 쏘베트공화국 농무인민위원부의 졔출에 의하여, 위원 三인은 로씨야 사회쥬의련방 쏘베트공화국 법무인민위원부의 졔출에 의하여, 위원 三인은 전로중앙집행위원

회 내에 잇는 련방톤 위원회의 졔출에 의하여 인쥰함(1926년
七月 五日 전료중앙집행위원회와 로씨야 사회쥬의련방 쏘베트공화국 인민위원
쏘베트 결뎡, 1926년 八月 三日 „전동맹중앙집행위원회공보"뎨176호).

220. в. 특별위원회 재판회의의인원은 위원장이나 혹은 그의 대리
와 위원 二인(一인은 농무인민위원부에서, 一인은 법무인민위원부에서)으
로 셩립됨.

※ 비고. 자치공화국들과 자치쥬들의 관계되는 사건에와 자
치공화국, 자치쥬, 쏘 린접한 행정샹 단위들 사이의 경계
에 관한 쟁의를 해결케 되는 경우에는 이 재판인원에 련
방토디위원회로부터 위원 二인을 보츙함(1926년 七月 五日
전료중앙집행위원회와 로씨야 사회쥬의련방 쏘베트공화국 인민위원 쏘베트
결뎡, 1926년 八月 三日 „전동맹중앙집행위원회공보"뎨176호).

220. г. 토디쟁의에대한 최고감사 특별위원회는 관리샹슌셔로 직
접 전로중앙집행위원회 상무인민부에 복종함(1626년 七月 五日
전료중앙집행위원회와 로씨야 사회쥬의련방 쏘베트공화국 인민위원 쏘베트 결
뎡, 1926년 八月 三日 „전동맹중앙집행위원회공보"뎨176호).

221. 법무인민위원부의 동의로 농무인민위원부에 각 토디위원회
에셔 본편을(本編) 실행하는 데 대한 지도력 규뎡을 발포할
권리를 맛김.

뎨 四 편. 이쥬(移住)에 대하여

222. 이쥬와 탐사(探査, 토디를 미리 돌아보며 선택하기 위하여)는 자유로 쏘
는 자원으로 하는 일이 되며 다만 특별한 경우에 도토디국의
졔출과 농무인민위원부의 인쥰으로 강제뎍 이쥬를 션포하는
권리를 도집행위원회에 허락하나 그러나 그것은 다만 이쥬
자의 이쥬비와 농업샹 시셜에 대한 비용을 전국가 경비로나
혹은 디방비로써 지급하는 경우에라야 실현할 수 잇음.

223. 로씨야 쏘베트 련방경 내에셔는 이민사무를 로씨야 사회쥬의련방 쏘베트공화국 농무인민위원부에셔 관리하며 그의 제출에 의하여 전로즁앙집행위원회 결뎡으로 이민을 어쩐 디방에는 열며 어쩐 디방에는 졍지함.

224. 이상 각 됴에 응쥰하여 이민을 총관리하기 위하여 로씨야 사회쥬의련방 쏘베트공화국 농무위원부에 이민에 대한 지도 또는 감독하며 이민계획안을 만들며 이민에 대한 토디를 쥰비하며 이쥬민의 츌발(出發), 이운(移運), 우거(寓居) 등을 조직하며 또는 이민비 지츌에 대한 방침을 취하며 이민 됴건과 순셔에 대한 자세한 규뎡을 발포하는 등 모든 임무를 맛김.

225. 지금에 실행되는 것이나 쏘는 장차 졔뎡할, 특별법규에 근거하여 이쥬와 분쥬(分住)가 상당한 결뎡과 쏘는 그에 대한 확뎡한 순셔에 의하여 되는 쩨에는 이쥬자와 분쥬자에게 그들이 새고데셔 모든 시셜을 하는 몃 해 동안에는 전국가덕 쏘는 사회덕 의무(병역-兵役-, 세납, 로력덕-운슈(運輸), 및 기타)의 실행을 전부나 혹은 일부를 면제하여 주며 쏘는 새 디방에 우거하는 데 대하여 그들을 원죠하는 기타 여러 가지 면제도 허락함.

226. 농업하는 쥬민으로 하여금 그들이 경작하는 토디에 갓갑게 하기 위하여 원쥬디경 내(原住地境內)에셔 분쥬하는 것과 독립 농장과 쇼촌락으로 나가는 것은 토디졍리의 순서로 실행하며 토디졍리계획으로 예뎡하며 쏘는 분쥬에 관게 잇는 농부 개인이나 그들 단합의 경비로 써야함.

   ※ 비고. 이쥬자와 분쥬자가 써나가는 토디단톄 측에셔 그들에게 슈응할 데 관한 순셔와 됴건은 쇼속 긔관과의 동의에 의거하여 농무인민위원부에셔 발포하는 특별규뎡으로써 뎡함.

3. 로력법뎐

- 출판언어: 고려어
- 저자(발행처): 소비에트전러중앙집행위원회
- 출판사: 도서주식회사
- 자료유형: 단행본
- 출판년도: 1925년
- 발행지: 해삼위(블라디보스토크)

목 차

1. 범레
2. 쏘베트 전로중앙집행위원회 결뎡셔
3. 데일쟝 총측
4. 데이장 고용과 로동분배의 방법
5. 데삼쟝 P.C.Ф.C.P.의 공민들이 의무로동에 나아가는 절차
6. 데사쟝 협동뎍 계약
7. 데오쟝 로력뎍 계약문
8. 데륙쟝 내부관리 규뎡
9. 데칠쟝 물건 맨드는 한도
10. 데팔쟝 로력에 대한 본수
11. 데구쟝 담보와 상쇄
12. 데십쟝 로동시간
13. 데십일쟝 휴식시간
14. 데십이쟝 견습생
15. 데십삼쟝 녀쟉와 미셩년쟈의 로력
16. 데십사쟝 로력보호
17. 데십오쟝 로동쟈와 사무원들의 직업동맹회와 긔업소. 공셜긔관 경리부 안에 잇는 직업동맹회의 긔관들에 대하야.
18. 데십륙쟝 충돌을 해결하며 로력에 대한 법률을 어기는 에 대하야 검사하는 긔관
19. 데십칠쟝 사회뎍 보험에 대하야
20. 로동임금을 뎡하며 충돌을 해결하는 위원회에 대한 규뎡

    一. 총측
    二. 그 위원회의 행하는 일
    三. 그 위원회의 조직
    四. 그 위원회의 사업진행 절차
21. 데사쟝 경리뎍 범죄
22. 데오쟝 개인의 생명. 위생. 자유. 인격에대한범죄
23. 륙톄뎍 상해나 인격에 대한 강제
24. 데팔쟝 국민건강과. 사회안영과. 공즁질서를 보호하는 규측을 어기는 데 대하야

세 계 무 산 쟈 는 단 합 하 라 !

로력법뎐

도 서 주 식 회 사

해 삼 위

1 9 2 5

범례(凡例)

一. 이 법뎐의 각 죠문은 다른 나라의 법률죠문과 달나 각각 한 결명서 모양으로 된 것임으로 자연히 번역한 글도 법률죠문 갓치는 되지 안이하고 통속문장으로 뜻을 전하게 되얏음이다.

二. 새로난 슐어(術語)는 일졍하게 쓰는 것이 업슴으로 흔히 아령(俄領)에서 통용하는 것으로 옴겨썻는대 이것은 후에 슐어를 일뎡하게 쓰는 때가 되면 자연히 곳쳐질 것이올시다.

三. 이 책 보시는데 편리하기 위하야 그 슐어의 해셕을 책 밋헤 긔록하야 붓첫음이다.

四. 국문은 통속으로 흔이 쓰는 법대로 썻음이다.

五. 번역은 될 수 잇는 대로 직역(直譯)하려고 힘썻으나 할 수 업시 의역(意譯)한 곳도 적지 안슴이다.

一九二四年 월 일

역자 최고려

쏘베트 전로중앙집행위원회 결 명 셔

一九二二년에발행한 로시아 사회주의뎍 련방쏘베트공화국의 로력 법률을 시행함에 대하야" 전로중앙집행위원회는 아래와 갓치 결뎡함.

一. 一九二二년에 제정한 로력법률을 一九二二년 十二월 十五일 붓허 시행하게 함.

二. 이 로력법뎐을 반포하는 때로붓허 一九一八년에 발행(법률휘집 (法律彙集)뎨 八七,八八호)한 로력에 대한 모든 법률과 지령셔들 은 이제 반포하는 이 법률에 위반됨으로 그 법률상 호력을 일 케함.

　로력국민위원부의 뎨안에 의하야 이 로력법뎐을(一九二二년에 발행)반포한 후에라도 법률상 효력을 가질만한 로력에 대한 법 률과 됴례를 十二월 一일 안으로 반포할 일을 국민위원쟝들의 쏘베트에 위임함.

三. 이 법뎐 모든 됴문(條文)의 시행과 뎍용(適用) 절차에 대하야는 국민위원쟝들의 쏘베트와 로력과 국방쏘베트와 로력국민위원 부의 결뎡과 지령을 쥰행(遵行)함.

四. 이 법뎐을 변경하거나 증감(增減)하는 권리는 오직 전로중앙집 행위원회의 결뎡에만 잇음.

五. 이 법뎐의 법률상 효력은 로시아 사회주의뎍 련방쏘베트공화 국과 그들의 동맹각주(同盟各洲)에 밋침.

六. 고용로력쟈들을 사용하는 자들이 이 법뎐과 국민위원쟝들의 쏘베트로력과 국방쏘베트 로력국민위원부들이 이 결뎡셔 뎨삼 됴에 의하야 지령으로나 명령셔로 규뎡하는 것을 위반(違反)하 는 데에는 형법(刑法) 뎨一三二됴와 긔타 됴문에 의하야 쳐벌을 당하게 함.

전로중앙집행위원회회장 깔리닌

비셔 예누끼드셰

모스크바에서

一九二二년 十二월 九일

로시아 샤회주의쏘베트공화국 로력법뎐(一九二二년에 발행된)

뎨 일 장. 총측

一. 이 법뎐의 각 죠문은 모든 고용 로력쟈들에게 다 뎍용(適用)됨은 물론이어니와 집에서 일가암을 가져다가 일하는 쟈(세집)들에게 까지도 또한 뎍용됨.

모든 기업소들 공설긔관(公設機關) 경리부(국가의 것이나. 군대의 것이나. 공공한 것이나. 개인의 것이나 또한 각 집에다가 일가암을 난호아 주어 식히는 것이나 다 물론하고) 또는 삭전을 주고 품을 팔아먹는 고용로력을 사용하는 모든 고용쥬에게까지도 뎍용됨.

※ 비고. 이 법뎐을 일가암을 집에 가져다가 일하는 쟈들에게 대하야 좀 다르게 뎍용할 만한 특별한 규뎡을 제뎡할 일을 국민위원쟝들의 쏘베트에 위임하얏음.

二. 이 법뎐이 의무로력을 식히다가(뎨十一됴) 시비 생기는 일에 대하야 뎍용될 범위는 국민위원쟝들의 쏘베트와 로력과 국방쏘베트와 또는 그들이 위임한 자와 로력국민위원부가 뎡함.

三. 이 법뎐의 일부(一部)를 여러 가지 등급(等級)으로 병역에 관게 잇는 쟈들에게 뎍용식힐 권리를 국민위원쟝들의 쏘베트에 위임하되 샹비병역(常備兵役)에 잇는 쟈에게는 뎍용치 안이함.

四. 로동에 대하야 글로게약한 것이나 말로 언약한 일이 이 법뎐 각 됴문(各條文)에 비하야 로동상태를 더 어렵게 만든 것이면 다 무효(無效)에 돌아감.

뎨 이 쟝. 고용(雇傭)**과 로동분배**(勞動分配)**의 방법**

五. P.C.Φ.C.P의 공민(公民)된 쟈들을 자원고용졀차(自願雇傭節次)로 일을 식히는 데 대하야 뎨九됴를 졔한 외에는 로력국민위원부 각 긔관들을 반드시 경유(經由)함이 가함.

六. 직업을 구하는 쟈는 맛당히 그 디방로력위원부긔관에 가서 실업쟈(失業者)로 등록함이 가함.

七. 로동쟈를 고용함에 대하야는 기업소들. 공셜긔관들. 경리부(국가의 것. 공공의 것. 개인의 것을 물론하고) 어느 것이던지. 또는 개인고용쥬(個人雇用主)까지라도 다 알애와 갓치각각 그 관할(管轄)된 로력국민위원부 긔관을 경유함이 가함.

ㄱ. 그 기업소나 공셜긔관의 주무쟈의 일홈으로나 개인고용쥬의 일홈으로 로력쳥구셔를 각각 그 관활된 로력국민위원부 긔관에 뎨츌함이 가함.

ㄴ. 로력국민위원부에 등록된 실업쟈가 그 쳥구셔에 쓴 됴건에 합당하면 그 등록된 자는 직업동맹 전로즁앙쏘볘트의 인가를 어더 로력국민위원부가 명하야 노흔 졀차에 의하야 로동하라 나감.

ㄷ. 로력국민위원부 긔관들이 보낸 로동자들을 밧고 안이밧는 것에 대하야 고용쥬들은 로력국민위원부에서 명한 졀차에 의하야 로력국민위원부에 통지함이 가함.

八. 고용주는 알애와 갓흔 경우에는 책임을 짐이 가함.

ㄱ. 로동식힐 일에 대한 됴건을 그릇 보고한 경우.

ㄴ. 로동쟈를 고용할 때에 책임진 됴건을 어긔는 때.

ㄷ. 로력국민위원부 긔관에서 로동쟈 청구셔에 의지하야 보낸 로동쟈를 법률상 리유(法律上理由) 업시 밧지 안이하고 거졀하는 경우.

九. 로동쟈들이 알애와 갓흔 경우에는 로력국민위원부 긔관을 것치지 안이하고 도로동일에 붓흘 수 잇으되 다만 로력국민우원부 긔관에 등록을 행함이 가함.

ㄱ. 일하는 사람의 개인 정치뎍 신임(個人政治的信任)과 전문뎍 기능(專門的技能)을 요국하는 경우.

ㄴ. 로력국민위원부 긔관에서 로동쟈 쳥구셔를 밧은 후 사흘 동안에 로동쟈를 데이지 못 하는 경우.

十. 국가에서 경영하는 것이나. 공공하게 경영하는 것이나. 사사개인이 경영하는 기업소(企業所)나 공셜긔관(公設機關)들의 쥬무(主務)쟈는 로력국민위원부에서 쟉뎡한 양식(樣式)에 의지하야 뎡한 긔간마다 로동쟈들의 형편에 대하야 로력국민위원부 긔관에 보고함이 가함.

뎨 三 장. P.C.Φ.C.P의 공민들이 의무로 동에 나아가는 졀차

十一. 특별한 경우에 잇어서는(뎐재에 대한 일. 중요한 국가의 주문에 대하야 그 물품을 만들어낼 로동쟈가 불족되는 경우) P.C.Φ.C.P의 공민(公民)은 전부가 이 법뎐 뎨十二.十四됴에 쓴 바와 갓흔 사람을 제한 외에는 다 의무로동졀차(義務勞動節次)을 딸아 일하되 국민위원쟝들의 쏘베트나 그 위원쟝들의 위임을 맛흔 쟈들 긔관의 특별결정에 의하야 복무(服務)함.

十二. 알애와 갓흔 쟈는 의무로력에서 전혀 면제(免除)를 바듬.

ㄱ. 십팔 세 되지 못한 남녀.

ㄴ. 사십오 세 이상 된 남자와 사십 세 이상 된 여자.

十三. 알애와 갓흔 쟈는 의무로력에서 일시(一時)로 면제를 바듬.

ㄱ. 병으로나 일하다가 상함을 바다 일할 수 업는 쟈들이 그 일 할 만하게 기능이 회복될 동안까지.

ㄴ. 해산(解産)하기 전 여들 주일. 해산한 후 여들 주일 동안.

ㄷ. 자긔의 졋으로 아이를 기르는 녀자.

ㄹ. 로력에서나 젼쟁에서 부샹(負傷)한 자.

ㅁ. 여들 살 못 된 아이를 가진 녀자로서 다른 돌보아줄 사
람이 업는 경우.

十四. 신톄의 건강상태와 가졍의 사졍과 일의 죵류와 로동에 나아
갈 사람들의 풍속(風俗)이나 습관(習慣)관게로 말미암아 의무
로 동의 일부(一部)나 젼부(全部)에서 면제함을 당하게 하되 그
것은 국민위원쟝들의 쏘베트와 로력국민 쏘베트가 뎡함.

데 四 쟝. 협동뎍 계약(協同的契約)

十五. 협동뎍 계약이라 하는 것은 로동쟈와 사무원들의 대표인 직
업화와 고용주 사이에 서로 계약을 맺는 것이다. 그것으로
일부 기업소나 공셜긔관이나 경리부나 또는 그들의 단합한
단톄에 대한 로력과 고용됴례를 뎡하며(十七됴) 또한 쟝래의
개인뎍(로력뎍) 고용에 대한 계약의 내용을 분셕함(二七. 二八됴).

十六. 협동뎍 계약의 각 죠문들은 그 관할된 긔업소나 공셜긔관에
서 일하는 모든 자에게 다 뎍용되되 그들이 계약을 쳬결한
직업회 회원이 되고 안이된 것을 불관함.

※ 비고. 협동뎍 계약이 로동자를 들이고 내는 권리르 가진
주무쟈들에게는 뎍용이 되지 안이함.

十七. 협동뎍 계약에는 큰 것(국가범위 안에 잇는 일부 산업의 젼부나 국민경리
의 젼부나 관리 젼톄에 뎍용되는 것)과 젹은 것(디방뎍)이 잇다. 큰 협
동뎍 계약문이 셩립된 뒤에는 젹은 것을 어떠한 경우와 졀차
에 딸아 쳬결하느냐 함에 대하야는 큰 계약문에 젹은 죠약문
을 쳬결할 수 잇다는 것을 써노흔 것이 잇어야 함.

十八. 협동뎍 계약문의 긔한 범위는 로력국민위원부가 젼로듕앙직
업동맹의회와 협의하야 뎡함.

十九. 본 법뎐이나 긔타 로력에 대한 법률과 결뎡셔가 졍하는 것보

다 비교뎍 로력의 처디를 괴롭게 하는 협동뎍 계약문의 조례
들은 무효가 됨.

二十. 직업회 동맹들은 협동뎍 계약문에 대한 물질샹 책임을 담부
치 안이함.

二十一. 협동뎍 계약은 서면으로 체결하야 어김업시 로력국민위원
부 긔관에 가서 등록하게 하는 동시에 로력국민위원부에
게 그 조약문의 일부가 로동자와 사무원들의 처디를 로력
에 대한 시행법률에 비하야 더 못하게 하는 것은 작소식
힐 권리를 줌(一九조에 의하야). 협동뎍 계약문을 등록하는 졀
차를 로력국민위원부가 뎡함.

※ 비고. 로력국민위원부가 협동뎍 계약문의 일부를 쟉소
식힐지라도 그 남아지 조건에 대하야는 계약을 체결한
양편의 의사가 합치되면 그 남아지 됴건은 등록함을 어
듬.

二十二. 등록된 협동뎍 계약문은 양편이 표를 두거나 그러치 안이
면 계약문에 쟉뎡한 때로븟허 효력이 있음.

二十三. 공셜긔관이나 긔업소를 변갱하거나 그럿치 안이면 그것이
다른 주인에게로 넘어가는 경우에라도 등록한 협동뎍 계
약문은 졍한 긔한까지 효력이 잇음.

※ 비고. 이와 갓치 되는 경우에 양편은 협동뎍 계약문을
다시 샹고하여 볼 권리가 잇으되 그것을 곳치기를 원하
는 편은 두 주일 전에 샹대(相對)편을 알여줌.

그러할지라도 계약문은 다시 체결하는 때까지 효력이
잇음.

二十四. 임이 체결된 조건대로 잇는 계약문의 긔한을 림시로 늘엿
거나 양편의 협의로 그 조약문에 새 조건을 첨부하엿거나
어느 조건을 변갱한 것이 잇을지라도 보통원측에 의하야

의례히 등록함(二一조).

二十五. 어떠한 리유로 인하야 등록지 안이한 게약문에 의하야 일하다가 주인과 로동자 사이에 발생되는 츙돌은 그 계약문에 의하야 해결하는 것이 안이라 시행되는 법률에 의하야 해결함.

二十六. 협동뎍 계약문들을 올케 실행하고 안이함에 대한 졉근한 감시긔관은 로동임금률(勞動賃金率)을 뎡하며 츙돌을 해결하는 위원회가 됨(一二七조).

데 五 쟝. 로력뎍 계약문(勞力的契約文)

二十七. 로력뎍 게약이라는 것은 두 사람이나 여러 사람 사이에 체결되는 계약인대 그것으로 인하여 한편은(고용밧는 사람) 임금을 밧고 자긔의 로력을 다른편에게(고용하는 쟈) 팔게 됨.

二十八. 로력뎍 계약의 조건들은 양편의(로동자와,고용주) 협의로 뎡함. 로력뎍 계약의 조건들이 로력법률이 뎡한 조건과 협동뎍 계약의 조건과 소관된 긔업소나 공셜긔관의 내부관리규뎡(內部管理規定)에 뎡한 됴건에 비하야 로력쟈의 쳐디를 더 괴롭게 하는 것은 다 무효가 됨.(4.15.19.52.55) 그 외에도 로력쟈의 정치뎍이나 보통 공민뎍 권리를 제한하는 조건들은 다 무효가 됨.

二十九. 로력뎍 계약셔를 쳴결할 때에 각 긔업소나 공셜긔관이나 경리부에셔는 일하는 로동쟈 사무원 전부에게 로력쟈의 수효를 불관하고 로동수첩(勞動手帖)을 어김업시 내여줌(주무쟈를 제한외에) 로력뎍 계약셔를 한 주일 이내 긔한으로 체결하는 경우에는 로농수첩을 내여주지 안여도 관계가 업슴.

※ 비고2. 로동수텹을 내여주는 졀차와 그 책안에 쓰는

글은 특별법률로 뎡함.

三十. 로력뎍 계약셔를 개인 간에나 또한 그들의 단톄와도 체결할 수 잇음(로동조합 등).

三十一. 셩년 되지 못 한 쟈들이 로력뎍 계약셔를 체결할 때에도 셩년쟈와 갓흔 권리를 가짐. 체결된 계약대로 일을 게속하야 하는 것이 셩년되지 못한 쟈의 건강에 위험이 이르거나 그에게 보통으로 해될 때에는그 부모나 보호쟈나 또는로 력보호법률에 대하야 감시할 책임이 잇는 관쳥이 책임쟈가 긔한되기 전에라도 계약셔를 무효에 돌님을 요구할 권리가 잇음.

三十二. 로력뎍 계약셔에 의하야 일할 때에 그것을 직졉으로 쳬결한 사람을 위하야 일하지 안코 긔업소나 경리부를 위하야 일하는 경우나 그럿치 안으면 고용쟈가 일하는 생산쳐소가 다른 긔업소의 지뎜인 경우에는 로력뎍 계약서에 대한 책임이 긔업소 공셜긔관이나 그럿치 안으면 일식히는 주인에게 도라감.

도급으로 일을 맛하가지고 그것을 위하야 로력뎍 계약서를 쳬결한 경우에 그것에 위반되는 일이 잇는 때에는 그 사람이 책임을 짐.

※ 비고. 긔업소 공셜긔관과 개인이나 도급으로 일을 맛흔 쟈 사이에 서로 계쟁관계(係爭關係)가 잇는 때에는 보통 사법(司法)졀차에 의하야 해결함.

三十三. 로동조합과 계약을 체결할 때에는고용주는 그 조합에 들어 고용주가 식히는 일을 시행하는 각 개인에게 대하야 그 각 개인과 계약을 체결할 때에 지는 것과 갓흔 책임과 권리를 가짐.

三十四. 로력뎍 계약은 알애와 갓흔 조건에 의하야 체결함.

ㄱ. 일뎡한 긔한을 뎡할 때에는 일년 이상을 지나가지 못 함.

ㄴ. 무긔한으로 할수도잇음.

ㄷ. 일뎡한 사업(事業)에 대하야 그 일이 준공될 때까지도 뎡할 수도 잇음.

三十五. 고용 밧는 쟈는 고용쥬와 협의 업시 그 일을 다른 사람에게 넘겨주지 못 함. 로력뎍 계약서에 의하야 고용된 로동조합은 만일 계야서에 위반되는 일을 규뎡한 것이 업스면 쟈긔가 임의로 쟈긔의 회원 사이에 일을 난호아주며 또 회원을 밧고아대일 수도 잇음.

三十六. 고용주는 이믜 뎡한 일 외에는 고용입은 쟈에게 요구함을 엇지 못하며 또는 그 일이 그 사람에게 현져(現著)히 생명(生命)에 위태하던지 로동법뎐에 위반되는 경우에는 식히지 못 함. 만일 긔업소에 림시로 일이 업는 경우에는(계약할 때에 식히려던 일) 로동쟝의 기능을 보아 다른 일을 식힐 수 잇음. 로동쟈가 거졀할 때에는 고용주가 로동쟈에게 八十九조에 의하야 해고식할 때에 주는 부조금(扶助金)을 주어 내여보낼 수 잇음.

미래(未來)의 위험을 면하여야 쓸 특별한 경우에는 고용입은 쟈의 기능에 불뎍한 다른 일이라도 식힐 수 잇음.

우에 말한 바와 갓흔 경우에는 삭젼을 나츌 수 업슴. 또는 림시로 일을 식히는 것이 고용할 때에 식히려던 일보다 삭젼이 비싼 경우에는 삭젼을 놉흔 등급에 의하야 내여줄 것 (六十四조).

三十七. 로동쟈를 한 긔업소에셔 다른 기업소로 옴기거나 한 디방에셔 다른 디방으로 기업소나 공셜긔관과 함꾀 옴기려할 때에는 다만 로동자나 사무원의 협의가 잇은 뒤에라야 할 수 잇음.

그와 갓흔 협의가 업스면 로력뎍 계약서는 쌍방(雙方)에서 어느 편이던지 다 무효식힐 수 잇으되 그 두 가지 경우에는 로동쟈에게 다八九조에 의하야 부조금을 주어 내여 보냄.

三十八. 오래동안 식힐 일에 대하야는 정식으로 로동쟈를 밧기 전에 시험을 바들 수 잇음. 보통 로동쟈는 六일 동안. 사무원은 두 주일 동안—이것은 자격(資格)이 샹당(相當)하게 수양(修養)한 자와 책임이 크지 안이한 로력—책임이 중한 일에 대하야는 한 달 동안 견습으로 시험을 츠리게 함.

三十九. 그 시험의 결과를 딸아서 로동자를 영속뎍(永續的) 일에 부치거나 그러치 안이면 시험할 시에 명한 삭전 등급에 의하야 시험하는 동안의 삭전을 주어서 내여보냄.

四十. 시험의 결과에 대하야(밧고 안이 밧는데) 고용주는 즉시로 로력국민위원부 소관(所管)긔관에 통지함. (뎨七조)림시 시험을 츠리는 긔간꺼지는 그 로동자가 무직업쟈로 인뎡되야 로력국민위원부에서 명한 그 차례대로 잇음.

四十一. 고용주나 기업소 총무가 고용입은 로동쟈에게서 개인신분 증명서를 가섯을 것 갓흐면 그가 도로 내여 달나고 요구하는 첫 번에 곳 내여줄 의무가 잇음.

四十二. 고용주는 고용입은 로동쟈의 요구에 의하야 그가 어떠한 직무를 가지고 얼마동안 일을 하얏다는 증명을 내여줄 의무가 잇음. 그 증명서에는 어떠한 암표던지 쓰는 것을 금함.

四十三. 고용 바든 쟈에게 대하야 고용주나 기업소의 주무자의 권리로 무슨 벌에던지 돈으로 벌금 바듬을 금함.

특별한 법률로나 기업소 내부관리규뎡(內部管理規定)에 뎡한 외에는 벌금을 바듬을 금함.

四十四. 로력덕 계약서가 애알와 갓흔 경우에는 무효가 됨.

　ㄱ. 쌍방의 협의

　ㄴ. 긔한이 지난 때

　ㄷ. 계약한 일이 필한 때

　ㄹ. 四十六. 四十七. 됴에 의하야 어느 편이던지 청원한 경우.

　　단(但)공셜긔관이나 기업소나 경리부가 한 긔관이나 한 개인에게서 다른 데로 넘어가는 경우에는 로력덕 계약서가 그대로 유효(有效)함.

四十五. 만일 계약서의 긔한이 지나가고도 로력덕 관계가 그대로 계속되는 때에. 어느 편에서던지 그것을 무효식힐려고 요구하지 안이하는 경우에는 계약서가 과거 조건대로 무긔한으로 계속됨을 인뎡할 수 잇음.

四十六. 계약서가 무긔한으로 되얏을 때에는 고용입은 자가 아모 때에던지 그것의 무효를 요구할 수 잇음. 그러나 고용입은 쟈가 한 주일에 한 번식 삭전을 세임하려고 하엿으면 무효식히려고 할 하로 젼에 고용주에게 통지하고 두 주일이나 일 개월이면 七일 젼에 통지함이 가함.

四十七. 로력덕 계약이 무긔한으로 체결된 것이나 또는 유긔한으로 체결된 경우에 긔한 젼에 고용주가 해고하려고 할 때에는 三六. 三七. 됴에 뎡한 외에는 다만 알애와 갓흔 경우에라야만 할 수 잇음.

　ㄱ. 긔업소나 공셜긔관이나 경리부의 젼부나 또는 일부를 폐지하거나 또는 그곳의 일을 줄구는 때.

　ㄴ. 생산상 조건에 대한 리유로써 일 개월이나 남아 일을 정지하게 되는 경우.

ㄷ. 고용입은 쟈가 일에 대하야 뎍당한 자격이 업는 때.

ㄹ. 고용입은 쟈가 특별한 리유 업시 계속뎍으로 자긔가 계약서나 긔업소 내부관리규뎡에 의하야 맛흔 책임을 이행치 안이하는 경우.

ㅁ. 고용입은 쟈가 직접으로 자긔의 맛흔 일에 관계 잇는 형사뎍 범죄를 범하야 사업관청의 선고서가 나린 경우. 또는 그 고용입은 쟈가 갓치여 이개월 이상을 잇는 경우.

ㅂ. 련三일 동안 일하라 오지 안이하던지 그럿치 안으면 특별한 리유 업시 한 달 동안에 도합 엿새 동안이나 흠셕(欠席)한 경우.

ㅅ. 고용입은 쟈가 림시뎍으로 로동할 가능을 일헛는데 그 가능을 일흔 날붓허 二개월 긔간이 지나가고도 일하려 오지 안커나 또는 녀자가 잉태되거나 해산함으로 로력 가능을 림시로 일허서 九二조에 뎡한 四개월 긔한밧게 二개월이 되도록 안이오는 경우.

※ 비고1. 계약셔를 해제하는 것을 'ㄴ', 'ㄷ' 조건에 의하야 하는 경우에는 임금률을 뎡하며 츙돌을 해결하는 위원회에서 뎡함.

※ 비고2. 로력자가 공쟝위원회나 그와 갓흔 긔관의 회원으로 잇는 쟈로 더부러 계약서를 해제할 시에는 본 법뎐 一六○됴에 뎡한 규뎡을 반드시 직힘.

※ 비고3. 고용주가 'ㄱ', 'ㄴ', 'ㄷ'항에 의하야 계약서를 해제할 경우에는 고용입은 쟈를 일에서 뗄 二주일 젼에 통지할 의무가 잇고 그와 갓흔 경우에 부조금을 주는 것은 보통규측(八八)에 의함.

四十八. 긔한을 뎡하고 체결된 로력뎍 게약서는 그 긔한 전에 고용입은 자가 알애와 갓흔 규뎡에 의하야 무효식힐 수 잇음.

ㄱ. 뎡한 시긔 안에 삭젼을 밧지 못한 경우.

ㄴ. 고용주가 계약서나 로력법률에 의하야 담보한 책임을 어긔는 경우.

ㄷ. 고용주나 기업소의 주무쟈들의 대표나 그들의 가족 가운대의 한 사람이라도 고용입은 쟈에게 대하야 무례하게 하는 경우.

ㄹ. 이밧게도 모든 다른 경우에는 특별히 법률이 미리 뎡하야 노흔 규뎡에 의하야 행함.

ㅁ. 로력상태가 위생방면에 불죡하게 되는 경우.

※ 비고. 본 됴의 '`ㄱ`', '`ㄴ`', '`ㄷ`'의 사실이 잇는 경우에 고용주가 반항하면 그 디방의 임금률을 뎡하고 츙돌을 해결하는 위원회가 그것을 해결함.

그러한 위원회가 업는 경우에는 츙돌에 대한 규뎡을 딸아 해결함.

四十九. 어떠한 로력게약서던지 직업동맹회의 요구로 다 무효에 돌아가게 할 수 잇음. 기업쟈가 그 동맹회의요구에불응하는 경우에는 기업쟈를 걸고 츙돌에 대한 규뎡에 의하야 소송을 니르킬 수 잇음.

뎨 六 쟝. 내부관리규뎡(內部管理規定)

五十. 기업소나, 공셜긔관이나 경리부에셔 일하는 쟈가 五인 이샹이 되면 그 안에 로동능률(勞動能率)을 더하게 할 목뎍으로 내부관리규뎡을 뎡함. 그 규뎡이 고용입은 쟈에게 대하야 어떠한 경우에 꼭 의무뎍이 되느냐 하면 그 규뎡이 五二, 五五, 조건에 의하야 쟉뎡되얏으며 또 그 안에서 일하는 모든 사람에게 포고된 경우에라야 됨.

五十一. 내부관리규뎡을 분명히 뎍용하며 규측뎍으로 쓰며 로동쟈
　　　와 주무쟈들의 보통뎍이나　특별책임에 대하야 가능한대
　　　로 뎍당하게 분명히 쓰면 또는 그것을 어기는 경우에 책임
　　　을 지는 순셔뎍 범위를 분명히 함이 가함.

五十二. 내부관리규뎡은 로력법률과 거기 대한 명령에 어기뜨지
　　　말 것이며 또한 당국한 기업소나 공셜긔관에서 시행하는
　　　협동뎍 게약서에 반대되지 말아야 함.

五十三. 내부관리규뎡의 견본(見本)을 로력국민위원부가 전로직업
　　　동맹중앙 쏘베트와(ВЦСПС) 인민경리최고의회(ВСНХ)의 승
　　　인을 어더 발행함.

　　　※ 비고. 어떠한 기업소나 공셜긔관에서 내부관리규뎡을
　　　　　제뎡한 후 五四조에 의하야 승인을 엇기 전에는 五三조
　　　　　에 의하야 발행된 견본규뎡이 그 기업소나 공셜긔관에
　　　　　뎍용됨이 가함.

五十四. 국가나, 공공하게나, 개인이 경영하는 일부(一部) 공셜긔
　　　관, 기업소들의 내부관리규뎡은 기업소의주무쟈가소관직
　　　업동맹회긔관과 협의하야 제뎡한 후 로력감독의 승인을
　　　어더야 됨.
　　　로력감독의 결뎡이 맛당치 못하다고생각하는 때에는 그
　　　디방관청 안에 잇는 로력부에 항고(抗告)할 수 잇으되 로력
　　　부의 결뎡은 그대로 시행하여야 함.

五十五. 산업의 일부나 국민경제의 일부나 듕앙공셜긔관이나 기업
　　　소나 직졉으로 서로 관계 잇는 기업소들의 단합이나 또는
　　　국가에 특별히 중요한 기업소나 공셜긔관들의 내부관리규
　　　뎡은 직졉으로 듕앙에서 소관직업동맹회 듕앙간부와 주무
　　　쟈가 협의하야 제뎡한 후 국민로력위원부(H.K.T.)의 승인을
　　　바듬.

우에 말한 것에 든, 개개의 공셜긔관이나 기업소의 내부
관리규뎡을 세측뎍으로 더 만들기 위하야 五三조의 비고
와 본 법뎐 五四조에 의하야 내부관리규뎡의 부측을 만행
함.

뎨 七 쟝. 물건 맨드는 한도

五十六. 고용 입은 쟈가 로력함에 뎍당한 쳐디에 잇어서 자긔의 그
름으로 제품의 한도대로 제조치 못하면 자긔가 일한 만큼
만 삭젼을 바듬. 그러나 표준로동양(標準勞動量)의 三분二 이
하를 바들 수는 업슴. 계속뎍으로 한도대로 만들지 못하는
경우에는 四七됴와 그 부측에 의하야 해고를 당함.

※ 비고1. 본 조문에 로력에 뎍당한 샹태 곳 조건이라 함
은 아애와 갓흔 것임.

ㄱ. 긔게와 조대(調帶)와 거긔에 달닌 모든 것이 완비한 것.

ㄴ. 일에 대한 필요한 재료와 모든 긔구를 재때에 드려대
는 것.

ㄷ. 재료와 긔구가 뎍당한 품질을 가진 것.

ㄹ. 일하는 쟝소를 위생방면으로 샹당하게 셜비한 것(샹당
한 졈화点火), 난방(暖房)장치(裝置).

※ 비고2. 미셩년 로동자들이 뎡규의 로동일(正規勞動日)을
채와 일하지 안이하고 시간을 따라서 삭젼을 밧는 경우
에 물품을 제조하는 한도는 셩년된 로동쟈들 이제 조하
는 한도에 뎍합하게 딸아 뎡하되 그들의 일하는 시간에
비례하야 뎡함.

뎨 팔 장. 로력에 대한 보수(報酬)

五十七.[1]

五十八. 로력에 대한 보수의 분량(分量)은 협동뎍 계약서나 로력뎍 계약서로 뎡함.

五十九. 보수분량은 국가기관이 일뎡한 싀긔에 엇던 로력등급(勞力 等級)을 위하야 확뎡한 최쇼임금(最小賃金)보다 적을 수 업슴.

六十. 보수의 분량은 계약서에다가 정규의 로동일(正規의 勞動日)을 게산하야(九十四됴) 시간으로 뎡하던지 도급으로 뎡할 수 잇음. 시간 외의 일에 대한 보수분량은 계약서에 특별히 뎡함이 가하되 첫 두 시간에는 평샹시의 보수금 하내반으로 하고 그 다음 시간부터는 두 배로 하고 또한 이와 갓치 휴일(休日)이나 명절날에 일하는 것도 이와 갓흠(一〇九됴).

六十一. 아이들의 축쇼한 정규의 로동일(縮少한 正規의 勞動日)에 일한 로력보수는 그 동급에 잇는 어룬의 정규의 완로동일(完勞働 日)에 일한 것과 갓치 게산함. 로력국민위원부에 생산게의 뎍당한 로력상태와 일의 셩질을 딸아서 아이들의 로력보수에 대한 한도를 게산하며 뎡하는 절차를 만드는 권리를 줌.

六十二. 일하는 쟈가 각 등급(各等級)의 일을 혼자할 때에는 고용바든 쟈는 그 일의 최고등급(最高等級)의 보수를 바듬(三十六됴).

六十三. 고용 입은 쟈가 그 하는 일에 전문지식이 씨우거나 특별한 준비를 요(要)하는 일을 하게 되는 때에는 그 보수는그 등급에 대하야 뎡한 대로 밧으되 그 고용입는 쟈가 그와 가흔 전문지식이 잇다는 증명서(證明書)나 견습(見習)으로 그와 갓흔 일을 잘 배왓다는 증명서가 업슬지라도 바듬.

---

1) 원본에 누락됨.

六十四. 만약 고용입은 쟈가 전에 일하던 것보다 삭전이 나즌 일로
　　　 넘어가는 경우에는 그 넘어가는 날로부터 두 쥬일 동안은
　　　 전에 밧던 삭전대로 바듬.

六十五. 만약 한 성질을 가진 일이 오래동안 게속되게 되면 그 보
　　　 수를 게속뎍으로 내여주되　더딜지라도 두 쥬일에 한 번식
　　　 은 게산하야 주어야함.

　　　　 림시뎍 일이나 또는 드믈게 잇는 일이 두 쥬일 동안에 다
　　　 필하게 될 일이면 그 일이 끈나는 날로 곳 보수를 내여주
　　　 어야 함.

六十六. 로력의 보수는 돈으로 주되 만일 로력뎍이나 협동뎍 게약
　　　 서에 됴문으로 뎡한 것이 잇으면 실물(實物)로도 줄 수 잇
　　　 음 쥬택, 식료품, 일용품 등(住宅 食料品 日用品等)
　　　 보수를 실물로 주는 됴건과 그 실물을 갑슬 뎡하는 됴건은
　　　 게약서로 뎡함.

六十七. 삭전은 제 로동시간에 주되 그 로동하는 곳에서 한쪽으로
　　　 일을 하면서 밧게 함.

六十八. 만일 고용입은 쟈가 자긔에게 관계 업는 리유로 일을 하지
　　　 못 하게 된 경우에는 삭전을 그 사람이 일하는 날의 즁등
　　　 삭전으로 줌이 가함.

　　　　 ※ 비고. 즁등날 삭을 뎡하는 졀차는 국민로력위원부가 뎡
　　　　　 함.

六十九. 로동쟈나 사무원이 차례로 휴가(休暇)를 밧는 때에는 그동
　　　 안의 보수는 즁등날 삭으로 선급(先給)을 줌이 가함.

七十. 도급으로나 개수로 일을 하는 삭전은 그 일의 등급에 대하야
　　　 뎡한 날 삭전으로 그 맨들어내는 분량에 비례하야 뎡함(五十
　　　 六됴) 계약서에 미리 뎡한 것이 잇으면 도급삭전을 다른 방식
　　　 으로 뎡할 수도 잇음.

七十一. 독듑으로 맛흔 일을 시작하기 위하야 그 설비에 허비하는
시간의 보수는 협동덕이나 로력뎍 계약서에 뎡함.

七十二. 특별한 일을 도급으로 주는 경우에 고용입은 쟈는 그 일을
필하기 전이라도 삭전을 게산하야 주는 시긔를 뎡한(六十五
됴)데 의지하야 자긔의 로동등급을 똘아 선급을 탈 수 잇음.

七十三. 도급을 맛하가지고 법뎡(法定)의 삭전을 바드리만큼 일하지
못한 경우에는 그 일하는 분량에 딸아 삭적을 바듬.

그러나 그 고용입은 쟈가 쳐한 등급의 삭전의 삼분이(三分
二) 이하는 주지 못 함(五十七).

七十四. 고용 입은 쟈가 도급으로 맛핫던 일을 자긔에게 관게 업는
리유로 그 일을 다 못하고 내여노케 되는 경우에는 그가
얼한 삭전은 도급 삭전에셔 선급으로 준 것을 한데 계산하
야 주되(七十二동) 그 디방의 로동임금률을 뎡하고 츙돌을
해결하는 위원회에서 갑슬 쳐서 줌.

그와 갓흔 위원회가 업거나 량편이 서로 타협이 되지 못
하는 경우에는 츙돌질서법규(衝突秩序法規)에 의하야 해결함.

七十五. 어린아이들이 도급 일에 고용되얏으면 어룬들이 일하는
데 주는 것과 갓치 주되 그 일에 대한 법뎡등급(法定等級)
삭전의 두 시간 동안의 삭전을 더 보태여 줌.

七十六. 시간로동에 대한 삭전이 변하는 때에는 딸아서 도급 일에
대한 삭전도 변함.

　※ 비고. 도급 일의 삭전이 변하기 전에 시작하야 일한 데
대한 삭젼은 임금률을 뎡하며 츙돌을 해결하는 위원회
에셔 뎡한 분량대로 줌.

그 위원회가 업는 디방에서는 그 소관(所管)적 업동맹
회의 협의로 뎡하고 이와 갓흔 협으로 해결되지 못 하
는 경우에는 츙돌질서법에 의함.

뎨 구 쟝. 담보(擔保)와상(相殺)

七十七. 로동쟈나 사무원들이 자긔의 선거권(選擧權)을 행사(行使)할
　　　　때에 만일 그 권리를　로동시간에 행사하는 것을 상당한
　　　　국가긔관에셔 승인한 것이 잇는 경우에는 그 시간에 대하
　　　　야 중등삭젼을 그대로 바듬(六十八료 비고).

七十八. 로동쟈나 사무원이 사법긔관(司法機關)으로 증인(証人)이나
　　　　감명인(鑑定人)이나 배석판사(陪席判事)로 불니워 가서 사법
　　　　권(司法權)이 그 사람에게 지우는 책임을 다할 동안에는 중
　　　　등삭젼을 바듬.

七十九. 로동쟈나 사무원이 선거됨을 바다 국가긔관이나 직업회긔
　　　　관이나 통일뎍 공리샤 긔관(統一的共利社機關)들이 부르는 대
　　　　표회나 협의회(協議會)나 위원회의(委員會議)가 로동시간에
　　　　진행되면 그곳에 대표로 출석하야 자긔에게 맷기는 책임
　　　　을 다할 동안에는 중등 삭젼을 그대로 바듬.

八十. 로동쟈나 사무원들이 젹군(赤軍)으로 불이워 가게 되면 자긔
　　　　가 일하던 곳에셔 해고(解雇)를 당할 때에 두 쥬일 동안의 중
　　　　등 삭젼을 타가짐.

八十一. 로동쟈나 사무원이 자긔의 직무에 의하야 출장(出張)명령을
　　　　바다 나가게 되면 그 나가 잇는 동안에는 쟈긔 잇던 그 일
　　　　자리와 또한 중등 삭젼을 그대로 바드며 또한 출장비로 하
　　　　로에 한 달 수입의 이십사분의 일(二十四分之一)을 바듬.

　　　　　그 외에도 출장에 관한 비용을 국민로력위원부에셔 뎡한
　　　　범위와 순서에 의하야 바듬.

八十二. 로동쟈나 사무원들이 공설긔관이나 긔업소의 쥬무쟈들의
　　　　명령으로 자긔의 주소를 옴길 때에는(三十七료) 이곳에셔 다
　　　　른 곳으로 옴겨가는 비용을 나여주며 또한 가는 동안의
　　　　일용비(日用費)와 하로에 할 달 수입의 二十四분의 一식 엿

새 동안의 치를 내여 줌.

그 외에도 전(前)직무에 의하야 한꺼번에 부조금으로 한 달 동안의 슈입을 내여 주며 또한 그 가족들이 합끠갈 것 갓흐면 그 가솔 각 사람에게 적어도 그 사람 한 달 슈입의 四분의 一을 한꺼번에 부조금으로 내여 줌.

八十三. 고용 입은 쟈가 쥬의하지 안이하얏다던지 내부관리규명을 직히지 안이함으로 긔게나 제품(製品)이나 원료(原料)를 모 쓰게 만든 뜨에는 임금률을 뎡하고 충돌을 해결하는 위원회의 결명으로 그 모쓰게 만든 것의 갑슬 그 사람의 삭젼에셔 한꺼번에 제하되 법명한 그의 한 달 슈입의 三분 一을 넘게는 제하지 못 함.

八十四. 고용쥬는 고용입은 쟈들에게 일할 때에 업지 못 할 설비품과 긔구를 무료로 대여 줌.

八十五. 긔업소의 소용으로 고용입은 쟈의 긔구를 쓸 때에는 고용쥬는 로동쟈에게 그 물건이 소모되는 데 대하야 샹당한 갑슬 협동뎍 게약서나 그것이 업는 경우에는 국민로력위원부의 결명대로 갑하주겟다고 담보함.

八十六. 생산의 성질을 딸아서 의복과 신발이 속히 판이날 일을 하는 긔업소의 쥬인은 그 고용되야 일하는 로동쟈들에게 의복과 신발을 무료로 주겟다는 담보를 하되 그 직업의 죵류명록과 그 수량은 국민로력위원부에셔 특별히 결명한 대로 따름.

소관(所管) 디방로력국민위원부의 긔관의 뎨안에 의하야 고용쥬가 그 뎨안에 씨인 물품을 실물(實物)로내여주지 못하는 경우에는 그 대신으로 그 물품의 갑대로 돈을 내여 줌.

八十七. 로동쟈나 사무원들을 긔업소나 공설긔관에셔 일을 정지하고서 그곳에 한 달 동안까지 붓잡아 둘 것 갓흐면 법명한 급료(給料)로 한 달치를 바듬.

※ 비고. 긔업소나 공설긔관에서 사흘 동안이 넘지 안케 일을 정지한 경우에는 로동쟈나 사무원들이 일을 안이한 동안의 삭젼은 중등삭젼으로 게산하야 바듬(六十八됴의비고).

八十八. 긔한이 잇거나 긔한이 업는 로력뎍 게약서를 四十七됴의 'ㄱ', 'ㄴ', 'ㄷ'의 리유로 인하야 무효에 돌니는 경우에는 고용쥬가 로동쟈들에게 해고부조금(解雇扶助金)으로 두 쥬일 뎐에 해고할 것을 통지하야 줌이 가함.

八十九. 로력뎍 게약서를 三十六됴(아래절반)와 三十七됴와 四十八됴와 八十됴에 뎡한 리유로 무효에 돌니는 경우에는 고용 입은 쟈에게 헤고 부조금으로 두 쥬일 삭젼을 내여 줌.

九十. 로력뎍 게약서를 四十七됴와 四十九됴의 'ㄹ', 'ㅁ', 'ㅂ', 'ㅅ'에 뎡한 리유에 의하야 파약하는 경우와 또한 四十六됴의 순서를 뚤아 고용입은 쟈가 자원으로 게약을 업시하는 경우에는 해제부 조금을 주지 안이함.

九十一. 긔업소나 공설긔관이 일뎡한 휴가(一一四됴)를 주지 안커나 또한 뎍합한 경우에 림시휴가를(一一六됴) 주지 아니하는 경우에는 임금률을 뎡하고 충돌을 해결하는 위원회의 승인으로, 그 위원회가 업는 경우에는 샹당한 소관직업동맹회의 승인으로 로동쟈나 사무원에게 돈으로 상쇄(相殺)하야 바들 권리를 주되 그 금액은 상쇄할 때의 중등 삭젼으로 바듬.

九十二. 로동쟈나 사무원이 림시로 로력가능(勞力可能)을 일흐면 그 일하던 공설긔관이나 긔업소에셔는 그 자리를 병으로 알는 때에는 적어도 두 달 동안까지 잉태되거나 해산(解産)하는 때에는 넉 달 동안을 남겨둠(四十七됴와一三二됴).

九十三. 고용쥬가 협동게약서대로 로동쟈나 사무원에게 모든 갑흘 돈을 내여줄 형편이 못되는 경우에는 고용쥬의 모든 빗 가온대에서 뎨일 몬저 로동쟈의 것을 갑하줌.

뎨 십 장. 로동시간(勞動時間)

九十四. 생산에나 생산하는 데 반드시 딸여가는 모든 부조되는 일에 대하야 정규(正規)의 로동일(勞動日) 길이는 여들 시간을 넘지 못 함.

　　※ 비고. 로력국민위원부에게 권리를 주어 정치뎍 직업회. 쏘베트의 책임일군의 등급을 뎡하게 하되 전로즁앙직업총회와 협의하야 뎡함. 그들 곳. 책임일군의 로동시간은 九十四됴에 한하지 안이함.

　　ㄱ. 십륙 세로부터 십팔 세까지 된 쟈.

　　ㄴ. 직접으로 생산에 관게 업는 로동을 하는 정신로력쟈.

　　ㄷ. 땅 아래에서 일하는 쟈. 땅 아래에서 일하되 국민로력위원부에서 뎡한 직업종류를 난호아 기록한 문부(文簿)에 의하야 로하동는 쟈. 생산게(生産界)에서 특별히 건강에 해로운 일을 하는 쟈들을 위하야 주린(短縮) 로동날을 뎡하되 로력국민위원부에서 뎡한 한도(限度)와 직업종류를 뎡한 문부에 의지함.

　　역쟈쥬(譯著註＝주린 로동날이라 하는것 은 정규의 완 로동날의 일을 채와하지 안이하고도 완날 일한 것으로 쳐주는 로동시간을 이름이다.)

九十五[2]

九十六. 九十四. 九十五됴에 뎡한 로동시간의 길이를 밤에 일하는 경우에는 또다시 한 시간을 주림.

　　교대(交代)로 일할 때에나 그럿치 안이면 게속뎍으로 주번을 보는 일의 로동시간 길이는 밤 시간도 낫 시간과 갓흐

---

2)　원본에 누락됨.

게 처줌. 그러하되 그와 갓흔 경우에는 삭전은 밤에 일한 시간의 갑시 놉하짐.

밤 한 시간의 삭젼은(九十四됴)의 낫 시간 삭젼의 七분의 八을 주고(九十五됴)의 낫 시간 삭젼의 五분의 六을 줌. 도급으로 일하는 경우에는 로동쟈들의 삭젼을 밧으되 밤 의 매한산의 일에 도급으로 버어는 밧게 七분의 一이나 五 분의 一(九十四됴와七十五됴에 상당한)의 그들 등급에 대한 법정 한 시간 삭젼을 더 바듬.

※ 비고. 밤 시간은 저녁 열 시부터 앗참 여섯 시까지로 뎡함.

九十七. 가정에셔 신부름 듣는 일을 하든지, 무엇을 수선하는 일을 하든지, 농촌일이든지, 그밧게도 이와 갓치 항상 똑갓흔 성질을 가진 일을 게속덕으로 하며, 월급을 밧는 로동자의 게는 일하는 시간의 길이를 마음대로 껵거 일하게 하되 쉬 는 시간은 매일 두 시간을 넘지 말게 하며 일 개월 로동 총 시간이 표준. 로동시간(九十四됴)에 넘지 못 함.

九十八. 정규의 로동시간 안에 로동자에게 휴식시간과, 음식 멱는 시간을 의례히 줄 것. 휴식시간, 음식멱는시간은 로동시간 에 게산하여 넛치 안이함.

※ 비고. 휴식시간을 줄 수 업는 로동일에 대하여는 로동 자에게 의례히 뎡규의 로동시간 중으로 음식 멱는 시간 을 주되 내부관리규정에 음식 멱는 댱소를 분명히 지시 하여 줄 것. 그와갓흔 로동의 종류는 로력국민위원부에 셔 정함.

九十九. 고용 바든 쟈가 일하다가 휴식하는 시간을 자긔의 마암대 로 정할 수 잇으며, 다른 곳에 갓다가 올 수도 잇음.

※ 비고. 九十九됴의 규정을 특별한 성질을 가진 긔업쇼에

셔 곳치려 하면 그 관활 밧는 직업동맹회나, 로력국민 위원부의 승인을 어듬이 가함.

百. 정규덕으로 끈엇다가 니어 일하여도 관계 업는 로동에는 일을 시작한 후 四시간 전에는 휴식하지 못 하되 그 휴식하는 시간의 길이는 반 시간 이샹으로 두 시간을 넘지 못 함. 규정한 시간의 범위 안에셔 휴식하는 시간의 길이는 내부관리규뎡에 뎡함.

※ 비고. 졋 먹는 아이에게 졋 멱이는 시간에 대한 규뎡은 百三十四됴에 뎡하엿음.

百一. 일을 시작하고. 필하며. 휴식하는 시간은 내부관리규정에 뎡함.

百二. 여러 떼 가서로 엇밧구어 교대로 일하는 로동에 대하여는 그 교대(交代)하는 떼가 정규의 로동시간 만큼 일을 하되. 한 떼가 다른 떼를 교대하여 주는 동안의 시간은 내부관리규뎡에 뎡하되 정규의 공졍(工程)에 방해되지 안토록 함이 가함.

百三. 정규의 시간을 넘겨 일하는 로동(시간 밧게 일)을 원측(原側)으로는 허하지 아니함.

百四. 시간 밧게 일은 오직 아래와 갓흔 특별한 경우에만 허락함.

　ㄱ. 공화국 국방상(共和國國防相)에 피할 수 업는 일을 할 때와 사회덕 공공한 재앙과 위험을 방지(防止)하는 때.

　ㄴ. 사회덕으로 필로한 일 곳. 급수(汲水) 점화(点火) 수도(水道) 운수(運輸) 우체(郵체)뎐신. 뎐화의 연락에 대한 일에 뜻밧게 변동으로 고장(故障)이 생긴 것을 방지하는 일.

　ㄷ. 시작한 일을 필하기끄지 꼭 다하여야 쓸 일인데 제시간 안에 다 필하지 못 하고 만일 그것을 끈첫다가 다시 게속하여야 할 것 갓흐면 긔게나 원료에 손해가 되던지 그럿치 안으면 압서 한 일이 쓸대업게 되여 다시 그만한 일을 하게되는 일.

　ㄹ. 림시로동으로 긔게를 수리하거나. 긔게의 부속품을 가라

넛튼지 건축물이 파괴된 것을 복구(復舊)식히는 일로. 만일. 그것을 그대로 두면 만흔 로동쟈의 일을 지체하게 하는 경우.

※ 비고. 이 죠문에 쓴 모든 일에 대하여 시간 빗게 일을 식히되 오직 그 디방의 로동임금률을 뎡하고 충돌을 해결하는 위원회의 결뎡으로 함.

그러한 위원회가 업으면 그 관할 밧는 직업회의 협의(協議)와 로동감독의 허가를 어든 뒤에 함.

특별한 경우에는 먼저 일을 식힌 뒤에 로동감독에게 알게 할 수도 잇음.

百五. 시간 밧게 일에 대하여 十八 세 되지 못한 쟈에게는 허락하지 안이함.

百六. 일 년 긔한으로 고용 입은 로동쟈가 시간 밧게 일하는 시간에 총수는 百二十 시간을 넘지 못 함. 또는 잇틀 동안을 게속하여 시간 밧게 일을 할 것 갓흐면 그 일하는 시간이 四시간을 넘지 못 함.

※ 비고. 일부 산업게에서 철수(時節)을 따르는 일에는 시간 밧게 일의 시간수를 로력국민위원부가 전로(全露)중앙직업총회와 협의하여 百六됴에 정한 한도(限度)보다도 더 식힐 수 잇음.

百七. 시간 밧게 일을 시간에 늦게 와서 그 시간을 채우기 위하는 경우에는 허락하지 안함.

百八. 여러 번 시간 밧게 일을 식켯으면 로동자의 로동수첩에도 써 넛코 또 시간 밧게 일을 긔록하는 책에도 써 너흐되 일의 시작과 필한 것과 시간 밧게 일을 한 로동장의 보수금액도 써 너흘 것.

뎨 십일 장. 휴식시간

百九. 모든 로력자의게 매 주일에 간단 업는 휴석을 쥬되 그 길이
는 四十二 시간 안에 들지 못 함. 매 주일에 노는 날자를 협
의하여 뎡하되 일요일로 뎡할 수도 잇고 또 그럿친 안으면
주일 안에 아모 날로나 뎡하되 그 디방 로동자와 사무원들의
민족과 종교뎍 신앙관게로 뎡함.

百十. 어떤 기업소. 공설긔관. 경리부의 로동상태를 따라서 보통뎍
으로 뎡한 매 주에 쉬는 날을 리용치 못 할 처디에 잇는 로력
자들에게는 반드시 다른 날 곳. 편리한 날을 택하여 쉬임.
이 규뎡은 기업소를 따라 일의 성질이 게속뎍으로 나아가는
일을 하고 잇는 로동자에게도 또한 뎍용됨.
그와 갓흔 기업소에셔는 보통으로 뎡한 쉬는 날대에 서로 교
대하여 번가라 일하는. 각개 그 뗴에 달닌 로동자의 쉬는 날
을 특별히 난호아 뎡함.

百十一. 아래와 갓흔 명절에는 일하는 것을 금함.

ㄱ. 정월 일일(新年).

ㄴ. 정월 二十 二日(一九〇五년 정월 九日의 긔렴으로).

ㄷ. 三月 十二日(임군을 업시한 날).

ㄹ. 三月 十八日(파리꼼문나날).

ㅁ. 五月 一日(국제일).

ㅂ. 十一月 七日(무산쟈혁뎡 날).

百十二. 로력부들은 도(道)직업동맹회 쏘베트들과 협의하여 白十一
됴에 뎡한 명절 외에도 특별히 쉬는 날을 뎡하되 一년에
十일이 넘지 못 하게 하며 그날들은 디방 상태와 인민의
종족별과 풍속습관의 명절. 긔타들을 딸아할 것.

※ 비고. 로력국민위원부는 전로즁앙직업총의회와 협의하
여 기업소나 공설긔관의 일의 성질을 딸아서 우에 뎡한

휴일과. 명절날에도 일을 끈지 안이하고 계속뎍으로 일
할 처소들에 대한목록 문부들을 뎡하여 둠.

百十三. 百九—百十一됴에 뎡한 명절과 휴일 전날의 로동시간은
六시간을 넘지 못 함. 그러게 하되 임금은 완날로 일한 것
과 갓치 게산하여 줌. 도급 일을 하다가 밋처 다 맛치지
못 한 경우에는 본 됴에 의하여 일을 채와 못 한 시간은
뎍당한 등급의 법뎡임금에 의하여 더 삭젼을 바듬.

※ 비고. 달삭으로 일하는 쟈들의 버는 돈에서 명졀날과
그 전날에 일 안이한 갑슬 제하는 법이 업슴.

百十四. 모든 고용으로 오 개월 반 이상을 게속하여 일한 자들의게
는 일 년에 한 번식 차레로 휴가를 주되 그 휴가가 二주일
안에 들지 못 함. 十八 세 못 되는 자에게는 차레로 주는
휴가의 길이가 일 개월 안에 들지 못 함.

※ 비고. 百十四됴에 의하여 차레의 휴가를 어들 권리를
가진 쟈가 쉬지 안코 게속뎍으로 일한다 하는 것이 주
무자의 명령으로 이 기업소여셔 다른 기업소로 넘어가
거나 그럿치 안으면 로력자가 일을 쉬지 안이하고 국
가의 어느 공셜긔관에나 기업쇼에서 다른 기업쇼로 넘
거가는 것이니 이 쉬지 안코 게속뎍으로 일하엿다는 것
은 로력국민위원부가 인뎡함.

百十五. 특별히 위생에 해롭고 위험한 일을 하는 기업소에셔 일하
는 자들에게는 百十四됴에 뎡한 바 휴가 외에도 보츙 휴
가를 주되 그 긔한은 二주일 안에 들지 못 함. 보츙휴가를
어들 권리를 가진 생산과 직업목록은 국민로력위원부가
뎡함.

百十六. 百十五됴에 뎡한 보츙휴가를 주지 안커나 또 九十一됴에
의하여 돈으로 상쇄(相殺)하는 것은 허락지 안이함. 또는

성년되지 못 한 자들의게 차례의 휴가를 주는 데 대하여 百十四됴 로력국민위원부에서 특별 결명이 잇기 외에는 그 휴가를 안이주지 못 함.

百十七. 휴가는 일 년 동안에 언제든지 줄 수 잇음. 나 기업소나 공설긔관이나 경리부의 일에 방해 업시 함이 가함.

百十八. 휴가에 대한 시간과 슈속과 순서를 좇차 임금률을 명하고 츙돌을 해결하는 위원회가 명함. 그것이 업는 경우에는 기업소나 공설긔관이나 경리부들의 쥬무자와 로동자의 대표가 협의하여 명함(百五十六). 그 문뎨에 대하여 반대가 잇는 경우에는 츙돌해결규명에 의하여 처리함.

百十九. 로력자들에게 병으로나 산모(産母)의 관게에 대하야 명한 절차에 딸아셔 휴가를 준 것은 百十四됴와 百十五됴에 명한 차례휴가나 보츙휴가수에 들지 안이함.

百二十. 만일 차례의 휴가를 로력자의 실수 업시 바들 해에 밧지 못 하고 또는 그가 그 휴가를 엇지 못 한 때에 돈으로 상쇄금도(九十一됴) 밧지 못 하엿으면 그 이듬해에는 그 휴가를 작년에 리용치 못 한 휴가날자가지 함끠 늘여 바듬. 그 휴가시간을 합한 것이 두 해치를 넘게는 가지지 못 함.

뎨 십이 쟝. 견습생(見習生)

百二十一. 견습생이라 하는 것은 학교에셔 견습생으로 공부하든지 실험대(實驗隊)와 기술반(技術班)에셔 종사하든지 또는 생산행렬에 들어서 개인으로 숙년한 로동자의 지도 아래에셔 배호는 자들을 가르침.

百二十二. 견습하는 기한은 로력국민위원부가 전로직업즁앙총회와 국민교육위원부와 협의하여 직업의 종류를 따라 명하되 데일 얼려운 일이라도 四년 이상은 지날 수 업슴.

百二十三. 견습생의 수효는 협동뎍 계약서를 체결할 때에 뎡함. 그 것이 업는 때에는 로력국민위원부가 전로중앙직업총회와 당국한 산업게의 중앙긔관과 협의하여 뎡하는 한도 이하로는 될 수 업슴.

百二十四. 견습생들을 그들이 배호는 전문에 관게 업는 다른 일에는 일을 식킬 수 업슴.

百二十五. 기업소들에게 유년견습생들을 올케 가라칠 모든 절차와 설비에 대하여 업지 못 할 됴건의 책임을 지우되 로력국민위원부가 국민교육위원부와 최고국민경제의회(最高國民經濟議會)와 협의하여 결뎡한 데 의하거나 그럿치 안으면 그 관할된 경리부의 결뎡에 의하여 행함.

百二十六. 견습생들이 택뎡한 전문기술학과에 대하여 뎡한 시긔를 지난 쟈들은 시험을 칠름이 가함. 또는 그들에게 그 견습생을 위하여 뎡한 시긔 안에라도 시험칠릴 권리를 줌.

百二十七. 로력국민위원부에게 견습생들에 대한 규뎡과 한도에 관한 법규의 결뎡서를 발행할 권리를 줌.

百二十八. 견습생들이 배홀만한 셜비와 처디를 상당하게 한 여부에 대한 검사와 감시를 로력국민위원부 긔관들에게 맷김.

뎨 십삼 쟝. 여자와 미셩년쟈의 로력

百 二十 九. 녀자와 十八 세 차지 못 한자들의 로력을 특별히 힘이 들고 위생에 해로은 생산과 땅밋테셔 하는 일에 사용함을 금함.

녀자와 유년들에 대하야 특별히 어렵고 해로운 일과 또는 무거운 것을 운반하는 한도의 범위에 대한 일의 종류를 로력국민위원부는 전로중앙직업총회와 협의하여 명함.

百三十. 여자와 十八 세 차지 못 한 자에게는 밤일을 허하지 안이함.

※ 비고. 로력국민위원부에게 전로중앙직업총회와 협의하여 성년 녀자들에게 특별히 필요한 생산업에는 여자의 로력을 사용하는 것을 허하는 권리를 위임함.

百三十一. 물론 밤일과 시간 외의 일에 대하여 태중(胎中)과 자기의 젓으로 아기를 기르는 녀자의게는 허하지 안이함.

百三十二. 육테덕 로력을 하는 여자들은 해산 전 팔 쥬일. 해산 후 팔쥬일 간을 로력에서 면제함을 밧고 사무원이나 정신상 로력을 하는 녀자에게는 해산 전후를 각각 륙 쥬일을 면제함(百八十一됴).

※ 비고. 사무원이나 정신덕 로력하는 직업에도 그 직업의 특색을 딸아 아기의 어머니에게 산젼 산후 각 팔쥬일식 휴가를 주어야 될 직업의 종류를 로력국민위원부가 명함.

百三十三. 잉태된 오 개월 후에는 본인(本人)의 허가 업시는 항상 일하는 디방 밧그로 파견하지 못 함.

百三十四. 자긔의 젓으로 아기를 기르는 어머니게는 보통휴가(百됴)로 명한 외에 얼인 아해들을 젓 먹일 보충시간을 주어야 함.

거긔에 대하한 덕당한 시간의 길이는 내부관리규명에 명하되 젓먹이라 가는 동안은 세 시간 반을 넘지 못 하며 젓 먹이는 시간이 반 시간 안에 들 수 업슴.

우에 명한 바에 의하여 끈어지게 되는 시간은 로동시간에 게산하여 녀흠.

百三十五. 일에 대하여 十六 세 차지 못 한 자를 밧는 것을 허하지 안이함.

※ 비고. 특별한 경우에는 로력감독에게 권리를 주어 로

력국민위원부가 전로중앙직업총회와 협의하여 발행
하는 특별지령서에 의하여 유년 아히들을 일에 밧는
것을 허하게 하되 十四 세 이상으로 하게 함.

百三十六. 十六 세 차지 못 한 자들이 과거에 기업소에셔 일한 경
력이 잇거나 그럿치 안으면 百三十五료에 의하여 일에
나아가는 자들에게는 로동날을 四시간으로 뎡함.

百三十七. 미성년 로력쟈들을 일부 산업게(一部産業界)에셔 사용할
최소의 슈효(最少數爻)를 로력국민위원부가 전로중앙직업
총의회와 협의하여 특별결뎡서를 발행함으로써 뎡함.

뎨 십사 장. 로력보호(勞力保護)

百三十八. 엇더한 긔업소던지 로력감독(勞力監督)과 생산의 위생급
긔술뎍 감독긔관(生産的衛生及技術的監督機關)들의 허가 업시
는 개업(開業)할 수도 업스며 일을 시작하야 활동하거나
다른 집으로 옴겨갈 수도 업슴.

百三十九. 모든 긔업소나 공설긔관들은 로력국민위원부에셔 여러
가지생산에 대하야 발하는 보통 혹은 특별결뎡서(普通文
는特別決定書)에 의하야 로력에 해로운 상태를 업시 하거
나 적게 만들며 불행한 일이 생기지 안토록 예방하며 일
하는 처소를 우생에 뎍당하도록 설비함에 대하야 맛당
히 업지 못 할 방침을 써가야 됨.

百四十. 일을 림시로 정지하는 때에는 긔게와 그것을 활동식히는
조대(調帶)들을 맛당히 세워두어야 하되 만일 긔술뎍 됴건
(技術的條件)에 의하야 세워둘 수 업거나 공긔를 신선(新鮮)하
게하거나, 더러운 물을 내여보내거나, 불을 켜느닝르에 필
요하면 세워두지 안이하야도 무방함.

百四十一. 특별히 몸에 해로운 모든 일이나 또는 온도(溫度)가 뎍당

치 모하거나 습긔(濕氣)잇거나 몸이 더러워지는 일이나 또는 샤회뎍 위생에 관게되는 경우에는 로동쟈들에게 긔업소 예산으로 특별한 의복과 방비품(防備品)(안경, 가면(假面), 호흡긔(呼吸器), 비누, 기타)을 로력국민위원부에셔 뎡한 직업종류 목록과 그 주는 수량(數量)에 딸아내여줌.

百四十二. 일하는 사람에게 해독(害毒)의 위험이 미칠만한 생산에는 로동쟈들에게 해독을 예방하는 기름이나 긔타 약품을 긔업소 예산으로 로력국민위원부에셔 뎡한 직업종류목록과 그 내여주는 수량에 딸아 내여줌.

※ 비고. 특별한 의복. 예방품. 해독을 제하는 약품(一四一. 一四二됴)을 내여주지 못 하는 경우에는 그 물품의 실까(實價)대로 내여주어 로동쟈들이 스사로 갓추게 함.

百四十三. 로력국민위원부와 그 디방긔관들에게 권리를 주어 특별히 해로운 생산이나 긔업소에 대하여 일에 붓는 모든 로동쟈나 일부 로동쟈들의 무리(녀자와 아해)들의 신체검사를 행하며 일에 붓튼 후에라도 긔한을 뎡하고 검사하게 함.

百四十四. 로력국민위원회는 전로듕앙직업동맹 쏘베트와 협의하야 특별한 필요가 업는 경우에나 또는 특별히 로동쟈의 위생에 해로운 긔업소에셔 밤일을 하는 것을 금할 권리를 가짐.

百四十五. 긔업소. 공셜긔관. 경리부들은 맛당히 로동쟈와 사무원들의 로력보호에 대한 실행결뎡서와 규뎡을 늘 보이는 곳에 써 부치며 또한 로력보호에 대하야 로력국민위원부의 결뎡서들이 요구하는 바를 긔록할 책을 장만하야 둘 의무가 잇음.

百四十六. 모든 공셜긔관. 긔업소. 경리부 또는 개인이 모도 다 이

법뎐의 각 됴문과 로력쟈들의 생명과 위생보호와 로력의 처디에 관한 협동뎍 게약서 됴건들과 명령서와 지령서를 바로 실행하고 못 하는 것을 감시하는 책임을 로력국민위원부의 관활 아래에 잇는 로력감독부와 긔술뎍감독부와 위생감독부들에게 맛김.

百四十七. 로동감독들을 뎡긔(定期)로 직업동맹의회에셔 선거하되 로력국민위원부의 승인을 요함.

百四十八. 뎨一四六됴에 뎡한 목뎍을 달하기 위하야 로력감독긔관들은 아래와 갓흔 일을 행함.

ㄱ. 낫과 밤을 물론하고 어느 때에던지 관활구역 안에 잇는 긔업소. 공설긔관. 경리부와 모든 로동하는 처소와 또는 그 긔관들의 부속으로 로동쟈들을 위하야 설한 각 공설처소(긔숙사. 병원. 양육원. 목욕쟝 등)을 시찰할 것.

ㄴ. 긔업소. 공설긔관. 경리부 주인이나 주무쟈에게 향하야 필요한 경우에는 여러 가지 일에 대한 설명을 요구하며 또는 모든 필요한 문부와 증권(証券)과 긔록(記錄)들을 검열하기 위하야 가저오라고 요구할 것.

ㄷ. 긔업소의 전부나 혹은 일부에 대하야 개업할 수 잇다는 결뎡서를 내여줄 것.

ㄹ. 로력보호에 대하야 원만치 못한 뎜을 보앗거나 규뎡을 어긴 것을 보앗으면 그것을 곳치라는 명령서를 발할 것,
그 명령서는 국가의 경영이나. 공공한 사회경영이나 개인의 경영을 물론하고 모든 공설긔관. 긔업소. 경리부 또는 개인에게 끼지라도 똑갓흔 효력으로 뎍용

됨.

ㅁ. 로력쟈들의 위생과 생명보호에 대하야 발한 쏘베트 주권의 모든 명령서와 지령과 또는 이 법면의 조문들을 어기는 쟈들을 행정이나 사법절차에 의하야 고소(告訴)할 것.

百四十九. 이우에 쓴 방법 외에라도 로력감독긔관들은 직접으로 로동쟈들의 생명과 건강에 위험이 밋칠만한 형편을 업시하기 위하야 로력국민위원부나 그것의 디방긔관들이 특별법률로나. 지령으로나. 결명서로 명하야 놋치 못한 비샹방법이라도 쓸 권리가 잇음.

百五十. 직업에 대한 위생관 제조소청결과긔술덕 위험을 업시하는데 대한 모든 명령과 규정과 결명서들을 그대로 꼭 실행하고 안이하는 거을 감시하는 책임을 로력국민위원부에 부속된 위생감독과 긔술감독들에게 맷김.

뎨 십오 쟝. 로동쟈와 사무원들의 직업동맹회와 긔업소, 공설긔관, 경리부 안에 잇는 직업동맹회의 긔관들에 대하야.

百五十一. 국가에서 경영하는 것이나. 샤회에서 공공하게 경영하는 것이나 개인이 경영하는 긔업소나 공설긔관이나 경리부에서 고용으로 일하는 공민(公民)들은 직업동맹회로 단합하야 여러 가지 긔관에서 고용으로 일하느 쟈들의 명의(名義)로 협동덕 계약을 체결할 때에 한편의 자격을 가지고 나설 권리가 잇으며 또한 고용으로 일하는 쟈들의 명의로 로력과 로력의 처디에 대한 모든 문뎨에 대하야 대표의 자격을 가지고 나설 권리가 잇음.

百五十二. 직업동맹회들의 상당한 대표회에서 만들어 노흔 원측에 의하야 조직된 직업동맹회들은 보통회샤나 조합을 위하야 명하야 노혼 등록수속(登錄手續)으로 아모 데나 가서 국가의 긔간에 등록하는 것이 안이라 전로직업동맹회들의 대표회의에서 명하야 노혼 절차에 딸아 동맹회들을 련합한 단톄에 등록함.

百五十三. 례百五十二죠에 의하야 련합동맹회긔관에 등록하지 안이한 모든 단톄들은 직업동맹회에 아래와 갓흔 권리가 잇음.

ㄱ. 동산(動産) 불동산(不動産)을 작만하야 가질 수 잇으며,

ㄴ. 시행되는 법률에 의하야 여러 가지 게약과 약죠를 매즐 수 잇음.

※ 비고. 직업동맹회들에게 허락된 권리들은 그들의 련합동맹회 단톄들에게도 뎍용됨.

百五十四.3)

百五十五. 국가의 모든 긔관들은 P.C.Φ.C.P.의 헌법 례十六죠에 의하야 맛당히 직업동맹회들과 그들의 단톄를 각 방면으로 후원하야 주되 로력궁뎐(宮殿)과 동맹회들의 집으로 쓰게하기 위하야 잘 꿈인 건축물(建築物)도 내여주며 우편. 뎐신. 뎐화. 쳘도. 슈샹교통긔관(水上交通機關)을 사용함에 대하야 특별히 갑슬 감하야 줌.

百五十六. 긔업소. 공설긔관. 경리부 안에 잇는 직업동맹회의 첫 게단이 되는 긔관은 로동자나 사무원들의 위원회나(제죠소. 긔게창. 광산. 건축. 직업동맹회의 지부되는 디방위원회 등) 그럿치 안으면 위원회를 대신하는 대표 곳 동맹회위원이 됨.

※ 비고1. 긔업소나. 공설긔관이나. 경리부에셔 일하는 쟈들의 위원회 위원을 선거하는 절차는 그 관활하는 직업동맹회에셔 명함.

---

3) 원본에 누락됨.

※ 비고2. 륙해군긔관(陸海軍機關) 안에 잇는 로동쟈와 사무원들의 위원회는 로력국민위원부가 공화국 혁명군 정의회와 전로듕앙직업동맹의회와 협의하야 명한 특별결뎡서에 의하야 조직되며 그 사무를 진행함.

百五十七. 긔업소나 공셜긔관이나 경리부 안에 잇는-이 법뎐 뎨 百五十六됴에 뎡한 바와 그 관활 밧는 직업동맹회의 승인을 바든-위원회 밧게는 엇던 것이던지 百五十八됴로브터 百六十됴에 뎡한 권리를 가지지 못 함.

百五十八. 위원회(一五六됴)에셔 행하는 일과 그 범위는 아래와 갓흠.

ㄱ. 긔업소나. 공셜긔관이나. 경리부의 쥬무쟈들 압헤서 일군들의 처디와 로력의 상태에 대한 모든 문뎨를 토론하야 자긔들이 단합한 로동쟈와 사무원들의 리해를 보호하며 대표함.

ㄴ. 국가뎍 단톄나 사회뎍 단톄들 압헤서 대표노릇을 함.

ㄷ. 긔업소나 공셜긔관이나 경리부의 쥬무쟈들이 법뎡한 수량대로 로력보호. 샤회뎍 보험. 삭젼 주는 것. 위생규뎡. 긔술뎍 위험을 업게 하는 등, 모든 것을 꼭 실행하고 안이하는 것을 감시하여 또한 로력을 보호하기 위하여 잇는 국가의 긔관들을 협조함.

ㄹ. 로동쟈와 사무원들의 문화와 물질뎍 형편을 항상(向上)식히는 데 대하야 힘씀.

ㅁ. 국가긔업소들의 생산이 표준한 그대로 되야가도록 도아주며 또한 그 관활된 직업동맹회로 말미암아 국민경리부를 조직하며 조정함에 참가함.

百五十九. 위원회가 조직되야 사무를 시작하는 때에는 그것을 쥬무쟈에게 통지함.

위원회의 사무를 보기 위하야 직접으로 자긔가 일하는

로동에서 면제(免除)될 로동쟈와 사무원들의 위원회의
원수(委員會議員數)를 아레와 갓흔 비레로 뎡함.

긔업소나 공셜긔관이나 경리부에셔 일하는 쟈들의 총
수가 아레왓 갓흔 때는 아레와 갓흔 수의 로동쟈가 위원
회 일을 보기 위하야 자긔가 하는 일에셔 면제를 바듬.

三百명까지	한 사람이 면제됨
三百명으로千명까지	두 사람이 면제됨
千명이로五千명까지	세 사람이 면제됨
五千명 이상에는	다섯 사람이 면제됨

온전히 면제됨.

위원회들을 일에셔 면제 식히는 것은 쥬무쟈들의 위원
회 결뎡에 의함.

百六十. 위원회에서 항상 사무를 보기 위하야 위원회의원들을 직
접 로동에셔 면제 식히되 그들의 기능을 딸아 전에 밧던
삭젼을 그대로 내여주되 생당한 법뎡슈량(法定數量)보다 적
게는 주지 못 함.

면제를 바든 위원회 의원들이 위원회에서 뎡한 긔한이
지나면 그 기업소나 공셜긔관이나 경리부에셔 다시 일할
자리를 내여주되 선거를 밧기 전에 체결한 고용게약서에
의하던지 그럿치 안으면 위원회 사무를 보는 동안에 게약
서 됴건이 변하얏으면 그 변한 데 의지하야 일함.

로력뎍 게약서를 무효에 돌니는 보통규뎡(四十四됴四十七됴)
을 리행(履行)치 안코라도 관활 밧는 직업동맹회의 승인만
어드면 위원회 의원들을 해고(解雇)식힐 수 잇음.

百六十一. 위원회들과 그 위원회를 선거하는 동맹회 긔관들의 총
회 대포회 사무처리에 대하야 긔업소나 공셜긔관이나

경리부 쥬무쟐들은 아모 방해도 끼치지 못 함. 그러고 위원회와 그들을 선거하는 긔관들은 아래와 갓흔 일을 직힘.

ㄱ. 총회나 대표회으를 정규(正規)의 로동을 하지 안이하는 시간에 열 것. 그러나 국가뎍 행사(行事)에 대한 것이나(로농대표 쏘베트. 샤회뎍 보험긔관에 대표를 선거할 때) 직업동맹회들의 대표회에 보낼 대표를 선거할 대에는 로동시간에라도 진행할 수 잇음. 그 외에 특별한 경우에는 오직 쥬무쟈들의 협의를 어든 후에 행함. 이 규뎡은 로동조합회의에도 뎍용됨,

ㄴ. 위원회 회의도 보통규뎡과 갓치 일하지 안이하는 시간에 개회함. 특별한 경우에는 오직 쥬무쟈들의 동의를 어든 후에 위원회의원들이 그 회의를 열기 위하야 로동시간에셔 면제됨을 득함.

ㄷ. 쥬무쟈들은 로동쟈나 사무원을 새로 밧거나 해고(解雇)식히려면 삼 일 전에 위원회에 통지함이 가함.

百六十二. 로동쟈와 사무원들의 위원회의 경비를 긔업소나 공설긔관이나 경리부의 쥬무쟈들이 그 관활된 직업동맹회에셔 뎡한 예산표에 의하야 지출하되 그 긔업소나 공설긔관이나 경리부에셔 일하는 로동자와 사무원들의 삭젼 총액의 두파 一센트%를 넘게 지출할 수는 업슴.

百六十三. 뎨百六十二됴에 뎡한 금액을 지출할 때에 위원회는 소관직업 동맹회에셔 뎡한 규뎡에 의하야 행하되 임의 작뎡된 일 밧게는 다른 아모 일에던지 지출하지 못 함.

百六十四. 직업동맹회들은 긔업소나 공설긔관이나 경리부 쥬무쟈들에게 위워노히 경비를 제때에 지출하라고 요구할 권리를 가졋으며 또한 그 돈이 드러오고 써지는 것을 상당

히 검사할 권리도 가젓음.

百六十五. 긔업소나 공설긔관이나 경리부 쥬무쟈들을 위원회 사무와 그 위원회에 단합된 일군들의 총회와 대표회의를 치르게 하기 위하야 그 위원회에게 상당한게 수속된 공실(公室)을 무료로 내여주되 집을 덥히는 것이던지. 불을 켜는 것을 다 내여주며 위원회에 관한 일로 그 공실에 출입하는 것을 편리케 하야줄 의무가 잇음.

百六十六. 직업동맹회의 집행위원들과 그 동맹회에 달니 위원들이나 또한 위원회 위원들(一五一표. 一五六표)도 자긔에게 잇는 특별위임쟝(特別委任狀)을 가지고 그 긔업소나 공설긔관이나 경리부의 그 지부(支部)나 병원 등에 거침업시 출연할 권리가 잇음.

百六十七. 이 법뎐 뎨十五장에 로동자와 사무원들의 직업동맹회와 — 긔업소 공설긔관, 경리부 안에 잇는 — 그들의 긔관에 대하야 뎡한 법뎡을 어기면 P.C.Φ.C.P.의 형사법뎐 뎨一三四표에 의하야 쳐벌을 당함.

뎨 십륙 쟝. 충돌을 해결하며 로력에 대한 법률을 어기는 일에 대하야 검사하는 긔관.

百六十八. 로력에 대한 법률을 어기는 일과 또는 고용로력으로 인하야 생기는 충돌은 국민심사부의 강제뎍 처리로나. 량편에셔 곡갓흐게 선거한 쟈로 조직된 로동임금률을 뎡하며 충돌을 해결하는 위원회나 평화뎍으로 판결하는 긔관이나 듕재재판소(仲裁裁判所)에셔 평화뎍으로 심문하는 절차에 의하야 해결함. 이우에 쓴 모든 긔관들은 각각 그 특별히 규뎡한 법측에 의하야 사무를 처리함.

百六十九. 로력법뎐과 로력에 대한 긔타 법규와 협동뎍게약서를

어기는 모든 사건(事件)을 형법순서에 의하야 심사(審查)
하게 되면 그들을 국민심사부 특별회의(國民審查剖特別會議)
에서 판결함.

그와 갓흔 회의는 아래에 쓴 방법으로 조직함.

회쟝 一인 ───국민심사부쟝,

위원 二인 로력위원부 대표로, 一인은 직업동맹회 단테
들의 대표로.

　고용쥬와 로동쟈밋, 사무원 사이에 생기는 개인 혹은
단테뎍 충돌로 평화뎍으로 판결하는 긔관에 보내지 안
이하얏으면 우에 쓴, 국민심사부회에셔 심문함.

百七十. 평화뎍으로 판결하는 긔관과 듕재재판소는 아래와 갓흔
일에 대하야 심사함.

　ㄱ. 협동뎍게약서나 뎡가 조뎡을 체결하며 시행하며 토의
하며 변경할 때에 생기는 충돌.

　ㄴ. 로력뎍 게약서로 인하야 량편 사이에 이러나는 충돌에
대하야 량편이 다 평화뎍으로 해결하기를 원하는 경우
에는 뎨一六九도 첫 근헤 쓴 충돌 외에는 다 심문함.

百七十一. 평화뎍으로 판결하는 긔관에셔는 량편의 지원이 잇고야
소송을 바듬.

　협동뎍 게약의 실행에 관한 일은 임금률을 뎡하며 충
돌을 해결하는 우원회에셔도 해결을 엇지 못 한 후에라
야 평화뎍으로 판결하는 긔관에서 접수함.

　평화뎍으로 판결하는 긔관에셔는 모든 일을 량편의 타
협에 의하야 해결함.

　듕재재판소에셔는 량편의 지원만 잇으면 평화뎍으로
판결하는 긔관에서 심문하고 안이한 것을 불관하고 모
든 일을 다 수리(受理). 국가긔업소나 공설긔관에셔 충돌

이 니러나면 로력국민위원부 긔관들은 직업동맹회들의 요구에 의하야 듕재재판을 조직하되 그 판결을 국가긔업소나 공셜긔관들은 꼭 준행함. 맹렬(猛烈)한 충돌이 니러나서 국가보안(國家保安)에 위험이 미치게 되는 경우에는 듕재재판을 국가 최고긔관들의 비상결뎡으로 지뎡함(전로듕앙집행위원회. 국민위원장들의 쏘베트. 로력과 국방 쏘베트).

百七十二. 임금률을 뎡하며 충돌을 해결하는 위원회에서는 오직 협동뎍이나 로력뎍 계약서를 리행(履行)함으로 생기는 쟁론(爭論)과 또는 본 법뎐에 특별히 미리 뎡한 문뎨에 대하야만 해결함.

　　임금률을 뎡하며 충돌을 해결하는 위원회는 량편의 타협에 의하야 모든 일을 해결하되 만일이 량편의 타협을 어들 수 업스면 그 일은 자긔 우에 잇는 긔관으로 넘김.

　　※ 비고. 협동뎍 계약서 젼톄를 반대하거나 그 일부를 작소식히랴는 요구나 그럿치 안으면 새 됴건이나 첨부됴건(添附條件)을 그 협동뎍 계약서에 너흐랴는 요구로 인하야 생기는 쟁론은 임금률을 뎡하며 충돌을 해결하는 위원회가 심사(審査)하게 함.

百七十三. 임금률을 뎡하며 충돌을 해결하는 위원회의 결뎡과 평화뎍으로 판결하는 긔관의 판결로 계약서의 힘을 엇게 한 두에던지. 또는 듕재재판의 결뎡에 대하야는 다시 소송함을 허락하지 안이함.

百七十四. 평화뎍으로 판결하는 긔관에서 된 타협은 량편이 자의뎍(恣意的)으로 협력하야 실행함.

　　듕재재판소의 결뎡을 고용주가 순순하게 실행하지 안이하면 국민로력위원부긔관들을 경유(經由)하야 국민심사부로 넘김. 국민심사부는 二十四시간 안으로 그 결뎡

서를 강제뎍으로 실행식히라는 명령을 내리움. 로동쟈
들에게 대하야는 듕재재판소의 판결을 직업동맹회로 하
야 곰 실행식히게 함.

뎨 십칠 쟝. 사회뎍보험(社會的保險)에 대하야

百七十五. 샤회뎍보험이 고용로력자들에게 대하야는 그들이 국가
에셔 경영하는 것이나, 공공하게 경영하는 것이나, 공리
샤나, 조차(租借)한 것이나, 세(說)로 어더하는 것이나 혼
동톄(混同体)로 된 것이나 개인이 경영하는 긔업소. 공설
긔관, 경리부나 개인의 압헤셔 일하고 안이하는 것이나
또한 일의 종류나 쟝단과 임금을 엇더한 방식으로 주고
밧는 것까지도 다 불관하고 뎍용됨.

百七十六. 샤회뎍 보험은 아래와 갓흔 사업을 실행하야 주는 것을
의미(意味)함.

ㄱ. 치료뎍 후원(治療的後援)을 주는 것.

ㄴ. 림시로 로력의 가능(可能)을 일흔 때에 구휼금을 내
여주는 것(병이 나거나. 상하거나. 경역하거나. 태듕이거나. 해산
을 하거나. 가솔 가온대에서 누가 암을으로 시죵드는 때에).

ㄷ. 부조하야 주는 것(어린아히를 먹을 것. 치료품. 쟝례품).

ㄹ. 실업(失業)하고 잇을 때에 보조금을 내여주는 것.

ㅁ. 불구쟈(不具者)되는 때에 부조금을 내여주는 것.

ㅂ. 고용으로 로력하는 식솔을 주장으로 벌어먹이는 쟈
가 죽거나 종젹이 업서진 대에 구조하야주는 것.

百七十七. 샤회뎍 보험을 위하야 내여주는 삭젼의 몃파——센트%
를 보험료(保險料)로 드려노음.

보험료도 드려놓는 금액의 수는 긔업소의 해로운 것이
나 위험스러운 것을 참고하야 국민위원쟝들 쏘베트의

특별결뎡으로 뎡함.

※ 비고. 보험격립금(保險積立金)을 로동쟈나 사무원들의 소용을 위하야 다른 일에는 쓰지 안이하고 꼭 적치(積置)하야 둠.

百七十八. 고용로력을 사용하는 긔업소나 공설긔관이나 경리부나 개인 주인은 보험 밧는 쟈들에게서 보험료 납입금(納入金)을 밧아내거나 그들의 삭전에서 제하지 안코 자긔들이 드려노흠.

百七十九. 엇더한 원인으로던지 림시로 로력가능을 일케되면(데一七六됴 'ㄴ')보험한 쟈들은 모다 부조를 바드되 그 당국한 긔업소나 공설긔관에셔 뎍당한 등급으로 법뎡한 액수(額數)대로 바듬. 그러나 로력가능을 일키 전에 밧던 실디임금(實地賃金)보다 적게 밧지는 안이함.

百八十. 림시로 로력가능을 일코 부조 밧는 것을 로력가능을 일흔 날로브터 그 가능이 회복되는 날까지나 그럿치 안으면 불구쟈(不具者)로 인뎡되는 때까지 바듬.

百八十一. 보험한 녀자가 태듕과 산후(産後)에 부조 밧는 것은 이 법뎐 데百三十二됴에 뎡한 휴가 안에는 늘 다듬.

百八十二. 샤회뎍 보험듕앙 긔관들은 재정이 불죡한 때에는 림시로 로력가능을 일흔 쟈들에게(一七九됴)내여주는 부조금액을 감할 권리가 잇음. 그러나 그 등급의 법뎡금액수의 三分二 안에는 들 수 업슴.

百八十三. 데百八十一됴에 뎡한 부조금 외에도 호험한 쟈와 그의 안해에게는 어린 아해가 날 것갓흐면 가지난 아기를 양육할 보충부조금(補充扶助金)을 단거번에 그 디방에셔 행용되는 듕듕 생활비를 딸아줌. 그러고 또한 어린 아해를 먹이는 데 대하야 부조로 그 디방에서 살아가는 듕듕 생활비의 四분의 一을 내여줌. 이 마지막에 쓴 보조는 어린 아해가 난 날로브터 아홉 달 동안을 게속하야 내여줌.

百八十四. 보험한 쟈나 그 보험한 쟈의 식솔 가온대에 로력가능을 일흔 자가 죽은 때에 그 장례비(葬禮費)는 공민장례(公民葬禮)의 듕등 경비금액수대로 내여주되 그 디방의 듕등 생활비보다 더하게 내여줄 수는 업슴.

百八十五. 실업하얏을 때에 부조금을 주는 것은 그 관활하는 긔관들이 그 디방의 듕등 생활비의 六분의 一로 뎡하되 실업쟈의 직업가능과 그가 실업하던 때까지 고용으로 일한 경력이 얼마나 되는 것을보아 뎡함.

※ 비고. 성년되지 못 한 실업쟈에게는 그의 직업기능만 보고 고용으로 일하던 경력은 보지 안이하고 부조금을 내여줌

百八十六. 실업쟈에게 그의 직업기능과 로동경력을 참작하야 부조금을 내여주는 긔한의 쟝단은 그 관활하는 긔관들이 뎡하되 부조금을 주는 긔한이 여섯 달 안에는 들 수 업슴.

百八十七. 누구던지 고용으로 일하얏고 일하다가 상하거나 알커나 늙어서 로력가능을 일흔 쟈는 다 불구쟈로서 샤회뎍 원조를 바들 권리가 잇음. 국민위원쟝 쏘베트에 위임하야 일을 얼마동안이나 하고 늙으면 부조금을 탄다는 그 일의 긔한을 뎡케함.

百八十八. 불구쟈들에게 부조금을 내여주는 액수와 방식은 그 관활하는 긔관에셔 뎡하되 불구(不具)의 종류와 심하고 덜 심한 것과 불구쟈의 가산(家産)형편을 참작하야 뎡함.

百八十九. 보험에 들고 고용으로 벌어 자긔의 식솔을 살구던 쟈가 죽엇거나 종젹업시 일어진 것을 샹당한 긔관에셔 증명

할 것 갓흐면 그의 가족 듕에셔 아래와 갓혼 쟈로 생활
의 도리가 업는 경우에는 샤회뎍 원조를 바듬.
ㄱ. 성년되지 못 한 자식들과 동생들과 누이들이 十六
세 될 때까지.
ㄴ. 로력가능이 업는 쟈와 부부(夫婦)의 부모(父母).
ㄷ. 우에 말한격족듕에셔 로력가능을가젓으나 여듧살되
기전 어린아해를 기르는쟈.

百九十. 보험한 쟈가 죽거나 종젹 업시 일어진 경우에 그들의 식솔
에게 부조금을 내여주는 액수와 방식을 그 관활한 긔관에
셔 부조금을 바들 쟈의 년령과 가산의 형편을 참고하야 뎡
함.

百九十一. 긔업소나 공설긔관이나 경리부나 개인영업쟈가 자긔들
이 드려노흘 보험금액을(례 一七八됴) 내지 안이하얏더라
도 그들 압헤서 고용으로 일하던 쟈들은 이 법뎐 뎨一七
六됴에 뎡한 모든 부조를 안이 밧지 못 함.

百九十二. 이 법뎐에 써 노흔 샤회뎍 보험에 대한 규뎡과 또한 거
긔에 대한 다른 법규를 어기는 쟈들은 형사법뎐의 뎍당
한 됴건에 의하야 처벌함.

전로듕앙집행위원회 회쟝　　므. 깔리닌.

국민로력위원쟝　브. 쓰미드트.

전로듕앙집행위원회 비서 아. 예누끼드제.

모스코바 크렘리

二九二二년 十월 三十일

로동임금을 뎡하며 충돌을 해결하는 위원회에 대한 규뎡

(一) 총측(總則)

一. 국가의 경영이나, 공공하게 경영하는 것이나 개인이 경영하는

긔업소나 공설긔관 안에 아래와 갓흔 목뎍으로 로동임금을 뎡하고 충돌을 해결하는 위원회들을 조직하야 둠.

ㄱ. 협동뎍 게약서나 임금을 뎡하는 데 딸아 생기는 모든 사실을 실행하기 위하야.

ㄴ. 긔업소에셔 생기는 주무쟈와 로동쟈급 사무원 사이의 쟁론과 충돌을 해결하기 위하야.

ㄷ. 내부관리규뎡의 초안(草案)을 만들기 위하야.

(二) 그 위원회의 행하는 일.

二. 협동뎍 게약서와 임금조뎡을 실행하는 데 대하야 그 위원회의 행할 일은 아래와 갓흠.

ㄱ. 일을 분배하며 일군들의 기능을 보아 책임을 맷기는 거을 조뎡하며 승인하는 것.

ㄴ. 협동뎍 게약서에와 임금에 대한 타협을 어든 데 의지하야 생산과 도급의 수량을 조뎡하며 승인하는 것.

ㄷ. 특별한 종류의 로동과 직업에 대한 시험과 실험방식(實驗方式)을 뎡하며.

ㄹ. 휴가를 주는 데 대한 순서와 절차를 뎡하며.

※ 비고. ㄱ. ㄴ. ㄷ. ㄹ. 에 뎡한 문데에 대하야 긔업소의 주무나 그 긔술뎍 포준긔관(技術的標準機關)들이 초안(草案)을 뎡하야 가지고 임금률을 뎡하며 충동을 해결하는 위원회에 데출하야 승인을 요구함.

ㅁ. 개인 로동쟈나 제조소의 위원회가 여러 사람의 삭젼이나 개인의 삭젼에 대한 회게를 잘못 하얏다던지 직업뎍 시험과 실험이 잘못 되얏다고 데출하는 신청을 심사함.

三. 임금률을 뎡하며 충돌을 해결하는 위원회가 충돌방면에 대하야는 긔업소나 공설긔관에서 협동뎍 게약서나 로력뎍 게약서를 해석함과 실행함으로 말미암아 생기는 충돌을 해결함.

※ 비고. 그 위원회에셔 처리하는 일의 범위에 아래와 갓흔 충
돌은 들지 안이함.

ㄱ. 협동뎍 게약서 젼부를 반대하거나 그 일부를 작소식히라는
요구에 의하거나 또한 협동뎍 게약서나 뎡가타협서(定價安協
書)에 새 됴건이나 보충됴건을 더 넛는 문뎨로 인하야 생기
는 쟁론.

ㄴ. 로력법률이나 샤회뎍 보험을 어김으로 생기는 모든 샤건.

(三) 그 위원회의 조직

四. 그 위원회는 아래와 갓흔 긔관들의 똑갓흔 수효의 대포로 조직함.

ㄱ. 직업동맹회(제조소위원회나 디방위원회)

ㄴ. 긔업소나 공설긔관의 쥬무

만일 협동뎍 게약서에 대표수를 미리 뎡한 것이 업스면 량
편의 협의로 대표수를 뎡함.

※ 비고一. 큰 긔업소에 지부(支部)가 만히 잇을 것 갓흐면 그
지부들의 할 일과 직무(職務)를 그 등급과 종류에 딸아 분배
(分配)하며 법뎡 도량과 도급 삭젼에 대한 검증을 초안하기
위하야 각 지부의 임금률을 뎡하며 충돌을 해결하는 위원회
를 똑갓흔 수효의 대표로 조직한다는 원측만 딸아 행할 것
갓흐면 조직할 수 잇음. 이와 갓흔 위원회들의 모든 일을
제조소의 임금률을 뎡하며 충돌을 해결하는 총위원회가 심
사하며 승인함.

※ 비고二. 긔업소나 공설긔관에 로동쟈와 사무원들이 三十인
안에 들면 그 로동쟈편의 그 위원회 의원의 책임을 직업동
맹회의 로동쟈들 대표 곳 위원이 담임함.

五. 량편은 각각 회쟝 한 사람과 서기 한 사람식 선거함.

그 위원회 회의를 하는 때에 회쟝과 서기의 책임을 량편 대표
가 차례로 행함. 그러나 한 번 회의에 회쟝과 서기의 책임을 한

편 대표들이 담당하지는 못 함.

六. 그 위원회의 회의는 공개뎍으로 함. 비밀회의를 열 필요가 잇는 때에는 위원회에서 미리 비밀회의를 열자는 결뎡을 한 뒤에 비밀히 개회함.

※ 비고. 그 위원회의 회의(會議) 량편은 그 긔업소에서 일하지 안이하는 시험가와 전문가를 자긔들 회의로 청하야 올 수 잇음. 청함을 바든 쟈들은 평의(評議)하는 권리만 잇음.

(四) 그 위원회의 사업진행절차(事業進行節次)

七. 임금률을 뎡하며 충돌을 해결하는 위원회에 뎨출되는 모든 문뎨를 그 위원회 회의에서 심사함. 그 결뎡한 일은 회의록 책에 써두고 또한 그것을 회쟝과 서긔의 표를 두어 이틀(二日) 안으로 흔히 보기 쉬운 곳에 내여붓쳐 고시(告示)함.

八. 그 위원회 회의를 적을지라도 한 주일에 한 번식은 열어야 하되 충돌의 의미(意味)를 가진 문뎨에 대한 해결은 청원이 들어오지 二十四시간 안으로 심사에 착수함.

九. 이 규측 뎨이됴에 말한 바와 갓흔 문뎨는 그 위원회가 량편의 의원이 얼마가 출석하얏던지 불관하고 보통다수로 해결함.

※ 비고. 다수로 해결된 문뎨에 대하야 직업동맹회 긔관이나 제조소관리긔관(製造所管理機關)의 주쟝으로 二十四시간 안에 그 위원회로 하야곰 다시 심사하게 할 수 잇으되 이와 갓흔 때에는 거슈로 결뎡하지 안코 량편의 타협으로 해결함.

一〇. 뎨三.四됴에 뎡한 문뎨들은 슌전히 량편의 타협으로 해결함.

一一. 그 위원회에셔 해결되지 못한 문뎨들은 충돌로 인뎡하야 그것을 해결하기 위하야 직업동맹회를 것처 충돌에 대하야 뎡한 순서로 넘겨보냄.

一二. 그 위원회가 량편의 타협으로 결뎡한 것은 꼭 준행하되 다시는 고소(告訴)하지 못 함.

※ 비고. 그 위원회의 결명이 법률에 위반된는 것은 무효에 돌아감. 그와 갓흔 경우에는 로력국민위원부 긔관들은 서면(書面)으로 법률에 위반되는 증거를 들어 그 위원회에 통지하야 쟈긔의 결명을 다시 심사하게 함.

一三. 만일 그 위원회가 충돌을 심사하다가 형사뎍 셩질(刑事的性質)을 띈 것을 발견할 것 갓흐면 즉시로 형사에 관한 일은 딸로 갈가내여 국민사법관청(國民司法官廳)으로 넘김.

一四. 그 위원회 의원들이 위원회사무를 로동시간에 처리함. 그러나 월급은 긔업소나 공설긔관에서 법명한 금액(金額)에 의하야 그들에게 내여주되 그들이 로동하야 버는 월급 안에 들지는 못함.

국민로력위원장　브. 쓰미드트

국민로력위원부충돌과장　아.스또빠니

一九二二년 十월 二十二일에 ,,로력"이라는 신문 뎨二六三호에 포고되얏음.

一九二二년 六월 一일에 전로즁아집행위원회의 결명으로 실행하게 된 P.C.Φ.C.P.의 형사법뎐(刑事法典)에서 가리여낸 것.

(一九二二년 六월 一일에 로농정부의 명령과 법률집(法律集) 뎨十六호로 포고되얏으며 원동혁명위원의회 一九二二년 六월 二十八일 결명서 뎨八호로 원동에 실행될 힘을 어든 형사법뎐에서)

뎨 사 쟝. 경리뎍 범죄(經理的汜罪)

一五. 로력을 피하려고 도망하는 일 곳. 로력뎍 증모를 실행하는 긔관들에서 명하야 노흔 검증이나 등록을 위반하거나 로력뎍 증모절차에 딸아 실행하는 일에 나아가지 안커나 일을 하다가 자긔의 마암대로 일을 버리고 가는 것은 아래와 갓치

처벌함. 강제 로동을 적어도 한 주일 동안을 식힘. 국방보호
에 손해를 끼친 로력덕 도망은 형사법뎐(七九됴하반부(下半部))에
의하야 처벌함.

一六. 의무로력 절차에 의하야 공설긔관이나 긔업소에 맷긴 로동
실력(勞動實力)을 경리덕으로 사용치 못한 공설긔관 주무쟈나
국가 긔업소 총무들은 아래와 갓치 처벌함. 적어도 六개월
동안을(囚禁)함.

一七. 로동시간의 쟝단(長短)과 정규(正規)밧게 시간과 밤일과 여자
와 아해들의 로동과 로력의 갑과 로동쟈를 밧고 뗴는 데 대
하야 조뎡식히는 법규 총측과 로력법뎐에 뎡한 바를 고용주
가 위반하거나 또한 로력보호에 대한 특별 됴량을 어길 것
갓흐면 아래와 갓치 처벌함.

금뎐으로 백 원(百元) 이샹의 벌금에 처하거나 삼 개월 이샹
의 강제 로동을 식히거나 一년 동안의 증역에 처함. 만일 우
에 말한 바와 갓흔 위법(違法)을 로동쟈에게 대하야 행하얏을
것 갓흐면 그 처벌을 되게 하야 一년 이샹 증역. 천원(금뎐)
이샹의 벌금에 처함.

一八. 고용주가(국가 긔업소나 공설긔관의 주무쟈나 개인) 직업동맹회와 체
결한 협동덕 계약서를 위반하면 아래와 갓치 처벌함. 一三二
됴에 뎡한 형벌로.

一九. 제조소위원회(디방위원회)나 직업동맹회나 그들의 위원에게 대
하야 법률게 뎡한 일을 하지 못 하도록 방해하거나 그들이
자긔의 권리를 리용함에 대하야 방해할 것 갓흐면 六개월 이
샹의 증역을 식히거나 벌금을 밧거나 동산. 불동산을 압수(押
收)함.

二0. 로동쟈와 국가사무원들에게서 국민위원장들 쏘베트가 뎡한
분수 외의 집세를 밧거나 로동쟈나 국가 사무원들을 재판소

의 선고(宣告) 업시 집에셔 쪼차낼 것 갓흐면 六개월 이상의
강제 로동을 식히거나 벌금을 바듬.

데 오 장. 개인의생명, 위생, 자유, 인격에 대한 범죄

二一.[4]

二二. 육테덕상해(肉體的傷害)나 인격에 대한 강제(强制)

二三. 일부러 로동하는 쟈의 로력가능을 전부나 혹 일부를 일허바
리도록 상해(傷害)하엿으면 적어도 一년 동안 강제 로동을 식
히거나 중역을 식힘.

데 육 장. 국민건강과 샤회 안녕(安寧)과 공즁질서(公衆秩序)를 보
호하는 규측을 어기는 데 대하야.

二四. 집을 건축할 때에 법률이 뎡한 바나 덕당하게 결뎡한 건축.
위생. 소방대 규측을 실행치 안커나 위반할 것 갓흐면 강제
로 등을 식히거나 삼백원(금전으로)까지의 벌금을 바듬.

二五. 긔게덕 발동긔(機械的發動機)를 설치함에 대하야 뎡한 법률이
나 덕용덕으로 결뎡한 긔술덕 규측을 어길 것 갓흐면 강제
로동을 식히거나 三백 원(금전으로)까지의 벌금을 바듬.

二六. 인쇄와 석판 긔게소개업과 사용에 대한 규측이나 덕용 결뎡
서를 어길 것 갓흐면 강제로동을 식히거나 三백 원까지의 벌
금을 바듬.

二七. 공리사와 로동조합과 또한 그들의 연합 간부 회쟝들과 상업
이나 상업의 목덕을 가진 여러 가지 회샤대표들과 개인소유
의 긔업소나 국가긔업소를 세로 리용하는 긔업쟈들이 사업
진행과 생산과 인원(人員)변동에 대한 보고를 즁앙 혹은 디방
관청에서 뎡하야 노흔 식양(式樣)에 의하야 뎡한 긔한 안에

---

4) 원본에 누락됨.

밧치지 안이할 것 갓흐면 금젼으로 三백 원까지의 벌금을 바
듬. 이와 갓흔 일을 거듭하는 경우에는 벌금 외에 강졔 로동
을 식힘.

II

1920~30년대 생활 규정

"검사국 후원 그룹에 대한 규정(1932년 고려어판)"은 소비에트 정부가 혁명적 규율과 당, 정부의 지령을 제때에 실행하기 위한 투쟁에 노동자들과 집단농장(콜호즈)원들을 능동적으로 끌어들이고 인민들과 국가검사국간의 관계를 공고히 하기 위하여 산업기업소, 운수기관, 소포즈(국영농장), 콜호즈, 트렉터 기지 등에 조직한 국가검사 지원그룹들의 구조와 조직, 과업, 결산과 검열, 권리와 의무, 임원 선출과 승인 등에 관한 규정으로서 사법 인민위원부 대리 불라트, 공화국 검사대리 호로긴스키, 사법 인민 위원부내 전원협의회 부부장 뉴리나의 연명으로 작성되었다.

"원동변강 주민을 위한 특전 조건에 대하여(1933년 고려어판)"는 소비에트 연방의 문화중심지로부터 멀리 떨어진 연해주 원동변강 지역의 개발을 촉진하기 위하여 이 지역의 곡물, 목재, 석탄, 운수, 어업 등에 종사하는 노동자와 사무원들에게 1934년 1월 1일부터 5년간 주어질 특혜조항을 규정한 소련인민위원소비에트와 전동맹(볼세비크) 공산당중앙간부회의 결정서이다.

"농민상조회규정(1924년 고려어판)"은 러시아 사회주의연방소비에트 공화국 중앙집행위원회와 인민위원회의가 1914년 11월12월에 '상조'라는 신문에 여러 번에 걸쳐 게재되었던 원문에 대해 주해하고, 1921년 5월 14일자와 1923년 12월 7일자에 공표된 농민상조회 관련 지령을 구체화한 결정이다. 머리말과 총칙 2항, 상조회의 규정 34항(상조회의 목적과 과업, 구제방법, 상조회의 인원과 회원의 권리와 의무, 상조회의 재정, 상조회의 사무관리, 총회, 면상조회의 재정과 사업. 상조회 사무 조사와 사업 감독, 농민상조회 대표회와 연합, 상조회의 폐지와 사업정지)으로 이루어져 있다. 법률적 의미만의 설명에 그치지 않고 조항마다 구체적 지시를 주어 실용적으로 적용할 수 있도록 한 것이 특징이다.

"고려이민지남(1928년? 고려어판)"은 연해주 원동변강 지역으로 이민하는 고려인들을 위한 지침서로서 신딘스크와 꾸르-달긴스크 지방의 위치와 경계, 기후, 하천(강물과 냇물), 토질, 식물(초목), 용도에 따른 토지의 구별, 거주민, 교통, 매매시장, 경작기술, 밭갈이 시기, 곡물과 소출, 농업의 저해요소, 목축업과 우마, 채마밭과 양봉, 생산업 등에 관한 정보를 담고 있다.

"합동계약(1927년 고려어판)"은 55개 항목으로 구성되어있는데 Ⅰ.총측, Ⅱ.고용과 해고, Ⅲ.임금과 청산의 표준과 순서, Ⅳ.식량과 공용물의 공급, Ⅴ.기구, Ⅵ.담보와 보조, Ⅶ.노동시간과 휴식, Ⅷ.노력보호와의 약상원조, Ⅸ.문화사업, Ⅹ.직업회단체에 대해 55개 항목으로 규정하고 여기에 〈부록1〉, 〈부록2〉, 〈부록3〉을 덧붙였다. 이 합동계약은 소비에트사회주의공화국동맹 농림노동자직업회 중앙위원회에서 1927년 6월 9일에 내준 제204, 983, 200호와 제204, 982, 915호 증서에 근거하여 행사하는 중앙위원회위원 사회노프스키 에프라임 보리소비치와 라스톨구에프 알렉산드르 쎄묘노비치 등을 대표로하는 소비에트사회주의공화국동맹 농림노동자직업회 중앙위원회와 일본원동임업조합장 ᄎ.까도노가 1927년 6월 3일에 내준 것을 일본 동경에 있는 소비에트사회주의공화국동맹 총영사가 1927년 6월 30일에 증명한 위임장에 의거하여 따다마싸 나리따오 유씨나 아베 등을 전권위원으로하는 일본원동임업조합 "로리오 린기오 꾸마아이"와의 사이에 체결된 것이다.

"모쁘르 야체이카와 농촌(1927년 고려어판)"은 1927년에 발행된 제1권 7호로서 모쁘르(МОПР = Международная организация помощи борцам революции)는 국제혁명가원조기구이며 야체이카(ячейка)는 모쁘르의 하부조직에 해당한다. "모쁘르 야체이카와 농촌"은 '먼저 분석하고 그 다음에 야체이카를 조직하라', 〈농촌에서 누구를 모쁘르열성자가 되게 할 것인가?〉, 〈열성자의 훈련〉, 〈문화기관과의 연락과 계획 작성〉 〈모쁘르 세포조직〉, 〈누가 모쁘르 세포조직을 이끌 것인가?〉, 〈도서관〉, 〈독서회〉, 〈담화회〉, 〈모쁘르 저녁모임〉, 〈벽신문〉, 〈결론〉을 담았다.

"농민은 무엇을 알아야 되는가?(1927년 고려어판)"는 국제혁명가원조기구(모쁘르)의 구성원으로서 농민이 알아야 할 내용을 소개한 소책자이다. 이 책자는 '우리 농민의 생활형편', 〈자본주의 국가에 있는 우리형제 농민들의 생활형편〉, 〈우리형제농민들은 자본주의 국가에서 압박에 대항하여 투쟁한다〉, 〈우리는 자본을 반대하며 투쟁하는 형제-농민을 구제하여야한다〉, 〈"모쁘르"와 행사〉, 〈모쁘르 회원이 할 일〉로 구성되어 있다.

"콜호즈 내부관리규정(1931년 고려어판)"은 집단논장의 모범적 규정으로서 콜호즈회원총회에서 전체적으로 토의되고 변경, 보충이 있은 뒤에야 의무적으로 실행할 수 있는 규정이 된다. 콜호즈의 내부관리규정은 콜호즈의 관리, 생산구역, (우싸지바)의 관리, 노력조직, 노력규율, 노력보호, 노력통계, 노력의 가치, 생산협의회와 사회주의적 경쟁, 문화-풍습의 수요와 공급에 대해 51개 항목으로 명시하였다.

"농촌소비에트들에 대한 규정(1931년 고려어판)"은 1931년 1월 1일에 모스크바 크레믈린에서 전러중앙집행위원회 회장 엠.칼리닌과 전러중앙집행위원회 비서 아.키셀료프의 명의로 공표한 전러시아농촌소비에트에 대한 결정으로서 Ⅰ.총측(1~5항), Ⅱ.농촌 소비에트가 처리하는 조목들(6~24항), Ⅲ.농촌소비에트의 조직(25~46항)으로 이루어져 있다.

"**콜호즈에서의 문화와 생활제도**(1931년 고려어판)"는 1931년 농민년감 오기즈-모스크바판에서 가려서 발췌한 것으로 '문화의 얼굴을 콜호즈로', '문화-생활제도를 개선하기 위한 꼬미씨야를 조직할 것', '콜호즈 안에 문화의 풀무를 만들어 놓을 것', '문맹퇴치, 의무교육, 강습등 사업', '정치교양사업', '콜호즈의 벽신문과 노농기자 운동', '생산적 교육', '여자들과 청년들 사이에서의 사업', '콜호즈 회원들의 일하고 남은 시간을 이용할 것', '교당들을 학교, 식당, 문화회관 등으로 이용할 것', '콜호즈에서의 생활제도를 개조할 것', '공동목욕탕과 세탁소를 건설할 것', '어린이들을 보육하는 기관의 조직', '문화-생활제도의 개조사업에 요구되는 재정을 어떻게 확보할 것인가?', '사업을 계획적으로 하며 경험을 교환할 것' 등을 내용으로 하고 있다. 사회주의적 틀에 맞춰 콜호즈 생활을 정돈하고, 노동력을 바로 조직하며, 사람들의 사회주의적 의식을 향상시키고, 통계 검열하는 일을 정돈하며 콜호즈에서의 생활제도를 개조하여야 콜호즈의 단합을 공고히 할 수 있다고 주장한다.

"**전동맹공산당 원동변강위원회 결정**(1931년 고려어판)"은 전동맹공산당 해삼시간부의보고와 해삼당단체들에 대한 전동맹공산당 중앙간부 결정의 실행을 검열한 프쫄킨의 첨부보고서를 근거로 작성한 전동맹공산당 원동변강위원회의 결정서이다. 12개항으로 구성된 이 결정서는 당의 총방향 준수와 우경화 반대 투쟁, 수공업 어업 목축업에서의 개인적 요소를 단결시키기 위한 중앙간부의 지시 실행, 레닌적 민족정책을 위한 결단적 투쟁, 민족주의를 반대하는 투쟁에 당단체와 노동자 군중동원, 지도사업에 640명의 노동자 등용 등에 관해서 언급하면서 생산의 중요한 부문의 로동자들이 공업과 무역과 어업을 급속히 발전시켜 큰 성과를 거둔 반면에 변강간부국은 시간부와 당단체의 사업에서 중대한 결점과 미흡함이 있었음을 지적한다.

1. 검사국후원 그룹바에 대한 규정

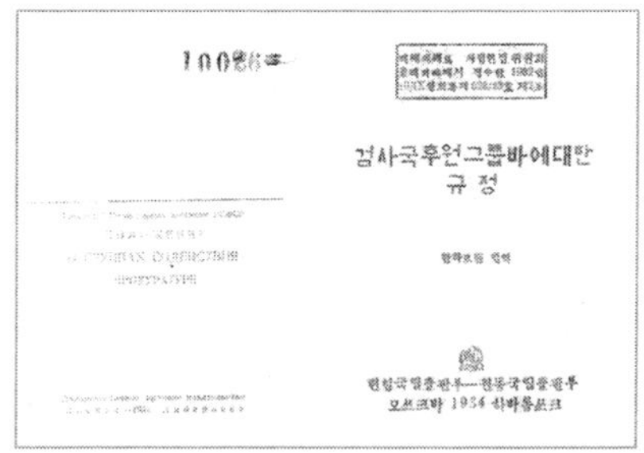

- 출판언어: 고려어
- 저자(발행처): 전러중앙집행위원회
- 출판사: 련합국립출판부
- 자료유형: 단행본
- 출판년도: 1932년
- 발행지: 모쓰크바/하바롭쓰크

검사국후원 그룹바에 대한 규정 (1)

혁명적 규률과 당, 정부의 지령들을 제때에 바로 실행함을 위한 투쟁에 로동자들과 꼴호즈니크들을 자동적으로 끄을어들이어 참가케 하며 군중들과의 국가검사부의 련락을 튼튼케 하기 위하여 산업적 긔업소, 운수긔과, 쏩호즈, 꼴호즈, 긔지—뜨락또르 지정소 및 긔타 등에 국가검사 그룹바들을 조직한다.

Ⅰ. 산업적 긔업소와 운수긔관에서의 후원그룹바들의 과업

1. 산업적 긔업소와 운수긔관에서의 "후원그룹바"들의 근본적 과업은: 첫재로 게급적 원수의 모든 악행동과 당, 정부의 지령들을 악화시킴에 대한 신호를 국가검사에게 제때에 주는방법으로써 산업건설, 운수—제정게획에 실행을 위하여 투쟁하는 것이다.

2. 생산물의 질적 향상과 이미 있는 시설과 새 시설을 바로 리용하는 것과 쓰따노크 및 긔구에 대한 절약관게, 로력보호, 보안긔술에 대한 규률의 옳은 준수— 등을 위한투쟁이 반듯이 "후원그룹바"들의 주목에 중심으로 되어야한다. "후원그룹바"는 방일과 로동자들의 제의 및 발명을 억압, 자긔비판을 강압, 관료주의—

등과의 투쟁에 자발성을 발현하여야 한다. "후원그룹바"의 가장 주요한 과업으로 되는 것은 신성불가침의 사회주의적 공유물의 보관을 위한 투쟁, 1932년 8월 7일 법령의 진행에 있어 사법긔관에 주는 방조—등이다. "후원그룹바"들은 쓰딸린 동무의 6개 훈시의 긔초 우에서 반듯이 자의의 온갖 사업을 조직할 것이다.

II. 농촌에서의 "후원그룹바"들의 근본 과업들

1. 농촌경리 구역에서 "후원그룹바"들의 근본과업은; 첫재로 계급적 원수분자들의 현저, 또는 은밀한 모든 반도, 범죄, 혁명적 규률에 위반-등을 폭로하며 국가검사부에 선호하는 방법으로써 농촌경리의 사회주의적 개조와 꼴호즈들의 조직-경제적 견고를 위한 투쟁이다.

2. "꼴호즈사업의 전개", "사회주의적 공유물보과", "투괴업자와의 투쟁, 마소에 대한 간호관계, 농촌경리 깜빠니야들의 성과적 관행" 등에 대한 당 정부의 지령들을 실현하는 과업들이 "후원그룹바"들을 중심 주목으로 되어야한다.

III. "후원그룹바" 임원들의 선거 및 승인

1. "후원그룹바"는 로동자들, 긔사 긔술자들 빈농민구룹빠 여자대표를 쏘베트 섹찌야총회에서 3인으로 늘어 7인까지 일 년 동안 임기를 선거하면 구역 국가검사의 승인을 받는다, 여자들과 청년들을 "후원그룹바"에 참가시기는 일을 반듯이 보장하여야 된다. "후원그룹바"의 사업은 근본적으로 사회사업이다.

   ※ 비고; 구역국가 검사가 "후원그룹바" 성분에 선거된 후보를 반대하는 경우에는 그가 자긔의 반대하는 이유를 본 후보를 선거한 군중의 앞에 반듯이 내세울 것이다.

2. "후원그룹바"의 성분에는; 년령이 18세가 되며 선거권을 상실

하게 않엇으며 범죄한 일이 없으면 사회단체 사업에서 전책을 당치 않엇으며 생산에서 공격대원으로 선발된 로력자라야 합격된다.

3. "후원그룹바" 성부에서 해임시기는 절차는 선거 주민들이나 또 "후원그룹바"위원들의 진정과 혹은 당 직업동맹 긔타 사회단체들의 결정국가 검사의 제의에 의하여 진행된다.

Ⅳ. "후원그룹바"들의 사업의 지도와 조직

1. "후원그룹바"들의 사업에 대한 지도와 그들의 행사에 대한 책임은 구역 국가 검사에서 당부한다. 구역 국가 검사는 회화로 조직하여 그룹바, 꾸쓰트 및 구역의 협의회를 소집하여 지도적 편제를 전승하며 "후원그룹바"에 상당한 법률상 재료들을 공급하면서 "후원그룹바"를 지지적으로 지도한다.

2. "후원그룹바"마다 자지의 성분으로 불어 그룹바내 위원들에게 책임을 부담시기며 또는 그의 실행한 사업을 분석적으로 통제하며 구역 국가 검사부와의 일상적 련락을 밀접히 하며 그룹바 사업을 구역 국가 검사에 결산한다. "그룹바"의 각개 위원들은 자재가 진행하는 모든 대책을 보리가지로에게 통신하여 두며 그동와세에 보리가지료는 위원들이 옳지 못하게 실행한 사건을 변경시길 권리가 잇다.

Ⅴ. 결산과 걸염

1. "후원그룹바"는 자기의 사업결산을 선거 받은 주민들. 공장, 제조소, 직업동맹 및 셀쓰베로들 앞에서는 반년에 일차색하고 구역 국가 걸사의 앞에는 3개월에 일차적 보고한다.

2. "후원그룹바"의 옳지 못하게 실행한 사건에 대한 고소가 국가 구역 검사에 요구되면 구역 국가 검사는 그 "후원그룹바"의 처

세한 사건을 변경시길 권리가 잇으며 통제에 변경시긴 리유를 그 "후원그룹바"에 공지한다.

3. 국역 국가 검사는 "후원그룹바" 일반위는들에게 규정한 양식을 의무적으로 내어주어 그들의 사업을 통재한다.

VI. "후원그룹바" 위원들의 권리와 책임

1. "후원그룹" 위원들의 혁명적 규률을 약화하는 사실을 폭로시기며 상당한 재판으로 불어 그들의 행휘에 대한 퇴치를 굳세게 달성할 것이다. 농촌일군이나 혹은 구역일군들이 구률할 엄정하지 준수를 아니할 경우에는 "후원그룹바"는 이에 대한 재재를 구역 국가 검사나 공화국 국가 섬사에게 반듯이 공지할 것이다.

2. 혁명적 규률을 위반하거나 당과 정부의 지령을 약화시기며 긔타 각종 범죄 등에 대한 문제를 해당한 단체 앞에 내세우며 국가 검사에게 선호하는 것과 함께 "후원그룹바" 위원은 당과 같은 권리가 있나니; ㉠ 법률을 위반한 자에게 그 퇴치의 필요문제를 내세우며 ㉡ 법률을 위반하려고 시험하거나 그가 회개함에 활동에 없거나 또는 회개하기를 원치 아니하는 자에게는 구두로나 혹은 서면상으로 훈책할 것이며 ㉢ 어느 긔관이나 단체에서 비버적 결정이나 재령에 대하여 "후원그룹바"는 자긔의 반대의견을 구역 국가 검사를 경유하여 제출하여 그의 취소를 달성하엿으며 ㉣ 규률의 혹은 행정적 책임에 대한 문제를 제의할 것이며 ㉤ 어떤 사건은 동무적 재판이나 혹은 농촌공개적 재판에 넘길 것이며 ㉥ 형사범죄의 처분에 요구되는 사건에는 그 재료를 수집하여 자긔의 실론을 첨부하여 구역 국가검사에게 염구어 줄 것이며 ㉦ 구역 국가 검사의 위임에 의지하여 형사, 민사, 사건에 대한 재판법정에서 사회적 구형인으로 발언권을 가질 것이며 ㉧ 국가검사의 특별위임에 의지하여 형사적사건을

예심할 권리가 있으며 그 심사한 재료들을 구력 국가 검사에게 보내며 ㉧ "후원그룹바" 위원들은 신문을 정긔적으로 넑으며 심사에 대한 재료를 명확히 취극하고 판결에 대한 법률상 처분을 철저히 연구할 것이며 ㉫ "후원그룹바"는 로동자, 꼴호즈니크, 고용자, 빈민, 붉은군인가족, 붉은 빠찌산, 교원, 로력녀자들 및 소수민족 등의 혁명적 규률을 위반한 사건을 처리할 때에는 자긔의 자발력을 백방으로 취할 것이며 ㉿ "후원그룹바"는 고소를 받은 2일 내로 그의 내용을 심사하며 본 규정 본 장 제 2조에 지적한 자 그의 권리의 범위 내에서 상당한 대책을 취할 것이다. 모든 고소를 처리한 뒤에는 그에 적응한 대책과 자긔의 결론을 첨부한 그 고소의 본안을 구역 국가 검사에게 보낸다.

3. "후원그룹바" 위원들이 자긔의 생산의 온갖 생활을 알아야하며 모즌 불평점, 결함과 당, 정부의 지령을 악화시기는 등을 알아내야 하며 그들은 자긔의 지업소와 골호즈의 모든 사회생활에 열성적으로 참가하며 접수한 모든 고소들을 명확 또 예민하게 심사할 진이며 특별한 경우에는 국가 검사의 위엄에 의지하여 목표적 심사를 하게 된다.

4. "후원그룹바"는 혁명적 규률의 악화된 모든 사실과 범죄에 대한 사건을 국가검사에게 공지한다.

5. 전체 "후원그룹바"나 그의 각개위원을 국가에서 발표한 법령을 반듯이 연구하며 진행에 대한 과업들을 "후원그룹바"총회에서 반듯이 토의하며 이해하기 어렵은 문제는 국가 검사에게 해석을 요구할 것이다.

6. "후원그룹바"는 자긔의 사업에 있어 동무적 재판과 농촌공개의 재판들과의 밀접한 련락을 취할 것이며 그들의 실행과업을 토의할 것이며 본 경제 우차쓰뜨까내의 사업에 모든 열성자들의 주목을 끌리게 할 근본 문제들을 확정하며 "후원그룹바" 위원들

은 소베트 내 혁명규들섹지야 사업에 반듯이 참가하여야한다.

7. "후원그룹바" 위원들은 담임한 임무를 실행하는 때에 실제적 책임이 잇음을 닛지 말아야 한다.

VII.

8. "구룹바" 위원들을 반항아며 위협하는 사실이 있다면 그 위원으로불어 구역이나, 주나, 변강 국가 검사에세 속히 통지할 것이다.

9. 구역, 주, 변강 국가검사는 "후원그룹바" 위원들을 옹호할 대책을 신속히 취할 임무가 잇으며 그 범죄를 영법 제 58 및 73조에 의하여 처벌할 것이다.

사법인민위원부 대리 불라트.

공화국 검사대리 호로긴쓰끼.

사법 인민 위원부내 꼴레기야 위원조직부부장 뉴리나.

양식은 A6 148X105

"결산"

구역에 조직된 "국가검사 후원그룹바"의 193...년...월...일 불어 ......년...월...일까지의 경과 사업결산.

번호   문제들   다(수ㅅ자로 할것)

1. "후원그룹바"는 여태까지 총회와 긔타 회의에서 혁명적 규률 문제에 대한 통신, 담화 및 보고 등을 몇 번이나 진행하엿는가.

2. 담화, 보고 및 통신 등을 하는 때에 참석한 위원 수(각 총회에 참가한 인원수를 가할 것).

3. "후원그룹바" 민중으로불어 접수한 고소를 자립적으로 얼마나 심사하엿는가.

4. "후원그룹바"는 몇 개 고소를 수응하엿는가(원고옹호의 대책을 취한 것).

5. 몇 개의 고소를 수응치 안엇는가.

6. "후원그룹바"는 신문에 반영된 재료를 몇 개나 심사하려고 하엿는가.

7. "후원그룹바"는 여러 긔관의 목표적 심사를 몇 번이나 하엿는가.

8. "후원그룹바"는 혁명적 규률 위반에 대한 신호를 구역 국가검사에게 얼마나 제정하엿는가.

9. 그중에(제8조에 속한 문제):

　ㄱ. 탈취에 대한 것.

　ㄴ. 투긔업에 대한 것.

10. 혁명적 규률을 위반한 사건에 있어 다른 긔관에 얼마나 신호하엿는가(국가검사 외에).

11. "후원그룹바"는 혁명적 규률을 위반한 데 대하여 해당한 긔관이나 개인의 앞에 그의 퇴치의 필요에 대한 문제를 몇 번이나 세우엇는가.

12. 범과한 자들을 훈재한 뒤에 얼마나한 퇴치를 보앗는가(형사적 및 행정적 책임에 처벌 없이).

13. "후원그룹바"는 국가 및 사회긔관들의 비법적 결정과 지령을 반대한 것이 얼마인가(국가검사를 경유하여).

14. "후원그룹바"의 자발과 제시에 의지하여:

　ㄱ. 범죄한 직원을 규률적 중벌에 처하는 제의와,

　ㄴ. 생산 동무적 및 농촌 공개재판에 넘구어준 사진들과,

　ㄷ. 형사적 책임에 처벌한 것 등이 얼마인가.(인원을 수ㅅ자적으로 지적할 것).

15. "후원그룹바"의 지시에 의지하여 형사헌법에 관한 사건들(인원수):

　ㄱ. 탈취에 대한 것,

　ㄴ. 투긔업에 대한 것,

이에 관한 제의가 얼마인가.

16. "후원그룹바"는 국가검사나 애심판사의 제일에 의하여 자립적으로 심사한 영법사건이 얼마인가.

17. "후원그룹바"는 애심사건에 대한 국가검사는 또는 애심판사의 가가개위임을 실행한 것이 얼마인가.

18. "후원그룹바" 위원들은:

ㄱ. 형사사건,

ㄴ. 민사사건에 대하여 배심판사로 법정에 몇 번이나 출연하엿는가.

1932년...월...일 국가검사 후원그룹바 보리가제를.

2. 원동변강 주민을 위한 특전 조건에 대하여

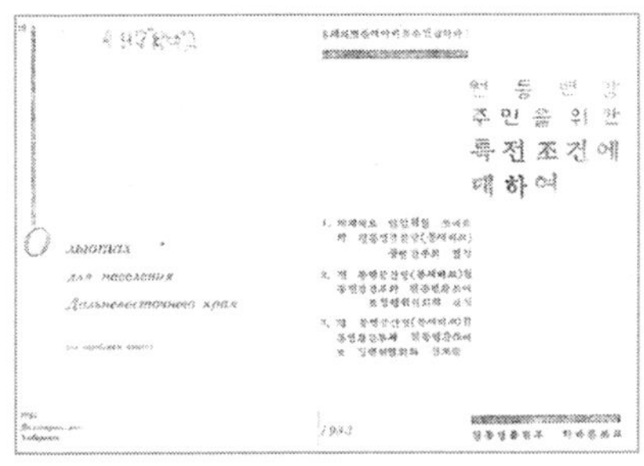

- 출판언어: 고려어
- 저자(발행처): 원동당출판부
- 출판사:
- 자료유형: 단행본
- 발행지: 하바롭쓰크
- 출판년도: 1933년

원동변강내의 주민들을 위한 특전조건에 대하여

쎄쎄쎄르 인민위원쏘베트와 전동맹(볼세비크)공산당중앙간부의 결정 원동변강 쏘베트 집행위원회 회장 그. 므. 크루또브무의 보고에 의하여 접수한 것.

원동변강으루 이주민이 적지 않게 가는 일강구역들 개발되지 못한 지대의 어려운 조건 그들의 경리건설을 백방으로 쉽게 하는 쎄쎄쎄르의 문화중심지로불어 멀리어서 일하는 로동자 및 사무원들의 로력 쉽게 할 필요로써 세쎄쎄르 인민 위원쏘 전동맹공산당(볼세비크) 중앙간부는 같이 결정한다.

1. 34년 정월 1일로 불어 전원동변강을 동가에 곡물과 벼를 의무적으로 밤히는 꼴호즈들과 꼴호즈니크들을 10년 인농민경리들을 5년 동안 면제시길 것.

2. 1934년 정월 1일로불어 연해주의 쎄르네이쓰끼, 소베트쓰끼 및 긴쓰끼 구역들, 꼼쏘몰리쓰끼 구역, 니스네 아무르쓰끼, 오호트쓰꼬 에벤쓰기 및 깜차트쓰끼 주들에 대하여 수육, 감자, 해자부리씨, 모물, 우유, 기름을 국가에 의무적으로 예매게약하여 오든 것을, 꼴호즈들과 골호즈니크들에게는 10년 동안, 개

인 농민경리들에게는 5년동안 면제시길 것.

3. 1934년 정월1일불어 10년동안 연해주에서 제이조에 지적한 구역들을 제한의의 남아지구역들, 마물주, 비로비드산 및 쁘리고르드의 구역들을 통하여 골호즈들과 꼴호즈니크들에게 대하여 수육, 감자, 해자부리씨, 모물, 우유 및 기름을 국가에 의무적으로 받히는 노르마의 또는 콩채소 및 아마를 국가에 의무적으로 예매게약하는 노르마를 정하여 놓은 노르마의 50%를 감할 것.

4. 1934년 정월 1일불어 전체 원동변강을 통하여 어업꼴호즈 및 꼴호즈니크들이 국가에 받히는 생고기의 값을 20% 높일 것.

5. 1934년 정월 1일불어 전체 원동변강을 통하여 담과 같은 범위로 높임.

　ㄱ) 석탄산업긔업소의 로동자와 긔사 긔술일군들에게는 30%를 높임.

　ㄴ) 공장, 제조소, 운수 및 교통, 산업소, 쏩호즈 및 긔게 뜨락또르 지정소의 로동자와 긔사 긔술일군들과 또는 교사, 정치문화사업자들, 의술일군, 농학사, 수의, 농학긔사 및 토지측량원들에게 20%를 높일 것.

　ㄷ) 긔관과 모든 긔업소사무원들에게 10%를 높일 것.

6. 원동변강에 주둔하고 잇는 군대 직원들의 봉급을 1934년 정월 1일 불어 담과 같은 범위로 높일 것.

　ㄱ) 붉은 군인과 하급장교들에게는 50%를 높임.

　ㄴ) 중등, 상급 및 고급 장교에게는 20%를 높일 것.

쎄쎄쎄르 인민위원 쏘베트회장 브.몰로또브(스크랴빈)

전동맹(볼세비크)공산당 중앙간부 비서장 이.쓰딸린

1933년 십이월 11일

전동맹(볼세비크)공산당원동변강간부와 원동변강쏘베트
집행위원회의 결정

원동변강 간부와 원동변강 집행위원회는 원동변강의 인민들을 위한 중앙간부와 인민위원회 쏘베트의 1933년 11월을, 원동변강의 장래경리 및 문화상향상과 사회주의적에 대하여 거대한 력사적 의의를 가진 결정으로 환영.

변강간부와 변강집행위원회는 이러한 조건에서 1933년 긔초적, 경리적 과업들(곡물, 목재, 석탄, 운수, 어업)을 함에 있어서 변강이 떨어지는 것을 특히 허락할 수 없으며 을 수 없는 일이라고 인정한다.

변강간부와 변강 집행위원회는 아래와 같이 결정한다.

1. 중앙간부와 인민 위닝쏘베트의 결정을 군중 사이에 보그 및 해 것하여 이 결덩이 하나도 빼지 말고 모즌 로동자 꼴호즈니크. 개인적 농미느 모든 로력자들에게와 또는 전체 군인 및 붉은 해군들에게까지 급속히 니르는 일을 보장하여 모든당, 쏘배트, 직업동맹, 공산청년회 단테들과 또는 출판긔관들에 제의할 것

2. 주간부, 시간부, 구역간부, 또는 정치부들은 이 특전에 대한 중앙간부와 인민위원쏘베트의 결정을 연구하기 위하여 닷세 긔간으로 특별당날 당교육날을 진행할 것이며 지도적 열성자들 중으로불어 준비된 보고인들을 이들에게 보장할 것.

3. 이 특전에 대한 당 중앙간부와 인민위원쏘베트의 결정을 넓이 토의 연구하는 일, 당 긔관의 결산-개선 깜빠니야와 땅꼰페렌찌야들을 준비 및 진행하는 일, 17차 당 대회의 일홈으로 대중적 생산적, 향상을 조직하는 일들을 변강 당꼰페렌지야 전에 1933년 곡물 받힐 계획을 꼭 실현하며, 삼림으루 대중적으로 나가며 각개 꼴호즈에까지 니르게한 목재준비계획과 개인적 농민들이 자담한 의무조전들을 긔한 전에 실현하기위한 볼세비끼적 투쟁을 조직하며, 운수사업, 석탄채굴사업, 어업의 사업을

결정적으로 향상식히며, 또는 춘긔파종 사업을 시급히 투쟁적으로 힘있게 하며, 1934년 정월 25일전으로 종곡을 원만히 준비하며 뜨락또르를 제때에 수선하는 일을 조직하며 말의 성분을 견실하게 하며 인재를 준비하는데 리용할 것이다.

변강간부와 변강집행위원회는 변강의 주민들이 이 특전에 대한 중앙간부와 인민위원 쏘베트의 결정에 대하여 실제사업으로 회답하며 변강을 쎄쎄쎄르의 선진 변강들 중에 하나으로 변하기 위하여 당 단체의 지도아래에서 팔을 걷고 볼세비크적으로 투쟁할 것을 견실히 믿는다.

원동변강의 로동자, 꼴호즈니크 붉은 군인, 모든 로력자들이여!

쎄쎄쎄르는 레닌적 중알간부와 당의 수령 쓰딸린 동무의 지도아래에서 위대한 성과들을 달성하엿습니다. 사회주의적 동업과 농업의 거대한 장성 꼴호즈건설의 승리 및 토호의 파멸은 보지 못하던 경리상 진흥을 보장하엿으며 로력자들의 물질상 안전 형편을 향상하엿습니다.

소베트동맹은 쁘롤레다리 혁명의 정복할 수 없는 요색으로 전환되엇으며, 우리의 영광스럽고 당해낼 수 없는 붉은군대의 위력이 거대하게 장성되엇으며, 쎄쎄쎄르의 민족구역들과 변장지들이 견고하여지엇다, 당 중앙간부와 인민위원 쏘베트는 원동변강 구역들의 개발되지 못 한 것을 타산하면서 쎄쎄쎄르의 문화적 중심지들로불어 멀리 떨어지어서 일하는 로동자 및 사무원들의 로력을 쉽게 할 목적으로 원동변강의 로력자들에게 여러 자기의 괴장한 대특전을 내리기로 결정하엿습니다.

쎄쎄쎄르 인민위원쏘베트와 당 중앙간부의 결정으로써 1934년 정월 1일불어 원동변강을 통하여 국가에 곡물과 벼를 의무적으로 받히는 일로불어 꼴호즈와 꼴호즈니크들은 10년 동안, 개인적 농민경리들은 5년 동안 면제됩니다. 쩨르네이쓰끼 쏘베트 구역, 을긴구역, 꼼쏘몰리쓰끼 구역들 니스네 아무르쓰끼, 오호드쓰꼬 에벤, 꼬략기, 및 추꼬트현들, 싸할린쓰끼 및 깜차트쓰끼주들을 통하여 1934년 정월 1일불어 수육, 감자, 해자부리씨, 모물, 우유 및 기름을 의무적으로 받히는 일과 또는 콩, 채소 및 아마들을 국가에 의무적으로 예매게약해 오는 데서 꼴호즈들과 꼴호즈니크들은 10년 동안, 개인적 농민경리들은 5년 동안 면제됩니다.

연해주 및 아무르주의 남아지 구역들, 비로비드산, 뽀리고로드늬, 하바롭쓰끼 구역들을 통하여 수육, 감자, 해자부리씨, 모물, 우유 및 기름을 국가에 의무적으로 받히는 노르마와 또는 콩, 채소 및 아마를 국가에 의무적으로 예매게약하는 노르마를 1934년 정월 1일불어 정하여 놓은 노르마에서 50%를 감합니다. 어업골호즈들과 골호즈니크들이 국가에 받히는 생고기 값은 전체원동변강을 통하여 1934년 정월 1일불어 20%나 높아지엇습니다.

로동자, 전문긔술자, 사무원들의 임금과 도는 원동변강에 주둔하고 잇는 군대 직원들의 봉급이 높아지엇습니다.

쏘베트 동맹의 힘 잇는 경리적장성은 원동변강에 대하여 이 력사적 결정을 접수할만한 가능을 주엇습니다.

원동변강의 로동자, 꼴호즈니크, 모든 로력자들아 당 중앙간부와 인민위원회 쏘베트는 원동변강의 주민들을 위한 이 특전에 대한 결정으로써 우리의 앞에 변강의 앞에 쏘베트 동맹의 선진 변강과 주들의 대요에 나설만한 거대한 가능성을 열엇습니다.

우리 변강 내 로동자, 꼴호즈니크, 모든 로력자들의 영광, 용감 및 영웅적 일은 하나도 빼지 말고 우리건설과 방위의 모든 부문에서 공격적 또는 조직적 사업으로 중앙간부와 인민 위원 쏘베트의 결정에 대답할 것입니다,

건설의 빠른 속도를 위하여 꼴호즈의 볼세비끼화를 위하며 긔술의

획득과 로동생산력의 향상을 위한 투쟁, 수확고, 용감스럽고 꾸준한 로력을 위한 투쟁 쏘베트 사회주의적 소유의 옹호 이것이 재정로씨야의 강제 로역지 및 류배지로 있던 원동변강이 아조 얼마 아니되는 짧은 력사적 긔간에 자긔의 락후를 퇴치하고 쎄쎄쎄르 내 선진구역들의 대렬루 나가는 길입니다.

꼴호즈니크, 꼴호즈니크녀자동무들, 특전조건들에 대한 결정은 꼴호즈를 견고케 함에 대한 힘 있는 재료를 우리의 손에 줍니다. 1933년도의 모든 국가의무를 볼세비끼적으로 청산할 것은 당신들의 의무입니다.

중곡 준비를 당 십칠차 대회전에 필합시다. 춘긔파종에 근본저그올 준비합시다, 꼴호즈 내에서 로력을 볼세비끼적으로 조직하며 규률을 튼튼히 합시다. 한 분도 늦후지 말고 조직적으로 목재준비루 나가며 거긔에서 공격적 사업을 전개합시다. 꼴호즈니크 동무들 , 다으 정치부, 쏘베트의 주위에 더 밀접히 결속하며 모든 꼴호즈들을 볼세비끼적으로 만들며, 모든 꼴호즈니크들을 부요하고 문명한 생활의 수준에 까지 올리어갑시다.

아르쬼, 수청, 끼브다, 따브려친까, 변강 내 모든 탄광의 광부들아! 당신들은 공업과 운수를 위하여 석탄을 채굴합니다. 당신들은 당과 쏘베트 주권의 일상적 넘려와 주의에 표위되엇습니다, 전체 쏘베트 동맹은 당신들에게로불어 채굴계획을 량적으로만 아니라 질적으로까지 원만히 실며 넘치어 실현하여야 될 것을 요구합니다. 사업으로써 중앙간부와 인민위원 쏘베트의 결정에 대답하며, 석탄의 긔술을 획득하며 해독자들, 포획한 노다리, 공산주의의 원수들을 폭로식히며 자긔의 영광스럽고 전투적인 대렬로 구축합시다. 주택을 건축하며, 문화수준과 광부부락의 상태를 높임시다.

수청 및 끼브다의 광부들이여 자긔의 게획을 실현아르쬼광부들에게서 모범을 받으며 자긔탄광의 락후를 치합시다.

한 개의 탄광도 한 개의 자보이도 자긔의 매일배정계획실현하기전에 일을 끊지지 맙시다. 이것이 당신들의 전투표어입니다.

변강에는 건설과 방위를 위하여 석탄이 요구됩니다.

원동변강의 광부들이 이 석탄을 주어야 할 것입니다.

우쑤리 철도의 철도직원들이여! 운수의 정확한 사업은 특히 우리 변강의 조건에서 우리 사회주의적 경리의 장성도를 결정합니다. 철도직원들이여! 당과 그의 정치부긔들의 지도아래에서 우리의 운수를 볼세비끼적, 쓰딸린적 도루 개조합시다, 사업에서: 긔관차와 차량의 완전무결한 선으로, 시간표대로 다니는 긔차 통행으로, 자긔의 친족적에 대한 쁘롤레따리적 념리로, 운수에서 강철 같은 로력규률을 튼튼히 하는 일로써 우리는 중앙간부와 인민위원 쏘베트의 결정에 희답합시다.

해상 및 강하운수의 일군들이여! 선박들 사업의 근본적 향상, 선박의 수선, 1934년도 향해의 준비에 모든 힘을 넣읍시다. 당신들의 앞에는 1934년도의 향해를 혁명적으로 진행하며 이리함으로써 원동변강의 강하와 해안들에서 하를 및 인원의 운반을 보장할 영광스러운 과업이 서고 있습니다.

쏘베트를 위한 투쟁, 무장적 간섭자들과 백파들과의 투쟁의 영웅적 모범을 보인 공장 "보로실로브" 원동농업긔게공장, 소왕령 수선공장, 변강 내 모든 공장 및 제조소들의 쁘롤레따리들이여 공격적 사업을 위하여 자긔의 전투적 대렬을 튼튼히 하며 당신들의 계획을 량적으로 지리적으로, 실현함으로써 중앙간부와 인민위원 쏘베트의 결정에 대답하며, 생산의 긔술을 획득합시다.

원동 조선건설, 씨멘트공장, 사탕공장, 하바롭쓰크 발전소, 원유증류소 건설, 자동차 수선공장, 변강 내 모든 건설의 로동자, 로동녀자, 긔사-긔술 일군들이여, 세 긔업소들을 제때에 준공하며 쎄쎄쎄르의 모든 원수들에게 세계에서 보지 못하던 쁘롤레따리 독재국가의 힘과 위력을 보일수있도록 건설사업을 준비하며, 전개하며, 조직함으로써 중앙간부와 인민위원 쏘베트의 결정에 대답합시다.

우리 변강 내에는 로동자, 긔사 및 긔술자들이 영웅적으로 사업을 긴장히한 결과에 거대한 성과들과 계획의 원만하 실현을 가지고 당 십칠차 대회에 나오는 긔업소들이 됩시다. 오시쁘브까의 선박수선소, 원동공장 "보로실로브"의 쁘롤래따리들, 금광의 로동자들은 모도다 자긔의 계획을 실현하엿습니다. 이들에게서 배흐아야되며 이들은 승리하는 재간을 변강의 다른 공장들과 건설에 넘구어줄 책임을 자기엇습니다.

쏘베트, 경리긔관, 작업동맹들의 과업은 각개공장, 건설, 산업소, 부락, 도시들의 질서를 완전히 정리하기 위한 대중적 투쟁을 니르키며 고착시길 것입니다. 중앙간부와 인민위원 쏘베트의 결정에 대한 대답으로써 긔업소의 경리상 조직 깨끗하고 좋은 식당, 로동자들 주택, 목욕간, 탁아소, 구락부, 학교의 조직, 도시와 부락의 안전 상태를 위한 깜빠니야를 니르킵시다.

당과 로동게급은 맹세와 말뿐이 아니라 사업을 요구합니다,

목재채벌자, 로동자 및 꼴호즈니크들이여! 목재의 부족은 우리의 공업, 운수, 주택, 문화 및 긔타의 건설들을 지체시킵니다. 목재채벌자 동무들이여 공업 및 주택건설의 계획을 채워 실현하지 못 하는 데 대한 과실의 큰 부분이 당신들에게 부담됩니다.

사업에서 목재의 채벌, 운반, 물몰이에 대한 준비, 목재를 켜며 다듬어내는 일로써 중앙간부와 인민위원 쏘베트의 결정에 회답합시다.

꼴호즈니크, 꼴호즈니크 녀자들이여! 목재의 패벌과 운반에서 1933년도 십일 월 십이 월의 수치수러운 락후를 퇴치합시다. 목재준비루 원만히 또 시급히 나가는 일을 조기하며, 각개 꼴호즈들이 삼림에서의 자긔의 사업에 대한 책임을 국가의 앞에서 긔억하도록 삼림에서 공격적 사업을 조직 우리의 과업은 목재준비에 대한 자긔의

계획을 실현하며 넘치어 실현하기위하여 투쟁할 것입니다.

산업의 로동자, 긔사 및 긔술자들, 어부-꼴호즈니크들 고기잡이와 그 부업의 계획을 실현하기 위한 꾸준한 중앙간부와 인민위원 쏘베트의 결정에 회답합시다. 고기잡이 1934년도 어업절긔에 대한 준비사업을 시급히 합시다. 어부 로동자 및 꼴호즈니크들이여! 1934년 자긔의 계획을 파탄하는 어업꼴호즈, 산업소, 게잡이 라울레르, 고래잡이배들이 변강 내에 하나도 없어야 될 것이다.

맹과 변강에 물고기가 요구되는 것이니 로동자, 꼴호즈니크들이 이 고기를 주어야 됩니다.

전선의 일군, 교사, 정치문화사업자들, 의사들이여! 좋은 공예주의적 학교를 위하며, 주민이 모도다 획득하는 일을 위하여, 그의 생활의 문화수준향상을 위한 성과들은 당신들의 사업에 달이엇습니다. 사회문화적 재산들은 당신들을 앗기며 당의 지도아래서 인민 쏘베트문화를 심으며 당신들의 사업에서 사회주의와 공격운동을 전개함으로써 중앙간부와 인민위원 결정에 회답합시다.

교사, 수의들, 농학긔사 및 토지층량긔수들이여! 꼴호즈 내에서 부요하고 문명한 생활을 건설하는 일에 방데 모든 힘을 넣읍시다. 원동변강 사회주의적 농장 수확을 위하여, 사회주의적 목축업의 산물을 높이며 장성을 위한 투쟁으로 대중의 진출을 조직합시다. 붉은 군인, 붉은 해군, 장교 및 정치사업자들이여! 중앙간부, 인민위원 쏘베트, 평화의 깨틀일 수 없는 성벽이며 전세게 로력자들의 조국인 쎄쎄쎄르의 로동자, 전체로력 대중은 당신들에게 특별한 넘려와 주의를 돌립니다.

당신들은 전쟁이 있게 되는 경우에 적을 타파하도록 당신들을 원만히 또는 무조건으로 준비시기어 줄 수 있는 힘 잇는 긔술을 손에 잡고 있음니다. 투사와 장교들이여! 중앙간부와 인민위원 쏘베트의 결정에 회답하여 군사긔술과 군사사업의 지식을 획득하며 규률을 튼튼히 하며 자긔의 정치상 수준을 높이며 원수를 결정적으로 급속히 승리하도록 준비하고 있습니다.

원동변강 내 모든 민족들의 로동자, 꼴호즈니크, 붉은 군인 로력자들이여! 전투에서 쁘롤레따리아트의 위대한 선샌 및 수령 레닌과 쓰딸린으로 교양되고 훈련된 전동맹공산당(볼세비크)의 긔치 아래에서 우리는 세승리를 향하여 아풀루 나아갑시다.

훈련되고 영특한 레닌적 중앙간부와 모든 로력자들의 영애 받는 당의 수령 쓰딸린 동무의 지도아래에서 우리 국내의 사회주의 건설의 승리와 전세게에서 공산주의의 승리를 위하여 투쟁합시다!

쓰딸린 동무를 선두로 한 전동맹(볼세비크)공산당 만세!

세게 브롤레따리 혁명의 성벽인 쎄세쎄르 쁘롤레따리 독재견고 만세!

원동변강 당 간부. 원동변강 쏘베트 집행위원회

3. 농민상조회규뎡(農民相助會規定)

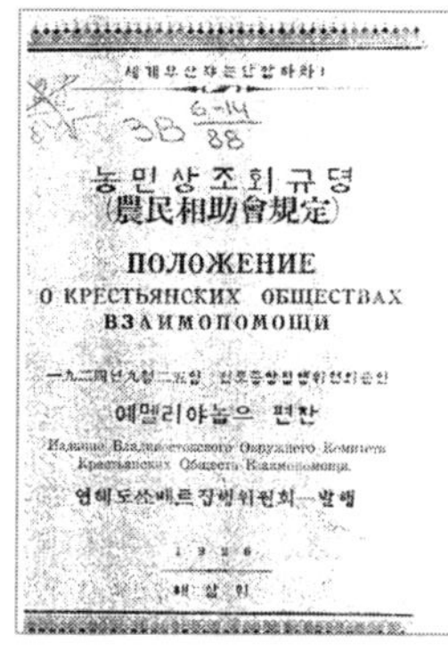

- 출판언어: 고려어
- 편찬: 예밀리야놉으
- 발행처: 연해도쏘베트집행위원회
- 출판사:
- 자료유형: 단행본
- 출판년도: 1924년
- 발행지: 해삼위(블라디보스토크)
- 총페이지: 쪽

머리말

이 주해는 조항마다 그 법률상 의미만을 설명흔 것이 안이오 실제덕 지시를 주어 농민상조회 압헤 잇는 과업을 잘 해결하며 그 법측을 잘 실용하도록 가르친 것이다. 이 주해의 원문은 1914년 11월12월에 '상조'라는 신문에 여러 번 게지되엇다. 그는 저자의 관찰이 올코그름을 사고 흐려는 것이엇다. 그리흐야 중앙으로붓터 디방으로부터 만흔 적요를 밧엇다. 이 칙을 편찬흠에도 그 적요들을 주의흐엿다. 그리고 설명은 젼부 3년 반 동안에 '상조위원회들이 어든 경험과 '상조'신문에 긔지된 그 사업을 긔초흐야 만든 것이다. 이 칙은 비공식으로 발힝되엇다. 그러나 '농민상조회중앙간부비서부'와 '민위원부법제부'에서 검정흐엿다. 이 세 긔관의 참고에의흐야 이 칙은 젹당흔 수정과 변갱을 하엿다.

농민상조회규뎡

로씨야 사회주의연방쏘베트공화국 중앙집행위원회와 인민위원회는 알애와 갓티 결뎡한다. 넓이 농민군즁 사이에 사회상 사업을 공고하게 발전식힐 목뎍으로 불근 군인과 빈농민과 긔타 생활곤란의 처디에 잇는 주민을 구제하며 작취자로붓터 그들을 옹호하며 쏘 일반 농민사이에 자작자급의 생활력을 장려하야 사회뎍 상조를 조직하기 위하야 알에 잇는 규정의 범위 내에 각 촌 면 구역에는 '농민상조회'가 설립된다.

총측

1. 촌 '농민상조회'는 레쎄페쎄레 헌법에 의하야 로농대표 쏘베트 선거권을 가진 촌 주민 총회의 결정으로써 조직된다. 이 조항에는 유권자 몇 사람이 참여하여야 상조회조직이 법률상으로 실력이 있는가 하는 것은 말하지 않엇다. 1914년 10월 16일 전로중앙집행위원회에서 스인한 '쎌쏘베트규뎡'에도 쎌쏘베트 선거회의의 인원명수를 말하지 않엇다. 그러나 쎌쏘베트 선거는 전로중앙집행위원회 특별지령에 의하야 한다고 하엿다. 그 지령서는 첫재 총회결뎡이 법률상 실권이 있으랴면 얼마의 인원을 요하는가 둘재 결의 방법 등을 해석한 것이다. 그리고 누구에게 쎌쏘베트를 선거할 권리가 있으며 누구에게 없다는 것은 레쎄페쎄레 헌법 64조, 65조에 말하엿다.

2. 농민상조회는 법률상 권리가 있으며 자긔의 과업을 독립뎍으로 실행하며 또 자긔의 사업을 변하에 실행되는 법률과 사회보험 인민위원부의 총지시와 지령 등에 의하야 처리한다. 단 사회보험 인민위원부는 디방에 있는 자긔의 긔관을 통하야 현하에 실행되는 법률과 긔타 지려을 문란케 하는 결뎡을 뎡지, 변갱하는 권리가 있다.

전문

1. 본 규명을 발표하기 전에는 농민상조호에서 팔거나, 싸거나, 부채나 게약금성립 등의 법률상 권리가 없엇다. 1921년 5월 14일 발표 지령에도 그에 대하야 말하지 않엇다. 권리상으로는 없었으나 실제는 상조회가 재산도 소유하엿고 팔고 싸기도 하엿고, 대채도 하엿고 소용도 하여왓다. 인제는 확실이 법률상으로 권리를 주엇다.

2. 상조회는 자긔 사업진행을 연하에 실행되는 법률과 사회보험 인민위원부의 총지시와 지령 등에 의하야 처리할 것이다. 그는 농민 상조회 사업의 감시와 최고의 총지배는 사회보험 인민위원부에 있는 까닭이다. 그리고 사회보험 인민위원부는 도와군에 있는 자긔긔관을 통하야 실시한다.

3. 상조회의 결명을 정지하며 변갱하는 절차는 얻더한가? 상조회 총회의 결명이 비법덕 일 매에는 얻던 긔관이나 개인을 물론하고 군이나 도에 있는 사회보험부에 통고할 권리가 있다. 그리하야 만일 감시 긔관에서 보는 바에 그 결명이 비법덕인 동시에는 거저 즉시에 변갱하며 그 사실을 상조회 웃긔관에 보도한다. 또 만일 총회나 위원회의 결명이 의심스럽은 때에는 그 실행을 정지하고 사실을 사회보험부 웃긔관과 상조회의 웃긔관에 보도한다. 그 다음에 사회보험부 웃긔관으로붙어 그 정지를 해고식히던지 그렇치 안이면 그 결명을 영긔변갱식힌다.

4. 농민상조회는 현하에 실시되는 쏘베트 주권의 지려과 법률을 준행하야 자긔 재산을 소유사용하며 팔고 쌀수 있으며 토디와 긔업소 등을 대채할 수 있으며 부채게약을 하며 의연을 받을 수 있으며 재판에 소송하며 또 대답할 권리가 있다. 이 조항에는 상조회가 가지고 있는 법률상 권리를 모조리 헤노앗다.

5. 농민상조회는 부채에 대하야 자긔의 재산으로써 책임을 니행한

다. 회의부채에 회원의 재산을 닷치지 못한다. 만일 상조회가 빗을 무러주지 안는 동시에는 그 받을 자는 민사 재판소에 소송하며 민사재판소에서는 그 빗을 갚어주도록 결명한다. 그리고 만일 재판소의 판결을 시행하지 안는 때에는 그 회의 재산: 금전, 곡식, 긔업소 긔타 건축물 등을 압수하야 공개경매를 부른다. 이 조항의 부분은 회의재산과 회원의 재산을 분별하는 것이다. 얻던 경우를 물론하고 회의 부채에 그 회원의 재산을 압수하거나 또 경매하지 못한다. 회에는 회의재산이 있고 회원에게는 또 회원 각개의 재산이 있음으로 이 넷재 조항은 그 둘을 혼동 할 수 있음을 금한 것이다.

6. 농민상조회는 일명한 모양의 인장이 있다.

7. 농민상조회는 이 규명에 제명한 목뎍을 실현하기 위하야 자긔 사업을 진행함에 국가, 디방의 모든 세랍과 취렴과 인지수렴과 재판서조세를 면제한다. 이 조항은 이 규명 데십팔조항과 대할 수 있다. 그 조항에는 회의 긔업소는 전부나 그럿치 안이면 부분으로 면제를 받는다는 말이 있다. 이 조항에는 상조회 자톄가 자긔 사업진행상에 각종 세랍의 면제를 받는 말이다. 그럼으로 상조회는 누구와 얻더케 게약을 성립하던지 인지와 디방 취렴을 면제한다.

회의 목뎍과 과업

8. 농민상조회는 농촌주민의 자발뎍 사업성을 긔초하야 아래와 같은 목뎍을 가짐. 상조회는 처음에 주민의 자발력으로 조직된다. 쎌쏘베트 같은 것은 그 촌 주민이 결명을 하엿거나 안이 하엿거나 또 원하거나 안이하거나 촌마다 있는 것이다. 그러나 상조회는 주민의 자발성으로 된다는 것이 곧 그 주민의 대다수가 원하야 된다는 것이다. 회의총회에서 탁아소, 학교후원, 사회뎍 경

작에 대하야 결뎡하는 동시에 아이수료와 보조금액수와 경작 토디면적을 제뎡하는 문뎨를 독립뎍으로 해결한다. 모도 다 총회의 결뎡에 의하야 된다. 여기에 자발성이 표현되는 것이다.

9. 농촌에 사회뎍 보험을 조직하며 실시한다. 군대에 복역하는 자의 식구, 폐병, 가난한 농민, 사회나 자연의 재앙을 받은 자, 과부, 고아, 병자, 긔타 곤궁한 처디에 있는 자들을 구제하여준다. 이 조항에는 구제받는 자들의 등급을 난호았다. 그 가운데 구제를 항상 받고 림시로 받는 두 종류가 있다. 첫재 종류는 ① 군대에 복역하는 자의 식구 ② 폐병과 그 식구 ③ 과부 ④ 고아이요. 둘재 종류는 ① 가난한 농민 ② 사회나 자연의 재앙을 당한 자 ③ 병자 ④ 곤경에 처한 자들이다. 마즈막으로 네 등급은 항상 그런 형편에 있지 않을 수 있고 구제를 받은 뒤에 형편이 향상하거나 변동되야 곤란한 처디를 영영 벗어 바릴 수 있음으로 둘재 종류에게 담식히는 것이오 첫재 종류에 가담된 자들은 좀 더 오란 시일의 구제를 요구케 되며 그중에 어떤 자들은 영원한 구제를 요구한다. 붉은 군인의 식구는 두 해 동안의 구제를 요구한다. 만일 군대의 어느 특별한 전문 부분에서 복역하면 3년이나 4년 동안의 구제를 요한다. 고아는 성년 될 때까지 과부와 폐병과 폐병의 식구는 그 일생을 구제하여 주게 된다. 회원과 고아이들의 경제상, 법권상 리해관게를 옹호하여준다. 경제상 리해관게와 법권상 리해관게는 호상관게 있다. 그럼으로 상조회에서는 법권상 리해관게를 옹호하는 동시에 경제상 리해관게까지 옹호하여준다. 농촌단일세의 면제권이나 삼림분배 면제권 등은 다 경제상 리해관게에 큰일이다. 회원 중에서 토호와 무익한 게약을 하고 그 게약을 재판소에 긔소하야 무효로 하게하여 달나는 경우 같은 데는 상조회에서 자긔 회원을 옹호하여 주나니 그것이 자긔 회원을 법권상. 경제상으로 옹호하여주는 것이겟다. 그

외에 어떤 경우를 물론하고 자긔 회원에게 해가 돌아오게 되는 때에는 상조회에서 옹호하여 준다. 더욱 상조회에서는 토호를 반대하야 일어나는 빈농민을 옹호하여 줄 경우가 많타. 여기에는 상조회가 직업회에서 자긔의 회원을 옹호하여 주는 것과 같이 동작한다. 고아 무휼자 빈한 매음 음주 등을 퇴치함에 투쟁한다.

무휼과 빈한

여기에는 첫재 로력에 불가능하고 또 친척이 없는 로인과 둘재 부모나 친척이 없는 아이들을 말함이다. 만일 이런 로인이나 이런 아이들을 간호하여 주지 않으면 거러지가 되고 만다. 그럼으로 이 투쟁은 빈한을 퇴치하는 투쟁이 된다. 이 투쟁은 본조항의 ㅂ에 말한바 방법으로써 할 것이다. 다시 말하면 국가긔관에서 설립한 양로원과 양아원을 보조하며 또 상조회의주최와 재정으로써 새로 설립할 것이다.

음주와의 투쟁

여기에는 무엇보다도 문화성질의 방법으로써 투쟁하여야한다. 곧 독서실을 설립하며 거기에서 연극 음악연주, 강연 등을 할 것이다. 상조회의 사업은 쎌쏘베트와 당 야체이까와 여자단톄와 공산청년회와 공리긔관과, 학교와 서로 협조할 것이다. 문화사업이 잘 된느 곳에는 음주열이 락하한다. 그러나 이 방법 한 가지로써는 불족하다. 음주와의 투쟁에는 직접화의 방법이 잇어야 된다. 그 방법은 정신상 또는 물질상 성질을 띠어야한다. 술곳는 자는 본 규명 14조항에 의하야 일명한 긔한의 출회를 식히며 또 정부로부터 어떤 구제를 받게 되는 경우와 삼림 등을 면제대부할 때에 그 행동을 보와야 된다. 다음에 상조회에서는 그런 자들을 국민재판소를 경유하야 법률상 책임을 지울 것이다. 그러나 벌금은 상조회에서 받거나 부담식힐 권리가 없다. 사회덕 구제사업을 협조하며 촌 과면의 각 사회단톄의 사업을 부조하는 방법으로 농민의 자발력과 창작서를 발전식히며 견고케 한다. 고리조합을 부조함에는 무엇보다 가옥이나, 공리조합상업상 자본류동이나, 자연생산품의 저축으로써 하며 그 완부 긔한은 회에서 돈으로나 곡식으로 요구할 때에 할 것이니 례컨대 봄에 회원에게 종자대부를 하는 파종 깜빠니야 같은 때일다. 회의위언회는 공비조합의 사부회의에 자긔의 대표를 참가식혀 공리조합사업의 총계획에 약한 농민의 요구를 옹호하게 한다. 농촌공리조합과 폐병들의 로력덕 단합과 농업과 사회상 지식을 전파하며 약한 농민과 중농민들을 보통로력조함에 단합식히며 그 부분으로 약한 농민과 중농민들이 공리조합원이 되기에 편리르 주는 일을 발전하며 견고케 한다. 본 조항에 말한 공리조합발전과 ㄹ 조항에 말한 공리 조합후원을 분간하여야 된다. ㅁ 조항에는 농촌주민을 공리조합화 하는 말이니 ① 농업과 사회상 지식의 보급과 동시에 공리조합 의의를 선전하며 ② 폐병들을 공리화식히며 ③ 약한 농민과 중농민들을 보통로력조합에 단합식히며 ④ 약한 농민과 중농민을 공리조합원이 되는데 편리케 하야 공리조합에 끄을어되리는 것이다. 각 독서실에 공리조합문뎨에 대한 서적을 분급하며 생산공리조합과 소비공리 조합에 대하야 강연, 보고자를 고빙하여오며, 공석에 공리조합의 그림표어를 붗이며 공리조합날 실시에 방조한다. 폐병의 생산능력자를 조사하며 농촌생활에 의의있는 생산조합을 조직하는 데 그들을 방조하며 공동경작 농업조합조직과 그 조합에 긔게 등을 대여준다. 보통로력조합이라 함은 몇 집에서 서로 합력하야 경작하며 파종하며 추수하는 일을 가릇처 말함이다. 이것은 뎨일 필요하고 유익하고 할만한 일이다 농업긔구가 완전하지 못한 자는 제각기 농사하는 것이 뭑하다. 밧가리나 추수를 가대기나 낫으로 하게 되며 마소는 일 년 동안을 잘 먹이지 못하야 농사하기에 매우 어렵다. 그러나 조합을 만들면 농업긔구를 대부로 맛기에 매우 편리하다. 다음에는 농촌부업생산조합으로 소 젓 짜는 조합, 씨르제조조합, 삼림채벌조합 등이다. 그러나 이런 조합은 거반이나 불규측덕임으로 생산공리 조합과 합동하는 것이 좃타. 공리조합원으로 가입케 하는 일은 데일착으로 입회금이나 고본금을 내지 못할 빈농민에게 하여야 된다. 위원회는 빈농민에게 고본금을 대부하여 주며 무완상으로 고본금을 무러주기도 한다.

10. 회의존재 구역 내에 국가긔관에서 유지하는 폐병긔관, 병원, 학교, 유치원, 탁아소, 무료식당, 독서실 등에 대하야 보조하며 그럿치 않이면 자비재정으로써 상당한 긔관의 허가와 그 총감시하에서 그것을 유지한다. 유지의 보조는 ① 폐병긔관, 유치원, 병원에 대하야 돈으로나, 식료푸므로써 부조하며 거화목을 운반하여주며 채마뎐을 농사하여주며 ② 학교에 대하야는 거화목을 운반하며, 교과서를 분급하며 ③ 탁아소에 대하야는 식료품, 거화목으로써 부조하며 ④ 무료식당에 대하야는 식료품, 거화목, 채마뎐 농사로써 부조하며 ⑤ 독서실에 대하야는 설비, 거화목, 신문발행고 서적구매의 금전지출노써 부조한다. 회의재정으로써 유지하는 것은 상당한 긔관의 허가를 요구한다. 폐병긔숙사는 사회보험부에서 병원은 위생부에서 학교, 유치원, 탁아소, 독서실은 인민교육위원부에서 허가를 맛는다. 물론 서허가는 중앙긔관에서 밧는 것이 안이오 도나 군에 있는 디방긔관에 련락하며 그 디방긔관들은 제게통을 따라서 중앙긔관과 련락한다. 총감시도 군에 있는 사회보험부와 군교육부와 군위생부에서 한다. 금전이나 자연생산품의 상조자금을 저축한다. 여기에는 예산의 총수입을 가릇처 말함이다. 회의자금으로는 회원의무금, 긔업소의 수입, 긔타 수입이 된다. 재산구득에 대한 모든 활동이 곳 자금저축이 될 것이다. 정부나, 사회긔관이나 사영긔관이나 개인으로붙어 농촌주민

을 구제하기 위하야 들어오는 재전을 분배하는 데 참가하며 또 직접 상조회 관활에 들어오는 재정을 분배한다. 본 조항의 첫 부분은 회의관활에 직접 들어오지 안인 재정에 대하야 말함이다 례컨대 흉작을 당한 구역에 정부로붙어 종자대부를 주는 것 같은 것이다. 그 대부는 직접토디부의 관활노 들어오지만 그 분배에는 상조회위원회에서 참가한다. 얻더케? 위원회는 가장 빈궁하게 된 자를 가리어내여 누구에게 얼마를 대부하여 주어야 된다고 명록을 만들어 토디부나 그럿치 안이면 대부처리긔관에 준다. 그리고 위원회는 분배된 종자가 파종에 사용되는가 그럿치안이면 가루나 떡을 만들어 먹어버리지 안는가를 감시한다. 둘재부분에는 밝으로붙어 직접 상조회에 들어오는 재정분배에 대한 말이다. 가령 가장 요구하는농민에게 분배식히기 위하야 삼림같은 것을 상조회에 내여주는 일 따위다. 위원회는 그 삼림을 받아서 자긔 회원사이에 독립덕으로 분배한다. 농촌주민의 가장 약한 부분의 요구를 보호하기 위하야 상조회는 쏘베트와 공리조합긔관에 자긔의 후보를 내세운다. 후보를 내세우는 규뎡은 ① 후보는 약한 주민을 대표하여야 된다. 후보자는 자긔가 약한 주민이어야 그들의 요구를 잘 보호할 것이다. ② 후보는 사업자라야 된다. 사업능력은 상조회 사업에서 날아낼 것이다. 또 상조회 밖에 사업에서 그 능력을 날아낸 자도 후보가 될 수 있다. 얻던 책임을 맡아보게 하는가? 무엇보다도 쎌쏘베트 회장. 면집행위원회 회장과 동위원 면토디위원회 위원 등이다. 공리조합 게통으로는 의사부와 조사위원회늬 회장과 동위원이다. 후보를 내세우는 절차를 개선긔 당하야 면당위원회와 공산청년회와 긔타 후원자들으과 협의하야 상조회의 후보를 뎡할 것이다. 다음에 선거장에서 그 후보가 실노공천되며 선거되게 할 것이다.

구제방법

11. 농민상조회는 농촌 주민을 사회덕으로 구제하며 또 곤경에 처한 개인도 구제하여준다. 본조항은 상조회사업을 두 가지로 난호아 말함이다. ① 사회덕 구제라는 것은 사회 전톄를 자조한다는 것이니 공동긔관과 사회경작은 어느 개인을 위함이 안이오 그 사회 전톄를 위하며 직금이나 장래에 곤경에 처하게 되는 자들을 모도 위함이다. ② 개인을 구제한다 함은 즉시 곤경에 처한 사람을 구제하여주는 것이니 이 구제는 대부 긔구를 주며 로력보조를 하며 그 사람의 권리를 옹호하는 것이다.

12. 농민상조회의 구제는 금전이나, 물품으로써 하며 로력덕 부조나 법권상 옹호를 함이오, 그 성질은 환부제나 무환부제일다. 본 조항은 그 구제의 형식을 난호아 말함이다 금전구제, 물품구제, 로력구제, 법권상 구제 등으로 난혼 것이다. 금전구제는 금전대부나 보조금을 주는 것으로 하며 이 방법은 가장 히소한 것이오, 또 실행을 필요하게 보지 안는다. 이 방법은 거반이나 특별한 경우에 가령 곤경에 처한 농민이 공리조합 의무금을 내지 못하거나 얻던 세랍을 랍입하지 못하는 경우와 또 병을 치료하게 된 자에게 도시로 가는 여비가 없는 경우에 쓰는 것이다. 금전구제는 다부분 환부제로 한다. 돈 받는 자가 일뎡한 긔한이 되면 도로혀환부하여 준다는 말이다. 만일 돈을 받고 물어줄 만한 형편에 있어 환부하지 않는 자는 재판을 경유하야 물도록 한다. 다만 특별히 곤경에 처한 자에게는 환부 없이 금전보조를 하여준다. 물품구제는 생물이나 무생물을 림시 사용하게 주며 종자와 비료를 주며 회의 위원회에서 보와서 삼림벌목을 면제분급하도록 하는 것이다. 물품구제는 가장 많이 실시하는 방법이다. 이 방법은 전부 단합덕으로 할 것이다. 가령 말이나 가대기를 한 사람에게만 사용하도록 주는

것이 적당하지 않타. 웨그러냐 하면 말과 가대기를 쓰려는 회원이 그 사람뿐 않이다. 그리고 곤경에 처하엿다고 한 사람 농민에게만 말을 사용식히면 그 말은 반년 이상을 거저먹기만 할 것이다. 그럼으로 긔구나 마소로써 구제하는 일은 될 수 잇는대로 서로 멀니 살지 않는 여러 사람에게 다 응급한다. 긔구나 마소는 보통 림시로 사용케 한다. 생상품은 물론 그 사용자에게 차레진다. 종자 구제는 다 부분환부제일다. 농사가 잘 된 해에는 환부하지 않는 것을 허하지 않는다. 그러케 하여야 곤경에 처한 자들에게 대부하여 줄 수 잇다. 건축재료 같은 것은 무환부제로 내여준다. 로력구제는 토요로동 공일로동 같은 로력으로써 파종할 때에나 추수할 때에나 건축할 때 같은 때에 부조하여 주며 이 방법은 가장 전파된 것이며 또 요구하는 것이다. 사회의 상조를 단합덕으로 훈련함으로 써이다 농업긔구 없는 농민의 농사를 부조하거나 과부와 붉은 군인의 안해들의 추수를 부조할 때에는 단합덕 로력으로 부조하여야 한다. 집을 짓거나 불붙은 집을 곷이는 일도 그러타 만일 군중덕 로동을 하게 되는 경우에는 토요로동이나 공일로동을 하는 것이 좋다 그럴 때에는 장성하고 힘 있는 일군이나 긔구가 없는 농민의 밭에 나아가서 부조한다. 말이 없는 집에다가 말이 있는 집을 분담식히는 것도 할 수 있다. 로력구제는 환부제라야 한다. 상조회를 통하야 구제를 받은 자는 다른 때에 다른 형식으로 다른 사람에게 갚아주어야 한다. 이것은 위원회에서 제명한다. 법권상 구제는 상조회 위원회에서 회원이나 고아들이나 과부들이나 붉은 군인의 가족이나 긔타 곤경에 처한 공민들의 경제상, 법권상 요구를 옹호하는 것이다. 이런 모든 경우에는 상조회가 그 당사자로붙어 법권상 옹호를 청할 때에만 응하여 주는 것이 않이오 자긔의 재료에 의하야 몬저 출현한다. 무슨

분배를 당하던지 상조회는 특별위원을 선뎡하야 그 분배가
뎡당하게 되도록 감시한다. 자긔 회원 중에 누구와 더부러 리
해관게가 있는 게약을 한 자가 있으면 그 사건을 재판소에 소
송하야 파하도록 하며 판결하는 날에는 자긔 회원을 파송하야
그 회원의 리익을 옹호하게 한다. 또 농촌단일세나 삼림채벌
에 관한 면제에 대하야도 우원회는 역시 그렇게 활동한다. 제
절노 법권상 구제는 그 성질을 보와 환부제가 없는 것이다.

13. 이상에 말한 구제의 그 수량은 총회의 승인을 얻어 위원회가
작정한다. 여기에는 구제방법의 보통을 말하엿다. 어떤 경우
에는 얼마나 하여야 되겟다는 세측은 여기 말할 수 없다. 그럼
으로 이에 대하야는 위원회의 관찰력이 광범하여야 될 것이
다. 두 붉은 군인의 처에게 한 사람에게 가루 세 부대를 내주
고 한 사람에게 가루 다슷 부대를 내주엇다면 보통보기에는
가정 내 경제형편이 서로 같은 것 같지만 자세이 살펴보면 한
여자는 폐병환자임으로써 가루를 더 많이 가저가게 되는 일도
있다.

회의인원과 회원의 권리와 의무

14. 농민상조회회원은 그 회 관할구역 내에 거주하며 로농대표 쏘
베트 선거권을 가진 18세까지의 남녀 공민이 된다. 본 편은
뎨1편과 함께 일반 공민이 상조회에 참가하는 형식을 제뎡한
다. 주민총회에서 상조회를 조직하려고 결뎡하엿다면 주민 누
구를 물론하고 회원될 의무가 잇다는 것이다. 본 조항은 어떤
주민이 상조회 회원이 될 수 있다는 것을 말하지 않엇다. 만일
그 촌에 아직 상조회가 조직되지 못 하엿으면 주민 누구던지
그 회원이 될 수 없으며 다만 주민총회에서 상조회를 조직하
는 때로붙어 그 회를 원하거나 않이하거나를 불구하고 모든

공민은 다 회원이 된다. 개인뎍 의사는 단합뎍 의사에 복종할 것이다. 이와 같은 규뎡은 자원입회제의 톄재를 가진 회를 성립하지 못 하게 할 것이다. 그리고 본 조항에는 아래와 같은 비고를 첨부할 필요가 있다. 쏘베트 공화국동맹 내에는 여자가 남자와 동등한 권리를 가젓다. 어떤 책임이던지 어떤 선거던지 다 녀자가 참여한다. 농민상조회에 여자의 참가는 큰 리익을 주는 거시다. 최근 상조위원회 개선에는 위원회 위원으로 여자가 5%붙어 10%까지 선거되엇다. 상조회의 구역은 쎌쏘베트 구역과 같으다. 그 구역에는 그 촌과 그 촌에 종속되는 후또르까지 든다. 만일 쎌쏘베트 구역이 넓으면 그 구역 내에는 상조회를 세 개나 네 개까지 조직할 수 잇다. 상조회 회원은 그 구역 내에 거주하는 농민뿐 않이오 로동자나 사무원이나 의사나 학자나 미술가들도 될 수 있다. 쏘베트 선거권에 대하야는 레쎄페쎄레 헌법 64조에 말하엿다.

15. 회원은 입회할 때에 유일 림시의 무금을 랍입하며 다음에는 필요에 의하야 뎡긔의 무금을 랍입한다. 의무금의 액수와 긔한 등 절차에 대하야는 총회에서 자뎡한다. 집집마다 그 의무금은 그 집 형세에 따라서 토디, 마소, 식구 등에 의하야 분뎡한다. 회원은 위원회에서 특별한 경우에 따라 결뎡한 대로 공롱 리익이나 곤경에 처한 개인에게 자긔 로력이나 또 농업긔구, 마소 등을 림시 사용하도록 줄다. 회원의 의무금은 밭일경에 비하야 작뎡할 수 있다. 그러나 밭만을 표준하면 에떤 경우에는 들닐 수 있다. 그럼으로 마소와 일군이 몇이 되는 것도 보아야한다. 가령 어떤 두 집에 밭닷새가리식있다. 그런데 한 집에는 말 한 마리와 일군 한 사람이 있고 달은 집에는 소 한 마리와 말 두 마리와 일군 두 사람이있다. 두 번재 집은 첫 집에 비하야 더 풍족하기 때문에 상조회 의무금을 더 물어야 될

것이다. 의무금의 액수는 이러케 뎡할 수 있다. 발하로가리에 50전즘 하고 말 한 마리에서 50전즘 하고 소 한 마리에서 25전즘 하고 일군 한 사람에게서 25전즘 하는 것이 좋다. 그러케 한다면 발닷새가리, 말 한 마리, 일군 한 사람이 있는 집에서 상조회의 일 년의 무금으로 3원25전을 받을 것이오. 발닷새가리 말 두 마리, 소 한 마리, 장성한 일군 두 사람이 잇는 집에서 4원 25전을 받을 것이다. 알애와 같이 받는 것이 더 옳을 것 같으다. 말 한 마리에 50전즘, 둘재 마리에 1원, 셋재 마리에 2원, 소 한 마리에 25전 둘재 마리에 50전즘식. 데12조항은 가장 곤경에 체한 주민에게 로력뎍 구제를 하여주는 의무를 제뎡한 것이다. 구제하여줄 필요가 있는 경우에는 위원회에서 작뎡한다. 그는 위원회에서 어느 회원에게 어떤 로력뎍 구제를 하여 줄 것을 밝인다는 의미다. 총회에서는 어떤 붉은 군인의 처의 밭을 누가 갈아주며 그럿치 않이면 말이 죽은 집에 잇홀 동안 누가 말을 빌여주어야 된다고 결뎡할 수 있다. 또 어느 집이 불에 타버렷다면 회내 회원으로 있는 목수들을 모두어 공일 로동으로써 그 집을 다시 건축하게 결뎡한다. 비고. 살림이 구차한 주민에게는 회의의 무금 랍입 긔한을 느려주던지 그 액수를 감소식혀 주던지 금전과 물품 대신에 로동으로써 보상하게 하던지 그럿치 않이면 의무금을 영영물지 않케하는 면제를 주어야한다. 그와 반대로 좀 넉넉한 주민에게는 의무금액수를 높여야된다. 이 비고는 구차한 농민과 넉넉한 농민의 의무금액수를 그 형편에 따라서 변갱하는 것을 말한 것이다. 토디와, 마소와 농업긔구가 넉넉히 있는 집에서 구차할 때가 있는 경우도 있다 주인이 병으로 알커나 집이나 곡식이 불붓은 때 같은 경우다. 그런 집에는 의무금액수의 감소, 의무금랍입 연긔, 로동으로써 교환, 그럿차 않이면 영영

제감하는 등의 면제를 주어야한다. 그런데 구차한 회원에게 제감한 자리는 좀 넉넉한 회원들로써 채우게 한다. 가령 중농민 두 사람이 있어 한 사람은 삼을 심으고 다른 사람은 메밀을 심엇다. 그런데 삼은 잘되고 메밀은 잘 되지 못하엿다. 때문에 삼을 심은 사람은 넉넉하게 되고 메밀을 심엇든 사람은 더 구차하게 되엇다. 좀 더 넉넉하게 된 사람은 의무금을 두곱하야 물어도 과히 어렵지 않일 것이다.

16. 회원된 사람은 구차한대에 회와 또 일반회원으로붙어 본 규뎡과 농민상조회 중앙위원회의 지령에 의하야 구구받을 권리가 있다. 상조회 회원은 의무를 니행할 분 않이오 권리도 가진다. 첫재 뎨일 중요한 권리는 자연이나 사회뎍 재앙에 피해를 당하야 구차하게 된 때에 회의구제를 받는 권리다. 본 조항에 의하야 구제방법과 형식은 농민상조회중앙위원회의 규뎡과 지령에 의하야 실시한다. 그는 구제할 때에 일뎡한 차례가 있다는 말이다. 만일 회의 물질상 형편이 넉넉하지 못한 때에는 만저 붉은 군인의 식구, 페병, 전쟁에 남편을 죽인 과부 등을 구제하여준다. 그 절차는 다른 조항에 참조할 것이다.

17. 위원회의법과 총회의 결뎡에 복종하지 않이며 또 자긔 사업과 행동으로써 회에 해가 돌아오게 하는 회원은 총회의 결뎡으로써 일뎡한 긔한의 출외를 식이고 긔 회 구역 내에 광고할 수 있다. 출회는 영ㄱ식히지 않고 반년이나 일년 동안즘 일뎡한 긔한을 주어 출회식힌다. 출회는 뎨일 큰 벌임으로 물론 불득이한 경우에만 할 것이다.

18. 회원은 회 위원회 회의 결뎡을 올치 않게 생각하는 때에 총회에 긔소할 권리가 있다.

19. 회원의게로붙어 의무금이나 긔타 수전을 행정상 억제로 받거나 또 회원의 리익을 위하야 억제로동이나 긔타 처벌을 하지

못한다. 만일 의무금을 랍입하지 않거나 의무를 시행하지 않는 경우에 동무뎍권유가 소용 없을 때에는 민사재판소에 소송하고 그 재판소의 판결에 의하야 법률대로 실행한다. 본 조항은 무슨 수전이나 로력뎍 처벌을 행정상으로 쎌쏘베트나 경찰서를 경유하야 억제로 받지 못 하게 하는 뜻이다. 회원이 자긔의 무를 실행하지 않는 경우에는 회장이 경차을 리용하거나 다른 회원으로 하여곰 말을 타고 가서 받어오도록 식히지 않을 것이다. 그런 경우에는 동무뎍권유가 소용없으면 민사재판소에 실고할 것이다. 동무뎍 권유는 얻더케 하여야 되는가? 총회에서 책언을 하던지 톄랍자의 성명을 써서 내거는 등이 좋다. 이렇게 해도 소용없으면 민사재판소에 신고하야 내도록 할 것이다. 그러면 재판소에서는 의무금을 내게 판결할 것이다. 그러나 로력뎍 처벌을 실행하지 않는 때에는 재판소에서도 억제로 식히지 않고 다른 회원을 얻어 그 로동을 식힐만한 액수의 벌금을 받어낸다. 재판소에서 판결하야 ㅁ루게 된 돈은 재판소의 농촌집행자나 경찰서에서 받어낸다.

회의 재정

20. 농민상조회의 재정은

ㄱ. 회원의 입회금. 의무금.

ㄴ. 사회보험긔관과 긔타 관활긔관과 개인으로붙어 들어오는 금전, 물품.

ㄷ. 사회보험긔관에서 넘겨주는 주인 없는 재산과 재판소의 판결로 행정상으로 압수한 재정.

ㄹ. 회에서 소유한 재산과 긔업소와 금전, 물품채대의 수입과 사회경작의 수입금.

ㅁ. 금전, 물품의 자유의 연

ㅂ. 잡수입.

회재정의 수입은 두 종류에 난홀 수 있다. 첫재 종류는 비생산
뎍 수입이니 ㄱ,ㄴ,ㄷ,ㄹ,ㅁ,ㅂ 조항에 말한 것이다. ① 회원
의 각종 의무금, ② 외게로붙어 들어오는 재정, ③ 각종 재산
④ 자유의연, ⑤ 잡수입 등이다. 이것을 낮ㄱ이 말하여 논 것
은 특별이 필요한 것이다. 다시말하면 이외의 비생산뎍 수입
은 받지 못한다는 것이다. 상조회 사업이 시작된 첫 두 해에는
혼인의 세금을 받으며 양주와 음주의 벌금을 받으며 그 구역
내에 있는 산업 긔업소에서 특별한 세금을 받는 등 세랍제가
있엇다. 그럼으로 이 세랍제를 없새는 데 유익하다. 본 규명뎨
7조에 의하야 음주와의 투쟁은 회의 과업이다. 그러나 그 투
쟁방법은 주민의 문명정도를 향상식히며 정신상으로 개유하
는 것이다. 둘재 종류는 ㄹ.조항에 말한 것 같은 생산뎍 수입
이다 이것은 남의 것을 대채하거나 자긔 긔업소와 사회경작을
작취하는 것이다. 이 수입의 자세할 설명은 뎨18조 항의 밑에
참조

21. 농민상조회는 자긔 회원을 응급하기 위하야 농사부업 긔업소
를 조직할 권리가 있나니: 농업긔구 수선소, 말털 박는 일, 그
릇 만드는 일, 정미소, 송지 만드는 일, 목탁 만드는 일과 사
회야장간, 차질, 식당 등을 설립하는 것이다. 우에 말한 긔업
소들은 단지 상조회 회원만을 응급하는 것으로써 국가, 각종
의 세금을 받는다. 만일 긔업소가 부분으로라도 비회원에게
응급하는 일이 있으면 1923년 12월 7일 지령에 제명한 면제
에 의하야 세금을 문다. 그리고 도집행위원회의 결명으로써
총국가세랍을 물게 되는 긔업소는 디방 세금에서 면제를 받을
수 있다. 본 조항은 자세히 말하지 못 하엿다. 물론 여기에 말
한 이외의 긔업소도 알애의 조건에 상당하면 채대할 수 있고

또 조직할 수 있다. 첫재는 자긔 회원 요구를 응하여 주는 긔업소. 둘재는 농사에 부어뵈는 긔업소 일다. 이 두 조건은 농사와 회원에게 아모 관게 없는 긔업소로 하여곰 농사의 부업과 회원의 응급에 힘쓰게 하는 것이다. 만일 상조회 관할구역 내에 단추 만드는 공장이나 맥주집을 차대하는 일이 있다면 상조회에서는 그 공장과 맥주집을 차대할 필요가 없다. 그는 단추나 맥주는 농사에 아모 부업의 의미를 가지지 못하며 또 회원에게도 많이 수용되는 것이 않임으로써 그렇다. 회원들이 맥주를 마이거나 단추를 요구하는 자가 있다. 그러나 18조에 말함과 같이 경제덕 성질과 문화덕 요구를 응하는 것은 않이다. 농민마다 실이나 바늘이나 단추를 요구한다. 그렇다고 제사: 제침. 단추 만드는 공장을 채대 경영하는 것은 좋이 못하다. 첫재는 회의 직접 과업에서 어그러질 것이오 둘재는 회의 재정과 자본에 위긔가 잇는 까닭이다. 회의 긔업소는 뎨18조에 의하야 그 회 회원의 요구를 응할 것이다. 비회원의 요구도 응할 수 있지만 그러나 자긔 회원의 요구는 의무덕으로 응하여야 한다. 가령 물을 건너는 일 같은 것은 그 디방의 상조회 회원에게만 응급되는 것이 않이오 비회원에게도 소용된다. 핏장 같은 것은 농촌의 필요한 부업이오 동시에 일반회원의 요구를 응하는 일임으로 매우 좋다. 핏장은 비회원도 사가는 것임으로 비회원을 응하여 주는 긔업소의 면제에 대하야 말한 뎨18조항이 썩뎡당한 일이다. 면제에 관하야도 두종유의 긔업소가 잇다. 첫 종류는 상조회 회원만을 응하는 긔업소이니 전국가덕이나 디방덕세금에서 전부 제감된다. 그런데 이런 문뎨가 생긴다. 상조회에서 자긔 회원의 곡식을 마쇄하기 위하야 물방아를 걸고 면제특허를 맡헛다. 그 촌에는 본 규뎡 11조항에 의하야 상조회 회원이 되지 못할 목사와 상덤 주인이 있다. 사회의 소유인 물방아는 그들의 곡식을 마쇄할수 있겠는가? 않이다. 면제 특허를 맡헛으면 다만 회원에게 응할 것이다. 그렇이 않으면 재무부장으로붙어 벌금에 처하며 허가도 돈을 물나고 할 것이다. 비회원의 곡식을 마쇄하여 주고 3원이나 5원을 벌고 수십원이나 백여 원의 세금을 물게 될 것이다. 그럼으로 본 규명 18조 대로 엄명하게 실행하여야 더 유익하다. 그러나 상조회 회원뿐 않이오 일반 주민에 응급하여 줄 일이 있다. 가령 물을 건너주는 일 같은 것이니 자긔 회원만 건너줄 수 없다. 이런 경우에는 무료허가를 받는 것이 않이오. 얼마 면제하여주는 허가를 맏게 된다. 공리 조합에서 물어주는 것처럼 1923년 12월 7일 지령에 의하야 물어주는 돈은 적다. 그 지령에 의하면 국가사업세금을 공리조합에서 물지 않는다. 따라서 일 년 수입 지출이 20000원에 넘지 않는 상조회도 물지 않는다. 다음에 농촌 긔업소로 마소를 양하며 우유를 짜내며 날새를 치며 채마를 지으며 과수원을 재배하며 벌을 치며 그릇을 만들며 곡식을 정미하며 농업긔구를 수선하며 야장간 같은 것은 수입 지출이 20000원이 넘을지라도 물지 않는다. 우에 말한 긔업소 외에는 일 년 수입 지출이 20000원에 넘어가면 국가산업세금으로붙어 25%의 제감을 받는다. 비회원까지 응급하여주는 상조회의 긔업소는 디방세금으로붙어 도집행위원회의 결명으로써 영구면제를 받는다. 일 년 수입 지출이 20000원에 넘지 않는 긔업소는 비회원에게가지 응급하여도 국가 산업세금으로붙어 면휼 받는다면 일 년 수입 지출이 21000원에 달하며 비회원에게 응급하여줄 리익이 있는가 하는 의문이 생긴다. 이런 경우에는 3%의 세금을 물게 되면 600원이 되고 25%의 감소를 받으며 47250젼을 물게 된다. 비회원을 응급하여주면 이렇게 472,50젼을 물게 되고

도 또 다른 세금이 있다. 그럼으로 잘토의 연구하야 자긔 회원만을 응급하더라도 세금의 면허를 받는 것이 좋다.

21. 회의 자금은 본 규뎡의 목뎍에 의하야 위원회에서 소비하며 그 외의 일에는 소비치 못한다. 얻던 행정긔관에서던지 회의 재정을 관할하지 못 한다. 회의 재정 소비에 대한 감독은 농민 상조회 상부긔관과 쎌쏘베트와 면집행위원회에서 한다. 본 조항은 그 비고와 함께 회의재정을 올치 못하게 소비하는 일을 없이 하려는 말이다. 회의 재정을 본 규뎡 뎨7조항에 말한 바 이외의 일에는 소비하지 못 한다. 뎨7조항에 말한 사업 밖에 다른 일에 재정을 슙하는 자는 재판소의 팔결노 적어도 일 년 동안 자유구금을 당한다. 19조항에 회의 재정은 회의 위원회에서 쓴다고 하엿다. 그는 위원회가 회의집행긔관으로써 금전이나 위원회는 얻던 경우던지 총회의 승인이 없이 자긔 마음대로 소비하는 권리가 있다는 것은 안이다. 소비는 일 년 예산에 관한 것과 또 에산과 게회겡 들지 안인 비상 소비와 림시 소비가 있다. 그런데 비상 소비나 림시 소비는 총회의 승인을 받어야 된다. 위원회분 안이라 총회에서도 본 규뎡 뎨7조항 밖에 일에는 소비할 권리가 없다. 뎨7조에 말한 목뎍과 과업에 소용되는 것이라도 다른 긔관에서는 소비에 대하야 관할할 수 없다. 가령 쎌 쏘베트나 그 회장은 상조회의 돈이나 곡식을 페병에게나 붉은 군인의 식구에게 내줄 권리가 없다. 다른 긔관이라는 말은 촌이나 면긔관뿐 안이오군, 도긔관까지도 권리가 없다는 것이다. 국가주권은 상조회의 소비가 그 목뎍과 과업이 적당하도록 쓰는가고 감독할 것이다. 소비를 잘못하면 죄를 준다는 말이 안이오 매번 그 허물을 가르처준다는 것이다. 감독의 절차는 촌 쏘베트에 대하야 면집행위원회는 면집행위원회에 대하야 군위원회는 적당한 사회 보험부에 통지하

면 데2항에 의하야 사회보험부에서는 정지식히며 또 변갱한다. 촌 상조위원회의 옳치 못한 소비는 촌 쏘베트에서 면상조회에 보도하고 면상조위원회의 옳치 못한 소비는 면집행위원회에서 군상조위원회에 보도한다.

※ 비고. 본 규명에 말한 목덕 밖에 일에 상조회 재정을 쓰는 일은 그 범죄자가 레쎄페쎄레형법 데105, 106조에 처한다.

회의 사무관리
총회

22. 농민상조회 관리긔관은 회의 총회와 회의 위원회가 된다. 총회는 농민상조회 최고 지배자이다. 총회는 적어도 석 달에 한 번식 위원회에서 소집하며 비상회의는 위원회의 특별 결명이나 조사위원회의 요구나 회원 4분지1의 서면청원으로써 소집한다. 촌 상조회의 총회는 촌 쏘베트나 상조회 상부긔관의 요구로써 소집한다. 면위원회의는 면집행위원회나 상조회 상부긔관의 요구로써 소집한다. 총회남자와 그 토의 문데는 촌 상조회 회원, 쎌 쏘베트, 면집행위원회에게 일흘 전에 통지한다. 비고. 총회의 결명은 그 총회에 참석한 회원에게나 참석하지 못한 회원에게나 다 같이 힘이 있다. 본 규명이 발표되기 전까지는 디방에서 농민 상조회와 농민 상조회위원회를 혼동한 일이 많엇다. 본 규명에 의하야 회는 '농민상조회'요 그 지배긔관은 회의 총회요 집행긔관은 '농민상조위원회'일다. 촌 회의 긔한은 뎡하지 안엇다. 그는 로동절에 드물게 할 수 있고 동삼 같은 때에는 자조할 수 있는 까닭이다. 전례로 보아서 총회의 해결을 요하는 사건저축 여하에 있다. 보통총회는 다른 모든 촌 집회와 같이 쉬느 날에 소집한다. 총회의 순서는 모든 회원과 쎌 쏘베트와 면상조위원회에 일흘 전에 통지하여야 한다.

쎌 쏘베트와 면상조위원회에는 문자로 통지한다. 회원에게는 쎌 쏘베트집, 독서실, 학교, 공리사, 민사재판소, 긔타, 당, 쏘베트, 직업회와 사회단톄의 회관과 사무실에 통지서를 내붗인다. 총회의 인원수효에 대하야는 사회보험 인민위원부에서 본 규뎡 뎨2, 31조항에 의하야 발표한 지령에 참조하야 뎡한다. 또 그 지령으로써 회의방법을 뎡할 것이니 례컨대 림시 집행부 선거 거수 방법, 보고, 토론, 결론 외 시간과 긔타 각종 문뎨 해결에 얼마의 인원을 요하게 되는 등이다.

23. 면에 있는 농민상조회는 촌에 있는 농민상조회에서 선거하는 위원회의를 경유하야 활동한다. 그 외에 면상조회는 촌 상조회에서 지배 받는 법과 결뎡의 지배를 받는다.

　※ 비고. 구역제로 되어 있는 디방에는 우에 말한 것과 같은 방법으로 구역회가 조직되며 본 규뎡으로써 면집행위원회에 주는 권리를 구역집행위원회에도 준다. 21조항에는 면상조회와 위원회 회의의 분간을 말하지 안엇지만 발서 그 자톄를 보아서 위원들의 회의는 촌 상조회 총회와 같으며 따라서 면상조회의 최고 지배긔관이 된다. 사업처리를 하기 위하야 면상조회는 위원회를 곳집행긔관을 선거한다. 그리고 각 촌상조회로붙어 그 위원수효는 뎡하지 안엇다. 만일 면내에 촌 상조회가 많으면 대표수가 적을 것이오 촌 상조회가 적으면 대표수가 많을 것이다. 보통 집회규뎡에 의하야 참석자가 반수 이상이라야 되며 위원으로는 적어도 10인이나 15인이 출석하여야 된다. 전면에는 20인이나 30인이 되어야 할 것이오. 평균 면내에 촌상조회가 열 개 가량 된다면 한 회로붙어 대표 2,3인을 선거하게 될 것이다. 전면에 대표수는 군위원회에서 상조회도 위원회의 지시를 받아 뎡한다. 또 쏘베트 면대표회의방식으로 션거원

측을 명할 수도 있다. '쏘베트 면대표회와 면집행위원회 규명'에 의하면 촌 쏘베트는 주민 3백 명에 대표 한 사람을 선거한다. 이런 방식으로써도 촌상조회대표를 선거하야 면위원총회를 할 수 있다. 이 문례는 본 규명 례2조에 의하야 사회보험 국민위원회의 지령으로써 해결된다.

면상조회의 재정과 사업

면상조회의 재정은 보뉵명 례17조에 말한 걷과 다부분이 같으다. 면상조회 회원은 따로 개인이 되는 것이 않이오 촌상조회의 회원으로써 되는 까닭으로 입회금이나 명긔 의무금을 내지 않는다. 그럼으로 의무금 대신에 촌 상조회로붙어 랍입되는 입회, 의무금에서 몟 부분을 떼낸다. 몟 부분에 대하야는 군이나 도 위원회에서 제명하여주며 면위원회나 위원 총회에서는 결명하지 못 한다. 장차 나오는 지령은 이 문제와 또 주인 없는 집의 재산분배에 대하야 지시할 것이다. 상조회면 위원회에서 농업긔구 수선소를 경유하며 그 촌 얻던 집에서 주인이 죽고 농업 긔구 운전 긔관차나 중긔용 타곡긔가 낡아 있고 법률상으로 그 긔구를 가질 후게자가 없다면 촌 상조회 재산으로 들어오는 것이 않이오면 위원회 재산으로 넘에 간다. 사업도 면상조회와 촌 상조회가 좀 다르다 무슨 사업이던지 면상조회는 전면에 대하야 이한다. 가령 공리사, 병원, 쏘베트 등에 닿야 협조하더래도 전면에 관게 있는 것에만 한다. 국가긔관에서 경영하는 일에도 후원하며 또 할 수 있으면 자비로 폐병 긔숙사, 병원, 학교 등을 설치한다. 금전이나 물품으로쎄 직접 돕는 일은 례컨대 얻던 촌에서 재앙을 당하야 그 촌 상조회의 힘과 재정으로써는 돕긔에 불능할 때에라야 면상조회에서 나선다. 가령 얻던 촌에 불이 나서 절반이나 붙어바렸다. 그런 때에 면상조회는 다른 촌으로 하여곰 구제케 하며 자긔 자금에서 몟 부분을 내며 최후에는 군위원회에 향하야 구제하기를 요구한다.

회의 위원회

24. 촌 농민 상조회 위원회는 회의 집행긔관이오 1년 동안의 긔한
으로 선거한다. 위원회는 회장과 그 대리와 그렇이 않으면 임
원을 선거한다.

※ 비고. 위원회 위원은 총회의 결뎡으로 월급을 탈 수 있다.
본 규뎡은 경제상, 디대상, 긔타농촌 생활의 각색 상태로
말미아마 각 위원회의 위원수효를 멧 사람으로붙어 멧 사
람까지 라고 작뎡하자 않엇다. 군위원회나 면위원회에서는
더 잘할 것이다. 그리고 위원수효야 물론 너무 많치도 않
고 적지도 않어야 될 것이다. 본 규뎡 뎨25조에 의하야 회
의 사업은 다수의 결뎡으로 해결된다 하엿음으로 세 사람
아래는 위원회가 될 수 없을 것이다. 생산사업을 넓이하는
상조회 위원회 위원의 수효는 다슷 사람으로붙어 일곱 사
람까지 될 수 있다 모도 회의 사업 범위에 달녓다. 회의 사
업이 넓게 되면 회장. 그 대리. 서긔. 재무. 회 생산 긔관지
배자 등의 직무를 위원들이 각각 분담할 수 있다.

25. 위원회 회의는 필요한 때마다 하되 적어도 두 주일에 한 번식
은 한다. 위원회는 어듸를 물론하고 회의 명의로써 특별한 위
임이 없이 대변한다. 위원회는 자긔 사업 경과를 석 달에 한
번식 총회와 농민 상조회 긔관에 보도한다. 위원회는 자긔 모
든 동작과 회 재정 소비에 대하야 책임을 진다.

※ 비고. 보도방식과 절차는 농민 상조회 중앙위원회에서 제
뎡하여준다. 본 규뎡에는 위원회 회의를 두 주일에 한 번
식 뎡하엿지만 그러타고 회의 어간에는 위원들이 일뎡한
의무 사업에 관게 없다는 말이 안이다. 날마다 일뎡한 시
간을 뎡하고 위원회 집에는 회장이나 그 대리가 와서 저반

일에 대하야 오는 회원들을 응접하여야 한다. 23조에 위원회가 특별한 위임이 없이 어데던지 회 명의로써 나선다는 것은 위원회를 선거할 때에 발서 모든 일에 위임을 준다는 말이다 그러나 위원회 전톄가 나설 수 없다. 공연한 일일 것이다. 가령 도시에 있는 재판소나 국가공증부에서 무슨 대체게약 같은 것을 하게 되는 때에는 위원회에서 서면상으로 결명서를 만들어 위원 한 사람이나 두 사람에게 위임하야 재판소에 가서 대변케 하나 그러치 않으면 일명한 게약을 톄결하도록 한다. 서면 결명의 등본에 회의 도장을 찍어서 위 위원에게 주면 그것이 곧 위임장이 되고 만다. 위원회는 자긔 경과 사업을 웃 긔관에 다시 말하면 촌 위원회는 면에 면은 근에 보도하며 또 그 위원호를 선거한 총회에도 보고한다. 상부긔관에 하는 명긔 보고는 본 조항 비고에 말한 바와 같이 농민 상조회 중앙위원회의 제명 방식에 의히야 한다. 위원회가 자긔 동작에 대하야 지는 책임은 두 가지로 볼 수 있다. 무엇보다도 첫재는 사회덕 성질의 책임이다. 총회에서 사업결산을 듯고 사업의 결점을 말하던지 월급을 낮추던지, 심하야 위원회 전부나 그중 몇 사람을 개선할 수 있다. 이에 관하야는 본 규명 22조에 말한 바 위원회는 일 년의 긔한으로 선거한다는 것이 상관없다. 22조에 말한 뜻은 위원회가 개선되지 않고 1년을 넘게 일하지 못 한다는 것이다. 위원회 개선 문톄는 명긔 총회나 그렇치 않이면 조사위원회나 회원4분1의 서면청원으로써 소집되는 비상-특별회의에 넬 수 있다. 자긔의 동작에 대한 책임과 창작덕 사업능력은 동등하여야 한다. 실패되는 경우에 책임을 당할가 하야 창작덕 주장을 하지 않커나 총회의 겨명과 그에 대한 책임을 주의하지 않코 단독덕 개인의 의사를 행하는 것은 전자나 후자가 다 같이 못쓸 일군이다. 위원의 책임에 또 다른 종류는 보통 성질을 가진 직접범죄나 더욱 재정을 올치 못하게 소모한 경우에 형법상 책임을 지는 것이다.

26. 위원회는 총회의지시에 따라서 활동하며 또 구제를 요하는 농민과 붉은 군인의 식구와 폐평, 무휼자, 걸어지, 과부, 고아 등을 통게한다. 위원회는 금전, 물품의 소비와 수입지출부를 하며 총회의재료를 준비하며 수입 지출 예산표와 사업 게획을 총회에 제의하며 구제의 방식, 액수와 긔업소 채대의 개설, 신축과 소유물 매매와 대부에 대하야 의견을 제출한다. 통게, 결산, 사업 게획, 수입 지출 예산편성은 위원회의 직무일다구제를 요하는 자들의 통게는 위원 중 한 사람이 한다. 그리고 일명한 공책에 회로붙어 구제받는 자들의 명부를 하되 첫재 성명, 둘재 가명과 경제형편, 셋재 어데서, 어느 때에 어떠케 구제하여 주엇는가를 긔록한다. 수입 지출부는 금전과 물품에 대하야 각ㄱ 다르게 하며 비품부에는 회의 비품을 긔록한다. 그 외에 회록부를 두어 위원회의 모든 결명을 모두어 두고 총회회록은 제각히 축호하여 둔다. 수입지출부와 위원회 회록부는 책 페지에 호수를 쓰고 노흐로 께래고 쎌 쏘베트나 그엏치 않이면 면위원회의 도장을 찍어둘 것이다. 신년도 수입 지출 예산 초안은 지난해 경험에 의하야 긔초한다. 회원의 무금, 주인 없는 집, 사회경작, 긔업소 등으로붙어 들어오는 재정은 수입 예산에 각방의 구제긔관 등 보조와 긔타 소비는 지출에 편입하되 수입예산이 지나가게 하지 말고 지출예산이 적게 되지 말게 하여야 하며 지출의 수자가 수입의 수자보다 넘어가서는 물론 들닌다. 사업게획 작성에는 지난해 경험과 새로 중앙에서 발표된 모든 지령을 참고할 것이오. 수입 지출 예산표

와 사업계획은 총회의 승인을 맡으며 총회에서는 개명이나 수명을 한다. 또 특별한 사건은 다 초회의 승인을 요한다. 긔업소 채대, 건축, 재산 매매, 유급일군 고빙, 대부 등은 다 그럿파. 본 규명 2조, 31조에 의하야 발표된 지령은 32조에서 발생되는 모든 문뎨를 자세히 해결할 것이다. ① 직금까지 존재하여 온 상조회는 별 방식이 없이 다 등록하여야 되며 그럿치 안이면 본 규명 뎨1조에 말한 수속을 맞이고 등록할 것이니: ② 사회보험부 내 상조회 등록부와 ③ 등록의 절차대로 할 것이다.

27. 위원회에서 문뎨 결명은 다수로 한다. 접수한 결명은 긔록한다. 위원회의 서면상, 긔술상 부분은 쎌 쏘베트와 면집행위원회 사무원들이 복역한다. 단 필요가 있는 때에는 총회의 승인을 받아 위원회에서 긔술서긔와 긔타 전문가를 고빙할 수 있다. 위원회 결명은 다수로써 낙착됨으로 위원의 수효는 긔수라야 한다. 다시 말하면 짝 맞지 안는 수효 셋, 다슷, 일곱 등이다. 서역, 긔술 부분은 쎌 쏘베트와 면집행위원회 사무원들이 보아준다는 것은 아마 상조회 긔술일군의 로력보수를 쎌 쏘베트와 면집행위원회에서 지발한다는 말이다. 만일 필요가 있고 총회의 승인이 있고 제정이 있으면 긔술서긔를 고빙하야 그 로력보수는 위원회에서 지불한다. 역시 전문가 - 가령 농업긔사 고빙도 그럿타. 위원회의 일만을 보고 있는 농업긔사를 요구하는 상조회가 드믈다. 그러나 농업 쏘베트와 그 인도를 요하는 상조회가 점차많이 생긴다. 이러케 부분뎍으로 역무케 되논 농업긔사의 로력보수는 면집행위원회마다 지출할 수 있을 것이다.

회사무조사와 그 사업감독

28. 회의 모든 결산과 소유물과 위원회의 모든 재정회게를 조사하기 위하야 총회에서는 일년 동안의 임긔로 세 사람의 조사위원회를 선거한다.

29. 조사위원회는 언던 때를 물론하고 조사할 권리가 있다. 회 뎡긔 총회나 위원 총회에 조사위원회에서는 회의사업과 그 조사결과를 보고한다.

30. 회사업의 각 방면을 조사하는 권리는 농민 상조회 상부긔관과 로농감독부에 있다.

농민상조회 대표회와 련합

31. 농민 상조회 앞에선 과업을 더 잘 실행하기 위하야 선거의 제로 군, 주, 도, 성, 중앙농민상조회를 조직하며 사회보험부 긔관과 밀접한 련락을 취하야 일한다. 각 위원회 사업의 절차와 의무는 사회보험 국민위원부에서 제명한다.

32. 항구덕으로 련락하며 경험을 교환하며 사업의 강령통일을 위하야 농민상조회 군, 주, 도, 성, 전로 대표회나 대리회를 소집한다.

33. 농민 상조회등록절차와 사업정지와 총회, 대표회, 대리회 소집과, 회나, 그 련합이나 대표회 사업은 사회보험 인민위원부 발표지령과 규뎡으로써 제명한다.

34. 농민 상조회의 등록은 본 규뎡에 의하야 사회보험부 긔관에서 처행한다.

회의 폐지와 사업정지

35. 회 사업의 정지는 쏘베트 주권의 긔관이나 그렇이 않으면 총회의 결뎡으로써 되며 첫재 경우에는 사회보험 인민위원부의

지시로써 페지가 처행되며 둘재 경우에는 3분2 다수로 페지하려는 결뎡을 접수하고 두 주일을 격하야 차례로 두 번 총회에서 승인을 받어야 단행된다.

36. 페지는 결뎡 후 한 달 동안에 처행하며 페지된 후 낡은 문부. 재산. 금전은 쟁의 없는 빗을 물고 본 규뎡 31조에 의하야 발표되는 지령대로 농민 상조회 상부긔관의 관리에 넘겨준다.

4. 고려이민지남

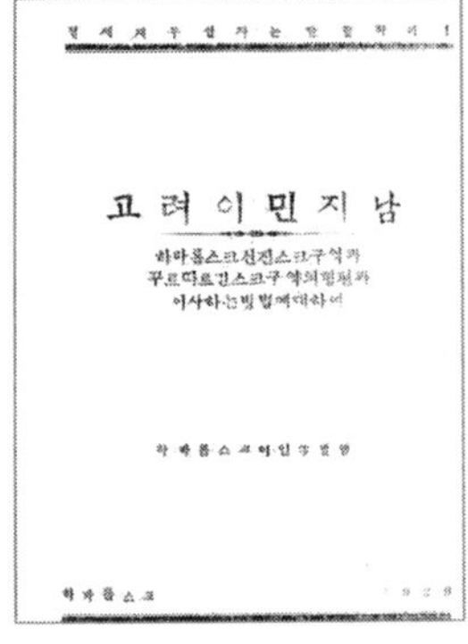

- 출판언어: 고려어
- 저자(발행처): 하바롭스크이민국
- 자료유형: 단행본
- 발행지: 하바롭스크
- 출판년도: 1929년

꾸르-달긴쓰크디방
〈위치와 경계〉

꾸르-달긴디방은 하바롭쓰크현 네크라숩쓰크 구역에 들어 있는 면적이 삼십육만 젝따르 되는 디대이다. 그는 하라롭쓰크 시의 서북쪽으로 30~150낄로메트르와 우쓰리털(헐)도선으로붙어 3~20낄로메트르의 거리되게 흑룡강(아룰) 좌안(왼편)에 놓이어있다.

이 디방의 서쪽 디경은 꾸르강이오, 남쪽 디경은 뚱그즈크강이오, 동남 디경은 아룰강이오, 북쪽 디경은 완단산맥의 석봉(돌산)들이다.

이 디방의 남부에 놓인 면적이 십오백만 젝따르 되는 낮은 따은 뚱구즈강 수면보다 5~10메뜨르가 높이 놓이엇다.

이 낮은 따의 아룰, 뚱구즈, 꾸르등강역으로 놓인 부분은 물에 밀려온 모래로 쌓이엇고 물이 창일되는 때면 물이 든다. 디면은 드문드문 웃둑한 데도 있고 한 젝따르로붙어 몇 십 젝따르식 샂은 데는 습디로 된 데도 있다. 낮은 데는 대소가 한 가지 아닌 늪들과 또는 교통에 리용할만한 지류(支流)들도 있다.

이 평디의 기타 부분은 언제던지 물이 들지 아니하며 덤토(진흙)로

되엿다. 디면은 역시 평탄치 못하나 대부분은 늪들이 없다.

이 저디(평디)에 혹 크지 아닌 고디(높은따)들도 있나니 즉 알리, 드세르메니, 및 씨폰땁스까야 석산들과 또는 칠끼의 고디이다.

이 고디들의 경사진 산협들에 노보까멘까, 제레노예 뽈레, 폰따옙까, 까리놉까, 골루비츠노예등촌들이 산포되여 있고 끼고디 산협에는 촌락이 앉기에 편한 따들이 있다.

꾸르-달스크구역 북부 이십일만 객다르 가량 되는 부분은 높이 놓이엿고 그리 높지 아닌 여러 산들(우란-릐챠간(100 메트르 넘지 아닌 높이), 달긴쓰크와 완단 등)로 되엿는데 마즈막 산의 엇던 데는 높이가 700 메트로까지 되는 데가 있고 또 석산이다.

고디의 서, 남 및 동남 부분은 좀 경사져서 거주하기엔 편디케 되엿고 북부는 협조한 석벽으로 되여 거주에 덕당치 못 하다.

〈긔후〉

꾸르-달긴쓰크 구역의 긔후는 온난하고 우량이 풍부하다(비가 만족히 온다). 봄은 따뜻하다. 그러나 매우 늦게 봄이 들어 마즈막 얼굼이 오월(양력) 초생까지 있다.

산협은 오월 초에나 따가 녹는다. 그럼으로 협면에서는 오월 십오일-이십칠 일경에나 입종할 수 있고 낮은 따에서는 오월 그믐에나 할 수 있으며 습디에서는 유월 초에도 혹시 언따를 볼 수 있다. 그런데 속히 녹는 사삭뎐과 재망울따들은 질따보다 일즉이 입종을 시작 할 수 있다. 비는 봄이면 녀름보다 매달에 오일이나 적게 온다. 마감눈은 사월(양력) 그믐에 오고 오월 초에 오는 때는 매우 드믈다. 녀름은 매우 덥은데 훃이 큰비와 안개가 함께 온다. 가을은 대부분 가믈고 일긔가 청랑하다. 이런 해에는 밀, 귀밀, 메밀등 고식이 매우 잘되며 늦은 녀름에나 초가을에 비오는 해에는 농작이 대개중이나 된다.

본 구역 낮은 부분에는 가을 첫 얼굼이 구월(양력) 이십 일경에나 오고, 협에는 좀 더 늦어 시월 초에나 온다. 그래서 별에서는 얼굼 없는 시긔의 날수가 132일이나 되고 협에서는 해마다(감지아녀) 147일로 160일까지 된다.

이 긔간의 온도는 옥수수, 쉬, 벼 긔타 온긔를 요구하는 곡식들의 성숙하기에 넉근하다. 그런데 토디가 잘 풀리기 전 몇 해에는 반듯이 일즉이 여므는 종자를 골라 심으는 것이 좋을 것이다. 겨을은 춥고 눈이 적게 온다. 첫 는은 시월(양력) 초생에 온다. 그러나 파리길은 동지달에라야 완전히 자리잡힌다. 꾸르강은 동지달 중순에나 얼고 아물은 더 늦어서 언다. 자늘한 내물들과 늪들은 깊은 웅덩 외에는 물 밑바닥까지 언다.

〈**하천**(강물과 내물)〉

꾸르-달긴쓰크 구역의 가장 큰물들은 아물(흑룡강)과 그의 지류들인 뚱구즈까강과 꾸르강이다. 뚱구즈까와꾸르는 이 구역 내에서는 류선이 단니는 강들이다. 그러나 꾸르강은 이완꼽칙촌 이상은 10~12낄로메트르까지는 목선으로도 장으로 짚으면서라야 올라갈 수 있으나 하류는 매우 순하게 흐른다. 이 구역 내에 있는 소천들은 완단산으로붙어 발원되는 것들인데 그들 중에는 꾸르강에 들어가는 완다, 가르마의 따등과 뚱구즈까강에 들어가는 까체깐을 지덕 할 수 있다. 이 구역 동부에는 흑룡강 지류들과 통한 달가호수에 흘러들어가는 대달가강이 흐른다. 대달가강은 물이 낳은 때에라도 적은 류선을 골루비츠노에 촌이 낳은 칠끼쓰크산 이상을 올라가지 못하며 물이 적은 때에는 다만 목선(촨)으로만 통행한다.

대달가강에는 왼쪽으로 붙어 울기, 파마꼬, 드세룸껜 및 긔타 여러 소폰들이 흘러들고 옳은 쪽으로는 두붑쓰까야, 보씨오이우차이 등 소철들이 흘러드는데 이 소천들은 물 적은 때에는 목서으로도 통행할 수 없으나 물이 뿔은 때면 통목선(구시배)과 골드식 소목선으로는 통행할 수 있다. 구역의 동부에 있는 까라찌, 다방다두호수로는 직겁 흑룡강과 교통하는데 다만 목선으로만 할 수 잇다.

인민이 주거하는 디방에서 물이 넉ㄱ하게 하자면 반듯이 움물을 파야 될 것이다. 디하수는 디면으로 뿜어 18~33메트르 깊이에 들어가 있으므로 본 구역은 물이 부족지 아닌 디방으로 이뎡할 수 있다. 그밖에 뚱구즈크와 꾸르등강을 끼고 앉은 촌들은 이 강물들을 사용할 수도 있다.

〈토질〉

구르-달긴쓰크구역의 토질은 북쪽-물 높은 부분은 질따와 질에 죄악돌이 섞이엇으며 남쪽-물 낮은 부분은 사토와 점토(진흙)로 되엿다. 달가, 까따르, 다반다, 또우디, 까따리 및 긔타호수역들은 사토와 연한 질로 된 따들인데 디면에는 참나무, 짜작나무, 황철 등 대목들과 깸나무, 싸리나무 등 관목들이 섯다. 겉으로 5~8싼찌메트르는 검은 흙이오 그 밑은 부이고 누른 사토나 진흙이다.

이 간조한 디면들은 감자, 유밀, 앵속(약담배)등이 잘 되며, 또 경작하기 매우 쉽다. 간조하고 습긔있는 따은 그 따에선 식물(초목)을 가지고 분간할 수 있나니: 간조한 따에는 참나무, 피나무, 깸나무, 싸리 등 속이 많이 서고; 습긔 있는 다에는 구름나무, 아물쓰끼, 아까씨야 등이 많이 섯다. 습긔가 갑아있는 토질은 검고 번들번들한 왕모래로나 혹은 물나깨와 보인재로 되엿는데 이런 따가 전 구역 디면의 6%를 덤령하엿다.

가장 낮은 곧들에는 흙이 25~30싼찌메트르 두텁이 되는 사토층이 있고 그 밑은 누르므레한 모래가 있다. 그리고 토질이 부드럽어(예리어) 바람에 잘 불린다. 이 디면에는 좋은 새발들이 있다(15%).

또 썩 낮은 곧들은 덤토 혹은 니탄질로 된 디층이 깔리엇다. 디층의 표면은 초록의 뿌리를 파채 썩지 아닌 풀들의 질그럭이가 섞여있다. 이런 디면들은 꼬츠까와 잡풀이 선습을로 되엿는데 이런 따들이 논하기에는 덕당치 못하니 얼마 두텁지 아닌 즐흙 밑에는 물이 새는 모래가 까리인 까닭이다.

물 낮은 곧에 있는 긔타 모든 디면은 사토와 니토로 된 디층이 덮이엇고 웅덩진 데는 니탄질-습을로 되엿다. 덤토층에는 초목의 쁘리가 얽힌 검고 부잇부잇한 색이 나는 6~8싼찌메트르의 두텁이 되는 흙이 쌓이엇다. 그 밑은 여름비 오는 때에 몹시 팽창(퍼지엇다는 말)되엿고 빗물이 세지 아니하는 진흑이 깔리엇다. 이것으로 인하여 비 오는 때면 디면이 습디로 변하여 개간에 장애가 된다. 이런 디면에는 락엽송(이깔), 볼나무들이 섯고 드므드믄 짜작이와 황철들이 섯다. 이런 토질을 가진 디면이 6%가량이나 되는데 목축에 사용되며 삼림을 작벌한 뒤에는 새밭으로 사용할 수 있다. 그리고 물을 빼는데 힘쓰면 아따들을 콩, 담바, 외 등을 심으는 데도 쓸 수도 있다.

덤토(질따)층은 두텁이가 15~18싼찌메트르나 되는 검고 부드럽은 흙이 쌓이엇고 그 밑은 덩이지는 부이고 누른 진흙이 있다. 이런 따에는 볼나무들 사이에 무덕버들과 무성한 풀이 덮이엇다. 이런 따들은 찌폰따엽쓰크촌으로붙어 북쪽과 깔리높까촌으로붙어 동북쪽에서 볼 수 있는데 서리르한 뒤에는 경작디로 쓰던지 그래로 새밭으로 쓸 수 있다(2%).

그런데 강물덜 사이에는 낮은 따들의 적지 아닌 부분은 잡초와 선태(이끼)가 덮인 습디로 되엿다(8%). 까체깐, 달기 및 긔타 강변에 있는 이런 따들의 일부분은 논을 만들 수 있다. 이따들의 겉면은 채 썩지 안닌 식물의 낡어지가 섞이어있는 디층으로 되엿다. 20~30싼찌메트르 아래는 질흙이 깔리엇다. 습디의 긔타 부분은 걸음 있는 층이 매우 엷으며 혹 아주 없는 데도 있다. 이런 따들은 지금 모양대로는 농사에 덕당치 못하고 장차 말릐어야 할 것이다.

본 구역 내에서 이십일만 곅따르를 덤령한 고디들과 또는 아리, 드셀멘 등 산곡댁이와 칠까와 찌폰띠엽쓰크 등 높은 곧에 높인 따들은 척박하여 농업에 사용되지 못 할 것인데 그런 것이 높이 놓인 구역디면 전테의 6%를 덤령하엿다.

험조한 산벼랑을 지나서는 두텁이가 10~15싼찌메트르 가량 되는 덤토-사륙층(질흙에 죄악돌이 섞인)돌이 많이 섞이엇다. 표면에는 참나무, 치나무, 짜작나무 속에 각종 잠초가 덮이엇는데 마소장으로 사용할 수 있다(10%가량). 종평ㄱ(평)한 협은 깊이는 20~40싼찌메트르가 되며 혹은 그 이상 되는 데도 있다. 검고 부들업은 걸음 있는 층은 6~10싼찌메트르가 된다.

이런 따이 디면의 큰 부분(40%)을 덤령하엿는데 참나무, 봄나무, 짜작이, 피나무, 이깔 등 잦목들을 작벌한 뒤에는 경작디로 슬 수 있는데 드믄드믄 도랑을 츠어 샘물을 빼어야 될 것이다. 높이 놓인 따에서는 이런 따들이 경작과 거주에 자장 편리한 것이다. 여부락 다음에 경사지고 좀 낮은 부분들은 통상 습긔가 있고 토질은 덤토와 니토로 되엿으나 물새는 덤토가 적다. 검은색 나는 겉흙은 두텁이가 10~15싼찌메트르가 되고 초목의 뿌리가 얽이엇다. 삼림은 볼나무, 이깔, 참나무, 황철 등으로 되엿는데 이깔이 대부분이고 풀은 노루자리 썩ㄱ(썩)이가 덮이엇다. 이 디면(거이5%)들은 마소장으로나 혹은 서리한 후에 새밭으로 쓸 수 있으며 새물들은 외와낸 뒤에는 경작디도 될 수 있다.

소천(적은강)들과 골물역들은 습디가 대부분인데(2%가량) 꼬츠까로 생긴 둔덕들과 즌펄들로 되엿다. 소천들역에 있는 따들(레커네 까체깐, 완단등 물가에 놓인 것)은 새밭으로 쓸 수 있으며 골물가에 있는 것들은 혹 크지 아닌 논으로나 물을 뺀 뒤에는 새밭으로 쓸 수 있다.

〈식물(초목)〉

본 구역의 남부에는 때ㄱ(때)로 물이 드는 디대에 가장 좋은 새밭이 되는 초평이 있다. 꾸르강 류역과 뚱구즈까, 아물 등 강가에 있는 참나무, 황철 또는 느릅, 들미 등 나무들이 선 삼림은 그리 넓지 아닌 것이므로 본 디방에서 화목에나 사용하기에 뎍당하다. 강역에 좀 못 밎어서는 머구너울이 백ㄹ(백)이 얽히엇다. 물이 들지 아니하는 낮은 디대에는 드믄ㄹㄹ(드믄)선이 깔나무 사이에 이끼와 잡초가 덮인 습디(물즌펄)가 많다. 이 습디들에는 대복분자가 매우 많고 순전히 니끼 풀로 된 습디에는 매실(야고드)이 많다. 여러 습디들 사이에는 이깔과 볼나무가 배백이 들어선 삼림들이 있는데 화목으로 소용하기 매우 좋다. 풀밭은 중키나 되는 노주자리와 잡초가 매우 백백이 섯다. 물역에 있는 새밭들이 물에 밀리는 해에는 이 산림들에서 볼나무들을 작벌하면 새밭으로 쓸 수 있다.

좀 높이 놓인 곧에는 대부분이 삼림이오. 즌펄과 초평은 다만 강가들에서만 볼 수 있다. 열리고 간조한데는 별로 없고 삼림을 작벌하지 아니면 아니되게 되엿다. 산협 높은 부분에는 참나무가 많이 섯고 곧 갑은 산협들에는 단풍, 피나무, 짜작나무가 들어선 가운데 멀구와 다래녀울이 얽히엇다. 곧갑은 여우락들에는 참나무, 짜작이, 볼나무, 이깔 등 나무가 혼잡하엿는데 더 곧 갑은 곧에는 이깔이 가장 많다. 이 삼림들은 본디방의 피료에 사용할 수 있으며 특히 험조한 산협에 있어 농업상소용에 뎍당치 아닌 삼림들은 화목으로 쓸 수 있다.

적은 내물가들은 초평과 습디로 고엿다. 되우있는 물역들에 놓인 초평들은 습하고 꼬츠까가 섞이어 뚱구즈까와 긔타 강역들에 있는 총평들보다 좋지 못하다.

〈소용에 의한 토디의 구별〉

꾸르-달긴쓰크 구역의 총면적은 삼심육만 겍따르가 되는데 그중에 사용에 편리한 토디가 64%, 즉 이십삼만 겍따르나 되고 사용에 불편한 토디가 36%나 된다.

　사용에 편리한 땅은 다음과 같이 분별할 수 있나니: 전 디면의 85%는 삼림이 덮이엇고 15%는 초평으로 되엿다. 터면과 농장에 쓸 만한 땅은 많지 못하다. 낮고 열리엇고 개간과 간조에 뎍당한 자리는 본 구역 내에 없다.

　사용에 편리한 따전톄로 붙어는 적벌과 개간은 한 후에 농사에 쓸 만따가 87%나 되고 긔타는 농업사용에 뎍당치 못한 데 그중에서 36%는 서리를 한 뒤에 개갠에 쓸 수 있고 11%는 새밭으로 쓸 수 있고 43%는 현시에는 목장(마소장)으로 밖에는 쓸 수 없으나 앞으로 적벌하고 물을 빼게 되면 개간도활 수 있고 10%는 순전히 삼림인데 마소장으로나 혹은 디방나무밭으로 사용할 수 있다.

　구역 총면적의 36%되는 사용에 편리치 못한 토디는 32%는 물, 길, 돌밭, 즌펄 등으로 점령되엿는데 습디(즌펄)를 농업에 사용케 만들려면 그것을 말리우는데 많은 로력과 자본을 요구한다.

　각 디대마다 편리하고 불편리한 땅들은 다음과 같이 분별되엿나니; 높이 놓인 산디는 전면적의 73%가 편리한 땅이오 27%가 불편리한 땅이며 낮은 곧은 편리한 땅이 51%나되고 불편리한 땅이 49%가된다.

　본 구역의 높은 부분은 수목이 매우 많아서 삼림이 덮인 땅이 전면적의 68%나되고 편리한 땅의 5%가초평으로 되엿다.

　본 구역의 낮은 부분은 삼림이 적어 전면적의 36%나 되며 15%는 초평으로 되엿고 긔타 부분은 편리치 못한 땅인데 그중에서 42%는 습디고 7%는 물이다.

　강역들에 놓인 낮은 땅들은 물에 장김으로 다만 본구역주민의 보조 덕 초평으로나 사용될 수 있고 낮은 땅의 긔타 부분은 매우 습하며 말리우지 않고서는 농업에 사용할 수 없다. 그러나 본 구역 내 낮은 땅들에는 토질이 논 말들기에 뎍당한 곧도 있다.

　이런 땅들은 까체간과 소달가 등 강역들에 크지 아닌디면으로 여러 곧에 널리어있다.

〈주민〉

본 구역에 인민이 거주하는 디방은 열 곧인데 골드의 초막들과 중국 사람들의 농평으로 되엿고 인구는 칠백이십사 명이다. 아래 긔록하는 일람표를 보면 1917으로붙어 1928년 어간에 인구가 줄어들엇다. 인구가 줄어든 원인은 수재로 인하여 농민들이 떠나는 데와 또는 대테로 꾸르-달쓰크구역에서의 곤란한 생황됴건(작벌과 개간의 곤란, 교통 불편 및 긔타)에 있다. 매호 인구의 평균수는 바라롭쓰크현 젠테로는 5.7인식 돌아가는데 꾸르-달긴 구역에는 4.7인식된다. 매호에 일ㅅ군은 자란이로 평균2.6인식 이오. 식구에 비한 파센트수로는 55.3%가 된다. 일ㅅ군의 파쎈트수는 비교뎍 높다. 이에 의하여 꾸르-달긴

촌일음	총호수	경작디없는집	한겍따르이내가되는집	1~2겍따르가되는집	2~3겍따르가되는집	일군있는집	말한필있는집	말두필있는집	말세필있는집	암소없는집	ㄱ(암소)한필있는집	ㄱ(암소)두필있는집	ㄱ(암소)세필있는집
고루비츠노예	10	1	9	-	-	2	8	-	-	6	4	-	-
까리놉까	34	2	14	13	5	6	26	2	-	9	19	6	-
노보-까멘까	11	-	4	6	1	1	5	5	-	1	1	5	4
이와놉최	15	5	10	-	-	4	7	3	1	5	7	3	-
크라쓰노꾸롭까	13	5	5	3	-	5	8	-	-	2	4	-	-
노보-꾸릅까	28	2	20	6	-	5	19	4	-	5	14	8	-
쁘레오보라센까	3	-	3	-	-	6	8	3	2	8	8	2	1
알항게롭까	19	11	7	-	1	1	1	1	-	-	2	1	-
총계	133	26	72	28	7	30	8.2	18	3	36	66	25	6
파센트수	10%	19.5	54.1	2125	3.22	6.61	7.13	52.2	77	42	61.8	8	4.5

쓰크구역에서 식구많고 벌사람이 적은 집들은 생활됴건이 더욱 곤란하엿던 것을 단언할 수 있다.

꾸르-달긴쓰크구역의 촌락들과 인구에 대한 각 년 통계는 위의 일람표로 보일 수 있다.

주민이 가지고 있는 경작디, 부리는 마소 및 암소:

일람표와 같이 주민이 가지고 있는 경작디, 부리는 마소, 암소 등이 아직 매우 부족한 즉 이것이 농업이 발전되지 못한 것을 증명하는 것이다.

〈교통〉

하바릅쓰크시와 텰도가갓갑은 짐작하고는 이 구역의 교통이 아직도 불편한 처디에 있다. 통행의 불편은 특히 녀름 동안에 뚱구즈까와 꾸등강에 륜선이 때때로 단니지 아니하는 까닭에 더욱 심하고 가을을 당하여는 십일월(양력)과 봄 사월 경에 얼음성이 나릴 때에는 구역이 아주 세상과 관계 긇어진다. 구역 안에는 뚱구스까로 이완꼽칙까지 50리(로씨야리수) 되는길과 뚱구쓰까로달가까지 33리 되는 길을 통하엿는데 이 두 길은 다만 구역 내 통로로만 되는 것이니 뚱구즈까강으로써 경제중심디와 의련락을 끊어놓은 까닭이다. 노브-까멘까촌을 고루비츠나야촌과 련락 시기는 길은 너름물진 때면 노브-까멘까와 까리놉쓰까촌 사이가 물에 잠기어 그 길로의 통행을 괴롭게 한다. 달가강 저쪽 길을 늘이기 위하여 1912년에 측량을 하고 팔리나 되게 서리를 하고 사리가량은 토역까지 한 일이 있엇다. 알항게릅까촌은 모 든 길과 아주 떨어져 있고, 다만 뚱구쓰까강으루 나가는 데 밖에 없다. 그럼으로 녀름에는 다만 강으로 밖에 통행할 수 없다. 1928년에 이완꼽칙와 까멘까-까리놀까-고루비츠노예촌들을 련락하는 낡은 길을 수선하고 다리들을 다시 놓앗다.

꾸르-긴쓰크 구역으로 붙어 남쪽은 우쑤리텰도가 통하엿다. 본 구역 서쪽부분에서 갓갑은 명거장은 가장 갓갑은 알항게롭까촌에 붙어 15~20끼로메뜨르 밖에 있는 볼로차엡까며 본구역 동쪽 부분에서는 뽀끄롭까명거당과 니꼬라엡쓰끼의 길갈음이 갓갑은데 노보-까멘까촌에서 뽀끄롭까는 15~20낄로메뜨르가 되고 니꼴라예쓰끼이는 팔 낄로메뜨르가 된다.

그런데 털도가 강건네 있기 때문에 교통상 편리는 크지 못하다. 대테로 말하면 본 구역의 교통은 아직 불완전하다. 그럼으로 반듯이 류선의 정긔덕 래왕을 완전히 작명하며 털도와의 련락은 뚱구쓰까강에 부교(배로 놓은 다리)를 설치하여써 취하며 구역 내에 길을 더 늘이어야 할 것이다.

〈매매시장〉

꾸르-달긴쓰크 구역의 데일 큰 판매시장은 하바롭쓰크시가 되며, 행정 및 문화경제의 중심디는 데일 갓갑은 노보까멘까촌에서 20리가 되며, 데일먼 이완꼽쯰촌에서는 녀름이면 강으로 250리, 겨울이면 150리 되는 곧에 있다. 판매장으로는 구역을 동; 서 두 부분에 난홍 수 있다. 동부 주민의 판매품은 새(마초), 화목, 꿀, 산양에서 나는 물건 등인데 산양소출은 전혀 산양이 근본 직업이 되는 골루비츠노예촌에서 나오다. 이 생산물의 판매는 파리길이 열린 뒤에 라야 실행된다. 우유, 고기 등 목축산물은 노보-까멘까촌에서 사리밖에 있는 니꼬라엡까 촌에 와서 판매한다. 그 곧에는 널켜는 공장과 벽돌제조소가 있는 까닭이다.

동부주민들은 주로 꿀, 가축, 산양산물 등을 파는데 그것들은 보통 자구역 내에서 팔게 된다. 이완꼽칙촌에 있는 토인수공조합지뎜이 수달피와 긔타 산물을 무역하며 뚱구쓰크 소비조합 노보-꾸롭까지뎜도 역시 이런 일을 하는 까닭이다. 그리고 이 조합지뎜들이 수달피외 긔타 산물을 무역하며 뚱구쓰크 소비조합 노보-꾸롭까지뎜도 역

곡식일음	유밀	채밀	귀밀	모밀	옥수수	콩	감자	단바	삼	나무새
파센트	23	20.05	12.91	5.90	4.45	1.66	20.81	0.01	0.29	9.16

시 이런 일을 하는 까닭이다. 그리고 이 조합지뎜들이 산양용품과 량식들을 공급한다. 대테로 판매는 매우 적은 수량으로 되는데 산양 산물 외에 다른 산물들은 우연이 된다고 말할 수 있다.

꾸르-달긴쓰크 구역에 농업은 토디개간의 곤난한 됴건과 또는 생산업(산양긔타)이 겸하여있음과 긔타 여러 가지관계로 인하여 발달이 매우 미약하다. 본 구역의 농업은 경작, 목축 및 양봉 등 세 가지 종류로 난홀 수 있다. 이상 세 종류 중에서 경작업이 주업이 된다. 전구역 내의 경작디 면적이 202.26젝따르(대개(??)테쌰찐)되는데 이 디면에는 다음과 같은 곡물들이 위 표와 같은 파센트로 경작된다.

심으는 곡물들은 다 본디 방통종이고 품질이 낮은 것들이니 례컨대 채밀이 황달병과 마듸좀먹는 것을 이기지 못하는 것 같은 것이다. 그래서 근래에는 채밀을 별로 심으지들 아니다. 이 형편은 통종을 품질이 좋은 종자들, 례컨대 채밀은 "쓰두루벨", 귀미른 "조로또이도스디"나 혹은 "뽀베다"같은 종자들은 심으는 방법으로써 곤칠 수 있다. 그리고 지금 고려 사람들이 심으는 아시아 곡물들에 대하여는 이 구역 내에서는 지금 하는 것보다 다름 경험이 없으나 그러나 긔후와 토질로는 리런 곡물이 될 수 있다. 동부에 거주하는 농민들의 말에 의하면 콩이 성숙되고 못되는데 대한 의심 없지 아니하다. 그러나 이것은 실디 경험을 요구하는 것인데 서부에는 콩이 잘 성숙된다. 례컨대 노보꾸릅까촌에서 1925년붙어 콩을 심으는데 농민들이 성숙긔가 부족하다는 말을 하지 아니한다. 대테로 꾸르-달긴쓰크 구역의 긔후풍토가 농작을 할만한 가능이 충분한데 이것을 하기 위하여는 큰 재정과 로력을 들이어야 될 것이다.

〈경작긔술〉

현시까지의 경작하는 긔술은 아주 원시덕이다(낮다). 씨갓을 넣기 전에 하는 일은 갈고 걸기 놓은 것뿐이다. 그러고 만일 밭에 걸음을 낸다하더라도 밭을 갈림시에 내기 때문에 그것이 고르 펴지ㄹ(지)아니한다. 밭은 외부불이 보섶으로 깊이가 8~14싼찌메트르되게, 평균으로 10싼찌메트르 되게 간다. 추경은 매우 드믈게 한다. 보섶은 "싹가"식이 다수인데 그것이 튼ㄹ(튼)하기 때문에 생디를 뜨는 데는 뎨일 좋은 것이라 한다. 그리고 "재나" 시가락이도 혹시 있다. 밭을 갈 때에 말은 한 쌍을 메운다. 밭 가는 시긔는 사월 이십일께로붙어 유월 초생(양력)까지 된다.

〈밭갈이철〉

걸기는 심으는 곡실 종류에 딸 놓는다. 채밀, 유밀, 귀밀, 메밀 등 알곡을 심은 데는 심은 뒤에 2~4돌개를 놓고 긔타 농작물을 심으거나 옴기는 데는 씨갓을 심으기 전에 놓는다. 걸기들은 나무테에 쇠살 박은 것으로 쓰며 순전히 나무로 만든 것도 흖다. 전구역 내에서

촌이름	봄철	가을철	비고
고루비츠노예	4월15일로5월15일까지	-	
까리놉까	4월20일로5월25일까지	10월	
노쁘-까멘까	4월25일로5월25일까지	9월,10월	모밀을 6월에
이완꼽치	5월1일로6월1일까지	-	모밀은 7월초에
그라쓰노꾸릅까	1월30일로5월15일까지	-	
노보꾸릅까	5월1일로6월1일까지	10월	
알항게롭까	5월1일로5월20일까지	-	
평균으로	4월28일로5월23알꺼지	9,10월	
철로는	4월20일로6월1일까지	-	

쇠걸기는 다만 노보꾸릅까촌 농민상조회에서 한 채를 볼 수 있는데 농민들에게 헐한 값으로 세를 준다.

곡식 씨는 보톤 손으로 심은다.

옥수ㄱ(수)와 콩은 호미로써 볽을 만들고 박으며, 감자는 이랑을 잡아 삽(쇠가래)으로 심은다. 종자를 심으기 전에 세정하며 골으는 일은 아주하지 아니며 농민대다수는 이에 대하여 알지도 못한다.

주요한 곡물의 심으는 긔한(일람표를 보라)

심으는방법	손으로쁘리는데			손으로박는데			씨뿌리는긔게로		
곡식일름	중으로	가장 적게	가장 많이	중으로	가장 적게	가장 많이	중으로	가장 적게	가장 많이
봄유밀	1.19	0.90	1.50	-	-	-	-	-	-
귀밀	1.12	09.0	1.80	-	-	-	-	-	-
채밀	1.50	13.5	1.65	-	-	-	1.27	1.20	1.35
모밀	0.90	0.52	1.20	-	-	-	-	-	-
옥수수	0.84	0.32	0.38	0.19	0.11	0.38	-	-	-
감자	-	-	-	4.62	4.50	12.00	-	-	-
콩	-	-	-	0.34	0.30	0.38	-	-	-

곡물이름	봄유밀			채밀			귀밀			모밀		
	시기			시기			시기			시기		
촌이름	제때	일은	늦은	제때	일은	늦은	제때	일은	늦은	제때	일은	늦은
고루비츠노예	10/V	5/V	15/V	-	-	-	1/Ⅵ	-	-	10/Ⅶ	-	-
까리놉까	1/V	27/Ⅵ	25/V	1/V	27/Ⅵ	20/V	1/V	27/Ⅵ	25/V	6/Ⅶ	1/Ⅶ	15/Ⅶ
노뽀-까멘까	15/V	5/V	25/V	-	-	-	15/V	1/V	20/V	5/Ⅶ	1/Ⅶ	15/Ⅶ
이완꼽츼	31/V	18/V	25/V	-	-	-	28/V	28/V	3/Ⅵ	3/Ⅶ	30/Ⅵ	18/Ⅶ
그라쓰노꾸릅까	10/V	1/V	15/V	-	-	-	15/V	7/V	25/V	1/Ⅶ	20/Ⅵ	18/Ⅶ
노보꾸릅까	8/V	1/V	15/V	-	-	-	25/V	10/V	10/V	27/Ⅵ	25/Ⅵ	30/Ⅵ
알항게롭까	15/V	0/V	20/V	-	-	-	15/Ⅵ	10/V	30/Ⅵ	23/Ⅵ	20/Ⅵ	25/Ⅵ
중으로	11/V	27/Ⅵ	25/V	1/V	27/Ⅵ	20/V	27/V	27/Ⅵ	20/Ⅵ	1/Ⅶ	20/Ⅵ	15/Ⅶ

| 곡물이름 | 감자 | | | 옥수수 | | | 콩 | | | 나무새 | | | 봄밭갈이철 | |
| 촌이름 | 시기 | | | 시기 | | | 시기 | | | 시기 | | | | |
	제때	일은	늦은	제때	일은	늦은	제때	일은	늦은	제때	일은	늦은	붙어	까지
고루비츠노예	25/V	15/V	5/VI	-	-	-	-	-	-	-	-	-	1/V	10/VII
까리놉까	25/V	15/V	1/VI	25/V	15/V	11/V	-	-	-	25/V	15/V	1/VI	27/IV	1/VI
노뽀-까멘까	25/V	20/V	15/VI	-	-	-	-	-	-	-	-	-	25/IV	1/VI
이완꼽최	18/V	25/V	3/VI	26/V	23/V	28/V	-	-	-	-	-	-	18/V	21/VI
그라쓰노꾸릅까	15/VI	1/V	25/VI	20/V	15/V	25/V	-	-	-	-	-	-	1/V	25/VI
노보꾸릅까	30/V	10/V	15/VI	15/V	10/V	20/V	3/V	11/IV	5/VI	-	-	-	1/V	15/VI
알항게롭까	30/V	15/V	25/V	20/V	15/V	25/V	-	-	-	-	-	-	3/V	10/VI
중으로	30/V	10/V	25/V	21/V	10/V	1/VI	3/V	11/IV	5/VI	5/V	15/V	1/VI	2/V	8/VII

심으는 긔한은 일람표에 보인 것과 같이 사월 이십오일로붙어 유월 이십오일까지의 어간에 되는데 여긔에 모밀은 들지아니 하나니 그것은 칠월에 심으는 까닭이다.

씨갓 넣는 분량은 한격따르에 첸트레트 위 표와 같이 든다;

〈각종곡물의 심으는 차례〉

고루비츠노예: 유밀, 귀밀, 감자

까리놉까: 채밀, 유밀, 귀밀, 감자, 옥수수, 나무새

노보-까멘까: 유밀, 귀밀, 감자, 나무새, 모밀

이완곱최: 유밀, 귀밀, 옥수수, 감자, 모밀

노보꾸릅까: 유밀, 옥수수, 콩, 감자, 귀밀, 모밀

크라쓰노꾸릅까: 유밀, 귀밀, 옥수수, 감자, 모밀

일항게릅까: 유밀, 감자, 옥수수, 콩 나무새, 메밀

모든 곡식들을 심은 뒤에는 추수할 때까지 마오 것도 아니하고 만일 장초가 성하면 한 돌개 믈을 뽑는다. 뿌리에 결실하는 곡물은 두 벌을 매는데 검은 호미로 매며 두 벌 맬 때에는 뿌리르르 묻는다. 곡

곡식이름	유밀		채밀		귀밀		모밀		감자		옥수수		콩	
때 / 촌이름	일은	늦은	일은	늦은	일은	늦은	일은	늦은	일은	늦은	일은	늦은	일은	늦은
고루비츠노예					25	3	20	303	1	10				
					VII	IX	IX	IX	X	X				
까리놉까	3	25	3	25	1	38	15	1	10	1	25	1		
	VIII	VIII	VIII	VIII	VIII	VIII	IX	IX	IX	IX	IX	X		
노뽀-까멘까	1	29					20	30	15	5				
	VIII	VIII					IX	IX	IX	IX				
이완꼽치	25	5			20	1	15	25	15	5	20	10		
	VIII	VIII			VIII	IX	IX	IX	IX	IX	IX	X		
그라쓰노꾸릅까	3	15			15	30	15	30	15	10	8	20		
	VIII	VIII			VIII	VIII	IX	IX	IX	IX	IX	IX		
노보꾸릅까	1	15			5	15	20	1	20	15	10	15		
	VIII	VIII			VIII	IX	IX	IX	IX	IX	IX	X	X	X
알항게롭까	5	15			8	5	20	30	25	5	15	10	8	20
	VIII	VIII			VIII	IX	IX	IX	IX	IX	IX	X	X	X
중으론	6	21	3	25	21	3	18	30	19	7	16	11	8	20
	VIII	VIII	VIII	VIII	VIII	IX	IX	IX	IX	IX	IX	IX	X	X

식추수는 보톤 새낫과 썰쁘(손낫)로 하며 감자는 삽으로 캔다. 추수하는 시긔는 위 일람표와 같다.

〈곡물과 새밭의 소출(소출이 얼마나 나는 것)〉

본 구역에서 곡물과 새가 한 겍따르에서 평균 첸트네르로 다음 같이 난다:

우에 보인 일람표를 보면 뎨일 많은 소출은 감자, 옥수ㄱ(수) 및 콩이 준다. 이 곡물들의 판매는 바하롭쓰크 같은 큰 도시가 멀지않게

곡물일름	소출량			십년간소출의 평균량
	잘못된때	중으로된때	잘된때	
봄유밀	4.28	6.86	8.04	6.97
귀밀	4.12	71.12	10.87	7.40
뫼밭감자	52.47	74.96	101.20	77.87
터밭감자	81.40	115.66	171.35	122.38
모밀	4.06	7.50	11.68	6.91
채밀	3.75	7.50	13.49	7.94
옥수수	10.99	16.00	23.50	17.24
콩	10.50	14.99	22.49	14.99
물역새	20.88	33.19	50.33	36.10
벌판새	14.62	20.61	31.86	23.98

있음으로 아모 념려가 없으며 만일 교통만 잘 설치하면 이상곡물의 발전을 더욱 방조할 수 있다.

〈농업에 방해자들〉

꾸르-달긴쓰크 구역 농업의 방해자들은 두 종류에 난홀 수 있나니 한 종류는 경작에 대한 것이오. 다른 한 종류는 목축에 대한 것이다.

첫 종류의 방해자들에 대하여는 아직 도모지 연구되지 못 하엿다. 방해자들 중에 데일 중대한 것은 때가 크지 아닌 곡식밭 특히 채밀과 보리 같은 것은 전부를 없이는 뫼쥐들과 산새들이다. 촌주위에 삼림디대가 있음으로 이 방해자들은 번식하기에 매우 뎍당한 형편을 가지엇다. 그러므로 그들과의 투쟁은 매우 곤난하다. 주민들은 아모 투쟁방법도 취하지 아니한다. 동물로 된 방해들 외에 초본류의 곡식, 특히 채밀에는 버슷돋는 병이 생긴다. 가장 넓이 퍼지는 병은 감부이, 황달병, 취곡병(무는병) 등이다. 이 병들이 퍼지는 원인은 이에 대한 뎍당한 긔후가 된다(덥고 습긔 있는 녀름긔후).

둘재 종류의 방해자들은 "그누쓰"라고 총칭하는 곤충류(벌기)들인데 이것이 목축업에는 챗쭉이라고 말할 수 있다.

〈목축업과 부리는 마소〉

본 구역 세어 목축업은 경작과 생산업의 부업이 된다. 가축은 부엌에와 고기와 젖을 쓰기위하여 양한다. 목축에 대한 됴건은 덜당하다고 말할 수 없는 것은 다음과 같은 여러 가지 원인때문이다. 우에 말한바와 같이 "그누쓰"가 목축의 챗쭉이 되며 좋은 새밭들이 없고 혹시 강가에 좀 있다 하여도 해마다 물에 잠기며 새는 품질이 낮으며 좋은 마소장이 없다. 그러나 다소간 목축할 가능도 있기는 한데 만일 이것을 하자면 마소 먹일 풀을 심으며 마소를 건우며 간호하는 방법을 개량하는 등으로써 좋은 됴건을 만들어야 할 것이다.

지금 있는 묵축 긔술은 가장 원시뎍(미개한)이다. 봄이 당하면 마소를 자유로 놓아먹이는 사람이 없이 저절로 먹는다. 놓아먹이는 철은 165일, 오월 오일로 붙어 십월 십오일까지 된다. 그누쓰가 많아 여지는 것은 본 구역의 습디와 삼림이 많은 것이 원인이 된다. 먹새풀이 품질이 낮은 중에도 그누쓰가 마소들을 먹게 못한다. 일뎡한 규측과 같이 아츰 여듧 시나 아홉 시되여 집말루 돌아가게 만든다. 마소장은 습디나 혹은 삼림이 된다. 겨울에는 마소를 칩은 허청, 훓이는 지붕도 없는데 둔다. 유일한 먹새라고는 마르새 뿐이다. 부리는 말들은 부역할 때(나무실이 하는 때)에라야 여물을 먹이는데 평균 한 머리에 4.03체트네르나 되게 겉곡을 주는데 그중에 귀밀이 3.98체트레르가 된다.

암소들은 감자, 호박 등으로 만든 물죽을 여물로 먹인다. 세워두고 먹이는 철이 가을과 봄에 먹이는 것까지 합하여 200날이나 된다(시월 십오일로붙어 오월 오일까지).

세워두고 먹이는 철에 드는 새가 말한 필에는 25.39첸트네르, 소한 머리에는 20.95첸트네르가 요구된다.

새치는 철은 비가 자루 오기 때문에 매우 길어 보통 칠월 이일로붙어 구월 오일까지 된다.

전구역 내에 마소 총수는 말이 210필인데 그중에 불이는 말이 147필이오. 굵은 뿔 가진 짐승이 276머린데 그중에 암소가 148머리오. 염소 한 머리, 도야지 204머리가 된다.

부리는 데는 다만 말만 쓴다. 본 디방 농민의 말들에는 똠쓰크말과 섞인 종자들이 덜어있다. 주민들은 본 디방 토산을 좋아한다. 그것은 토산말들이 튼ㄱ(튼)하고 디방 긔후에 응화된 까닭이다.

야로쓰랍쓰크 종자마소들이 퍼지게 된 것은 어니 때에 야로쓰랍쓰크 종자마소들을 두엇던 녜스넙쓰크 시험장 때문이다. 간호와 걷우기에 더 힘들고 새끼를 낄이는데 잘 유전치 못 하는 야로쓰랍쓰크 종자 마소들이 본 구역에는 썩 덕당치는 못하다. 품질개량을 위하여는 젖 잘나고, 고기 좋고, 부역 좋은 씸멘딸쓰크 종자를 소개할 수 있다.

도야지는 자긔 소용을 위하여 양한다. 종자개량에 대한 주민의 요구에 의하면 본 구역에는 이을크실쓰크(흰 영국종자)종자가 덕당하다. 뽀씨예트 구역 고려주민(장차 이 구역에 이주할)들의 실험은 이를 크실쓰크 종자가 비교덕 훓이 번식되는 것을 증명한다.

〈채미짖이와 양봉〉

채마짖이는 아무 발달되지 못 하엿고 그것은 가용을 위하여만 하는 성질을 가지엇다. 채마로는 다두배채, 물의, 일 년감(보미도르) 수박, 감자 등을 심은다.

삼림디가 극히 많은 그것이 양봉하기에 매우 좋은 형편을 준다. 꿀 가진 초목들 중에 가장 중요한 것들은 피나무, 개버들, 여러 가지 산물들과 잡목의 꼬리들이다. 최근에 와서 양봉업이 발달되는 것이 보이는 것은 다음의 일람표에서 알 수 있다.

촌 이름	양봉하는호수		꿀통수	
	1923년	1928년	1923년	1928년
고루비츠노예	1	9	7	105
까리놉까	2	9	7	126
노보-까멘까	1	-	7	-
이완꼽치	7	9	67	130
그라쓰노꾸릅까	8	8	45	64
노보꾸릅까	15	11	104	140
알항게롭까	-	2	-	25
쁘레오부라센까	5	1	24	40
합계	39	49	261	630

본 구역의 양봉업이 아직 어리메 불구하고 구역 내에 통목꿀통은 한아도 없다. 다ㄱ(다)나 쁘마따 상자식으로 만든 것이나 혹은 그와 근사한 것들이다. 이것이 합리뎍 양봉업에 대한 전제가 되는 것이다.

꿀을 가장 많이 내는 시긔는 검열하는 꿀통이 없기 때문에 확뎡키 어렵으나 이 시긔를 피나무 꽃이 피는 때, 즉 유월 말과 칠월 초로 짐작활 수 있다.

꿀의 중등 소출은 한 통에서 0.25체트네르가 된다. 벌을 내는 때는 사월 전반삭(사일 십일로 심오일어간)이며 벌을 과동시기기 위하여 통에 넣는 때는 시월 말 십일월 초(시월 이십삼일로 십일월 십일까지)이다. 이상의 긔록에 의하면 양봉에 뎍당한 것을 단언할 수 있다.

〈생산업〉

생산업이 꾸르-달긴쓰크 구역 주민의 주업이 된다. 생산업들 중에서 팀업(목재채벌), 산양 및 어업이 가장 주요한 것들이다.

본 구역에 지금 있는 생산업들은 물론 림시뎍 성질을 가지엇나니 어업은 매인구에 25개 표준을 실시하메 따라 자긔의 생산 업뎍의 의

촌이름	총호수	생산업호수	주요생산업과 그 수입액								총수입액	매호평균수입
			어업호수	수입액	산양호수	수입액	목재업호수	수입액	기타업호수	수입액		
이완꿉최	15	15	1	404	-	-	9	2365.5	5	498	3266.5	251.2
크라쓰노꾸릅까	13	13	6	339	1	150	9	2153.36	3	1067.4	3709.36	309.11
노보꾸릅까	28	26	24	2100	7	665	8	873	14	2802	6440	247.7
알항게릅까	19	19	3	141	1	30	8	3097.46	5	354	3622.46	190.7
노보까던까	11	11	10	482	-	-	13	-	8	2313	2795	279.5
까리놉까	34	18	15	498	-	-	-	-	3	55	548	31.0
꼬루비츠노예	10	9	1	100	7	950	-	-	2	281	1331	166.4
르레오브라센까	3	2	2	122	-	-	-	-	-	-	122	61.0
후도르,제르,노예보테	8	6	2	123	-	-	-	-	4	163	286	47.7
달가(고려촌)	20	14	-	-	-	-	4	1380	-	-	1380	98.6
합계	161	133	74	4304	16	1795	52	9888.32	44	7533.4	25300.72	204.4

를 잃어바린다. 목재업과 산양도 구역에 식민 되는데 따라 삼림채벌이 점점 많이 되며 드레 따라 짐승들도 차첨 적어지는 까닭에 역시 자긔의 생산업덕의 의를 잃어바린다. 하여간 이 현존한 생산업이 초긔에는 이 구역에 이주하는 자들에게 좋은 보조가 된다.

신진쓰크 디방
〈위치〉

신진쓰크 디방은 흑룡강(아물) 옳은 편에 놓어 있고 하바릅쓰크시로 붙어 니꼴라옙쓰크쪽으로 100낄로메뜨르 거리에 있다. 이 디톄는 이전 이민디와 그에 연접된 국유예비토디로 성립되엿는데 디대의 총면적은 칠만 객따르가 된다.

이 디대의 디결은 북쪽과 서북쪽은 홍룡강으로 되엿고, 동북쪽은 흑룡강을 뻬르강과 뻬르호수(늪)와 련락 시키는 지류로와 그 건너있는 국유디로 되엿고, 남쪽은 국유디와 옐라부가촌의 뎜유디로 되엿다.

〈디면이 구성(생긴것)〉

신진쓰크 디방은 대게 좀 울룩불룩한 평디로 되엿다. 그의 대산림디대부분은 다수한 크고 적은 내물들과 웅뎅들로 끊어졋고, 동남쪽 적은 부분인 내물들의 상류 디방(물우에 놓인 곧)은 크지 아닌 산들이 있는 산디로 되엿다. 신진쓰크호수와 흑룡강 사이에 놓인 삼림디는 데-호우차스트까 오브라스노이를 제한 외에는 웅뎅이도 모지 없고 혹 간 습디가 있고 어린나무들이 드물게 선 평디로 되엿다. 이따은 반습디라는 일흠을 가지엇는데 보통개간으로 큰 힘을 들이지 아니하고 간조하게 만든 뒤에는 농업에 매우 가치 있는 띠이 될 것이다.

삼림디 전부는 수면보다 팔메뜨르로벌어 사천메뜨르에 이르기까지 늘어 놓이엿다. 보통수재에는 이 구역이 해를 당치 아니한다.

이 디방 초평들은 흑룡강과 문헨강 사이의 섬들로 되엿는데 이 디면들은 물지는 때면 물에 잠긴다.

선진쓰크구역의 긔후는 해삼현 긔후와는 아조 다르다. 겨을은 매우 칩고 눈이 적으며 겨을은 거이 반년이나 되며 십일월(양력)초로 붙어 사월 반삭가지 계속된다. 겨을의 시작과 끝에는 보통 바람이 불고 눈이 따라오며 한겨을에는 종용하고 풍설이 없어 일긔가 청랑하고 해가 잘난다. 이때에 한긔는 매우 심하여 밤이면 혹시 령하 43도까지 되는 때가 있다. 눈은 많이 쌓이지 아니하여 대개 20싼찌메뜨르나 된다. 겨을에 눈이 적은 것이 추모에 대하여는 좋지 못하나 그러나 바람이 막힌 곧들은 눈이 불리지 아니하므로 추모도 소작이 잘되며 겨을에 눈이 녹는 적은 도모지 없다.

초녀름은 보통 비가 적게 온다. 다말 칠월 중으로 붙어 팔월 말까지에 비가 많이 온다. 그러나 이 시긔에도 비가 많이 와서 농사에 특별한 좋지 못한 영향을 주는 일은 없다. 녀름에 뎨일 큰 덥이는 칠월과 팔월(양력)에 있는데 혹 35도에까지 이르는 적이 있다. 농작하는 긔간은 대개 177일, 즉 사월 이십삼일로붙어 시월 십육일까지로 된다. 녀름에는 보통 동남풍과 서남풍이 불며 이 바람들이 곡식 이삭펠 때와 녀물 때에 많은 한긔와 안개를 가져오므로 물론 곡식의 결실에 악영향을 맞인다. 겨울이면 북풍과 동북풍이 불어 일긔가 청랑하고 간조한 공긔와 큰 한긔를 가져온다.

대테로 이 구역의 긔후는 다만 로시야 곡식들에 뿐 아니라 고려 곡식 벼, 콩, 피 등 속에까지도 뎍당하다 인뎡할 수 있다.

〈**하천**(강물과 내물)〉

물 관계에 있어는 본 구역이 매우 좋은 처지에 있다. 이 구역에 중요한 강은 흑룡강인데 이 강으로는 뎡긔뎍으로 륜선 래왕이 있다. 그러므로 본 구역은 수로ㄱ(로) 행정중심디, 내부와 외부시장 등과 련락되엿다.

이밖에 구역 내에는 문헨, 네쁘뚜, 룬까, 또크, 보야띠, 슈라 및 삐르 등 적은 강들이 흐르고 또 두 큰 호수 씬다와 삐르가 있다. 이 구역 내에 있는 두 호수는 물고기가 매우 많으므로 본 구역에는 매우 가치가 있으며 문헨강은 지금 "달례쓰"에서 목재운반에 리용한다.

옅은 물에 단니는 륜선들은 씬다강과 일분분의 문헨강에로 래왕할 수 있다.

디하수(따속물)는 놉은 곤에는 30메뜨르, 낮은 반 습디에는 15메뜨르 깊이에 있다.

물이 품질은 곁에 흘러나오는 것이나 따속에 있는 것이나 다 좋다.

넴쁘뚜, 바흐뚜, 로크, 슈라, 뿐크뚜 등 소강들이 구역 내에서 여러 방향으로 홀으므로 장차 각 거주디(촌락)들과 흑룡강물역과 련락하는 통로로 리용될 수 있다.

이민용 토디의 대부분 터 앉을만한 자리들은 강역들에 놓엇기 때문에 촌락이 앉기로 예뎡된 디덤들은 대부분물과 수로교통에 대한 념려가 없다.

〈토질과 식물〉

선진쓰크 구역의 토질은 여러 가지로 구분되지 아니하고 다음과 같은 네 가지 근본 종류에 난흘 수 있나니 1) 척골성(돌이 썩인따), 2) 재망울, 3) 반습디, 4) 즌펄이다.

이땅들이 높고 낮은 위치상(산마르, 산허리 등)으로와 디면에선 초목으로는 다음과 같이 구별된다.

1. 둔덕과 산들의 곡뎍이는 좋은 건축재목이 될 수 있는 잣나무가 덮인 독섞인 토질인데 돌이 많고 또 곧갑기 때문에 경작에는 뎍당치 못하고 다만 본 디방 소용의 삼림디로 리용할 수 있다.

2. 산협의 높은 곧은 살이 깁지 못하고(3~5쌴찌메트르) 극히 푸석푸석한 검정질 밑에 돌갈린(3~5쌴지메트르) 따인데 디명에는 잣나무에 짜작이와 피나무가 섞이어 섯다. 그리고 관목(무덕나무)들로는 다수로 물갬나무, 철죽 등이 섯고 풀들은 빠뽀로트니크(고비)가 많다. 이따은 거주할만한 따이다.

3. 산허리들에는 두텁이 25쌴찌메트르가 되는 검정질이고 그 밑은 죄악돌이 섞인 갈색이나 혹은 황색질이 있다. 여긔에 수목들은 활엽수(닢넓은나무)가 대부분인데 즉피나무, 단풍나무에 혹간 잣나무가 섞이엇다. 관목들로는 싸리와 갬나무가 대부분이며 혹간 철죽이 있다(철죽은 간조한 돌바닥이나 질흑 바닥이 멀지 아닌 것을 가르치는 것이다). 풀은 생당쑥, 풀국화, 계손, 란듸스 등 잡초가 섯고 빠뽀로트니크는 매우 드물게 볼 수 있다. 여긔서 뎨일 많이볼 수 있는 것은 담방노르자리다. 이런 협은 곡식을 경작할만하다.

4. 산기슭과 산 밑에는 두텁은 걸음층을 가진 좀 질리고 검은질 따

이 있다. 디면에는 활엽수(닢넓은 나무)가 많이 섞인 잡목이 섯는데 여긔에는 황철과 볼나무가 매우 많고 피나무와 잣나무는 없으며 이깔과 단풍나무가 드믄드믄 섯다. 관목들로는 킈가 크지 아니하고 열매가 자듸자듸한 갬나무가 데일 많다. 플로는 킈가 크고 닢이 넓은 물쑥이 가장 많고 그다음에는 새취와 긔타잡초가 섯다. 나무와 나무그를 서리하게 되면 따이절로 말을 것인즉 경작디로 쓸 수 있다.

5. 산지겹으로붙어 시작하여 즌펄이 시작된 디경에 이르기까지는 토질이 차첨 검은 재망울, 검은 질흙, 패질로 넘어간다. 여긔에서는 초목도아주달나지기 시작된다. 자늘한 둔덕과 산들로 붙어 시작하여 황철과 닢넓은 나무들이 드믄드믄 있고 그감붙어는 황철은 없어지고 볼나무와 이까, 등만 있으며 갬나무는 버(돌)로 밖이엇고 습디에 갓삽이 갈사록 나무가 달라진다.

플은 초원 성질을 가진다. 여긔서는 노루자리를 많이 볼 수 있고 긔타 평디에는 새취, 고사리 및 긔타 잡초들이 많이 있다. 큰 초원으로 되엿고 꼬츠까가 많고 몹시 즐펀한 습디에는 보통 노루자리와 물춤으로 덮이엇다.

삼림이 덮인 이런 종류의 토디들은 설이를 한 뒤에는 경작디로 쓸 수 있으며 습디(즌펄)들은 꼬츠까를 없인 뒤이면 새밭이 될 수 있으며 몇 해를 지나서 그것들이 차첨 습긔가 빠진 뒤면 역시 경작디가 될 수 있음으로 이런 경과를 속히 하기 위하야 개간을 속히 하여야 할 것이다.

6. 간조하고 물이 잘 새는 참질 따 들에는 잣나무·가래나무, 갱나무들이 섯다. 관목들은 매우 무성하여 해치고 나가기 어렵다. 이런 따들은 농작이 매우 잘 될 것임으로 이것이 장애이주민에게 데일 좋은 토디다.

주민의 평가에 의하던지 초목이선 것을 본다던지 습긔가 빠질

수 있는 검은 질로 된 반습디로 생긴 것들도 역시 좋은 토디가 된다. 이 따들은 물을 매우 잘 먹음으로 거기에는 채밀이 잘 될 것이다.

7. 갈색 모로래따들은 강물역들에 놓이엿다.

　1) 이런 초평(물역따)들은 그들의 표면과 간조하고 습한 것과 식물들이선 것 등에 의하면 세 가지로 난홀 수 있나니 ① 노르자리판인데 검은 질이 깔리엇으며, ② 모래 섞인 토질로 된 둔덕과 웅덩들, ③ 높이 놓이엇고 왕모래 섞이고 디하수(따속물)가 즐편이 갑아 있는 다들이다.

　　초평들에 주요한 풀은 노르자린데 낮게 놓이어 물지는 때에 물에 장기는 디면은 전혀 이플 이성하고 좀 둔덕지게 놓이어 물이 들지 아니하는 모래 섞인 토질로 된 디편들에는 물쑥들이 대부분이다.

8. 모래따들에는 버들등속, 구름나무, 아물토산, 림금수 들이섯다. 모래 둔덕들에는 킈 크지 못한 혜목들이 섯고 낡은 물 곬과 웅덩들에는 물이 즐편이 갑아 있고 굵은 꼬츠까들과 습디에 나는 풀들이 덮이엇다.

　이상각양의 디단들 중에서 다만 노루자리판이 새밭에 뎍당하고 긔타전 부는 현재 형편으로는 농업상사용에 뎍당치 못하다. 큰물이진 후 사오 년 동안은 총평들에 풀이킈커 한뎨싸찐에서 새가 800뿌드까지 나고 그 후붙어는 소출이 점점 줄어들며 노루자리판도 디면이 줄어들고 그 대신에 물쑥밭이 넓어진다. 자늘한 둔덕들에는 가시나무와 버들 숲이 생긴다.

　새의 소출이 해마다 감하여저 물진 후 10~12년즘 되여는 한뎨사진 100뿌드까지 나게 된다.

　이와 같이 새밭으로 소용하는 초평들의 가치가 점ㄱ(점)떨어저 그감 물질 때까지 이르게 된다. 이 현상은 물진 후 몇 해 동안은 우량이 적은데로 인함이다. 강물들이 옅어지는 것과 대테로 습윤(습긔)이 부족한 그것이 디면에 야초의 발달을 방해한다.

⟨경작⟩

씬진쓰크 구역 전디대는 참나무, 짜작나무, 볼나무, 단풍 등 활엽수(닢넓은 나무) 호된 수림으로 덮이엇고 매우 적은 부분에 잣나무가 섯다. 수목은 매우 백백이 섯다. 삼림이 넘우 울밀하기 때문에 개간할 토디 준비가 매우 론란하며 이것으로 인하여 농업발달이 더듸된다.

만일 1858년붙어 이 디대에 이주민이 도착한 후로 오늘까지 긔간한 토디를 현재의 농호수에 평균 처본다면 매호에 3/4걕따르, 급나데싸찐식 좀 더 돌아간다(더면즉 나무새밭까지 합하여).

이와 같은 경작디 수량이 물론 주민에게 장구한 수입을 주는 생산업의 근본 종류는 목재업, 어업 및 독재채벌을 하는 긔관들에서와 어업 로동자들에게 량식을 운반할 때에 차세실이 등이다.

⟨농업발전의 가능⟩

긔후와 토질이 농작발전에 뎍당하다. 이 사실은 원동변강 전톄에와 부분뎍으로 여긔 긔록하는 디방에 녀름 동안에 덥은 날수가 매우 많음과 이 날수가 양긔를 많이 요구하는 곡식들(옥수수, 콩, 해자붙이 등)과 또는 이상 곡식들보다 양긔를 적게 요구하는 각종 곡물들의 성숙하기에 아주 넉넉한 그것이 증명한다.

삼림이 넘우 많은 그것이 경작발전에 큰 장애 될 수 없는 것이오. 여긔서 농업발전에 대한 큰 지장은 지금까지 일명한 또는 장구한 딴 수입을 준 생산업이 된 것이다.

생산업이 해마다 줄어가는 것을 미리 살펴 오래전붙어 사는 주민들이나 새로 이주하는 자들이나 물론하고 반듯이 농업발전에 힘을 쓰어야 할 것이다. 만일 새로 이주하는 자들이 농작을 매호가 각ㄱ(각)으

로 하기로 작명한다면 경작디 증가가 매우 더의될 것은 다음과 같은
원인들로 그러하다.

1) 이주민들이 새로 독착한 뒤에는 의례히 가옥 건축에 많은 주의
   를 하게 되는데 이에는 많은 로력을 요구하는 까닭에 손이 부족
   하므로 개간에는 주의를 적게할 수 있다.

2) 이주민들이 다른 벌이를 하지 아니하고 다만 자긔 경리를 설치
   하는데 전력하면서 일 이 년 동안 자긔 가족을 살려가리 만큼
   한 재정을 가지지 못한 것은 맹백하다. 내여주는 대부금은 다만
   농업에 쓸 우마작과 부분덕으로 가옥 건축에서 사용하도록 예
   명할 것이다. 대부금액을 부릴 마소와 기타 농가에 필요한 물건
   들의 현재의 가격과 비교하여보면 그 액수가 매우 부족한 것이
   다.

3) 설이 하는 데 있어는 물론 대곡들을 및 우서게 되는데 적은 일
   손(한 두 사람)을 가지고는 그것을 운재할 수 없은 즉 커며 버히며
   하는 공일을 하지 않을 수 없게 된다. 이 일이 두 곱이 넘는 시
   간을 요구하는 것인즉 여긔서 일손을 많이 막 잡을 것이다.

4) 지금에는 재료는 그것을 속히 치우기만 위하여 그저 태워버리
   는데 만일 얼마의 로력과 말자를 들인다면 그것을 매우 값있는
   물품으로(송생이, 볼기름) 변조할 수 있는 것이지만 한 농가의 힘으
   로는 이런 물질 생산이 착수할 수 없는 것은 이런 긔업을 설치
   하는 데는 재정이 있어야 하며 모상당한 설비를 하여야 되며
   그것을 제조하는 데 로동력가지를 요구하는 까닭이다.

   설이 한 뒤에 생디를 긔경하는 것도 매우 힘들다. 만일 매호
에 말 두 필식 있다고 가명하더라도 한 농가만으로는 긔간할 수
없는 것은 생디를 긔간하는 데는 반듯이 양가닥이라야 되며 말
은 네 필로붙어 그 이상을 메우어야 되는 까닭이다.

   이상에 말한 모든 것이 단독덕으로 하는 일은 어떤 경우애던

지 유익지 못하고 가족생활을 유지하며 로력들인 것이 손해를 당치 아니리만큼 신속히 또는 덕당히 살림을 설치키 위하여는 반듯이 단톄덕 농작을 조직하여야 될 것을 말하는 것이다. 오직 조직된 로력이라야 단독덕 로력으로 말미암아 생긴 모든 론난한 됴건으로 붙어 벗어나는 것을 방조한다.

본 디방 주민이나 새로 오는 이주민이나 다 생산업 주의에 하고 토디의 정당한 경작에는 주의를 적게 하므로 다음과 같은 현상으로 농사를 진행한다:

ㄱ) 입종하기 5~10 전에 깊이가 1-1½-2치 되게 갈아놓고 씨를 쁘린 뒤에 쇠살을 박은 나무걸리를 놓는다.

ㄴ) 밭갈이는 이 디방에 뎨일 많이 퍼진 "씨까" 식과 "계나" 식 양가닥이로 하는데 고뎐갈 때에는 말 두 필을 메우고, 생디를 가는 때에는 네 필까지 메우며, 생디 개간은 생산률이 가장 적고 또 매우 곤난한 방법, 즉 손으로(광이로) 하는 일이 흫아다. 이와 같은 방식의 경작은 가장 구차하고마소도 없는 농가에서 한다.

ㄷ) 밭을 쉬우는 것(묵이는 것)이 매우 필요한 것을 불구하고 그대로 련경한다. 흙이 추모를 갈지 아니하고 그대로 심은다. 가령 귀밀이나 모밀을 걷우어내고는 그 자리에 걸기도 놓지 않고 추모를 심은 후에 두 너 번 걸기를 놓아버린다.

이와 같은 경작방식이 물론 소출을 많이 내지 못 할 뿐만 아니라 돌오혀 중어들게 하는 것이다.

땅의 소출을 증가 시키며 로력의 생산률을 높이는 데 근본덕 장애는 잡풀과 여러 가지 방해물과의 투쟁에 큰 의의를 가진 경작 긔구의 부족, 지어 아주 없는 그것이다. 그러므로 소출을 증가 시키는 데 대한 근본덕 방침은 상당한 긔구를 작만하여써 경작 긔술을 근본덕으로 밖우는 데 있다.

구례덕으로는 다음과 같다.

옳게 조직된 살림에서 땅을 잘다르어야 잘되는 곡식종류에 의지하여 그 곡식들에 덕당한 경작 긔술과 함께 여러 그루빠에 난호아야 될 것이다.

첫재 그루빠: 채밀, 귀밀, 모밀, 봄유밀.

둘재 그루빠: 가을에 심으는 유밀과 채밀.

셋재 그루빠: 콩, 감자 및 기타 이랑갈이곡물.

넷재 그루빠: 밭에 심으는풀(마소먹새).

첫재 그루빠에 대하여는 될 수 있는 데로 풀씨를 없이며 풀뿌리르 얼구며 땅이 해볓과 공긔를 잘 쏘이며 습긔를 잘 보전하게 하기 위하여 추경을 할 것.

둘째 그루빠에 대하여는 반듯이 걸음을 내여 묵이는 것이 필요하며 밭을 여러 번 갈되 첫 번은 그저 갈아놓고, 둘재 번에는 걸음을 반치즘 따속에 묻을 것이다.

묵이는 밭을 가는 것은 역시 추경과 같은 목덕으로 하며 갈 때마다 풀을 주어내고 걸기를 놓을 것이다.

셋재 그루빠에 대하여는 썩 깊게(3~4치 되게) 두 번을 갈되 첫 번은 가을에 둘재 번은 봄에 갈 것이다.

넷재 그루빠 당년초(위까를 귀밀과 섞어)는 묵이는 밭에 심어 땅이 질소를 많이 먹도록 할 것이다. 입종은 가을에 할 수도 있고 풀을 빈 뒤에는 따에 따라 재경을 시험하는 것도 좋다. 만일 날자가 모자라는 때면 추경을 속히 하기 위하여 쁘로신두리 걸기를 놓을 수도 있으나 추경의 효력은 적다.

우에 소개하는 방법을 실시키 위하여는 반듯이 두리 걸기, 씨갖 쁘리는 긔게, 비는 긔게 등 농업 긔게가 있어야 될 것이다.

본 구역에서 씨갓 심으는 표준(첸트녜르로)

심으는방법	손으로 뿌리는 데			손으로 박는 데			긔게로 심으는 데		
곡식이름	데일 적게	중으로	데일 많이	데일 적게	중으로	데일 많이	데일 적게	중으로	데일 많이
가을유밀	-	-	-	-	-	-	0.9	0.97	1.0
봄유밀	1.12	1.2	1.27	-	-	-	-	-	-
채 밀	-	-	-	-	-	-	-	-	-
귀 밀	1.11	1.18	1.26	-	-	-	0.97	1.05	1.1
모 밀	1.01	1.09	1.16	-	-	-	0.9	0.97	1.05
감 자	-	-	-	8.84	8.44	9.59	-	-	-
보 리	1.35	1.42	1.95	-	-	-	-	-	-
콩	-	-	-	0.30	0.30	0.30	-	-	-

〈현재의 파종방식(씨 심으는 법)〉

각종 곡식을 다 손으로 뿌리는 까닭에 소출이 적게 난다. 소작이 많이 나게 하며 씨갓이 적게 들게 하기 위하여 씨갓은 반듯이 씨뿌리는 긔게로 쁘리어 씨갓이 골으 펴지며 곡식이자라는 데도 도음이 되게 하여야 할 것이다.

본 디방에는 평원 파종긔(두리긔재)가 가장 뎍당하다.

우레 보인 일람표는 긔게로 심으는 데서 씨갓을 절약할 수 있는 것을 명백히 증명한다. 그리고 소출도 의례히 더 나는 것이다.

여긔에 마즈막 과업은 씨갓을 골으고 덜 여믄 알들을 버리므로서 선택하는 그것인데 채 여물지 못한 곡식은 살림에서 식료로는 쁠 수 있으나 씨갓으로 사용한다면 의례히 소작이 적게 나는 것이다.

그래서 따을 잘 갈며 씨갓을 긔게로 심으며 씨갓을 잘 골으고 포르마린에 싳는 것을 심으는 이 모든 것이 지금보다는 소작을 50%나 높일 수 있는 것이다.

곡식이름 \ 소출	하으로	중으로	상으로
봄 유 밀	4.26	9.66	11.96
귀 밀	4.42	9.83	11.96
모 밀	4.18	9.99	14.58
봄 채 밀	3.75	7.12	10.48
가을유밀	2.88	8.80	11.68
콩	6.06	14.99	26.84
감 자	5.08	116.13	137.92
보 리	4.42	8.19	12.78
()	10	20.08	29.48

〈곡물의 한겍따르 소출〉

지금 하는 방법으로 농작을 진행하메는 소출이 매우 낮다. 현재에 나는 소작은 평균 한 겍따르에서 체트네르로 다음과 같은 수자를 준다.

십 년 동안 소출량이 하으로 3, 중으로 4, 상으로 5가 되엿다.

현존하는 소출이 이상에 소개한 방침을 실시하므로써 경작과 목축의 장래 발전의 가능에 대하여 말하는 것이다.

본 구역 농업에 있어 든든한 데로나 소작 나는 데로 뎨일 상당한 곡물들은 다음과 같은 것들이 될 것이다(해삼 실험장에서 소개하는 것).

귀밀-졸또이도스디, 콩-구니쓰똘쓰까이, 채밀-쓰뜨루베, 보티-레비디나야세야.

본 디방 됴건에서 고려곡식 조, 피 같은 것이 될 수 있는데 소출도 많이 나는 것이다. 그러나 다른 곡식들보다 간호를 잘하고 따을 잘 다른 것을 요구한다.

좋은 품질의 곡실을 생산키 위하여 본 디방에 종곡(곡식 종자 받는) 조합을 조직하는 것이 필요하다.

〈농사에 방해자〉

농사에 방해자들은 다음과 같은 것들이다.

1) 곡식과 나무새에 해를 주는 해충들,

2) 곡식을 먹는 들쥐 멧쥐들,

3) 감복이 마듸좀 등.

〈채마짖이〉

본 구역세 채미짖이는 매우 발전되지 못하여 주민의 요구에 만족되지 못한다. 나무새의 종류는; 물외, 다배채, 사탕무(스뵤꼴), 옥총(루크), 호박, 수박 등이다.

긔후와 토질이 채미짖이에 매우 뎍당하다. 채마짖이가 덜 발달되는 원인은 주민에게 경작 디면이 적은 것과 식료 때문에 곡식에만 힘쓰는 데 있다.

〈양봉업〉

본 구역에 양봉하기 뎍당한 됴건이 매우 많은데 불구하고 양봉업 발전은 매우 미약하다. 양봉업 발전에 뎍당한 됴건은 곳 꿀을 내는 식물이 매우 많안 그것이 양봉업 확장의 필요을 말하는 것이다. 여긔서 꿀을 내는 주요 식물은 곳 피나무다. 어떤 양봉학자들은 이 디방에서 양봉업이 주업이 될 수 있다고 말한다.

잘 된 해에는 상자꿀통 한아에서 굴이 사 오 뿌드식나며 평균으로 한 두 뿌드식은 다 난다. 이 업에 대하야 반듯이 큰 주의를 하며 아직까지는 다수가 되는 통목꿀통을 상자꿀통으로 밖우는 데 힘써야 할 것이다.

〈목축업(짐승치기)〉

자연뎍-력사뎍 됴건으로 본 디방에 마소장, 초평, 새밭들이 많은

짐승의 일름	짐승의 총수	매호 평균수	비고
부리는 말	195	0.93	
부리지 안는 말	75	0.36	
큰 암소	222	1.057	전구역내 주민이
한 살로 두 살까지 된 소아지	150	0.715	210호가됨
도야지	161	0.77	
염소	6	0.03	

그것이 목축업 발전에 대한 큰 가능을 가지엇다. 이런 가능이 있음에 불구하고 본 구역의 목축업은 매우 미약하게 발전된 중 특히 보조뎍 가축(부리지아니는 짐승)의 양장이 발달되지 않엇다. 본 구역에서 부리는 가축은 다만 말 뿐인데 주민 다수가 말을 부리는 생산업을 경영하는 데도 말양하는 법은 발달되지 못하엿다. 본 디방에 마소가 아주 부족한 것은 다음의 수자에서 볼 수 있다.

이상 일람표에서 부리는 짐승이나 보조뎍 짐승이나 다 많지 못한 것을 볼 수 있다.

그런데 원동변강의 실제 됴건에서 목축업 발전의 필요는 다음의 각 원인이 말하고 있는 것이니:

ㄱ) 이주밍의 수효는 매우 많고 이주 디방의 목축업 발달은 매우 미약하여 가축이 없이 살거나 혹은 살림살이에 매우 부족한 수효를 작만하는 데도 극히 높은 값을 내게 되며,

ㄴ) 고기와 젖에 대한 본 디방 시장의 요구는 매우 큰데 나는 물건은 본 디방 인민의 요구에 부족한 까닭에 고기를 만주와 씨비리로 붙어 젖으로 만들 물품을 씨비리로 붙어 수입하기 때문에 값이 매우 높은 것 등이다.

이상에 말한 리유에 의하면 본 디방에 목축발달이 얼마나 주요한

것을 알 수 있다.

그런데 목축업 발달이 중요함에 불구하고 짐승을 간호하며 걷우는 방법이 아직도 매우 미개하다. 건축재목이 그렇게 풍족한데도 마소들 덮을 마구도 짖지아니한다. 짐승을 간호할만한 여력이 있고 마소 먹새도 상당히 준비할 수 있으나 이것을 하지 아니한다.

가축의 토종 개량에 대하여는 아직 상당한 생산자가 없으므로 아주 실시치 아니한다. 목축업을 발전시기며 합리덕으로 설치키 위하여 다음과 같은 됴건들이 요구된다:

1) 덥은 마구 건축,

2) 가축의 상덕한 간호,

3) 가축의 합당한 공궤,

4) 가축개량을 위하여 교미소와 수의소 등 조직.

〈생산업〉

선진쓰크 구역에서 가장 보급된 생산업은 어업인데 이것이 농가의 살림에 중요한 의ㄱ(의)를 가지엇다.

겨을에는 주민들이 수달피 산양을 하는데 이것이 일부 주민, 특히 골드인민에게는 생활의 근본덕 재원이 된다.

이밖에 주민들이 달리례쓰에 목재를 준비하며 국여륜선 회사에 화목을 대인다.

주민들이 농작은 거이나 경영하지 아니하고 다만 터밭에 자긔 소용할 것만 여간 심은다. 그중에서 붉은 시월 농업조합이 한 곤에서 곡식 심을 밭을 30젝따르 가량이나 개간하엿다. 새도 다만 자긔의 마소를 먹일 것만 준비한다. 겨을이면 어떤 농민들이 우편물, 상품, 래왕객을 운수하며 재목과 화목을 물역까지 운반하는 일을 한다.

생산업 발전에 대한 것을 현명히 보이기 위하여 다음과 같은 일람표를 소개한다(일람표를 보라).

생산 없이 발전되는 것은 토디 개간이 곤난한 까닭이다. 오래전붙어 토착하여 사는 주민들과 새로 이주한 자들(특히 이주민)이 이상에 말한 각종 생산업을 경영하는 것은 그것이 아직은 비교뎍 많은 수입을 주는 까닭이다. 그래서 이것이 농업보다 우세를 가지게 되엿다.

〈**토디의 용량**(사용할 면적)〉

선딘쓰크 국역의 토디 용량이 대개 6200명 인구의 사용에 예뎡되엿는데 그중에서 220명의 것은 벌서 거주하는 로씨야인에게 준 것이오, 남아지는 아직 그대로 보관되엿다.

예비뎍 설게에 의하여 로씨야 주민 우차쓰트까 2, 단합경리 1, 고려이주민 우차쓰트까 18, 예비우차쓰트까 3, 구거민 우차쓰트까 8, 합계 36 우차쓰트까를 지뎡하엿다.

촌이름	년도	총호수	생산업호수	어업호수	수입액	목재업	수입액	산양	수입액	운송업	수입액	화목업	수입액	기타업	수입액	전촌총수입	매호평균수입
싸리뿌리쓰꼬예	1927	50	45	45	10479	35	4988	3	90	42	2775	1	200	1	30	18782	417.3
씬다와마야크	1927	74	66	55	6722	50	10752	2	21	7	138	5	222	42	4272	22137	337
체르늬	1927	25	30	27	5650	17	2615	-	-	22	3092	2	370	5	610	12337	411
크라쓰늬이옥짜브리	1927	14	14		348	-	3990	-	-	-	370	-	-	-	-	4708	386.3
무후	1928	17	13	8	570	-	-	5	410	-	-	-	-	-	-	980	75.4
레우마마	1928	20	9	5	340	-	-	4	340	-	-	-	-	-	-	680	75.5
전디방총계	-	-	77	140	24379	102	22085	14	861	71	6375	8	792	48	1912	59624	337.4

〈고려인-이주민이 무엇을 할아야 할가〉

현시에 이주 문뎨가 토지 없는 고려농민-빈농민의 생활에서 큰 자리르 찾이한다. 토디 없는 것, 값 높은 화세, 영원한 간난, 장구한 경제덕 근거 없는 등이 모든 것이 그를 여긔 저긔루 자주 옮기게 한다. 그러나 그는 어대서 던지 그를 눌으는 간난으로 붙어 벗어나지 못한다.

토디 없는 고려농민의 간난에 동정하며 그들을 영원한 빈핍으로 붙어와 농촌토호부분이 착취로붙어 해방 시키기 위하여 쏘베트정부는 원동을 쏘베트화하던 첫 날붙어 사회-물화 정도의 향상과 법권상 표준의 조절 등에 관한 여러 가지 방침과 아울러 토디 없는 고려농민의 토디 정리에 가장 큰 주의를 하여왓다. 1923년붙어 시작하여 고려농민에게 토디를 떼어주는 일이 꾸준히 되어 왓으나 내디와 중령으로붙어 끊음 없이 들어오는 이주민 물결이 토디문뎨의 날까롭음을 죽음도 경감시기지 아니하고 도리어 증가케 하엿다.

사업의 결과에 우리는 다음과 같은 진상을 볼 수 있다. 토디 없는 고려농민이 가장 많이 주착하여있는 해삼현을 례로 들어보자. 쏘베트화가 되기 전까지 군주정부는 전현 내에서 매호에 15데싸찐식 4800호에 토디를 떼어주엇는데 이것이 고려인 농호총의 13.7%가 된다. 기타 고려인민, 즉 80,000명 인구는 토디 없는 자들이엇다. 쏘베트주권하에서 1923붙어 1928년까지에 8392에 46,691명인구가 토디를 받앗다. 1929년에 이르러 우리에게는 10,650호, 혹은 58,524명 인구가 토디 받은 호구가 있다. 이것이 총호수에 비하여는 50%, 총인구에 비하여는 43.6%가 된다(1926년 됴사에 의거하여 호구를 게산함).

쏘베트주권이 이와 같은 거대한 사업을 하엿음에 불구하고 그래도 토디 없는 고려농민의 반수 이상이 토디를 가지ㄱ(지)못 하엿다.

해삼현 내에 공디가 많지 못함과 따라서 토디 없는 인민은 다 본래

사는 디방에서 토디를 줄 수 없는 등 실제 됴건으로 인하여 최금 몇 해에 토디 없는 고려인민의 토지정리를 앞으로는 다음과 같은 두 방향으로 하기로 결명하엿다:

1) 현 내에서의 토디정리는 본 현에서 그들에게 주기로 예명된 디단들에 그대로 있는 인민에게는 토디 사용권을 공식으로 환전히 수속하는 방법으로 하며,

2) 하바롭쓰크 현으로 이주시기는 방법으로 하는 것이다.

최후 됴사에 의하면 본 거주디에서 58,524인에게 토디 사용권을 완성하고 하바룹쓰크 현으로 75,693인을 이주시길 예명이다.

이 다음 수자에는 하바룹쓰크 현에 사는 토디 없는 고려인민까지 합하여야 될 것이다.

하바룹쓰크 현으루 이주시길 인민에 대한 토디정리는 꾸르달낀스크와 씬진쓰크 두 큰 구역에서 토디 준비를 진행한다. 이 두 구역에 대한 상세한 긔사는 우에 실린 것이다. 이 두 구역 밖에 또 씬진쓰크 구역과 접경된 "가씬쓰까야" 디방을 예명하고 금년에 250,000객따르에 대한 상세한 시철에 착수하엿다. 이상 세 구역이 전례로 한 거대한 디대를 이루어 면적이 백만 객따르에 갓갑고 흑룡강 좌우에 나호여 있는데 원동변강에 있는 토디 없는 고려인민 전례를 농업에 덕당하 토디로써 보장할 수 있다.

그러나 이 구역들이 적게 식민되거나 혹은 아주 식민되지 아닌 구역들이기 때문에 토디를 아직 준비, 즉 반듯이 습한 데와 낮은 데를 말리우며 놈할만한 땅은 물을 넣오며 움물을 파며 새 길을 닦으며 우차쓰트까와 더뎐들을 획명하여야 될 것이다.

새 곧이 농업에 덕당케 하기 위하여 아직 많은 일을 하여야 될 것이다. 고뎐에서도 자긔 살림을 꾸리지 못한 빈민들에 대하여는 다만 자희함만으로 새롭은 황무디에서 살림을 건설하리하고 생각붙어도 할 필요가 없다.

그렇기 때문에 쏘베트 정부는 고려인 이주사업 조직에 거액의 금전을 소비하는 것이다. 고려인 이주사업이 매우 큰 사업이다. 이 문뎨에 대하여 이사업을 정돈식일 정부의 명령, 법령을 발포하엿고 또 발포한다. 이주할 토디 없는 빈 농민마다 반듯이 주선과 이주에 대한 이 법령과 질서를 잘 알아야 될 것이다. 이주의 질서와 법령을 알지 못하고는 이주민들이 본 자리에서 떠나 어둡은 데서 헤매다가 흖이 극히론 난한 경우에 빠지게 된다.

토디 없는 고려인들이 땅을 찾노라고 흖이 자긔 친족의 편지나 풍설을 믿고 한분로 동작하여 가야 될 곧으루 가지 못하고 딴 곧으루 가거나 혹은 땅을 도모지 주지 안는 곧으루 가게 되며 종국에는 따도 얻지 못하고 발은 길도 찾지 못하게 되나니 자긔의 여간한 물자를 아모 효과 없이 발서 다 소모하여는 까닭이다. 친족이나 이전 고향친구가 토디정리의 질서를 알지 못하며 그들의 권고와 지시를 믿는 자는 토디 없는 고려인 이주를 착난하게 한다.

국가는 이주를 원하는 토디 없는 고려인의 전톄 요구를 다 긔간에 다 만족케 할 수 없다. 매번에 몇 천 명 살람식 이주 식이기 위하여는 우에 말한바와 같이 몇 만 겍따르의 디면을 준비하여야 될 것이다. 그런 까닭에 고려인이 주사업은 한 해에 할 일이 아니라 여러 해 동안 할 일이다. 또 그런까닭에 이주하는 방법으로 토디정리를 요구하는 자의 수효를 통계 하여 매년에 이주식일 계획, 질서 및 차례까지를 예명하는 것이다.

그런 중에도 우리 원동에는 해마다 우리 동맹의 중당 디방으로붙어 이주하는 데로서 인민이 뿔는다. 꿩장이 넓은 상당한 토디들이 그대로 비어있어 누구 던지 와서 얼마던지 소원대로 찾이 하여라 하던 시대는 지나갓다. 지금에는 이런 것이 없다. 지금도 토디는 적지 않게 남았다. 그러나 그것들을 찾이하는 데는 매우 큰 로력, 재정, 정력이 들어야 하며 또 그것들이 텰도와 수로의 교통으로붙어 멀리 있다.

이 주로로써 토디 정일를 받게 된 고려인 젼톄는 잔듯이 그들이 이주계획에 의하여 어느 때에 자긔의 이주를 실시할 것을 꼭 알아 자긔의 차례를 잃지 말아야 될 것이다. 이주식 일인미수와 차례를 명확히 뎡하기 위하여 해삼현 이민국은 구역집행 위원회들과 촌 쏘베트들로 더불어 토디 없는 고려인민의 상세한 됴사를 실시하며 매년 이주식일 계획을 만든다.

이주실시에 관한 모든 필요한 참고와 권고를 듯기 위하여는 자긔들의 촌쏘베트, 구역집행위원회 및 해삼현 이민국에나 혹은 갓갑이 있는 이민지국에 물어볼 것이다.

이주할 토디 없는 고려인들은 자긔의 차례가 되면 반듯이 먼저 새 디방에 가서 토디를 돌아보며 그것을 자긔들 앞으로 등록하기 위하여 선발대(시찰대)붙어 보낼 것이며 선발대는 한 사람식이나 혹은 그룹빠(여러사람)로 보낼 수 있다. 최근에 와서 선발대는 로력대 모양으로 그룹빠로 보내는 것이 매우 편리한 줄로 인뎡되엿나니 그들은 이주할 곧에 도착한 후에 다만 땅만 골를 것이 아니라 자긔들에게 위탁한 자들 앞으로 토디까지 등록할 것이다. 그러나 로력대가 준비사업(농막건축서리, 긔경 등)을 진행키 위하여는 선발대나 혹은 로격대에는 시찰 결과에서 상위 나는 일이 없게 하기 위하여 토디를 탈 직접 농부며 또는 활동성 있는 자들을 선택하여야 될 것이다.

선발대는 넘우 큰 그루빠로 보내는 데 주력하지 말고, 선발대나 로력대는 5~10호에 한 사람식 보내는 것이 좋으며, 매호에서 선택한 디방에 살지 아닐시 시찰대에는 모든 것을 지내 보속히 해결하기만 로력하는 큰 결덤이 있다.

시찰대나 로력대는 전권을 맡은 자들이기 때문에 그들에게 많이 달리엇다. 그들은 반듯이 토디를 심방하며 그것을 자세히 시찰한 후 일뎡한 수속에 의하여 그 토디를 자긔들에게 위탇한 주민들 앞으로 등록 할 것이다. 다수한 시찰대들이 이상의 요구대로 하지 못한다. 어떤 자들은 이주할 디방에서 대강 살펴보고서는 자긔를 보낸 자들 앞으루 돌라간다.

위탁한 자들이 항상 시찰대의 래왕에 대하여 불만이 있지만은 할 수 없는 일인즉 이주할 곧이 멀더라는 말밖에 믿을 수 없다. 그런데 잘 긔억하여 될 것은 떠나는 디방 이민긔관의 증명과 허가 없이 오는 자유 시찰대에게는 토디를 떼어주지도 아니하고 아무면제도 주지 아니한다.

매 시찰자마다 반듯이 이민긔관에서 내여준 시찰대 증명, 자긔를 파견하는 인민들의 가솔과 재산목록, 파견하는 인민들의 통디를 떼여달라는 위임장 등 여러 가지 서류를 갖이어야 된다.

이상 서류들은 자긔들이 래왕하는 길에서 머믈게 되는 때면 해삼, 소왕영, 쓰빠쓰크, 이만, 및 하바롭스크 등 디에서 류숙 할 처소를 무료(값없이)로 리용할 수 있다. 그리고 이상 각 디뎜에서 그들은 모돈 필요한 참고를 얻을 수 있고, 또 병이 난 경우에는 의약상 구제까지도 받을 수 있다.

시찰대는 하바롭스크 이민지국에 도착하는 직시로 반듯이 등록되여야 한다. 그들은 여긔서 이민식일 예비 토디를 알아보고 디단 시찰을 떠난다.

디단 시찰을 하고 돌아온 뒤에는 시찰대가 자긔를 보낸 자들의 옰으로 토디를 긔입(등록)한 후에 이민지국은 그에 대한 사실을 시찰대의 증서에와 특별한 책에 긔입하고 시찰원들에게로붙어 그들을 파견한 인민들의 가솔 명록을 받아둔다. 시찰대를 경유하여 확뎡하여 놓은 디단은 이주자들 앞으로 일 년 동안을 보전된다. 겨을에는 토디 시찰을 허락지 안는다.

이주할 자들의 옰으로 토디가 등록된 때에는 이주할 자들은 갓갑이 있는 이민긔관에서 자긔의 이주 증명을 수속한 뒤에 자긔의원 거디에서 떠날 수 있다. 떠나자면 제자리에서 가용등물을 팔아야 될 것이다. 그런데 우리는 고려이주민들에게 될 수 있는 대로 무엇이던지 갖이고 떠나라고 권고한다. 왜그러냐 하면 고려인들이 이주하는 디방은 개척되지 아닌 디방들이기 때문에 모든 필요한 것을 하보롭스크에 와서라야 사게 되며 또 매우 곤란한 까닭이다.

자긔가 갖이고 오지못할 즙물을 처치하는 때에는 그 물건들을 값없이 내버리 말기 위하여 사회 단톄들, 그중에 촌쏘베트, 농민상조회, 조합 등을 모집할 것이다. 그리고 또 고려이주민들은 본 디방에서 떠날 때에 반듯이 이주회사, 농업조합, 꼼무나 등 단톄에 조직 되어야 할 것이다. 이사업은 떠나는 디방에서 하는 것이 이주 디에 와서 하기보다 비교뎍 쉽을 것이니 본 디방에서는 피차에 잘 알기 때문에 소로 상의하기가 편리한 까닭이다.

단합살림에 결합된 자들에는 원거디에 있던 살림을 처리하며 이사길에 갖이고 올 수 없는 여러 가지 즙물을 파는데도 쉬으며 또 유익하게 팔수 있을 것이오, 새 디방으루 이사하기도 쉽으며 새 디방에 자리 잡는데도 많은 편리를 얻을 것이다. 그리고 또 단합된 살림에는 토디 개간도 쉽을 것이니 잔약한 살림들의 단력으로는 모든 난관을 물리치기에 힘이 부족한 까닭이다. 이주민단합경리는 보통 규명과 질서에 의하여 조직된다. 그리고 이주민들로 하여곰 첫 번 실패에서 단합경리에 대한 불신임이 생기지 말도록 예방하여야 될 것이다. 아직 조합원들이 새 일에 관습되지 못하여 항상 오해와 오착이 생길 수 있다. 이런 경우에 흫이 여럭 가지 "협잡배"들이 조합원들의 약한 뎜을 리용 하여 모든 것을 준선하여 준다고 거즛말을 하면서 자긔 주먼니을 채우기 위하여 조합원들에게 여러 가지 돈부렴을 내게 한다.

이주민단합경리들은 반듯이 이민긔관과 공리조합들로 더불어 련락을 취하며 조합원이나 긔타 형식의 단합에 참하가한 인원들은 반듯이 공당한 사업에 열심히 참가하여 권고와 사업으로 방하며 오착을 예방할 것이다.

떨날림시에 이주민들은 이주증명을 타는데 거긔에는 새로 거처할 디뎜과 구역, 또는 그 곰으로는 마즈막 참까지 자세히 긔록하엿다. 만일 이주자들이 그 증서에 자긔들이 이주할 곧을 옳게 지시하고 아니 한것을 의심할 때에는 이민국대리인에게 문문하며 어떤 경우에 던지 차를 타기 전에 오착된 것을 교정할 것이다.

이주민들이 본디에서 차를 타는 것은 이민국대리인이 살핀다. 그들이 이주자들에게 미리 차 떠나는 시간, 이주민 각 그루빠들의 차타는 질서 등을 알려주며 이주민을 위하여 상당한 수효의 끈을 작만한다. 이주민들은 차를 실수 없이 타기 위하여 자긔들 중으로 붙어 차장이나 혹은 단장을 지명하는 것이 필요하다. 만일 차 떠난 것이 이나 차를 등대하는 것이 견톄되거나 짐을 실는 데나 또 무슨 관계로 오해가 생기는 경우에는 피선된 차장이나 단장이 이일을 정돈한다. 그 기차 내에서 질서를 정돈한다. 차장에게는 반듯이 그 차에 가는 이주민의 명록이 있어야 한다. 로중에서 그는 원조를 얻기 위하여 이민국 대리인에게 문의하며 차나 혹은 그루빠의 등록을 방조하며 앞길에 난관을 미리 통지한다. 혹시 어떤 농호에서 이주를 거절하고 자긔 앞으로 등록된 토디를 다른 농가에 넘겨주는데 이 넘겨주는 것을 자디방 이민국기관에서 수속하지 아니하는 경우도 있다. 그래서 여긔로붙어 여러 가지 혼란이 생긴다. 그러므로 이주자는 자긔의 이주거절을 이민국 긔관에 꼭 통지하여야 된다.

이주하는 자들에게는 털도로서 앞길이 매우 멀다. 그러므로 만릴 이주자에게 모든 서류가 다 완전히 수속되엿으면 길에 아모건테 없을 것이니 길에서 생기는 모든 건테는 길가기만 곤난케 하는 것이 아니라 공소비까지 내는 것이다.

우선 차비의 3/4을 물고 털도로 통행하는 것과 짐을 할인으로 운반하는 권리를 주는 차세증명을 바로 수속하도록 주의할 것이다.

만닐 이주자가 짐을 자긔와 함께 운반하는 때문 차세증명서의 뒤들에 짐의 수령과 종류에 대하여 특별한 긔록을 하는 것이니 이것을 하엿는가 또는 하엿으면 옳게 하엿는지 잘 살펴볼 것이다. 이민국기관과 그의 대리인들은 이주자들이 차를 타는 것과 또 그들이 짐을 싣는 것을 꼭 살필 것이다.

중로에서 병이 난 때는 보건(위생)긔관지부들에는 병자를 무료로 돕아줄 의무가 있다. 중병에나 전렴병에 걸린 자들은 병원원에 입원식인다. 앓는 자와 함께 나리는 가족들에게는 이민국에 주소를 줄 의무가 있다. 이런 경우에 차효의 사용긔한을 한동안 연긔하되 상당한 표긔를 하여야된다.

로중에서 이주민들이탄 차들의 위생검사를 한다. 차안의 청결과 병을 예항하는데 대한 의사의 모든 지시를 엄밀히 준행할 것이다.

고려 이주민들이 통과하는 길에는 해삼, 소왕령, 쓰빠쓰크, 이만 및 하바롭쓰크 등디에 이민국들이 있다. 이 지국들은 이주자, 시찰단, 로력대 등에게 그들의 요구에 대한 원조를 주며 건톄없이 통행하도록 주선하는 일을 의무뎍으로하는 것이니 이 지국들에서 참고, 해석, 권고 및 기타를 받을 수 있다.

이상 각 디뎜에는 이주자들이 필요한 경우에 얼마동안이던지 류숙할만한 주소, 가사(림시뎍건축) 등을 설치 하엿다. 이 주소들이 이주민들을 가장한(거즉이주민) 래왕객의 영구한 주소가 되지 말게 하지위하여 이주민이나 시찰단원은 증명서류를 뎨출하고 등록한 뒤에라야 류숙을 허락한다. 이만과 하바롭쓰크 정거장에는 식당이 있어 이주자나 시찰대가 지나는 길에 덥은 음식을 받을 수 있으며 거긔서 목용실도 리용할 수 있다. 덥은 음식은 한 그릇에 58전식 받으며 60세 이상된 로인은 뎜심을 무료로 받는다. 하바롭쓰크 정거장과 하바롭쓰크 이민지국에서 삼세까지의 유아들은 우유를 무료로 받는다. 이밖에 하바롭쓰크 이민 지구에서는 이주민에게 음식 끓일 부엌, 물, 나무들을 무료로 공급한다.

거주부장은 이주민들을 그들의 앞으로 등록권 디단으로 보낸다. 이주민들이 자긔의 새디단에서 일에 착수되게 되면 그들은 벌서 주착된 자들로 인명하여 딴책에 긔록하고 그들 손에 거주증을 내여준다.

거주부장은 이주하는 자들의 살림건설에 대한 로력에서와 작업에서 그들이 갓갑은 방조자가 된다. 그들은 그 구역의 가지단(우차쓰트까)들을 잘 알며 또 거기서 어떻게 살림 처리를할 것을 잘안다. 그들은 새로 거주하는 살림들에 필요한 참고와 권고를 준다. 이주민들은 모든 문례에 대하여 이 일군들에게 물을 것이다. 이주민들은 확실히 주착한 뒤에까지도 그들과의 련락을 끈지 말아야될 것이다. 거주에 관한 일군들은 때ㄱ(때)호 주착자들의 디단을 시찰한다.

거주 디뎜에 도착한자들은 건축 재료를 작만하며 대부와 기타구조를 받을데 대하여 힘쓴다.

거주에 관한 일군들은 이주민들에게 법률로 정한 면제를 옳게 실행하는 여부를 감시할 의무를 부담하엿다.

새 디방에서의 첫 시작이 거주자들에게 가장 곤난하다. 모든 것을 다 새로 설치하여야 된다. 그러므로 국가는 이주민들의 거주와 시설에 각양의 돕음을 준다. 하여간 주착의 성취는 무엇보다도 이주자 자신에 그들의 곤난을 물리치는 능력에 달리엇다. 특히 생각하여야 될 것은 잔약한 살림과 빈농민의 살림에는 토디 개간과 새 디방에서 살림을 건설하기 매우 어렵은 그것이다. 그러므로 이런 살림들은 원 거디에서 떠날 때에 단합경리-이주민조합, 공동 개간 조합, 로력 조합, 꼼무나들에 조직되는 것이 극히 필요하다. 그들은 힘과 재전을 합하여가지고 토디 개간을 더 속히하며 살림을 유력하게 할 수 있다. 현행법령에 의하면 단합경리들에는 좋은 토디와 넉ㄱ(녁)한 대부를 주며 첫재로 농구, 곡종 및 기타를 공급하며 모든 관게에서 개인 살림에 대한것 보다 우월하게 후원한다.

단합화의 모든 중요성을 깨달기 위하여 이주자들은 단합한 느목덕을 충분히 알아야 될 것이다. 이주자들은 반듯이 작벌, 관개(물을 외운 는것), 간디(따을 말리우는것) 및 기타 개간에 관한 작업을 진행하며 농업의 공동한 처리의 조깃을 위하여 단합한다. 그들은 반듯이 자긔인원들로붙어 새 디방에서 살림 건설을 하는 것과 관게 되는 의무뎍 작업 진행의 로력대 조성을 위하여와 공동으로 사용 할 굵은 농업기게들과 건츌, 부리는 마소와 종자마소(수말, 수소 등) 등을 작만하며 불에 쉽게 타지아닐 건축물, 위생상 요구에 뎍합한 주택 등 건축에 대한 방침을 취하기 위하여 단합할 것이다. 이주자-빈농민들은 국가긔관, 금늉긔관 및 기타 단톄들에서 금전과 기타물자의 차대를 하기 위하여 농업, 조합 및 문화상 지식을 보급식이기 위하여 강습, 강연, 담화, 전람회 등을 설치키 위하여 단합할 것이다. 그들은 반듯이 병고, 병신, 자연 재변-가물, 수재, 화재 등을 당한 경우에 구제 없이 떠어지ㄱ(지) 말기 위하여와 복잡한 긔게를 사용하며 토디를 문명뎍으로 경작하는 등 방법으로써 농업을 개량하는데 여러 가지 방침을 실시키 위하여 단합할 것이다.

고려 이주민-빈농민과 중농민에 이상에 말한 모든 방침을 단순히 자력만으로 실시할 자가 많은가? 매우 적다고 미리 말할 수가 있으며 또 공연히 많은 힘, 시일 및 기타를 아무 효과 없이 허비할 수 있다.

단톄뎍 경리에 단합할 필요는 실제 생활이 말하는 것이며 또 다만 그때라야 능히 새 따에 속히 또는 쉽게 주착할 수 있으며 든든히 터를 잡을 수 있다. 실제 사정이 벌서 신진쓰크와 꾸르-달긴쓰크 등 구역에서 고려이주민들을 이 길에 들어서게 하엿다.

새 촌들은 토디의 공동 개간조합, 농업조합, 곰무나, 목재채벌 로력조합 등에 조직되여 가지고 모든 난관을 정복한다.

〈이주민에게 주는 면제, 대부 및 구조비〉

떠나는 곧에서 시찰대, 이주자, 그들의 가솔 및 이사짐 들은 텰도로 면제하는 이민가액에 의하여 운송하며 심세까지의 아히들은 무료로 운송한다. 면제한 이민가액에 의지하여 차를 타는 이주민들은 다만 차비의 4분의 일을 문다.

쏘베트변강집행위원회의 결정에 의하면 고려이주민들에게 원거디에서 상당한 이민지국과 대부조합을 경유하여 필요가 있는 경우에는 살림준비 대부금 중으로 선금을 30원식 탈권리를 준다.

〈새로 주착하는 디방들에서의 농업세납〉

토디 준비에서 작벌과 기타 척식사업을 불가불하게되는 이주민들에게는 새디방에 살림건설을 시작한 후 첫오년 동안은 농촌 단일세를 면제한다.

살림건설이 황무디를 긔간하거나 혹은 토디 사용의 개량된 방식을 실시하는 이주민들에게는 삼년동안 납세를 면제한다.

개척을 요구치아니하는 보통구역에 보통덕으로 이주하는 자들과 새로 이주하는자들이 장구한 농업진행을 위하여 다만 필요한 건축만 하는 자들에게는 일 년의 납세를 면제한다.

이상 모든면제는 확실히 주착한 이주민들에게 실시한다. 선주자들에게 농촌단일세 면제권에 대한 특별한 증명서를 준다.

농촌단일세의 면제를 받은 선주자들은 의무덕 보험비 지출로붙어도 면제된다.

〈징병연긔(군사살이에 갈 긔한을 물리는 것)〉

게획상 규뎡으로 이주되는 자들은 새 디방에 주착한 후(토디개간의 곤난여하에 의하여) 일년으로 붙어 삼년까지 붉은 군대에 들어가 복무할 긔한의 연긔를 받는다. 연긔의 시작은 주착한 이듬해 정월 일일붙어 센다.

징병의 연긔 얻기를 원하는 이주민은 징병되는해 팔월 일일전에 소관집행위원회에 청원을 데출할 것이다.

연긔 허가는 현이나 혹은 구역 징병 위원회가 준다.

〈장긔대부(오란긔한으로 꾸여주는 것)〉

게획뎍으로 이주되는(개인뎍으로나 혹은 단톄적으로) 고려 이주민들은 변강집행위원회의 결뎡에 의하여 살림준비(농구, 가축 등을 작만하는)와 기타 필요한 대부를 받는 권리를 가진다.

대부는 중으로 매호에 400원을 15년 긔한으로 준다. 이주민들은 첫오년이 지나면 지불을 시작할 의무를 지엇다. 빗진자들로붙어 대부금에 대한 변리를 매년 매원두에 이전 오리식 받는다. 이주민들은 대부에 대한 주선을 식민 일ㅅ군들에게 청할 것이니 그가 대부받는데 관한 질서를 지시한다.

변강집행위원회의 결뎡에 의하면 고려 이주민들은 하발롭쓰크에 도착한 뒤에 필요가 있는 경우에는 살림준비 대부금 중으로 선금을 70원까지 탈 수 있다.

이와 같이 고려 인주민들은 떠나는 곧에서 타는 30원까지 합하여 살림준비 대부 중으로 선금 100원을 받으며 주착한 뒤에 영구히 거주 할 증거나 나타나면 여재 300원까지 받는다.

〈삼림허가〉

새로 주착하는 자들의 건축 진행을 위하여 삼림이 많은 구역들에서 목재를 선채로 값없이 허락한다. 목재는 반듯이 운반하기 갓갑은 디단에 허가한다. 그리고 삼림 이적은 구역들에서는 특별히 면제하는 값으로 허가한다.

〈설이와 개간〉

이주민 전톄와 특히 고려 이주민들을 보장할 목뎍으로 이민 긔관들은 토디를 준비하는 순서로 삼림이 많은 구역들에서는 반듯이 매호에 반격따르식 돌아가게 설이를 하여주며 그만한 땅을 긔간하여 준다. 그러나 재정과 일손의 부족으로 인하여 원동 이민 긔관들이 이 일을 하기 불능하므로 이주민들에게 자력으로 자긔의 따를 설이하며 긔간할 권리를 맡기고 이민 긔관은 그들에게 설이와 긔간한 삭을 지출하되 평균 매호 반격따르에 개인 살림에는 실디가액의 50%, 단합살림에는 60%를 지급한다. 한 격따를 설이하는 비용은 그 디단의 나무가 많이 서고 적게 선데 달리엇다.

〈농구와 곡종〉

이민 긔관은 해마다 상당한 단톄들, 즉 농구정장소, 농업동맹 등에서 이주민의 요구하는 수량의 농업긔구-가닥이, 걸기, 새낫, 술기, 말 기타와 곡종을 작만하여 상당한 대부 긔관들을 것처 그것들을 살림준비 대부금 쪽으로나 혹은 현금으로 특히 눅은 값에 배부한다.

〈길과 움물〉

지단 준비한 질서로 이민 긔관은 새로 개척하는 구역들에서 인민을 위하여 국가경비로 큰길과 또는 각 디단을 통행하는 도로를 건축하며 각 디단에 마다 일뎡한 표준에 의하여 움물을 설치 하여써 물 공급을 보장한다.

〈문화-사회뎍 및 의약상 수응〉

새로 성립되는 이주민 촌락들에 이민 긔관들은 본디방 쏘베트집행위원회들의 각 부(교육부, 위생부 및 기타)를 경유하여 경비를 지출하므로써 새 촌락들에 학교, 교과서, 의약, 쉬의, 농학등 모든 구조를 보장하는데 상당한 방침을 취한다.

이상 구제는 새로 거주하는 디방에 학교 집건축, 교원파견, 진료소와 구역 병원설치 등으로 실현한다. 이주민의 이에 대한 요구수용의 만족여하는 국가에서 이민 사업에 지발하는 재정다과에 달렷다.

〈무엇을 잇지 말아야 하는가〉

토디 없는 농민에게는 토디 없는데로붙어와 빈곤에서 벗어지는 유일한 길은 이주뿐이다. 이것을 늘 긔억하여야 되며 이주문뎨에 대하여 매우 신중히 접착하여야 될 것이다.

세디방에서의 견고한 건설을 끝까지 도달하며 첫재로 이것을 자긔의ㄱ(의)사로 선택할 것이다.

이민 긔관의 해결에 따라 계획뎍으로 이주할 것이니 그리하여야 공연한 주선과 무익한 비용이 적어질 것이다.

조직뎍으로, 단톄로 또는 될 수 있는 대로 뜨는 곧에서 미리 준비하거나 새로 거주하는 디방에 도착하여서나 단합뎍으로 주착할 것이다.

주착한 뒤에는 토디의 공동 개간을 위하여, 필요한 농구를 공동으로 사기 위하여 재력과 로력을 단합하라. 그리하는 때라야 자긔의 난관을 쉽게 물리치며 토디를 헓게 개간하여 새 디방에서 견고한 살림을 건설할 수 있다.

5. 합동계약

- 출판언어: 고려어
- 저자(발행처): 소비에트사회주의공화국동맹,
  농림노동자직업회 중앙위원회, 일본원동임업조합장
- 출판사: Типогр. №17
- 자료유형: 단행본
- 출판년도: 1927년
- 발행지: 해삼위(블라디보스토크)

Ⅰ. 총측

1. 본합동계약은 일방은 쏘베트사회주의 공화국동맹 농림로동쟈
   직업회 중앙위원회(이하에는 중앙위원회라고 칭함)에서 1927년 유월
   구일에 내여준 데 204, 983, 200호와 데 204, 982, 915호
   등 증서에 의하여 행사하는 중앙위원회위원 사회놉쓰끼이 에프
   라임 보리쏘비츠와 라쓰똘구예브 아렉싼드를 쎄묘노비츠 등을
   대표로한 쏘베트사회주의 공화국동맹 농림로동자직업회 중앙
   위원회와 다른 일방은 일본 원동 림업조합(이하에는 조합이라고 칭
   한)("로미오 린기오꾸미아이") 장 ᄎ. 까도노가 1927년 유월삼일에 내
   여준 것을 일본동경에 있는 쏘베트사회주의 공화국동맹 총령사
   가 1927년 유월 삼십일에 증명한 위임장에 의하여 행사하는
   따다마쌰 나리따오 유씨나 아베 등을 전권위원으로한 일본 원
   동 림업조합 "로리오 린기오 꾸마아이"와의 사이에서 톄결함.
2. ① 중앙위원회는 본계약 실시는 농림로동자직업회의 명의로 쏘
   베트사회주의 공화국동맹 농림로동자직업회 원동변강관리
   국과 조계내에서 상당한 전권을 가지고 행사하는 그의(원동관

리국) 대표(이하에는 주여서 "직업회"하고 칭한)들에게 전임함.

② 이에 인하여 본 게약실시로 말미암아 발생되여 상바의 협의
나 혹은 해경를 요구하는 모든 문뎨에 대하여 "조합"은 직접
으로 "직업회"와 관계하며 "직업회"는 직접으로 "조합"과 관
게함.

③ 따라서 "직업회" 와 "조합"은 쌍방의 동의로 본 게약의 어떤
됴건을 변경하며 역시 디방뎍 사정에 의하여 본 게약에 대한
보중됴건과 또는 그의 실행에서 본 게약상 됴건을 위반하며
로동자의 처디를 퇴화시기지 아닐만한 여려가지 협명을 뎨
결할 수 있음.

※ 주의:

• 본 게약을 뎨결하는 쌍방의 호상교통에는 다음의 번디로 써함:

• 중앙위원회 (서신)번디는 모스크바시 쏘란까뎨 12번디 로동궁
뎐, 쏘베트사회주의 공화국동맹 농림로동자직업회 중앙위원회.

• 중앙위원회 (뎐신)번디는 모쓰크바 농림로동자 중앙위원회.

• 변강관리국 (서신)번디는 하바롭쓰크시 로동궁뎐 쎄쎄쎄르농
림로동자직업회 변강관리국.

• 변강관리국 (뎐신)번디는 하바롭쓰크 농림로동자 변강관리국.

• 조합 (서신)번디는 또교. 끼오바씨-꾸긴조 2치 오메, 고메이,
까이싸, 오꾸라구미, "로이오 린기오 꾸미아이"관리국.

• 조합 (뎐신)번디는 또교, 오꾸라 구미, 로리오 린기오.

• 조합의 쎄쎄쎄르에 주재한 전권위원 (서신)번디는 브라디보쓰
또크 끼다이쓰까야 13번.

• 니치로 드지추기오상호 께-로리-로리오 린기오 꾸미아이 "조
합" 전권위원.

• 조합의 쎄쎄쎄르에 주재한 전권위원의 (뎐신)번디는 브라디보
쓰또크 야쁘노루쓰 로리오 린기오.

• 각 방에서 이상에 말한 번디를 변경하는 때에는 즉시 다른 일 방에 통지함.

3. 본 게약은 본됴주의란에 설명한 것을 제한 외에는 "조합"과 쏘베트사회주의공화국정부와의 조차됴약으로써 확명한 조게내에서 "조합"이 준비하는 목재의 작벌, 운반, 적치, 부송(믈몰이)등 일과 "조합"에서 진행하거나 혹은 "조합"을 위하여하는 기타 모든 공작에서 일하는 자들과 새로 일에 들어오는 항구, 림시 또는 게절(철) 로동자들과 사무원들 전톄에 대하여는 그들의 성(남녀별), 년령, 민족, 국적 등 또는 농림직업회나 혹은 기타 직업 외에 들고 들지 아님을 불관하고 다 뎍용함.

※ 주의: 본 게약은 본 게약에 첨부하는 일람표(보록뎨1)에 렬거한 직무를 리행하는 자들에게는 뎍용되지 아니함.

4. 본 게약은 1927년 시월 일일로 1928년 구월 삼십일까지의 1개년 긔한으로 톄결함.

5. ① 본 게약의 효력은 게약에 약명한 긔한(뎨4됴)이 지난 뒤에도 만일 어느 측에서 서던지 게약개정에 대한 요구를 제출치 아니하는 경우이면 앞으로 역시 이상과 같은 긔한을 연장하는 것으 인명됨.

② 변경된 됴결에서 게약을 다시 톄결하기를 원하는 측에서는 본 게약에 명한 긔한이 마치기 달반전에 반듯이 이에 대한것을 서신으로나 혹은 면신으로 다른 일방에 통지함. 이 통지를 받은 삼주일 후 붙어 쌍방에는 그것을 심사하는데 착수할 의무가 있음.

③ 만일 본 게약의 긔한이 마치도록 쌍방에서 밎어 협의를 마치지 못한 경우에는 새게약의 효력이 발생될 때까지는 로력도견과 임금은 본 게약으로써 됴정함. 새게약실시의 시작은 쌍방에서 새로 톄결하는 게약으로써 명함.

6. 자긔의 특약자(차득인, 정부인, 공급인, 기타)들과 어떤 게약을 톄결하는 때에 "조합"은 그 게약들에 본 합동게약의 원만한 실시에 대한 것과 우에 말한 특약자들이 본 게약을 리행지 아니는 경우에는 본게약의 범위내에서(련대뎍) 물질상 책임을 지는 등에 관한 것을 넣음

7. ① "조합"이 본 게약을 위반하거나 혹은 리행치 아니하는 때에는 "조합"은 여기로 말미암아 로동자들과 사무원들에게 이르키는 모든 물질뎍 손실을 배상함.

   ② 로동자들이나 혹은 사무원들 중에서 누구던지 본 게약으로써 그들에게 맡기는 의무를 리행치아니는 때에는 그들에게는 매경우마다 또는 순서에 의하야 로력법뎐 데47됴, ㄹ 항에 규뎡한 결과가 다달음.

8. ① 본 게약 뎍용에서와 또는 본 게약으로써 약뎡한 의무의 리행과 실현에서 발생되는 재의와 충돌을 해결키위하여 "조합"의 긔업소들과 사무소들에 본 게약에 첨부하는 규뎡(부록데2)에 의하여 행사하는 감뎜-쟁의위원회들을 조직함. 감뎜-쟁의위원회는 데 7구(쓸꿈), 데 10구(쏘베트가와니), 데 십일구(꼽비) 등 각 디뎜에 설치함.

   ② 감뎡-쟁의위원회의 사무처리는 로동시간에 진행하며 직업회 디방긔관의 대표로 감뎡-쟁의우원회에 참가는 로동자들과 사무원들에 대하여는 그들이 위원회에서 일한시간은 그들의 중임금을 보전함.

9. 감뎡-쟁의위원회에서 해결치 못한 쟁의는 로력법뎐 데 168됴, 174됴등 규정에 의하여 해결함.

10. 본 게약으로써 해결치 못한 모든 문뎨는 다 로력법뎐과 또는 그의 실시에서 그에 대한 첨불로 발포되는 모든 결뎡에 근거하여 해결함.

11. "내부정돈에 관한 규례"는 자긔의 조차긔업에 대한 것을 "조합"에서 작성하여 "직업회"와 협의한 후 로력감독긔관의 인준을 받음.

Ⅱ. 고용과 해고

12. ① 로동자들과 사무원들을 고용함에는 "조합"은 첫 차례로 직업회회원을 받을 의무를 짐. 로동력 고용은 쎄쌔쎄르 중앙집행위원회와 인민위원 쏘베트의 1927년 삼월 사일 결명에 근거하여 로력인민위원부의 디방긔관을 경유하여 실행하되 "조합"에서 원동변강로력부로 더불어 "직업회"의 참가에서 톄결하는 특별협명의 순서로함.

　　고용에 접수하는 시일은 로력인민의원부긔관에서 로동력을 제공한느 경우에 "조합"대표들이 로동자들을 각 개로 선택하는 때붙어나 혹은 긔타 모든 경우에 로동에 대한 약명을 하는 때붙어 인명함. 한 주일이상 긔한으로 고용에 받는 모든 로동자들에게는 받을 때에 반듯이 그의 민족말로 만든 회게장을 내여주어야함.

13. 로동자들과 사무원들이 자긔들의 평상 거주디를 떠나야 될 필요가 있는 공작에 그들을 고용하는 것은 다음 각 됴건을 준함으로서 진행함.

　　ㄱ) 보 게약에 의거한 고용됴건은 반듯이 "조합"에서 로동자를 고용에 접수하는 즉석에서 설명하며 또한 회게장에 긔입하여야 됨.

　　ㄴ) 로동자들과 사무원들을 텰도와 긔선으로 일할자리오, 운송하며 일을 마친 후에는 접수하던자리에 돌려오는 등 비용은 "조합"에서 자긔의 경비로써하되 배나 차에 삼등을 다임.

　　ㄷ) 로동자들이나 혹은 사무원들이 회게방 받은 때붙어 일자

리에 래왕하는데 허비한 시일과 배나 혹은 정산을 기다리는데 허비한 시일과 또는 가고 오는데 든 시일까지 다 공작에든 시일로 인뎡되어 매일에 그 직무나 혹은 공작의 임금율 등급에 돌아가는 일개월뎍액의 1/24식 게산하여 보상함.

ㄹ) 로동자들과 사무원들의 수하물(짐)을 그들을 접수한 곧으로붙어 일자리에까지와 일을 마친 후에는 원주소에까지 운반하는 것은 일꾼 매 명에 삼뿌드 중량과 따라가는 그들 가속 매 명에 이뿌드까지는 "조합"경비로하며 이상에 말한 중량이 넘는 것은 로동자나 혹은 사무원이 자비로함.

ㅁ) 공작상 실디 됴건이 고용으로 받을 때에 약뎡한 됴건과 맞지 아니하는 경우이면 로동자들이나 사무원들은 공작을 거절할 수 있으며 "조합"은 배를 기다리는데와 래왕하는데 허비산 시일에 대한 것과 실디로 공장한데 대한 것을 지출하며 또는 그 등급의 로동자나 사무원에게 돌아가는 월봉(뎨육등이하는 되지 말게)외 이주일 급료를 해고 원조비로 지출함과 아울러 "조합"경비로 일군들을 원주소에까지 보내여 줄 의무를 짐.

※ 주의: 실디 공작상 됴건이 일군을 받을 때에 약뎡한 것과 틀린 것은 감뎡-새의위원회가 평뎡하되 감뎡-쟁의위원회에서 동의를 하지 아니는 경우에는 로력감독긔관에서 평뎡함.

14. 로동자나 사무원의 해고는 다음 각 됴건을 준수함으로써 실행함.

ㄱ) 생산이나 인원을 축소(주린다는말)함에는 같은 자격자에 대하여는 첫째로 직업회회원이 아닌 자붙어 해고함. 로력법뎐 뎨 47도 "ㄱ" 밑 "ㄴ"등 항에 의하여 실행하는 모든 해고에 대하여 "조합"은 이주일전에 해고되는 자들의 명부와 함께 로동자위원회에 통지하며, 긔타 모든 경우에는 해고

할 삼일 전에 통지함.

ㄴ) 어린아이들이나 혹은 자긔에게 의탁하여 생활하는 긔타 인
원을 가진 독신로동을 하는 여자들에게는 인원축소에서(긔
타 모든 동한됴건에서) 그들을 일자리에 그대로 두는 특뎐을 줌.

ㄷ) 긔업의 전부나 혹은 일부나 또는 그에서의 공작을 페지하
는 경우에와 로동자들과 사무원들의 공장이나 혹은 인원
을 축소하는데서와 생산덕 성질을 가진 원인으로 말미암
아 일 개월 이상을 공작을 정지하는데서와 일에 고용된자
의 무용(덕당치 못한것)이 나타난 경우에와 또는 고용된 자가
림시로 로동능력을 손실함으로 인하여 로동능력을 손실한
날로 붙어 이 개월 동안 일을 하지 못하는 경우에서 해고
된 자들에게는 해고된 자들에게 그들의 해고되는 대대한
것을 미리 알려주엇음과 아니주엇음을 불관하고 해고원조
금을 그들의 중등임금의 이주일치로써 지급함. 모든 이런
경우에 있어 "조합"은 일자리에서 떠니기를 원하는 자들에
게 "조합"배를 공급하던지 혹은 고용에 대한 원조금을 지
급할데 대한 문뎨는 로력법뎐 뎨89~90등 됴에 준응하여
해결함.

ㄹ) 일뎡한 긔한이나 혹은 일뎡한 공장을 리행키위하여 고용
되엿고 또 고용될 때에 이에 대하여 약뎡된 로동자들은
해고될 때에 원조금을 받지 못함.

ㅁ) 해고하는 자와 정산은 반듯이 해고하는 날에 행하며 "조
합"의 과실로 인하여 청산이 건톄되는 경우이면 해고되는
자들은 청산을 실행하는 날까지 그들의 매일 중등임금과
상등한 보수를 받음.

ㅂ) "조합"에서 구개월 이하가 되지 않게 일한 로동자들과 사
무원들의 자원에 의하여 정산하거나 혹은 일한시일 장단

을 불관하고 로동자와 사무원을 해고하는 데에는 "조합"은 일꾼과 그의 가솔에게 원주디까지가는 뮤료통행을 수응하며 본 게약 뎨 12됴 "ㄹ"항에 의하여 그들의 하물운송비를 "조합"경비로 지출함.

Ⅲ. 임금과 청산의 표준과 순서

15. ① 로력자들이 리행하는 공작에 따라 "조합"은 본 게약에 첨부한 공작과 직무의 분할(불록뎨3)에 준용하여 상덕한 임금율 등급에 배뎡함. 표시한 분할은 "직업회"와 "조합"의 특별협뎡으로 보충할 수 있음.

② 본됴 실행으로 말미암아 일어나는 모든 쟁의와 충동은 본게약 뎨 8됴에 지시한 순서로써 해결함.

16. 자긔의 져문긔술에 사덕지 아닌 림시 공작을 리행하는 자격있는 로동자들과 사무원들은 그동안의 보수를 그들의 근본덕 혹은 림시 덕공작에 확뎡된 고급에 의하여 받음.

17. ① 로동자나 사무원을 고급으로붙어 저급에 이전시키는 것은 다음과 같은 각 경우에 감뎡재의위원회의결뎡에의하여만 실행할 수 있음.

㉠ 그 일군에게 뎡하여 놓은 임금률 등급에 상덕한 공작에 덕당치 못한 경우 ㉡ 고급에 상덕한 일이 없는 경우. 이상과 같은 경우에 저급에 이전하는데 대하여 동의하지 아니하는자들은 본 게약 뎨 12,13 및 34 등 됴에 말한 모든 보조금을 받은과 아울러 보통규정에 의하여 해고될 수 있음.

② 저급에 이전하는데 동의하는 자들은 이전된 후 이주일 동안은 이전등급의 중등임금을 받음.

※ 주의: 특별한 경우에 감뎡-쟁의위언회의 결뎡에 의하여 어떤 종류의 공작(벌목, 운반 및 기타) 보수를 개개로 감뎡함과 아

룰러 로동자들의 집단(알쩨리)으로 리행함을 용허함.

19. 고명한 로동자들과 사무원들에 대한 뎨일금의 월봉액은 이십육원(루불리)으로 뎡함.

기타 각 등급의 임금액은 다음과 같은 십칠급의 임금률의 게수에 준응하여 뎡함.

급 수	게 수	월 급		일 급	
		원	전	원	전
1	1	26	00	1	08
2	1.2	31	20	1	30
3	1.5	39	00	1	63
4	1.8	46	80	1	95
5	2.2	57	20	2	38
6	2.5	65	00	2	71
7	2.8	72	80	3	03
8	3.1	80	60	3	37
9	3.5	91	20	3	79
10	4.2	109	60	4	55
11	4.6	119	00	4	98
12	5.0	130	00	5	42
13	5.5	143	00	5	26
14	6.2	161	20	6	72
15	6.7	174	20	7	26
16	7.2	187	20	7	80
17	8.0	208	00	8	67

주의: 시급은 일급을 8로 제하면 됨.

20. ① 매일 평균임금은 마감 달 실디수입(임금 뎡액, 개삭일, 시간외공작, 뎡한외공작 및 기타)을 그 달 동안에 실디로 일에 나간수효

로 제하는 방법으로써 확뎡함.

② 매월 평균임금은 마감 달 매일 평균임금을 24로 승하는 방
법으로 확뎡함.

※ 주의: 실디 월봉에는 출방비, 해고보고금, 보상금(휴가를 리용
치 못한 것과 그들의 긔구를 사용한데 대한 것), 상여금 및 기타는 들지
아님.

21. 개삭이나 혹은 도삭으로하는 공작에서 일하는 자들의 보조로
동자들과 역원들일지라도 뎡긔뎍으로 봉급을 받는 자들은 자
긔의 임금액에 개속 론동자들의 가봉의 중등 파센트를 받음.

22. 개삭의 평가는 그 등급의 일급액을 그 공작에 대하여 뎡하여
놓은 할호에 작성할 표준량으로써 제하는 방법으로써 뎡함.
작성에 대한 대톄표준은 본 게약에 첨부함(부록뎨4). 작성의 구
톄뎍(확뎡한) 표준은 "조합"에서 각 구역의 공작의 특한 뎜과 디
면이 험하고 평탄한 것과 수립이 조멸하고 드문 것 등을 참작
하여 만든 후에 감뎡-쟁의위원회에서 인준함.

※ 주의: 일ㅅ군에게 달리지 아닌 원인 즉 화재, 일긔의 불량,
적설, 극한 및 기타나 혹은 "조합"이나 그의 대리인의 지휘상
관게로 작성의 일뎡한 표준을 리행치 못한 경우에는 일ㅅ군
들은 자긔 임금뎡액을 그대로 보전함. 우에 말한 여러 가지
원인이 생기는 때에는 매번마다 감뎡-쟁의위원회가 확뎡함.

23. 긔술뎍 건조, 설비, 포치 등 정리와 또는 보조뎍 공작(수분, 교
량, 도로 등 개설)은 작벌, 운반, 부송 등에 대한 개삭감뎡에 넣지
아니하고 자립뎍 공작과 같이 지출함.

24. 로동자들로의 공작은 전톄로 본 게약에 첨부하는 긔술상 됴건
(부록뎨5)에 의하여와 "조합"대표의 지휘하에서 진행함 공장한
결과가 쓰지 못할 것으로 인뎡되는 것이 일군의 허물로 되지
아닌 때에는 그 공작에 허비한 시일 전부를 그 공작에 대하여

확명된 개삭에 의하여 갚아줌. 공작한 것이 일군의 허물로 긔 속덕 됴건에 만족히되지 못한 것은 감명-쟁의위원회의 결뎡에 의하여 낮은 값으로 갚을 수 있음.

25. 로동자들게로붙어 맡는 목재의 용적은 로씨야 척도로 게산함. 목재의 측량은 장원톄는 가장 가는 끝에(껍질을제하고)의하여 하되 장은 푸트로 측향하며 후는 일본쏜으로 측략함. 장이 28푸트가 넘는 장목의 측량은 장목장의 중앙뎜의고에 의하여함.

26. 벌목자의 작벌한 목재의 접수는 작벌되는 뒤를 따라 다니어 제곳에서하며 운반자에게서 운반하여 놓은 목재의 접수는 적어도 두 주일에 한 번은 함.

27. ① 임금은 금전으로 지급함.

② 임금지출은 매월에 이차씩 하되 첫 반 개월 치는 15일에, 후 반 개월 치는 새달 초일일에 지출함.

③ 임금지출을 우에 말한 긔한에 하지 못하는 경우이면 "조합"은 로동자들과 사무원들에게 연긔되는 날수대로 매일에 지출할 총 액의 1%의 리자를 지출함.

※ 주의: 임금지출의 건톄가 돈은 우톄로 보내엿으나 우편국에 돈이 없엇거나 뎐신 력락이 끊어졋거나 자연게의 원인으로 배가 제때에 도착 못되엿거나한 등 원인으로 된 경우에는 합동게약 위반으로 인뎡치 아니하며 또는 연긔될 시일에 대한 리자 지출도 하지 아님.

Ⅳ. 식량과 공용물의 공급

28. ① "조합"은 각 공작처소에 로동자, 사무원 및 그와 동거하는 그들의 가솔들에게 품질이 가장 좋은 식료와 로씨아, 일본, 고려 등 각 민족의 넓은 요구의 수응을 만족히 할만한 물질을 공급하는데 주의할 의무를 짐.

② 일ㅅ군들에게 식료와 많이 수용되는 물질의 지발은 필요에 따라 현액으로써함. 일하는 처소에서 로동자에게 지발하는 식료의 가격은 직업회와 디방관령 등의 대표들의 참가에서 먹은 값에 의하여 명하며 일처소가 있는 구역 소비조합 물가보다 높으게 하지 못함. 많이 수용되는 식료와 물품에 대한 명가는 "조합"고간과 및 일ㅅ군들의 공동주소에 게시하며 게약의 효력이 있는 긔한 내에는 값을 올리지 못함.

③ 직업회 단톄는 수용하는 식량과 물품의 품질을 감시할 수 있음.

※ 주의: "조합"이 자긔고간에 반듯이 두어야 될 많이 수용되는 식료와 물품의 의무덕 취집에 대한 일람표는 본 게약에 첨부함(부록뎨6)

29. ① "조합"은 일처소에 마다 일ㅅ군들과 그들의 가족전톄가 사용하리 많지 주소, 식당, 세탁소, 건조실(말리우는 집) 등을 건축하며 설비할 의무를 짐.

② 목욕실은 반듯이 일ㅅ군들과 그들 가족 전톄가 적어도 한 주일에 한 번식은 고트 리용하리많지 건축할 것. 건축게획과 건축물의 제도는 "조합과" 소관 로력인민위원부 및 보건인민위원부 기관들 사이에서 협명함.

③ "조합"에서 로동자들을 위하여 건축하는 집들은 반듯이 본 게약에 첨부하는 "건축물과 주소표준에 대한규명"(부록뎨7)에 덕응되도록 할 것. 가사 형식을 가진 가옥들은 반듯이 "가사건축과 설비에 대한 규명"(부록뎨8)에 덕응 되도록 하며 일하는 곧에서 삼낄로메트르가 넘지 말게 있어야함.

※ 주의: 주소와 부송소와의 거리는 중으로 8낄로메트르가 넘지 말며 특별한 경우일지라도 10낄로메트르가 넘지 말 것.

30. ① 조게내에서 곡용물 공급 즉 필용한 가구 등 물과 함께 주택, 연료, 등호, 물, 청결 등은 "조합"에서 일반 로동자들에게 무료로 공급함.

② 주택수습과 음식준비를 위하여 "조합"은 자긔경비로 매공동주택에 사역자 일인과 매식당에 식부 일인씩을 둠. 목욕실, 세탁소, 간조실, 식당 등의 수비, 물 공급, 연료, 등화 및 청경들은 "조합"의 힘과 물자로써하되 로동자들과 사무원들과 및 그들의 가솔들은 그것들을 무료로 리용함. 목욕실, 세탁소, 건조실 및 기타를 리용하는 순서는 "내부시설규뎡"으로써 뎡함

V. 긔구

31. "조합"은 자긔경비로 공작에 필요한 사용에 뎍당한 긔구와 즘물을 일ㅅ군들에게 제공하며 또한 "조합"힘으로써 "조합"에 속한 것이나 개인로동자에게 속한 것을 믈론하고 긔구와 즙물의 총 수선을 행함. 로동자의 불쥬의로 "조합"에 속한 긔구를 상한데 대한 책임의 순서와 한도는 감뎡-쟁의위원회에서 로력법뎐 뎨83됴에 뎍응하여 뎡함.

※ 주의:

• 자긔의 긔구를 가지고 일하는 로동자들에게는 그것이 소모되는 것을 "조합"에서 갚아주되 감뎡-쟁의위원회가 뎡하는 액수에 의하여 임금을 지불할 때 함께 지출함.

• 긔구와 즙물을 내여주며 몰려주는데 대한 순서는 "내부질서규뎡"으로써 뎡함.

VI. 담보와 보조

32. 로력자의 해고로 인하지 아니하고 공작을 정지하는 때와 "조

합"에서 그들에게 다른 공작을 맡기지 못하는 때와 불량한 일긔(눈이 쌓이거나 비오는 날)로 인하여와 긔구가 없던지 혹은 로동자들엑로붙어 생기지 아니한 긔타 원인으로 말미암아 공작을 정지하는 때에 로력자들은 지나간 긔간을 그대로 자긔의 임금 뎡액이 의하여 보수를 받음.

※ 주의: 일긔가 불량하여 일하지 못는 것은 감뎡-쟁의위원회가 뎡함.

33. 운반하는 자의 말이 일에서나 혹인 일관게로 상하던지 혹은 죽던지 한 경우에 "조합"은 운반자를 고용할 때에 수의가 평뎡한 값에 의하여 그 반액을 말임자에게 갚아줄 의무를 짐.

34. 병이나 혹은 부상으로 인하여 림시로 로동능력을 잃은 자 또는 "조합"에서 해고한 로동자들과 사무원들을 배가 통행치 못하는 시긔에 그들이 염령하고 있는 주택에서 내보내지 못함.

35. 직업회, 정치, 공리조합, 및 쏘베트 등 단톄의 쟝구한 사무에 피선된 로력자들에 대하여 "조합"은 그들이 일자리에 돌아온 후에 즉시 그들의 이전에 하던 일이나 혹은 그와 상등한 직무나 공작을 그들에게 맡기되 그들이 이상 각 단톄에서 일한시 일에 대하는 특히 법률에 지시한 것 외에는 "조합"에서 갚아주지 아니함.

Ⅶ. 로동 시간과 휴식

36. ① 벌목, 부송 및 보조뎍 로동의 로동시간은 팔시간으로 뎡하며 직접으로 생산과 련결되지아니한 "조합"사무소들에는 육시간으로 뎡함.

   ② 부송과 부송에 보조되는 공작과 또는 목재를 배에 실는 등 로동에 있어서는 직업회긔관의 승락과 로력감독긔관의 인준에 의하여 일개월에 48시간이 넘지말게 뎡한 외의 공작

을 허락하되 명한 외의 동작시간은 반듯이 계획덕으로 일 홀동안에 4시간이 넘지 못함.

③ 목재준비공작에서 삼월 일일이 지난 후 봄철에는 로동자위원회의 동의에 의하여 명한 외의 로동을 매일 2시간이 넘지말게 허락함.

※ 주의:

• 로력에 대한 보수를 명긔덕으로 하는데서는 명한외 로동의 첫 2시간은 1배반, 남아지 시간은 2배식 지급함.

• 개삭으로 하는 일ㅅ군들에게는 로동시간을 한 시간을 늘이면 그날 공작의 개삭은 5%(5파센트)를 올리며, 두 시간을 늘이면 10%를 올리며, 세 시간을 늘이면 18%를 올리며, 네 시간을 늘이면 25%를 올림.

37. 전톄 로동자들과 사무원들에게는 반듯이 매 주일에 한번은 42시간의 게속덕 휴식이 있어야함. 매주일 휴식일 외에도 조차의가 긔업소에서는 본 게약에 첨부하는 일람표(목록뎨9)에 긔록한 모든 특별휴업일과 혁명긔념일에는 공작을 정지하되 우에 말한 특별휴업입과 명절들은 개삭일ㅅ군에게는 중등임금을 지급하고 임금을 명긔덕으로 받는 자들에게는 어떤 강제던지 행치 못함.

※ 주의: 로동자들의 승낙에 의하여 휴식일을 그 주일내 다른 날로 밖우는 됴건하에서 고명한 휴식일에 보통 임금을 받고 일한는 것을 허락함.

38. ① 로동자들과 사무원들에게는 휴가는 로력법뎐뎨 14됴에 덕응하여 허락하되 휴가 긔간에 "조합"은 로동자들과 사무원들에게 그들의 중등임금에 의하여 지급함. 11개월 이상을 일한 로동자와 사무원에게는 삼주일 동안의 휴가를 줌.

② "조합"의 탓으로 휴가를 주지 못하는 경우이면 일ㅅ군들은

“조합”으로붙어 이주일 중등임금과 상등한 보조금을 받음.

③ 휴가를 리용한 것은 “조합”에서 반듯이 로력자의 회게장에 표긔함.

④ 일한 지 오개월반(5½월)이 되기 전에 로동자나 사무원을 해고하는 경우이면 해고된 자들은 일하여지나간 매달에 일개월 중등임금의 24분의1(1/24)식을 받음.

※ 주의:

• 조게 밖에셔 휴가를 리용하기 원하는 일ㅅ군들에게는 전후로 래왕하는 시일이 일개월이 넘지 못하며 그것은 휴가에 들지 아니하고 또 보수에도 속하지 아니함.

• 휴가로 있는 동안에 로동자들의 본 합동게약에 일ㅅ군에 대하여 말한 모든 권리는 그대로 보젼됨.

Ⅷ. 로력보호와 의약상 원조

39. “조합”은 본 게약에 첨부한 일람표에 지시한 각 등급의 로동자들과 사무원들에게 로동복을 내여줄 의물 짐.(부록뎨10)

40. “조합”은 뎡한 순셔대로 로동자들과 사무원들을 보험할 의무를 짐.

41. 만일 로동쟈들과 사무원들 중에서 누구던지 공작에서나 혹은 공작관게로 불행한 경우(버히던지, 상하던지, 얼던지 또는 기타)가 생기던지 또는 병이 난 때에는 “조합”은 보험하지 아닌 로동쟈들과 사무원들에게 림시뎍으로 로동능력상실에 의하여 로동능력상실한 날로붙어 그것을 회복하거나 혹은 병신으로 확뎡되는 날까지는 병고토로 있는 동안을 중등임긍에 의하여(그러나 그들의 임금뎡액 이하는 되지 않게) 지급함.

※ 주의: 치료를 맞인 후에 “조합”은 해당한 자에게 그의 자격에 합당한 일을 줌.

42. ① 공작에서나 혹은 그의 관게로 불행을 당한 자가 병신이 되던지 혹은 불행이나 병으로 인하여 죽는데 이르는 경우면 "조합"은 보험하지 아닌 피해자에게나 혹은 그의 가솔에게 이런 경우에 대한 사회보험에 표준의 이하가 되지 않는 규제금을 지급하며 쌍방의 불합의가 있는대이면 병신이 되거나 죽은데 대한 보슈문데는 재판으로 해결함.

② 우에 말한 구제금으로 "조합"은 피해쟈가 일을 멈춘 날붙어 일주일내에 반드시 피해한 로동자나 사무원에게 부상이나 병고에는 한 달 임금을 지급허며 죽은 경우에는 그 가솔에게 두 달 임금을 지급함.

③ 지급하는 액수는 지나간 동안의 평균수입에 의하여 명하되 본 게약에 의한 임금명액이하가 되지 말게함. 로동쟈나 사무원이 그의 리행하는 공작으로붙어 불행한 경우를 당하여 죽은 때에는 그의 가솔이 사회보험으로붙어 받은 구제금이 있음에 불관하고 "조합"은 죽은 쟈의 평균수입의 삼 개월 치를(데칠급 이하가 되지 말게) 단번에 지급함.

43. 어떤 사정에서 던지 죽은 로동자와 사무원의 가솔에게 "조합"은 해고한 로동자들과 꼭같은 됴건으로 북해변에서 떠날만한 가능을 줌.

44. ① "조합"은 조게내에 병원으로 쓸입 두 채를 건축할 의무를 짐. 백 명이상 로동자가 모힌 곧에는 "조합"은 응급치료소를 조직함.

② 일하는 장소에는(십장들에게) 반듯이 "조합"경비로 약품과 그의 사용 방법에 대한 지시까지를 공급 하여야됨. 병원과 응급치료소의 건축도본과 설치디뎜, 또는 약방에서 쓸 약품 선택 등에 대하여 "조합"은 반듯이 보건인민위원부 원동지국이나 혹은 조게내에있는 그의 디방긔관과 협의하여야 됨.

③ 불행한 경우 혹은 병에 걸린 때에는 "조합"은 자긔경비로
병원으로나 혹은 주택으로 운반하며 치료를 마친 뒤에는
일처소로 돌아가는 등 비용을 일ㅅ군들과 그의 가솔에게
지급함. 의사의 지시에 의하여 병자나 불행한 경우로붙어
피해한 자가 브라디보쓰토끄시에서 특별한 치료를 할 필요
가있는 경우이면 그들의 브라디보쓰또크로 래왕하는것도
"조합"경비로 함.

Ⅸ. 문화사업

45. "조합"의 문화사업에 대하여 "조합"은 로동자들과 사무원들에
게 실디로 지출하는 총액의 2½%부가금를 "조합"에 납부함.
※ 주의: 자긔말을 가지고 일하는 운반부들의 임금에 대한 부
가를 행할 때에는 임금총액의 55%에만 부가함.

46. "조합"은 반듯이 문화사업을 위하여 잘 설비된 장소(부록뎨11)와
따라서 연료, 등화, 뭅 등을 공급하며 또한 장소의 수리를 실
행할 의무를 짐.

47. "조합"은 물화긔관사업자들(구락부 일군, 교사 및 기타)과 그들의 가
솔들에게 주택과 기타 공용물을 디방관텽의 뎡한 값과 조합일
ㅅ군들에 대하여 본게약으로 확뎡한 수량에 의하여 공급하며
식료와 많이 수용되는 물품은 긔업일ㅅ군들에 대하여 본게약
으로 확뎡한 수량과 가격에 의하여 공급함.

Ⅹ. 직업회단톄

48. "조합"은 조게내에서 사업하기에 아조 합당한 장소와 그에 대
한 필요한 설비품까지 로동자 위원회에 내어줄 의무를 짐.

49. 직업회 단톄(로동자위원회 및 기타)유지와 따라서 공작에서 방면되
는 위원회위원들에 대한 지출을 위하여 "조합"은 로동자들에

게 임금을 지발하는 그 동시에 로동자들과 사무원들에게 지발하는 임금실수의 2%를 "조합"에 납부함.

※ 주의: 제 말을 가지고 일하는 운반의 임금에 대하한 부가를 행할 때에는 임금총액의 55%만 부가를 함.

50. 긔업쑈나 사뭇의 공작에서 방면되지 아닌 위원회위원들은 위원회의 요구에 의하여 "조합"은 매달에 한 번씩 그들을 공작시간에 자긔의 의무리행으로 붙어 면허하되 할흐 이상은 면허치 아니하며 공작상 의무를 리행치 아닌 것은 임금을 그대로 지발함.

51. "조합"은 자긔조계내에서 직업회일ㅅ군들(중앙관리국, 변강관리국, 현지국, 구역위원회, 로동자위원회 등 일ㅅ군들)에게 통행긔구(배나 차)를 특별한 값으로와 또는 그들의 요구대로 공급할 의무짐.

52. "조합"이 만일 직업회 단테들에 대하여 자긔가 부담한 의무에 관한 부분의 본계약을 리행치 않거나 혹은 위반하는 경우에는 이로 인하여 직업회 단테들이 당한 여러가지 물질상 손실의 배상함.

53. "조합" 긔업쑈들에 있는 직업회 일ㅅ군들에 대하여 "조합"은 쥬택과 기타 공용물을 본 디방관명에서 명한 값대로 사용하도록 그들에게 허락하며 식료와 기타 필요품은 "조합"일ㅅ군들과 동등으로 사용케함.

54. 쏘베트사회주의공화국동맹 농림로동자직업회중앙위원회와 원동변강관리국위원들과 그즐의 전권위원들이나 또는 본직업회 현, 구역 및 하급위원회드이방긔관의 위원들이나 혹은 그들의 전권위원들이나 다 한가지로 이에 말한 직업회 단테들의 위임자에 의하여 "조합"의 모든 공장을 장애 없이 참관할권을 가짐.

55. 본계약에는 다음과 같은 부록(첨부)들이 있음.

① 합동계약의 효력이 덕용되지 아니하는 직원들

② 감명-쟁의위원회에 대한 규명

③ 뎨 15됴 - 공작과 직무의 분류

④ 뎨 22됴 - 작성에 대한 표쥰

⑤ 뎨 14됴 - 긔술뎍 됴건

⑥ 뎨 28됴 - 식료 다른 용품의 의무뎍 표쥰에 대한 일람표

⑦ 뎨 29됴 - 주택의 건축 표준에 대한 규명.

⑧ 뎨 29됴 - 가사의 건축과 설비에 관한 규명.

⑨ 뎨 37됴 - 특명 휴업일과 혁명긔념일 일람표

⑩ 뎨 39됴 - 로동복에 대한 표준

⑪ 뎨 46됴 - 문화사업기관들의 명록과 그들의 설비

1927년 10월 12일

쏘베트사회주의공화국동맹 일본원동림업조합

농림로동자직업최중앙위원회("로리오린기오꾸아이")

에.베.사흐놉쓰기이, 트.나리따,

아.쓰.라쓰똘구예브, 유.아베.

〈부록 뎨 1〉

(합동게약 뎨 3됴에)

본 합동게약의 효력이 뎍용되지 아니하는 직원 일람표

본게약의 효력은 아래와 같은 직무를 리행하는 자들에게는 뎍용되

지 아니함:

ㄱ) 사무실쟈, 그의 대리, 서무원,

ㄴ) 부긔쟝과 상등 부긔원,

ㄷ) 긔술상 및 상업상 지배인,

ㄹ) 법률고문,

1927년 10월 12일

쏘베트사회주의공화국동맹 일본원동림업조합

농림로동자직업최중앙위원회("로리오린기오꾸아이")

에.베.사흐놉쓰기이, E.나리따,

아.쓰.라쓰똘구예브, 유.아베.

〈부록 뎨 2〉

(합동게약 뎨 8됴에)

감명-쟁의위원회에 대한 규명

ㄱ) 총측

1. 감명-쟁의위원회는 다음과 같은 목뎍으로 국가, 사회 및 개인
   등 경영의 긔업소들과 사무소들에 설치됨:

   ㉠ 합동게약과 임금협명으로 붙어 발행되는 모든 규명의 실시,

   ㉡ 긔업소들에서 관리긔관과 로동자 및 사무원들 사이에 일어
      나는 쟁의와 충돌의 해결,

   ㉢ 내부정돈에 관한 규례초안의 작성.

ㄴ) 감명-쟁의위원회의행사

2. 합동게약과 임금협명 실시에서의 감명-쟁의위원회의 행사에는
   다음과 같은 것이 속함:

   ㉠ 임금등급에 의하여 공작과 직무배명의 심사와인준,

   ㉡ 합동게약과 임금협명에 준응하여 생산물과 개삭에 대한 표
      준의 심사와 인준,

   ㉢ 특종의 공작이나 혹은 직업에 대한 시험, 방식의 설명,

   ㉣ 휴가의순서와 순번의 설명,

   ※ 주의: "ㄱ","ㄴ","ㄷ","ㄹ" 등 항에 지시한 문뎨들은 긔업 관리
      긔관이나 혹은 그의 긔술-됴절긔관에서 초창만들이 감명-재
      의위원회의 인준에 뎨출함. 그러나 이것이 감명-쟁의위원회

상무부의 이 문뎨들에 관한 자긔의 초안을 만들어 감명-쟁의위원회의인준에 뎨출할 권리는 소멸시기지 못함.

(ㅁ) 내부명돈에 관한 규측 초안의 작성,

(ㅂ) 각개 로동자로나 혹은 공장위원회로붙어 들어오는 전톄나 또는 개인의 임금에 대한 옳지아닌 회게의 검뎜과 옳지않게 진행된 직업상 시험의 검명 등에 관한 청원심사.

3. 감명-쟁의위원회행사에는 긔업소들이나 사무소들에서 합동게약의 실행상에서 일어나는 쟁의와 또는 로력게약에서 일어나는 쟁의 해결도 속함.

※ 주의 : 감명-쟁의위원회의권한에 속하지아닌 것은:

1) 합동게약의 본질을 반대하는 쟁의, 그의 일부분의 변경에 대한 요구와 또는 합동게약이나 임금 협명에 새됴건이나 혹은 첨부됴건을 넣으려는 요구,

2) 로력법뎐과 사회보험법위반에서 일어나는 사건.

ㄷ) 감명-쟁의위원회의구셩

4. 감명-쟁의위원회는 (1)직업회(공자위원회-디방위원회)와 (2)긔업소나 사무소 등의 동수의 대표로 동등한 기초에서 조직됨.
매긔업소의 대표수는 만일 그것을 합동 게약에 말치 아녓으면 쌍방의 협의로써 명함.

※ 주의 :

1) 다수한 직공조합이나 지부를 가진 대긔업 소들에서는 등급에 의한 공작과 직무배명의 초상심사와 표준과 개삭의 검명을 위하여 동등의 원측을 준수함과 아울어 직공조합의 감명-쟁의지위원회을 조직할 수 있음. 이지위원회들의 모든 행사는 전긔업소 감명-쟁의위원회가 심사하며 인준함.

2) 로동자들과 사무원들이 30인 이하가 되는 긔업소나 사무소들에서는 로동자측의 감명-쟁의위원회 위원의 의무를 직업

회 로동자 대표(전권위원)가 부담함.

5. 쌍방에서 각ㄱ(각) 의장 한 사람과 서긔 한 사람씩을 선명함. 감명-쟁의위원회의에서 의장과 서긔 의무는 량측 대표들이 번갈아 리행하되 한회의에서 의장과 서긔 의무를 한 측 대표만으로 리행치 못함.

6. 감명-쟁의위원회의 모든 회의에는 직업회와 경리기관의 대표들이 참석할 수 있음.

ㄹ) 작사 순서

7. 감명-쟁의위원회에 대출되는 모든 문뎨는 감명-쟁의위원회의에서 심사함. 결의는 회의록에 긔록하고 회장과 서긔가 사명하며 이일내로 반듯이 현저한 처소에 게시하여 전톄의 참고가 되게함.

8. 감뎜-쟁의위원회의는 매주에 일차씩하되 쟁의뎍 성질을 가진 사건 심사는 반듯이 감명-쟁의위원회에 청원이 들어온지 24시간이 넘지 말고 심사함.

9. 감명-쟁의위원회에서 모든 문뎨는 쌍방의 동의로 해결하되 쌍방의 대표수에 불관하고 각ㄱ(각) 한 표로 간주함.

10. 감명-쟁의위원회에서 쌍방의 동의를 성취치 못한 문뎨들은 일뎡한 쟁의 순서에서의 해결에 넘겨줌.

11. 쌍방의 동의로 된 감명-쟁의위원회의 해결은 쌍방에 대한 최후해결이 되교 의무뎍이 되여 상고 할 것이 되지 못함.

    ※ 주의: 법률에 저축되는 감명-쟁의위원회의 해결은 효력이 없으며 그에 대하여 로력인민위원부 긔관은 서면으로 그 리유와 법률에 저출되는 것을 지뎍함과 동시에 감명-쟁의위원회에 자긔의해 결의 재심을 뎨의하는 통지를 발함

12. 만일 감명-쟁의위원회에서 쟁의를 심사할 때에 형사상 행위가 발로되면 그것은 즉시로 국민재판에 넘겨주는데 속함.

13. 감명-쟁의위원회 사무는 공작시간에 진행하며 긔업소나 사무
   소에서는 그들의 중등임금 이하가 되지 말게 그들에게 보수함.

1927년 10월12일

쏘베트사회주의공화국동맹 일본원동림업조합

농림로동자직업최중앙위원회("로리오린기오꾸아이")

에.베.사흐놉쓰기이, E.나리따,

아.쓰.라쓰똘구예브, 유.아베.

〈부록 데 3〉

(합동게약 데 15됴에)

"조합" 공작에서의 임금등급에 의한 공작과 직무의 분한

번호	직무명칭	임금등급	비고
1	상등직공장	12	
2	목재준비직공장	10-11	
3	해변에서접수하는직공장	9-10	
4	상등로동자	8	
5	잔벌로동자	6	
6	차량에운반하는로동자	7	
7	마차에운반하는로동자	6	
8	부송(물몰이)과떼만드는로동자	7	
9	목재실는로동자	6-7	
10	야장	8	
11	목수	8	
12	마구(말소장)공	8	
13	목재를쌓는로동자	5	
14	긔술이 없는 보조공작(도로수선)에서 일하는로동자	4	

(계속)

번호	직무명칭	임금등급	비고
15	밤수직	6	
16	로력단식부	6	
17	치료소사무원	6	
18	의사	-	의약로력자직업회 임금율에의하여
19	의사조수	-	
20	수의	-	
21	수의조수	-	
22	상등고간경리인	9-10	
23	고간경리인	8-9	
24	고간경리견습생	4-5	
25	부긔원	13	
26	회게원	10	
27	사긔	8-9	
28	타자생	7	
29	마뎡	6	
30	면포공	7	
31	일등자동선기관수	11	
32	이등자동선기관수	9-10	
33	화부	7	
34	타수	8-9	
35	소긔선로동자	5-6	

1927년 10월 12일

쏘베트사회주의공화국동맹 일본원동림업조합

농림로동자직업최중앙위원회(“로리오런기오꾸아이”)

에.베.사흐놉쓰기이, E.나리따,

아.쓰.라쓰똘구예브, 유.아베.

〈부록 뎨 4〉

(합동게약 뎨 22됴에)

작벌자와 운반자가 8시간 로동에서의 작성표준

공장족류	분류	운반거리 (낄로메틀)	자은 완전한 푸트로 후는 가는 머리로 껍질을 제하고 순전한 무만으로 계산하는 자원테의 용적에서의 작성표준
	통목(도리)		125립방푸트
	장목		250립방푸트
작벌	통목	1	185립방푸트
운반		2	135립방푸트
		3	90립방푸트
		4	70립방푸트
	장목	1	140립방푸트
		2	100립방푸트
		3	60립방푸트
		4	50립방푸트

※ 주의: 1. 긔술상 감독의 뎨의에 의하여 긔술상 됴건을 준수함으로써 썩은 나무를 골라내는데서 표준을
7%를 감하함.
2. 장이 28푸트 되는 뎐신주에 대한 평가는 10%를 증가하되 측량은 나무의 중앙의 고에 의하여 함.
3. 자긔 말을 가지고 일하는 운반부의 운방에 대한 개삭을 뎡함에는 근본 임긍뎡액이 80%가 높아짐.

1927년 10월 12일

쏘베트사회주의공화국동맹 일본원동림업조합

농림로동자직업최중앙위원회(＂로리오린기오꾸아이＂)

에.베.사흐놉쓰기이, E.나리따,

아.쓰.라쓰똘구예브, 유.아베.

〈부록 례 5〉

(합동계약 례 24됴에)

긔슐 됴건

1. 목재준비(작벌, 도로수선, 목재운반과 적치)에는 반듯이 산린관리기관의 됴례와 또는 "조합"의 긔슐상 감독의 지시를 확실히 리행하여야 됨. 증서에 의하여 할급한 디나의 디경으로붙어 목재를 준비하는 때에는 디경을 넘지 말며 나뭇가지와 통목으로 협도(오솔길), 소천, 도로 등을 충련치 말며 디경에선 나무들은 반듯이 자긔의 디게내에 지울 것(버혀 넘길 것)이오, 남의 디게를 범치말며 작벌에 들지 아닌 나무들에는 독기자리를 내지말며 운반할 목재를 삼림에 그대로 두지 말고 "조합"사무원의 지시대로 운반할 것.

2. 긔슐감독의 지시에 의하여 통이 육벨소크되고 고가 디면으로붙어 1.3메트르 되는 침업슈는 다 작별하되 로동자들은 반듯이 본규뎡 례 10됴에 의하여 작별한 나무 전부를 우끝으로사벨소크까지는 다 재목으로 리용할 것.

3. 나무를 버힐때에 긁의 높이는 3/4알시나가 넘지 말것.

4. 경계선 밖에 있는 일년목(어린나무)을 손상하는 것을 엄중히 금지할 것.

5. 운반할 목재를 계산하기위하여 적치하는 것은 "조합"사무원들이 지시하는 디뎜에할 것.

6. 쥰비된 목재를 반듯이 분류(장에 따라), 질, 종쇽(젓솔, 이갈등은 한종쇽으로 인뎡함)등에 의하여 장이 같은 것은 하데로 모히며 나무 머리를 한방향으로 모혀 각) 제무지씩 쌓아 놓을 것 이 규뎡으로붙어의 위반은 다만 우연히 섞인 것이 5파쎈트가 넘지 말아야 용인하며 무지를 바로 쌓지 못한 것은 반듯 "조합"사무원의 지시대로 다시 쌓아야됨.

7. 톄적법으로 측량하는 퇴적(무지)들은 반듯이 동일한 광으로 방정하게 쌓을 것.

8. 성한 목해무지에 썩은 목재가 우연히 들어간 경우에는 그것의 혼잡은 그무지에 있는 목재총슈의 5파쎈트가 넘지 말아야 용인하되 우연히 들어간 썩은 나무는 가는 머리와 옆에 알아볼만한 것으로 표하는 됴건으로써 함.

9. 톄적법으로 몰재를 게산함에는 한 립방 아쎈을 슌전한 목재의 220립방 푸르로 접슈함.

10. 쥰비하는 목재는 반듯이 다음과 같은 척촌이 되여야함.

    ㄱ. 도리(통목) : 젓솔, 감은비...12푸트, 8쑨(길이) ;.

        잣솔,이깔(락엽송)....12푸트,8쑨(길이).

    ㄴ. 꼬리로 한푸트 :

        3쑨이상 되는 잣솔,젓솔....14푸트,5쑨(길이),

        큰통목.

    ㄷ. 장목, 이깔......장이 28-34푸트와 톤이 6-8쑨.

11. 로동자들게로붙어 접슈하는 목재의 용적은 인본장원톄측량법에 의하여 장으로는 한 푸트되지 못하는 것을 바리고, 고로는 꼬리로 껍질을 제하고 한 쑨 이하되는 것을 바리되 장이 28푸르되는 장목줄어는 나무의 중앙뎜의 고에 의하여 측량함으로써 확장함.

12. 로동자들의 채버하지 못하엿으나 작별에 속한 수목이 서있는데서 삼림국에서 벌목구, 나무 버혀 낸 자리를 접슈하는 때에는 로동자들은 반듯이 거긔에서 있는 슈목을 “조합”사무원의 지시대로 완견히 작별할 것.

1927년 10월 12일

쏘베트사회주의공화국동맹 일본원동림업조합

농림로동자직업최중앙위원회("로리오린기오꾸아이")

에.베.사흐놉쓰기이, E.나리따,

아.쓰.라쓰똘구예브, 유.아베.

〈부록 데 6〉

(합동게약 데 28됴에)

일본원동림업조한 고간들에 꼭 있어야 될 물품식료 일람표

번호	물품과 식료명칭	일인 일개월 수고의 가뎡표준	비고
1	유밀가루	1쁘드	
2	밀가루(상등가루 2호)	0.5쁘드	
3	모밀쌀	4푼트(근)	
4	입쌀(백미) ㄱ.일본로동자 ㄴ.다르로동자	2쁘드	
5	감져	15푼드	
6	감방(다두배채)	0.5쁘드	
7	옥총(루크)(알망이로)	8푼드 여름에	
8	쇼고기	7푼드	
9	쇼기름다린것	1푼드	
10	삼씨그림	1푼드	
11	간짐련어	3푼드	
12	덩이사탕	2푼드	
13	다루사탕	1푼드	
14	소곰	2푼드	
15	미쏘	8푼드	
16	간짐무	5푼드	
17	미억	1푼드	
18	마른무	2푼드	
19	팥	1푼드	

(계속)

번호	물품과 식료명칭	일인 일개월 수고의 가뎡표준	비고
20	완두	1푼드	
21	콩기름	¼푼드	
22	일본차(본차)	½푼드	
23	초(목는초)	¼푼드	
24	기장쌀	5푼드	
25	된장과간장	½푼드	
26	비루	1푼드	
27	담바(2호)	0.18푼드	
28	성냥	10갑	
29	보통장와	0.07쌍	
30	울로(도톡이)	0.2쌍	
31	씨째츠	1.6메트르	
32	뵈	0.5메트르	
33	뜨레꼬(목속)	1.6메트르	
34	보통모직	0.12메트르	
35	마홀까(담바)	1푼트	
36	담바조의	20쟝	

※ 주의: 1. 이상에 렬거한 물품과 식료외에 반듯이 로동자들의 실디 요구를 수용할 다음과 같은 물품과
　　　　　식료가 현존하여야 됨.
　　　　　㈀ 잡화: 침고에 쓸 여러 가지 바늘과 실, 각종 단추 쇼구, 여러 가지 빗, 갈, 가위 및 기타 로동
　　　　　　　자들의 일용품
　　　　　㈁ 식료: 여러 가지 청어, 소와 도야지 살고기, 해자울이씨 기타
　　　　　㈂ 각 고간에는 요구를 수용할 제죠한 면보(검은 것과 힌 것)가 반듯이 있을 것.
　　　2. 본 일람표에 긔록되지 아닌 물품과 식료에 대한 로동자와 사무원들의 요구가 생기며 그것들이
　　　　 고간에 없는 매이면 관리긔관에서 디방직업회 단톄들의 재차청구에 의하여 실디 슈요를 공급할
　　　　 만 하도록 슈을할 의무를 짐.
　　　3. 물품을 받기 곤난하거나 배의 통행이 건톄되는 경우에는 이상에 말한 표쥰에서 크지 아닌
　　　　 슈량상 변경이나 혹은 다른 물품으로 대중하는 것을 용인함.

1927년 10월 12일

쏘베트사회주의공화국동맹 일본원동림업조합

농림로동자직업최중앙위원회("로리오린기오꾸아이")

에.베.사흐놉쓰기이, E.나리따,

아.쓰.라쓰똘구예브, 유.아베.

〈부록 데 7〉

(합동계약 데 29됴에)

목재준비와 부송공작에셔의 주택건축과 표준에 대한 규명

1. 로동자들과 사무원들의 거처할 집은 반듯이 일면내의 각설에
따라 로동자들의 사용에 덕당케하며 일하는 곧에서 삼리(로리)
가 넘지 말게 있으며 밝고, 덥고, 간조하고 공긔가 잘통하고 태
양광선이 발들도록 설치도엿고 집으로 붙어 일처소로 간느데는
반듯이 방편한 통로를 설치하여야 됨.

2. 습디나 혹은 쉽게 썩는 믈톄의 짓격이로 충적된 디뎜에는 주택
건축을 허락지 아니함. 공작상 생산 됴건에 인하여 부득이 습디
에 주택을 건출하게 되는 경우에는 본 디방 로력감독, 위생-긔
술 감독, 건축긔술감독 등 긔관이 이런 디염에 쥬택건축의 필연
을 증명하는 상당한 안을 요함. 이런 경우에 쥬택을 건축함에
반듯이 디면의 증발하는 쉽긔를 잘 막으며 바름이 잘 통하는 디
반을 만들던지 혹은 긔타 상당한 긔술상 방침을 취여

3. 주택을 토옥으로 건축하던지 혹은 마루를 따속에 깊이 놓는 것
을 허락지 아님.

4. 마루는 반듯이 베똔으로 만든 디충(혹시 뎜토로 닻인 것 일지라도) 우
에던지 혹은 높이고 놓은 궤목우에 펴되 들재 경우애는 향판을
설피함이 필요하며 이런 경우에는 마루밑은 반듯이 흙을 쌓아
한긔를 방어하야 됨.

5. 벽, 마루, 텬쟁, 옥근(이영) 등은 견고하고 틈이 없어야 되며 과
동할 주택의 마루와 텬졍은 반듯이 덥게 만들어야 되며 따바닥

은 허락지 아니함. 만인 텬정은 없고 다만 옥근만 있는 때에는 반듯이 그것을 만들며 또는 아주 덥게 만들어야 됨.

6. 주택의 높이는 마루로붙어 텬정까지 3½알신(로씨야척)이하가 되지 말며 만일 텬정이 없으면 벽높이가 반듯이 마루로붙어 옥근이 시작되는 데까지 2알신 이하가 되지말게 하야써 주택의 중앙고가 3½알신이 골치말게 할 것.

7. 주택과 주방은 반듯이 류리창으로써 밝게 하되 류리창으로 밝히는 면적은 디판, 마루면적의 1/10이하가 되지말며 긔타 보조덕 방옥(식당, 복도, 세면실-변쇼긔타)들에는 1.15이하가 되지말며 본디방 겨을평균 온도가 령(0)이하되는 데셔 과동할 쥬택들에는 류리창은 반듯이 두겹을 하여야됨.

8. 겨을에 불때는 것은 반듯 섭씨 12도 이하가 되지 아니하는 온도를 보장하도록할 것, 연통막애없는 쇠난로를 근본덕 난실긔구로 셜치하는 것은 허락지 아니함.

9. 쥬택과 불때는 공청의 출입문들은 반듯이 현관으로 방호하며 공동숙사와 공통으로 사용하는 건물(목욕실, 식당, 세탁쇼 및 기타)의 출입문들은 반듯이 밝오로 열게할 것.
    40인 이상이 거처하는 공동숙사의 출입구 슈는 반듯이 둘이상이 되어야 하며 그 이상은 매 20인에 문 한아씩 더할 것.

10. 방옥에 통긔하기 위하여 창 한아씩 통풍구를 만들며 매방에 한아 이상을 만들되 창을 반대 방면에 설치함으로써 바름이 관통될 가능을 미리 헤아리며 또는 난로에도 통긔에 덕당한 장치를 하는 것이 좋음.

11. 주택, 주방, 식당 등에는 반듯이 덕당한 분량의 물을 예비하되 물은 위생기관의 지뎡에 의하여 좋은 품질을 사용하며 물을 보전키위하여 세척하기 편리하고 불결을 방비할만한 수통이나 혹은 저수조를 덕당한 수로 설치하여야 됨. 물을 끓이여 로

동자들에게 끓은 물을 공급할 목뎍으로 끓은 물을 보존키 위하여 반듯이 뎍당한 설비가 있어야하되 이 설비를 침실내에는 장치하지 말 것.

12. 공동침실에는 공동침대 설치를 허락지 아니하며 반듯이 장이 2 3/4알신, 광이 1알신, 고가 디판으로 붙어 12벨소크(로시야촌) 이상되는 각개의 침대를 설치하여야됨.

각 침대의 간격은 옆으로는 $\frac{1}{2}$알신, 머리와 머리로는 $\frac{3}{4}$알신 이상되여야하며 침대와 겉벽들과의 간격은 반듯이 $\frac{1}{2}$알신 이상이 되여야하되 텬정이 없는 경우에는 1알신 이하가 되지 말것.

침대를 배렬한 중안 통로는 1알신 이하가 되지 말며 출립구들에서 가장 멀릐 놓은 침대들의 거리는 10싸썬이 넘지 말게 할 것.

13. 공동침실에는 매 한사람에게 반듯이 1$\frac{1}{2}$립방싸센의 공긔가 통아가야 되며 공동침실들은 반듯이 간격이 있어야하고 또한 리웃에 있는 공동으로 사용하는 장소와는 텬뎡 높이와 같이 견고한 벽으로 간격을 짖어야됨. 로동자의 가솔과 아이들은 공동침실에서 류숙하지 못함.

14. 로동자의 가솔에게는 반듯이 한가솔에게 한 방 이상을 딴 방을 주되 방은 반듯이 통로되지 안닌 것이라야 되며 각각 다른 가솔들의 거처하는 방들은 텬정까지 견고한 벽으로 간격을 짖어야됨. 가솔이 거처하는 방에 있는 장년자 매인에게는 1$\frac{1}{2}$립방싸센, 실세까지 된 아동 매인에게는 1립방싸센의 공긔가 돌아가야됨.

※ 주의: 뎨13, 14등 됴에 대한것, 립방수를 게산할 때에 고가 5알신 이상은 게산에 넣지아님.

15. 벽을 조희로 바르거나 혹은 동량을 마분지로 분이는 것은 허락지 아나함.

16. 출입구와 복도는 반듯이 문을 자유로 열고 닫으며 출입이 편이 하도록 만들되 주택의 복도는 반듯이 넓이가 1½알신 이하가 되지 말게 하며 복도의장이 9알신 이상 되는데는 광이 2알신 이하가 되지 말게할 것.

17. 주택에는 반듯이 완전히 설비한 의복 말리는 데와 세수하는데 사용하는 특별한 방이 따로 있어야됨.

18. 공동숙사와 또는 가솔들의 주액에(가솔들의 주택에 딴주방이 없는 경우에는) 반듯이 본 의무덕 결명의 우에 말한 요구를 만족히 할 공동주방과 식당이 따라 있어야 되며, 식당의 면적은 식구 한 사람에게 2평방싸센이 돌아가게 하며, 음식 먹는 사람 수는 톄번수에 의하여 명함. 주방과 식당에는 반듯이 충분한 통긔관을 설치하여야되며 여름에 거처하는 주택들에는 주방과 식당을 풍우를 잘 방어한 텬막아래에 셜치할 수 있음.

19. 공동주방과 가뎡주방에는 식료갈망에 편리하도록 설치된 덕당한 디하실과 저장실리 따로 있어야됨.

20. 남녀사용을 분별한 변소는 반듯이 주택으로 붙어 20싸센이 넘지 아니한 통행이 편리한 곧에 설치하며 따로 있는 변소는 반듯이 주택으로 붙어 6싸센박에 설치하되 그것들은 반들이 풍우를 잘 방어하게 되어야 하며 견고한 벽, 옥근, 문등이 있고, 공목은 한 변소에 15인을 용납할 것이 있어야됨. 공동주택과 공동사아용장소에의 공목수는 반듯이 2개 이하가 되지 말어야함.

21. 불결물을 받거나 림시로 그것을 갈망하기위하여 반듯이 불결물 저장지나 쇠통이나 혹은 나무통이나 궤등물이 있어야 함.

22. 불결물을 제쟁지는 반듯이 액테가 새지 말게하되 송지먹은 두텁은 널로 만들고 사방으로 후가8윌소크가량이 되게 진흙으로던지 혹은 별돌로 만들고 쎄멘트나 혹은 베똔으로 안을 바

른수돌을 장치할 것. 그에는 뚜껑 우의로 올라간 통긔간이 있어야됨.

> ※ 주의: 특별한 경우에 디방로력부와 위생부의 허가로 불결물저장지는 만일 저수지나 디하수를 더럽히거나 전염시길 위험이 없으며 수돌없이나 혹은 통목으로 만드는 것을 용인함.

23. 오예물과 오수(구즈틱물) 때문에 반듯이 주택에서 멀릐 견고한 뚜껑으로 덥은 오수지를(불결물 저장장치 외에)설치할 것.

24. 주택주의는 비ㅅ물이 갑는 것과 물구덩이 생기는 것을 예방키 위하여 편명하게 만들며 텬상수를 흘어가게 하기위하여 갓갑이있는 논물가로 통한 도랑을 츠되 결코 먹는 물 공급에 리용되거나 그와 련결된 물가에는 통치말 것.

> ※ 주의: 여기에서는 반듯이 보건인민위원부에서 저수지를 불결로 붙어 방어하는데 대한 표준과 요구를 준슈할 것.

25. 로동자들과 그들의 가솔들에 반듯이 매주에 한 번씩은 목욕실 사용과 내복 세탁할 가능을 주도록할 것.

주택건축게획안은 반듯이 로력감독부와 주택-위생감독기관의 단안에 데뿔하여야되며 이 게획안의 인준은 이 뎡한 순서에 의하여함. 이 가옥들에 사람을 들이는 것은 미리 로력감독부와 주택-위생감독긔관에 통지하여야됨.

1927년 10월 12일

쏘베트사회주의공화국동맹 일본원동림업조합

농림로동자직업최중앙위원회("로리오린기오꾸아이")

에.베.사흐놉쓰기이, E.나리따,

아.쓰.라쓰똘구예브, 유.아베.

〈부록 뎨 8〉

(합동게약 뎨 29됴에)

가사건축과 설비에 관한 규뎡

1. 40인이 거처할 쥬택의 대소는 40평방싸센(10싸센X4싸센)으로 할 것.

2. 식당은 주방까지 8평방싸센이 되게 할 것.

3. 세수간, 화장실, 목욕탕은 각ㄱ(각)으로 할 것.

4. 마루는 궤목우에 널로펴며 마루밑은 토포로나 선태(이끼)로써 막을 것.

5. 옥근은 널로하고 선태로 덮을 것.

6. 텬정은 없을 것.

7. 벽높이는 마루로 붙어 옥근이 시장된데까지 2알신 이하가 되지 말며 가옥긔 중앙 높이가 3½알신 이하가 되지말것.

8. 벽은 통목으로하고 선태로 쯤을 막을것.

9. 창은 발게하며 류리로 밝히는 면적은 디판면적의 1.15이하가 되지 말 것.

10. 집을 덥히는 것은 연통이 밝으로 통한 쇠나로로 할 것.

11. 등화는 매가사에 8-7개의 괘 등으로 할 것.

12. 출입문은 2개 이하가 되지말 것.

13. 통긔는 창에 통풍구호써할 것.

14. 식당주방은 간벽으로써 분리 시길 것.

15. 세수대는 5개 이상의 분슈구가 있고 수건과 비누까지 있을 것.

16. 욕조(완나)는 큰 것 한 아름 둘 것.

17. 세탁에는 욕실을 리용하며 물통, 반등, 빨래 그릇 등을 공급할 것.

18. 집안에는 먹는 물을 닫은 통에 분수가 있는 것으로서 공급함.

19. 쥬방에는 반듯이 음식 만드는데 필요한 모든 긔구(가마, 남비, 기타)와 물 끓이는 그릇(차관과기타)들을 설치하며 식당에는 반듯이 그 집안에 거주하는 사람 수대로 음식긔구가 있어야함.

20. 가사 곁에는 반듯이 운수부의 말을 둘 마구가 있을 것.

21. 집안에서는 반듯이 로동자들의 침대를 설치할 것.

1927년 10월 12일

쏘베트사회주의공화국동맹 일본원동림업조합

농림로동자직업최중앙위원회("로리오린기오꾸아이")

에.베.사흐놉쓰기이, E.나리따,

아.쓰.라쓰똘구예브, 유.아베.

〈부록 례 9〉

(합동게약 례 37됴에)

혁명 긔념일과 특볍 휴업일의 일람표

긔념일과 휴업일의 명칭	시 일	비 고
혁명긔념일		
1) 신년(세)	1월1일	
2) 1905년 1월9일긔념브이, 레님긔념	1월22일	
3) 군주제도파멸일	3월12일	
4) 파리꼼무나	3월18일	
5) 국제로동긔념일	5월1일	
6) 쁘로레따리아혁명일	11월7일	

주의: 1. 쎄쎄쎄르 헌법발표일은 7월 첫일요일에 긔념함
　　　2. 3월8일-국제로동녀자에일에는 로동녀자의 로동시간을 2시간을 감함.

특별휴업일		
1) 부활데2일		부활에 할흐는 일요일
2) 승텬일		
3) 성신강림	7월20일	
4) 변용일	8월6일	
5) 성모승텬일	8월15일	
6) 성모제	10월1일	
7) 성탄	12월25일	

주의: 우에 말한 휴업일들은 농림직업회로동자위원회 결뎡으로 다른 민족(고려인, 중국인, 일본인)
　　　로동자들에게는 로력감독부와 "조합"에 통지하고 다른 날로 밝울 수 있음.

1927년 10월 12일

쏘베트사회주의공화국동맹 일본원동림업조합

농림로동자직업최중앙위원회("로리오린기오꾸아이")

에.베.사흐놉쓰기이, E.나리따,

아.쓰.라쓰똘구예브, 유.아베.

〈부록 례 10〉

(합동계약 39됴에)

합동계약에 의하여 "조합"으로 붙어 로동복을 받을 권리있는 로력종류 일람표

번호	직업명칭	물품명칭	사용긔한
1	작벌과 운반로동자	1. 방수포장갑	2½개월
		2. 울로(도록이)	2½ "
		3. 감발	1½ "
2	목재를 쌓는 자들과 바곤에 실는데서 일하는 자들	1. 방수포장갑	2½ "
		2. 울로	2½ "
		3. 갈발(뇌)	2½ "
		4. 방수표흉패(앞치마)	3½ "
3	부송(물몰이) 로동자	1. 울로	2½ "
		2. 방수포장갑	1½ "
		3. 뇌간발	2½ "
4	목재 실는 로동자	1. 울로	2½ "
		2. 가죽장갑	3 "
5	십상	1. 울로	2½ "
		2. 털장갑	6 "
		3. 절은가죽외투	2 "
		4. 뇌감발	2½ "
6	야장	1. 방수포,앞치마	6 "
		2. 가락장갑(뜬것)	2½ "
7	목수	1. 방수포,앞치마	6 "
		2. 가락장갑(뜬것)	2½ "
8	마구장	1. 경한방수로(앞치마)	3 "
		2. 가락장갑(뜬것)	2½ "

(계속)

번호	직업명칭	물품명칭	사용긔한
9	고간경이원	1. 방수포, 앞치마	12"
		2. 가락장갑(뜬것)	2½"
		3. 소음저고리	12"
		4. 울로	6"
		5. 뵈감발	2½"
10	수직	1. 방수외투두건머리애쓰는것	1개년
		2. 울로	6개월
		3. 절은피외투	2개년
		4. 덥은장갑	6개월
		5. 귀달이털모자	2개년
		6. 뵈감갈	2½"
11	식부	1. 저고리나특은적삼2개	6"
		2. 흉괘(힌것)2개	6"
12	마정	1. 가락장갑(뜬것)	3"
		2. 울로	6"
		3. 방수포, 앞치마	3"
13	면포제조인	1. 엷은천으로만든흉괘2개	12"
14	길닦는로동자	1. 가락장갑(뜬것)	3"
		2. 방수포, 앞치마	3"
15	긔선운전수	1. 갑야운직물로만든의복한벌	1개년
16	타수(따리잡이군)	1. 방수포의복한벌	11"
		2. 모사장갑	1"
		3. 가죽장화	1"
17	와부	1. 갑야운직물의복한벌	6개월
		2. 가죽장갑	6"
		3. 연장화	1개년
18	수부	1. 방수포의복한벌	1"
		2. 모사장갑	1"

1927년 10월 12일

쏘베트사회주의공화국동맹 일본원동림업조합

농림로동자직업최중앙위원회("로리오린기오꾸아이")

에.베.사흐놉쓰기이, E.나리따,
아.쓰.라쓰똘구예브, 유.아베.

〈부록 데 11〉
(합동게약 데 47조)
문화기관과 그들의 설비에 대한 일람표
1. 가사에 있는 붉은 구석들은 면적이 2평방싸선이 되며 설비품은
   탁자, 장의자 2개, 책장 한아가 있을 것,
2. 각 강구에 있는 집들에 붉은 구석들은 면적이 6평방싸센이 되
   며 설비품은 탁자 2개, 장의자 4개, 책장 2개.
3. 쏘베트항에 있는 구락부 "조합"은 연료, 동호, 물 등을 공급하며
   림시 수리를 하여줄 의무를 짐.
4. 본 게약이 효력이 있는 동안에 "조합"은 데 11구내에 반듯이 면
   적 90평방싸쎈이 되는 중에 250인을 용납할 대령이 달린 구락
   부 집 한 채를 직업회와 다시 협의한 게획안 대로 건축 할 것.

1927년 10월 12일
쏘베트사회주의공화국동맹 일본원동림업조합
농림로동자직업최중앙위원회("로리오린기오꾸아이")
에.베.사흐놉쓰기이, E.나리따,
아.쓰.라쓰똘구예브, 유.아베.

쏘베트사회주의공화국동맹 농림로동자직업회 즁앙위원회가 일본원동림업조합
(로리오 린기오 쑤미아이)과 톄결한 합동계약에 첨부하는 의덩서와 공술서

합동계약 뎨2조에	중앙위원회공술: "직업회는 합동계약에 의하여 일을 시작한 후에 로동자들과 토의함에 의하여 로동자들로 합동계약을 토론한데로붙어 생길 변경과 첨부를 본 계약에 넣을 문뎨를 조합에 양하여 뎨출할 권리르 보류함."
합동계약 뎨12조에	만일 어떤 민족의 언어로 회게장이 충족한 수요가 없는 경우에는 그것을 로씨야말로 쓴 것을 발급하기로할 것. 만일 "조합"사무원들이 각 민족의 언어로 회게장에 긔록하기 곤난한 경우이면 로씨야말로 긔록한 것을 용인하는데 동의할 것.
합동계약 뎨18조에	로동자그루빠(알쩨리) 인원의 반수는 반듯이 자긔들의 평상거주디가 동일한 것으로 련결되여야함. 이 그루빠 인원들에게는 게약상 모든됴건이 원만히 뎍용되며 임금지출, 식료지급과 기타 모든회게는 그루빠에서 대출하는 실증에 의하여 각개 로동자와 각개로 행함.
합동계약 뎨26조에	첫재로 로동자들에게 뎡긔뎍 또는 뎍시의 임금지출을 보장키위하여 쌍방에서 다 예선접수(로동자들이 실행한 결과를 초창으로 접수하는 것)를 필요로 인뎡하며 만일 뎡긔뎍으로 선금을 지급하는 방식을 실시함음을 인하여 예선접수의 필요가 없는 경우에는 뎨27됴 뎨2부를 실행치아닌 것은 합동게약위반으로 간주치아니함.
합동계약 뎨27조에	로동자들이 임금쪼로 식요와 가장 필요한 물품을 받는 것을 용인함. 로동자들이 현금으로나 또는 물품으로 취한 선금을 갖는데는 로동자들에게서 그들에게 내여줄 총액의 35%가 넘지말게 강제함.
합동계약 뎨32조에	본 됴로 인하여 생기는 충돌을 감소시길목뎍으로 "조합"은 로동자위원회들로 더불어 공작을 실행치못할 불량한 일긔의 일수에 대한 총계산서를 만드는 것이 편리한 줄로 인뎡함.
합동계약 뎨33조에	"조합"은 공사구역내에 3처의 가축치료소를 설치할 의무를 짐.
합동계약 뎨51조에	직업회 일스군들은 소긔선(까쩨르)이 배에짐을 실거나 부리우는 긴급한 일에 매이지 아닌 때와 긴급한 공작이 없는 시간에 직업회에서 소긔선 사용을 요구하는 때와 또는 "조합"대표들이 래왕하는데 동행케되는 때에 소긔선을 사용할 수 있는 것을 시인할 것.

1927년 10월 12일

쏘베트사회주의공화국동맹 일본원동림업조합

농림로동자직업최 중앙위원회("로리오린기오꾸아이")

에.베.사흐놉쓰기이, E.나리따,

아.쓰.라쓰똘구예브, 유.아베.

　본 합동계약은 1927년 10월 13일에 원동변강로력부에서 게약등록부 데 13호에 등록한 것을 서명과 인장으로 증명함.
　원동변강로력부장(그니리츠끼이)
　임금-쟁의지부장(레이젠벨그)
　확실함　비서(서명)

6. 모쁠야체이까와 농촌(제 1권 7호, 1927년)

- 출판언어: 고려어
- 저자: 드.욷께쓰
- 번역: 김원
- 발행처: 해삼현 모프르(MOPR)[1]
- 출판사: Тип №.17
- 자료유형: 단행본
- 출판년도: 1927년
- 발행지: 해삼현

몬저 해석하고 다음에 야체이까를 조직하라.

우리가 일이 아는바 디방에 있는 자각한 농민들은 "모쁘르"의 리상에 대하여 뜨겁게 향응한다. 그리하여 그들은 종국농촌 주민대회에서 부르수아의 압박에 신음하는 혁명자들을 위하여 일부의 토디 경작하기를 결정한다. 그뿐 안이라 그들은 자디방에 모쁘르야체이가 조직을 청구하기 위하여 몇 십리되는 먼거리를 헤아리지 안하고 근에 있는 중앙 긔관으로 단인다.

그러나 농촌에 모쁘르야체이까를 조직함에는 반듯이 주의할 것이며 조심할 것이다. 오늘날까지되여 나가는것을 보편덕으로보면 농촌 주민대회에서나 당혹은 공청회야체이까에서 그면에 모쁘르아체이까를 반듯이 조직하여야되겠다 함을 광고한다. 그리하여 그 의견이 접수되면 그 자리에서 야체이까집행부를 되는대로 전정하고 마치 그과업을 다 실행한듯이 인증한다. 물론 이러케 조직함에는 해석에 대한

---

1 1922년 11-12월에 개최되었던 코민테른 제4차 대회에서 서구의 적십자(Red Cross)에 대응하는 개념으로 조직된 기구(МОПР : Международная организация помощи борцам революции 혁명전사국제원조기구)

준비사업이 거의 없는 것이며 따라서 그 일하는 방식이를 니는 바 아모 효과도 내지 못하고 마는것이다. 그럼으로 모쁘르사업에 자디방 농민들을 완전히 유인하기 위하여는 야체이까를 조직하기 전에 반듯이 준비사업을 실시하겟는 바 종남소에서 담화회를 하며 주민대회에서 적당한 보를하여줌으로 모쁘르의 의의와 그과업을 알게하여야되겟다. 그리고 이러한 보고담화에는 반듯이 농민의 혁명운동, 디주들의 그들게 대한 혹독한 압박, 금고된 정치법들의 형편 또는 가린한 역경에 바라이운바된 그들의 처자들 사정을 잘 표시할 것이며 필경농민들은 각 반듯이 모쁘르의 회원이 되어야 쓸 리유를 말할 것이다.

이러한 방식으로써 당야체이까의 지도와 방조에 의하여 선전사업을 신중하게 실시한 후에야 비로소 모쁘르야체이까조직에 대한 실디사업에 착수함이 필요하다.

〈농촌에서 누구로 모쁘르열성자가 되게 할가〉

보편덕으로 보면 농촌에서 모쁘르야체이까사업함에는 한 두 동무가 다른일에 겸임으로 전담하여 나가는 바 물론 이에는 하등의 결과가 없을 것이 사실이다. 대체 모쁘르는 농촌에서 큰 사업을 가지고 있다. 즉 이모쁘르를 경유함으로써 다수 농민군중을 사회덕 또는 당덕생활에 유인할 것이다. 그런데 이는 교양사업을 보급케함으로써 실시할 수 있는 것이다.

그러나 이러한 과업을 완전히 실행하려면 야체이까에서는 두 세동무들의 힘만스게 될 것이안이라 다수 열성자들을 요구하게 된다.

그러면 농촌에서 최초 모쁘르사업의 열성자로 누구를 모집할가?

우리가 잘아는 바 농촌에는 당원이 극소수이다. 그러나 그들은 당, 의회, 공리사 등 여러 가지사업을 겸임하고 나간다. 이제 그들에게 모쁘르사업까지 부담식이지 못할 것은 사실이다.

그럼으로 농촌에서 모쁘르사업 렬성자는 대다수로 비당원이 되어야 하겠다. 다야체이까에서는 다만 주의뎍 인도를 튼ㄱ(튼)히 함에 진력하게 될 것이다.

지내간 경험에 의하며보면 농촌에서 모쁘르사업의 근본뎍 열성자들은 이미 복역하고 도라온 적위군, 종남소주님, 교사 또는 청년들이다. 참으로 이후에도 이러한 동무들 가운데서 모쁘르사업의 근본뎍 일군들을 얻어내여야 되겠다.

그리고 농촌에 대다수 문화의 힘은 노업긔수, 측량긔수, 의사등에게 있는바 그들은 최근에 이르러 사회뎍 또는 의회사업에 매우 접근하다. 이제 모쁘르야체이까에서는 여러 가지방면으로 그드를 쟈톄사업에 힘있게 유인함에 로력 할 것이다. 만일 야체이까에서 이러한 열성자들을 갖으엇스면 농촌에 대한 조직사업과 선전사업을 능히 실행할 것이다.

종남소나 국민회관내에서 모쁘르구석의 사업을 인도함에는 다수 농민들로 더브러 자본국가와 식민지 농민들의 생활상태와 그들의 투쟁하는 사정에 대한 담화회와 독서등으로 실시할 것이다. 그리고 모쁘르저녁을 정하며 그사업을 벽신문에 긔록하겟는 바 위선자톄회원들의 지방뎍 문화의 힘을 발전케 할 것이다.

〈열성자의 훈련〉

그런데 모쁘르사업을 실행함에 열성자들을 림시뎍으로 리용치 말 것이다. 물논 어느 디방이던지 그디방 모든 형편에 의하여 모쁘르문뎨들을 농민들에게 완전히 리해케함에 열성자들로 반듯이 늘 연구케 하며 일하게 하여야 되겠다. 그런데 그 재료는 모쁘르즁앙긔관이나 그 군긔관들의 지령과 인도서류 등인 바 이는 반듯이 야체이까 집행부 회의에서 열성자들로 토론하여 결의할 것이다. 그리고 또한 이런한 회의에서는 깜빠니야등 새로 생기는 사건을 처리할 것이다.

〈문화긔관과의 연락과 계획작성〉

모쁘르야체이까의 문화사업은 결코 다른 긔관에 농촌에 대하여 실시하는 정치문화사업과 차별되여서는 안될 것이다. 그럼으로 위선 종남소의회와 면정치문화부와의 밀접한 연락을 취하여야 되겟다. 그리고 모쁘르의 군중적 사업은 새로 생기는 깜빠니야에만 한할 것이 안이라 항상 날로 진행되는 종남소문화 사업에 끼워서 병진케할 것이다. 만일 도서관으로써 레컨댄 다른 서적의 안래긔와 함께 독자들의 원만한 편리를 위하여 모쁘르서적들도 배치할 것이다.

그런데 이 목덕을 도달하기 위하여 농촌모쁘르야체이까의 대표들은 종남소의회, 국민회관위원회, 도서관 또는 긔타 꼬미씨야에 드러가 직접 협의하며 사업하는 것이 좋겠다.

농촌에 대한 모쁘르사업이 대(大)덕으로 발전되게 하기 위하야 그 사업 설게안을 편성함이 필요하다. 그러면 야체이까집행부에서는 이에 대하야 최근2~3개월간 몇 번식이나 보고, 담화회, 모쁘르저역 등의 모임을 실행하며 얼마나 모쁘르서적을 분배할 수 있겟는 것은 미리 예산하여야될 것이다.

〈모쁘르 구석〉

야체이까사업 중에서 첫 재의 해야되는 것은 곳 모쁘르구석을 조직하는 것이다. 그런데 이 구석의 사업은 군중덕 사업을 중심함인 즉 다수농민들의 집합하는 장소에 조직하여야 될 것이다. 그러면 이제 농촌에서 이러한 중앙장소되는 것은 국민회관, 종남소, 공리사객뎜 등이다.

국제혁명운동과 관연되는 대테상 근본문뎨와 모쁘르의 과업은 네 가지 게시난으로 분별하여 알게할 수 있다.

1. 혁명덕투쟁

　　이 게시난에는 외국 로동자와 농민들의 부르수아와 디주들과의 투쟁에 대한 신문쪽과 잡지쪽을 떼어 붙일 것이다. 특별히 동방(듕국, 마로꼬, 시리아, 인도 등) 민족해방운동에 대한 재료를 넓이 구하여 그려 붖일 것이다. 그리고 파란변강에 대한 농민의병운동과 볼가리아, 어루민이아 등 국가의 혁명덕 농민들의 취테당하는 사정도 그러붖칠 것이다.

그런데 이러한 그림들은 반듯이 단순하고 통속덕 물색으로 그린것이 되며 전부 게시난이 보통 표어에 합당하여야 될 것이다.

2. 희학살의공포

이 게시난은 전톄로 반대방향에 두 구석을 표준하고 우와 아래의 두 부분으로 놓을 것이다.

그리하야 우에 부분에는 "부루수아가 누구를 재판하느냐"하는 데 목을 쓰고 그 아래에 사진 한 쌍을 부칠 것이다. 그런데 그 사진은 반듯이 부루수아의 재판장에 나타낫던 혁명자나 또는 장래나타날 혁명자로 하겟는 바이는 "모쁘르의 길"이라는 잡지에서 얻기 쉬은 것이다. 그리고 아래 부분에는 "부루수아의 보안사업"이란 뎨목을 쓰고 그 아래에 자본국가의 감옥에서 정치범을 여러 가지 혹독한 형벌로 심문하며 진정하는 방법을 그리여 부칠 것이다.

3. 로력자의 고초

이 게시난의 구석에는 보통쓰는 공책을 달아맬 것이다. 그리고 그 가이에는 "잊지못할 동무들"이라 쓰고 그 안에는 혹독한 형벌로 살해당한 형명가들(엔겔, 웨촐께비츠, 바진쓰끄, 자골프끄, 푸리드만, 꼬엡, 깁넬, 등)의 사진을 취집하야 각각 장마다 부칠 것이다. 또 그 각각 사진 곁에는 그자들의 혁명사업의 리력을 긔록하여 둘 것이다. 이제 이 게시난 다른 구석에는 마군지로 둥굴한 틀을 만들고 그 안에 최근 부루수아재판에서 희생당한 자들에게 대한통신을 긔록하여 매양제때마다 알게 할 것이다.

레컨대 어제 "소피광장"에서 꼬예쁘, 자로스끼, 프리드만, 동무들이 공개덕으로 교형을 당하엿다(책장 번호8을 보시오).

이러케하면 농민들은 공책 여달지장에 가서 이동무들의 사진을 얻어볼것이며 그들의 혁명덕투쟁에 대한경과사실을 대략 알게 될 것이다.

4. 모쁘르사업

이 게시난에서는 모쁘르사업의 전부와 부분덕으로 자디방야체이까의 형편을 알게할 것이다. 재료는 될 수있는 대로 복잡자 안코 간단명요한 일남표가 되게 할 것이다. 모쁘르사업에 대한 통게덕 수자는 모쁘르중앙간부의 소책자와 긔타서류에서 쉽게 취집할 수 있는 것이다.

우에 긔재한 게시난들은 사업상 형편에 의하야 반듯이 시시로 그 내용을 변경하여야 될 것이다. 그럼으로 이 목덕을 성취하기 위하여 각 게시난마다 열성자 한 두사람식을 위원으로막여 일하게 하것이다. 그러면 이 동무들은 각각사업에 관한 재료취집과 그 리용방식을 실행하며 따라서 그들은 사시로 자체사업을 감시할 것이다. 모쁘르구석에 대한 게시난에 대한사업이 열성자 자체의 힘으로 우에 쓴 것과 같이 되고야 비로소 종남소에 래왕하는 사람들이 인목을 유인케 될 것이다.

모쁘르구석에 검은 빛으로 만든 널판을 만들어달고 그에는 모쁘르야체이크광고라 쓸 것이다. 그리고 이 광고에는 자디방야체이크의 새사건과 긔타 광고를 백묵으로 쓸 것이다. 레컨대 이미 접수한 서적목록, 회원들의 월연금수봉 도라오는 통상회의 순서들에 대한 통지 등을 긔록할 것이다.

전체 모쁘르구석사업에 대하여 우에 이야기한 외에도 출판한 모쁘르 게시난을 몃 장 더 부칠 수 잇는 것이다. 그리고 또한 홍당목에나 물색조의에 2~3 표어를 그려부칠 수 있는 것이다.

〈누가 구석을 인도하느냐〉

모쁘르의 구성을 설치하는 것이나 그내용이 시ㄱ(시)로 변천됨을 관찰하는 것은 전혀 그 야채이까 선전꼬미씨야와 열성자들게 달이엿다. 그럼으로 그들의 회의에서는 구석에 대한 사업방식과 새로 실행할 모쁘르 깜빤이야의 게획 등을 만들어야 한다. 그리고 그 사업을 이미 정한 날자에 완전한 지도로 운전식히기 위하여 구석당번들을 선정할 것이다.

이제 또한 긔술덕 사업에는 될 수 있는대로 종남소 구르속크에서 일하는 동무들 외에 특별히 청년회원, 소년탐험대원, 학생들을 넓이 유인할 것이다.

〈도서관〉

도서관 안에나 혹은 구석에는 모쁘르에 대한 서적을 장치할 서상이나 덕대를 만들어야 하겟다. 그리고 그에는 도서관 주임이나 혹은 도서관 꼬미씨에셔 서적 안내목록을 만들어 두는 것을 필요히 넉인다 그서젹 안내목녹에는 "모쁘르에 대한서적"이라 쓰고 그래에 그책에 내용을 간단하게 쓸 것이다. 이제 이러케한 외에 또 한가지 필요히 할것은 농민들이 헐한 값으로 모쁘르서적을 능히 쌀만한 설비를 하여 두어야 할 것이다.

〈독서회〉

그러나 우에 쓴 바에 의하여 한갓 게시난이나 각부만 만뜰므로써 모쁘르구석에 대한 군중덕 사업을 완전히 성취 못할 것이다. 그러면 이에는 반듯이 농민들게 시ㄱ(시)로 발생되는 문뎨들을 완전이 해답할만한 산형식 선전이 있어야 되겟다. 이에 대하여는 첫 걸을으로 독서회가 필요하다. 농촌에서 글 모르는 다수 농민들로 더브로 독서회를 실시함은 큰 뜻을 가진 바 매양독서회 할 때마다 일명한 문뎨에 의하여 할 것이다. 례컨댄 "어루문이야 농민들의 형편은 어떠하냐" 혹은 "원동형편은 어떠케 되여 나가느냐" 하는 등 문뎨들로 써할 것이다. 재료는 반듯이 구뎨뎍 수자와 사실에 의하여 명확하고 통속뎍 임을 취하여야되겟다. 그리고 독서를 필함에는 될 수 있는대로 2~3 서적 중에서 그문뎨에 뎍합한 재료를 인용함이 필요하다.

독서할 때에 특별히 필요한 것은 자긔들이 군긔관에서 후호로 맡은 감목이 있는 국가의 로력자들의 형평과 그들의 게급투쟁에 대한 사정을 알게한느 것이다. 만일 이러한 경우에 야체이까안에 정치범죄자에게서 받은 편지가 있으면 그것으로써 실례드는 것이 매우 유익할것이다.

그런데 여름에는 종람소에나 국민회관에 사람들이 많이 모이지 안하는 것이다. 이때에는 한지에 독서회를 여는 것이 필요하다. 그럼으로 만일 이러한 조직방식으로 실시하면 또한 다수 농민을 유인할 수 있을 것이 사실이다.

〈담화회〉

일정한 문뎨에 의하여 담화회를 실시함은 독서의 방법보담 그 효력이 과히 못하지 안하다 례컨대 "베스아라비야의 농민 500명은 무삼 까닭으로 재판을 당하느냐"하는 문제로 아모날 아모시간에 종남소에서 담화회를 연다고 미리 전명에 광고(2~3매의 조희에써서)함으로써 할 것이다.

그런데 이 담화의 내용은 반듯이 최근에 대한 현실적 사실을 명백히 그려낼 것이다. 그리고 농민들에게 쎄쎄쎄르(CCCP)의 농민형편과 자본국가 또는 식민지의 농민 형편차이를 가장 쉬윈 말로 이야기하며 그들의 투쟁하는 사정과 자본가 또는 지주들의 임이로 그들게 채용하는 방법을 자리해케할 것이다. 이 제일층 그 담화의 내용을 충실히 해석하기 위하여서는 매양 최근 신문지상에서 그 근본적 문뎨에 합치

되는 전보문들을 택하여 립증할 것이다.

이와 같이 담화회를 인도하여 나가는데는 독서회를 운전하는 것 보담 매우 더 복잡하다. 다수 농민들은 이야기할 때에 그 문제에 직접 합당치 안한 문제라도 긔들이 몰으면 의레히 질문한다. 그러나 그들게 만족한 해답을 주지안하고 그저 지닐 수는 없는 것이다. 그럼으로 이러한 형편에 의하여 담화회의 지도자를 힘있는 자로 선택할 것이다.

그리고 담화회할적 마당 도서관에서는 각(각)그 문제에 대하여 지도적 서적목녹과 농민출판물의 논문들을 선택하여 그 구석에 미리 장치하여 두면 매우 필요할 것이다.

〈모쁘르 저녁〉

문화사업 설게안에는 반듯이 모쁘르 저녁실시할 것을 특별히 주의하여 만들어야 되겟다.

보편덕으로보면 이날 저녁에는 근본적 대체 보고가 있고는 아모 시설도 없는 것이 원측이 되엿다. 그러나 이날 저녁은 될 수 있는대로 농촌에 대한 사회적 힘과 문화의 힘을 잘 유인하도록 도모할 것이다.

이날 저녁의 사업을 진행함에는 반듯이 좋은 보고자로만 제한할 것이 아니라 전부 모쁘르듯의 내용으로 강령을 만들므로써 진행할 것이다. 그리하야 에술에 대한 부분은 자지방 연극부나 창가대에 맛기여 실행케할 것인 바 만일 이러한 부가 없는 경우면 모쁘르회원의 개인 능력을 리용하야 명시, 창가, 체육 등으로써 할 것이다.

이에 면국민회관내에서 실시하는 모쁘트 저녁의 강령을 모범덕으로 아래와 같이 들어 보인다:

1. 모쁘르의 뜻과 농민(보고)
2. 중역노래:
    (ㄱ) "아, 나의 분수야"
    (ㄴ) "잔(잔)한 바다와 거룩한 바이깔"

㉢ "가혹한 불자유의 고초"

3. "전사회로" 전일막(농촌생활) - 1925년에 모쁘르중앙간부에서 출판한 모쁘르 소책자 중에서, 혹은 이 책가운데서 "산신문"을 할 것.

4. 소년탐험대원과 학생들의 영시

이러한 날 저녁 당석에서 후호 맡은 감옥에 금고된 정치범들게 보내는 서신을 통과함이 매우 필요하다.

모쁘르 구성에서는 자체저적 사업을 실시하는 장소에 도서관에 있는 모브르 서적과 그 "안내목녹" 또는 멸 장의 게세난을 옮겨다가 두는 것을 필요히 녁인다.

〈벽신문〉

농촌 벽신문은 모든 방면으로 그 촌에 대한 경제덕 또는 사회덕 생활을 일층 잘 비취여 표시하는 것이다. 그 뿐만안이나 이 벽신문은 또한 어느 한도까지 문화사업 발전에 대한 긔구되는 것이니 모쁘르는 그 안에 반듯이 한자리 차지하여야 되겠다.

그런데 원래 이벽신문에는 모쁘르사업을 구체덕 수자와 통게로 쓸 것이다(회원들의 증가, 재정수입, 금고된 정치범의 구제등사실…).

디방야체이까의 근본덕 과업은 항상 자긔들의 사업을 널니 통지하야 그 불족한 점을 헤치며 자체 야이까사업에 다수 농민들을 유인하겟는바 이는 벽신문을 경유함으로써 실현할 수 있는 것이다. 그리고 만일자의들 이후 호로 맡은 감옥에서 편지가 오면 그는 반듯이 다시 써서 벽신문에 발표할 것이다.

만일 이 벽신문에 할 수 있으면 특별히 "모쁘르구석"난을 만들고 그에는 항상 자체 사업형편을 긔재함이 필요할 것이다.

〈결론〉

이상에 긔록한 바에 의할지라도 모쁘르는 농촌에서 크게 행사는 것이다. 그런데 이 책에 긔록한 것은 다만 간단한 통속뎍 선전방식이다. 그러면 이제 모쁘르의 열성자가 발전됨에 따라 그 사업도 일층 확장되며 심오하게 될 것은 명확한 사실이다. 그런데 가장 중요한 것은 군중뎍 사업에 대한 설비만을 주의함에 있는 것이 안이라 농민들게 대하여 깨달기 쉬운 언론과 구톄적 사실로써 접근하며 모쁘르의 주의를 그들게 잘 리해케함으로 모든 사업을 설치하고 자톄의 위신을 넓이 펴며 농민들의 자립뎍 힘을 발휘케함에 있다는 바 이로써 모쁘르사업은 농촌에셔 성공을 긔약할 것이다.

7. 농민은 무엇을 알어야될가(1927년)

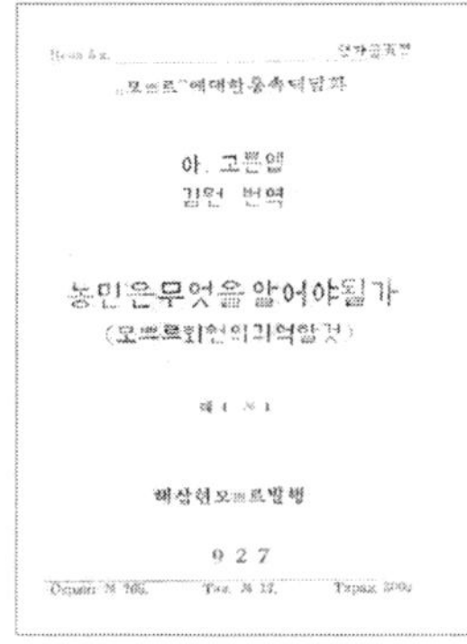

- 출판언어: 고려어
- 저자(발행처): 해삼현 모프르(MOPR)
- 출판사: Тип №17
- 자료유형: 단행본
- 출판년도: 1927년
- 발행지: 해삼위(블라디보스토크)

농민은 무엇을 알어야될가

국제혁명지구제회(모쓰르)회원의 긔억할 것

우리 농민의 생활형편

우리국가는 발전되며 견고하여 진다. 따라서 살심사리도 안전하여 진다. 이제 자본국가들이 우리를 반대하든 전쟁이 끝나든 때를 보아라. 우리는 그때로 붙어 그동안 다만 몇 해를 지냄으로써 힘있게 앞으로 나아갓다.

현시 우리의 경제는 향상되여 공장과 제조소에서는 연긔를 토하며 농촌경제를 튼〃히선다. 그동안 일한 것이 몇해 안되는 것은 사실이다. 원래 우리나라는 다른 나라 보담 늘 구차하엿다. 그러나 지금은 그 곤궁한 것이 전보담 다르다. 1920년이나 21년 이후로 우리가 많이 앞으로 진보된 것은 더 말할 필요가 없다.

건설사업이 확장되며 생활형편이 날로 더욱 안전하게 됨은 사실이다. 의회주권(의회국가)에서 가장 중요하게 생각하는 바는 농민의 빈궁함을 구제하며 그들의 생활형편을 낫게(개량)하려는 것이다. 그리하야 모든 정책은 사업은 다만 그 방향으로 나아가게 된다. 그럼으로 말끝마당 농민을 구제한다는 것이다. 이제 더욱히 중대한 것은 주권이 우리 로동자와 농민의 것임으로 국민의 살림과 나아갈 길 또는 구차한 자들 리익을 아는 것이다.

〈자본주의 국가에 있는 우리 형제 농민들의 생활형편〉
부루수아의 주권이 서 있는 다른 국가에 사는 우리 형제-농민들의 생활형편도 우에 쓴 바와 같은 처디에 있는가? 안이다. 그에는 건설사업이 없으며 경제가 정돈되자 못 하엿다. 그리하여 다만 전부 대대덕 파괴뿐이다. 압박과 착취는 정부와 부자인 우월계급 또는 디주편으로 더욱 심하다. 만일 세계전쟁전에 농민들이 빈국과 권리없음으로 떨엇다면 그 전쟁 후에는 삼천만 명(백에 두사람 회게) 이명만 당하엿으니 더욱 곤란한 디경에 빠젓다. 다수의 징병, 힘에 넘치는 세랍, 토디의 협착 등이 곳 오늘날 자본주의 국가에 있는 우리 형제들의 살림형편이다. 이제 이로써 촌농민은 아직까지 디주와 공장주인들이 세력쓰는 나라 안에서 이전 종대로 떠러저 있는 바이다.

〈우리 형제농민들은 자본주의 국가에서 압박을 반항하여 투쟁한다〉
바존주의국가에 있는 농민들은 아모 말없이 복종만하느냐? 아니, 그저 있는 것이 안이다. 그들은 토디와 자유 또는 자유스러운 생활을 위하여 투쟁하며 니러나는 바 피로써 자긔들의 자유를 싼다. 그리하야 오늘날 전 세게에 혁명운동이 있는 바이다. 그런데 부루수아들은 혁명운동을 집압하는 각종방법을 가지엿는 바 군대, 경찰, 재판, 법률이 곳 그것이다. 부루수아들은 이러한 기구로써 혁명덕 로동자와 농민들을 박멸한다. 사세가 이러함으로 로동자와 농민들은 아직 그 부자들을 승리하지 못하며 그들의 주권을 빼앗아 자긔들의 수중에 넣지못하는 것이다. 그런데 원래 이일은 참으로 쉽지 못 한것이다. 만일 로동자와 농민들이 이러한 일을 니르켜 압박을 반항하면 부르수아는 교형(목매는형벌), 금고(사두는것), 징역, 정배 등으로 대한다. 이제 이러한 것을 가르처 오늘날 횐학살(벨늬-쩨롤)이라고 하는 바 이는 곤란한 생활형편을 개선코저 투쟁하는 로동자와 농민들을 일반뎍으로 또는 군중뎍으로 박멸하는 것이다. 그리하여 필경들에는 고통 받든 농민의 죽엄이 널리고 감옥에는 니러나든 민중으로 넘치게 하엿다. 부루수아와 그의사 역자들은 여러 가지 혹독한 형벌로써 농민들을 압박하는 바 농민들로 자례의 당한 그 처디와 고통을 만족히 녁이며 안심케 하려한다. 이제 이후로 아직 다수의 희생이 있을 것이다. 그러나 이로써 무산자와 농민들은 전세게에 승리할 것이며 안락한 생활을 얻을것이다. 이제 또한 이사업을 위하야 농민자제의 선량한 분자 몇천명이 일생을 헌신할 것이며 감옥에서 썩을 것이다. 그리고 다수 과부와 고아들이 낢어있을 것이다.

〈우리는 자본을 반대하며 투쟁하는 형제-농민을 구제하여햐 하겟다〉

로시아농민이 자긔의 형제가 위경에 빠진은 그거 안심하고 평범하게 볼 수 있겟느냐? 우리에게 과거 얼마 전에 까삭크 채쭉이 농민의 등에서 놀고 디주가 인민을 우마와 같이 대우하든 것이 긔억된다. 이때에 농민들은 각ㄱ(각) 생각하엿다. 즉 다른 나라에 혁명이 속히 성공되고 로동자와 농민의 주권이 또한 속히 서면 우리의 생활이 향상되며 속히 경제가 튼튼하리라고 하엿다. 서구라파 여러 나라들은 우리 보담부하고 문명하엿다. 만일 그들에게 로력주권이 섯드면 우리에게 큰 도음을 주엇을 것이다. 따라서 농민끼리 서로 싸홈할 필요가 없는 것이니 전쟁도 없을 것이다! 그리고 긔계와 상품은 우리의 산물과 교환하엿을 것이다. 그런데 우리가 자본국가에서 투쟁에 신음하는 형제농민을 돕음은 그들게 동정만을 위함이라 우리의 리해관게가 우리로 하여곰 그들을 구제케 하는 것이다. 그럼으로 이 애국제혁명 투사 구제회 "모쁘르"를 중요하게 아는 것이다.

〈"모쁘르"와 그 행사〉

모쁘르는 외국에 있는 형제들을 구제하는 로동자와 농민들의 긔관이다. 모쁘르는 아모 민족차별 없이 다만 투쟁에 참예하고 흰학살에 희생당한 혁명자면 다 구원한다.

모쁘르는 로동자와 농민 중에서 누를 물론하고 투쟁에 신은한 자, 정치법으로 감오게 금고된 자, 징역 또는 정배받은 자들을 구제한다. 그뿐만 안이라 혹독한 형벌을 밭었으며 불구자(병신된자)된 자나 또는 누구던지 불득이 외국으로 망명하게 된 자면 다 구원한다.

그리고 모쁘르는 또한 혁명자들의 가족을 구제한다. 즉 먹을 것 없이 헐벗고 떠러저 있는 그들의 안해와 고아들의 형편을 돕는다.

이제 형제들은 눈을 들어 볼지어다. 부루수아는 참으로 몇천 만의 다수로 동자와 농민을 압박하는 것이다. 그럼으로 모쁘르의 사업은 적은 것이 아니며 쉽은 것이 안이다. 그러나 속담에 "온 세게의 토막 실을 모히면 구차한 자의 적삼이 된다"는 말도 있다. 즉 몇백만의 로동자와 농민으로된 모쁘르의 회원은 각각 다섯 글자식 모히는 것이 큰 뜻이 있는 것이며 그것으로 구제하면 적지 않인 것이다. 현시 함 각옥에만 금고되여 신음하는 로동자와 농민이 10만여명 된다. 그런데 그들의 자긔들의 생활형편을 낫게 하려고 투쟁하다가 그리되엿다. 살육당한자는 얼마며 고통 받는 자는 얼마랴! 또는 처참한 과부와 가린한 고아는 얼마랴!

〈모쁘르회원의 할 일〉

우에 쓴 사실에 의하면 무삼 까닭으로 점잔한 로력들의 각ㄱ(각) 모쁘르회원이 되며 농민들이 자긔들의 많이 못한 세간에서 두 글자식

떼여 냄으로 감옥에서 신음하는 형제-농민들을 구제하는지 잘 알 수 있다. 그러면 모쁘르회원들은 무엇을 하는가?

만일 자긔있는 농촌에 모쁘르야체이까가 없으면 그를 반듯이 조직할 것이다. 그런데 그야체이까를 조직함은 지상공론으로 말만 할 것이 안이라 일이 되도록 할 것이다. 이에 대하여 간단한 실례를 들어 니야기하면 "즈벤이고로드"군에 있는 농민-이완빠볼롭동무는 우리에게 아래와 같이 편지하엿다: "우리촌 야체이까에 회원은 95인이다. 회원 월 연금은 착ㄱ(착) 들어선다. 농민들은 모쁘르를 위하야 하로같이 농사를 하엿다. 그리고 한 달에 두 번씩 연극을 노는 바 그 수입은 모쁘르에 드려놓는다. 이제 흰학살에 대한 서적을 주문하야 다섯 사람에 한 책씩 분배한다. 그리고 종남소에는 모쁘르구석 등을 만둘 것이다"고 하는 바 이것이 참으로 일하는 야체이까다. 이제 모쁘르야체이까를 조직하려면 위선농민들게 모쁘르는 무삼일을 하며 누구를 도아주며 또는 우리의 형제들이 자본국가에서 어떻케 지내는 것을 잘 리해케할 것이다.

만일 디주와 자본가들이 세력쓰는 국가에서 다른 사람을 혁명사업에와 모쁘르사업에 유인코저하면 몬저 스사로모써 연구하여야 되겟다. 이를 위하여는 모쁘르에 대한 서적과 잡지를 주문할 것이며 종람소에 모쁘르구석을 만들어야 되겟다.

그리고 회원 월연금은 스사로 몬저 물고 남을 식혀야 되겟다. 다섯 글자의 매영월연금은 등시리고 배곲은 자긔의 형제를 구원하는 것이니 잊지 말어야되겟다.

꿀쓰크구벨은예(도에 있는농민-찌모페이제르높)으는 코디사건으로 모스크바에 왓는 바 우리에게 자긔있는 글레봅쓰크촌 모쁘르야체이까형편을 아래와 같이 니야기 한다: "모쁘르야체이까에서는 주일 마당회의를 한다. 그 회의에서는 면으로나 군 혹은 자긔의 대표가 보고를 한다. 이제 그들의 보고 문데는 자본국가에 대한 흰학살, 로디와 주권에 대한 농민의 투쟁 등이다. 그리고 주민 대회마당 모쁘르에 대한 문뎨가 토의뢰는 바 두 달 동안에 야체이까회원이 3배 뿌럿다. 종남소에는 모쁘르구석이 조직되엿는 바 그에는 횐락살에 대한 신문조각, 정비법죄나 고통받는 사진, 서적, 잡지들이 설비되여 있다. 차ㅅ물파는 공리조합에는 모쁘르에 대한 담화회와 문맹자들을 위하는 모쁘르서적랑독회 긔타 각종 보고가 있다.

이제 이렇게 야체이까 있고 일군들이 모히여 도시에 있는 일군들보담 일 잘 하는 데야 아모 시비 없을 것이다. 이에 한례를 들 것 같으면 횃스크구별은 예에 있는 어느 면에서는 옳은 일을 위하며 투쟁하던 볼가리야와 베스아라비아의 고아원 건설을 위하여 돈을 거두엇다. 그리고 또 예까쩨리노슬납신에 있는 어느 한 군에서는 로동자와 농민의 정치범죄자가 26명이 있는 화란감옥을 후호로 말엿다. 이에 그들은 달마당 매영 10원 회게로 보낸다.

이상의 긔록한 바에 의지하야 야체이까를 조직한 첫 달붙어 일이 뜻과 같이 진행되지 않는다고 조곰도 락심할 필요가 없다. 만일 힘있는 사람이면 다만 일이 잘 되기까지 분투하여 나아갈것 뿐이다. 우에 실레로든 농민들의 편지를 볼지라도 일을 열성스럽게 잡기만하면 얼마던지 할 수 잇는 것이다.

8. 꼴호즈내부관리규정(1931년)

- 출판언어: 고려어
- 저자(발행처): 콜호즈회원총회
- 출판사: 국영연합출판부 원동변강지부
- 자료유형: 단행본
- 출판년도: 1931년
- 발행지: 해삼위(블라디보스토크)

본 규정은 모범적 규정으로써 꼴호즈회원 총회에서 전체적으로 토의되고 변경, 보충이 있은 뒤에라야 의무적으로 실행할 규정이 된다.

꼴호즈의 내부관리규정

꼴호즈의 관리

1. 꼴호즈의 관리긔관들은 총회와 위원회며, 검열긔관은 ― 검사꼬미씨야다.

2. 만약 꼴호즈가 300호 이상을 련합하엿으면 총회는 우뽕노모첸늬회의로써 대신한다.

3. 총회(우뽕노모첸늬)는 꼴호즈의 전체 경제적, 사회적, 조직적 사업을 지도하는 최고긔관이다. 총회의 과업은: ㄱ) 관리긔관선거 위원회, 쏘베트와 검사꼬미씨야를 선거하며 ㄴ) 내부관리규정을 승인하며 ㄷ) 경리조직계획, 일년간 또는 생산계획, 수입지출의 예산, 위원회의 결산을 심사승인하고 사회주의적 경쟁에 대한 계약을 토의, 접수하며 ㄹ) 꼴호즈회원을 받고 제명하며 ㅁ) 규측과 상급긔관의 결정에 의지하여 꼴호즈의 수입을 분배하는 것 등이다.

4. 위원회는 집행긔관으로써 규측, 정부긔관 지령, 상급 꼴호즈긔

관의 지령, 총회(우뽕노모첸늬회의)의 결정에 의지하여 꼴호즈의 모든 사업을 지도하며 또 꼴호즈의 정체사업에 대한 책임을 전부 부담한다. 위원회의 전체사업은 꼴호즈의 생산계획과 국가에 대한 모든 의무를 완전히 실행하는데루 나악가야될 것이다.

위원회의 위원사이에는 경리의 각종 부분을 지도하는 책임을 부담한다. 위원장에게는 총회와 위원회와 상급 꼴호즈긔관의 결정에 긔초한 전체사업의 총지도 책임이 부담되며 꼴호즈회원들은 그의 지시를 의례히 실행하여야 된다.

5. 검사 꼬미씨야는 내부적 검렬긔관이다. 그의 행사는 생산계획의 실행과 게약실행을 심사하며, 금고와 전체소유물을 검사하며, 꼴호즈의 회게사무와 증거서류, 순차적 결산, 일년간 결산을 심사하는 것이다. 검사 꼬미씨야는 위원회와 동일하게 꼴호즈경리에 대한 책임을 전부 부담한다.

생산 우차스또크(우싸지바)의 관리

6. 생산우차스뜨크들의 사업을(큰 꼴호즈에서는-둘이나 또는 그 이상 수효의 생산 우차스또크가 있으면) 지도하기 위하여 위원회 인원 가운데서 - 우차스또크에 대한 우뽕노모첸늬 - 위원을 선정한다. 그에게는 우차스또크의 생산계획 실행과 또 꼴호즈 총게획에 맞후어 그것을 바르게 실행하는 책임이 부담된다.

7. 우뽕노모첸늬를 협조, 후원하기 위하여 우차스또크(우싸지바) 쏘베트가 조직되며 그 쏘베트에는 우차스또크의 경제, 생산적 활동의 감시와 또 우차스또크에서-그에게-부담된 사업계획의 실행에 대한 감시, 협조의 책임이 부담된다.

우차스또크 쏘베트회장은 위원회의 우뽕노모첸늬가 된다. 우차스또크의쏘베트는 우차스또크(우싸지바)의 꼬호즈회원의에서 선건된다.

로력조직

8. 꼴호즈의 전체 인원 성분은 로력할 가능이 있는 자와 로력할 가능이 없는 자로 분별된다. 12세까지의 아이들, 불구자, 만성병 환자, 아모 로력도 할 수 없는 늙은이들은 로력할 가능이 없는 자로 인정된다. 12세붙어 16세까지 되는자는 유년이라하며 또 그들은 그들 힘에 맞는 일에만 리용된다.

9. 꼴호즈에서는 그 인원성분 가운데 숙련한 긔술자(전공, 긔관수, 농학자, 의사 긔타)가 부족 되거나 혹은 전부 없어서 그들을 고용하게 되는 경우를 제하고는 고용로력을 허가 하지않는다. 그리고 꼴호즈는 이러한 숙련한 자격자들을 자긔의 인원 중에서 준비할 의무를 가진다.

10. 꼴호즈에서의 모든 사업은 브리다가를 조직하는 방법으로써 실시한다. 각브리다가는 여려 가지의 게절적 사업(파종시긔에는 - 밭갈이, 걸기질, 입종, 긔타의 일을 하며, 추수시긔에는 - 비각질, 단묶이, 단뭊이기, 긔타의 일)을 한다. 브리다가의 인원중으로 밭가리군 그루빠, 걸기질군 그루빠, 씨심으는 자 그루빠, 긔타의 그루빠가 난호인다.

   각브리다가는 그가 맡은 생산게획의 실행에 필요되는 모든 농업긔구와 끄으는 힘으로써 공급된다. 가축을 걷우는 브리다가들은 일 년 어간 래래 항구적 인원을 가지어야된다. 브리다가와 그루빠들은 인원들이 긔술과 그 로력할 가능을 측정하는 긔초우에서 결성(結成)된다.

11. 로력을 분배할 때에는 ㄱ) 가정내외 로력할 가능이 있는 인원과 로력할 가능이 없는 인원들의 비례 ㄴ) 부업적 수입의 유무와 그 분량 ㄷ) 가정내 의식구 수효의 다소를 헤아려서 모든 로력적 가능이 있는 자들에게 로력부담이 평등하게 되도록 보장할 것이다.

12. 사업의 분배와 그 지도의 책임은 ㄱ) 전체 꼴호즈에서는 꼴호 즈위원회에 있으며 ㄴ) 각 생산 우차스또크에서는 우뽕노모첸 늬에게 있으며 또 그는 우차스또크쏘베트와 이분배를 협정하여야 된다.

13. 사업의 질적 성적과 생산을 실행에 대한 감시는 경리 각 부분의 지도자, 브리가지로, 그루빠 스따르씨들에게 부담된다.

14. 경리의 각종사업을 실행하기 위하여, 가축과 농업긔구는 각브리가지르의 책임적 부담으로 각 개브리가다에 내어주며 브리가지르는 각 개인실행자 사이에 그들 각 개인이 책임위게 가축과 농업긔구를 분배한다.

15. 전체 꼴호즈를 통한 로동일의 시종(始終) 또는 그 장단(長短)은 꼴호즈위원회의 결정으로써 제정되되 녀름에는 10시간에서 더 짧게 못할 것이다.

16. 긔게 동력으로써 움즉이는 긔게에 대하여는 2 혹은 3의 교번 로동을 정한다.

로력규률

17. 꼴호즈의 모든 인원들은 본 내부관리규정을 실행하며 위원회와 사업지도자의 지시에 의례히 복종할 의무가 있다.

18. 만약 꼴호즈 회원이 그에게 지시한 일을 옳지 아닌 것으로 인정하면 그것을 지시한 자에게 이에 대한 통지를 하여야하며 만약 지시한 바가 그대로 인정되면 실행자는 그것을 실행할 의무가 있으며 일을 필한 뒤에는 위원회에 신청할 수 있다.

19. 꼴호즈의 모든 회원들은 정각에 일하는 데루 가며 또 정한 시간 전에는 그것을 바리지 못한다. 중대한 리유 없이 출근하지 않거나 늦게 출근하거나 또는 일을 버림으로로써 빠지운 시간은 궐공으로 인정하고 등녹하지 않는다. 사업의 지도자는 출근하

지 아닌자 대신에 다른 인원을 리용한다. 늦게 출근한 자들은 오직 지도자의 허가로써 일을 할 수 있게한다.

20. 만약 꼴호즈 회원이 중대한 사고로써 출근하지 못하게 되면 근느 전날에 출근하지 말라는 허가를 사업지도자에게서 물어 얻는다. 만약 꼴호즈회원이 출근하지 못 할 리유가 졸연간에 생긴다면(병, 화재, 가내인원의 사망, 긔타) 그는 지도자에게 그 사실을 지체하지말고 통지한다. 궐공 한 시간 뒤에 출근한 자는 그 궐공한 리유를 신청하여야 된다.

21. 흘인정신으로 일하려온 자는 지체하지 않고 일에서 제외하며 또 궐공자로 인정한다.

22. 제정된 생산률은 의무적으로 실행하여야 되며 중대한 리유없이 그것을 게통적으로 실행하지 않는 것은 내부관리규정과 위원회의 지령을 위반한 것으로 인정한다.

23. 꼴호즈회원들은 그가맡은 긔구, 긔게, 가축을 성의적으로 검우며 물품과 재료(마량, 종곡, 련료, 긔타)를 성의적으로 쓰는 의무가 있다.

24. 가축, 긔구를 받아갖인 자는 그것을 살펴보고 모도 정제하면 일에 착수하며 정제하지 못한 것을 보면 지체하지 말고 지도자에게 통지하며 지도자는 결점을 퇴치하는 대책을 취할 것이다.

25. 가축이나 긔구를 받은 꼴호즈회원은 그것이 정제하게 있고 그것을 상당하게 건우도록 보장하며 또 제정된 규정과 농학긔사, 긔술자의 지시대로 그것을 리용할 의무가 있다.

   로동한 끝에는 모든 긔구를 질서 있게 하여놓으며 되는데로 흩어놓지 말 것이다.

26. 옳지 못하게 사용하고 등한이 건운 탓으로 긔구가 상하며 혹은 아조 마사지거나 그렇지 아니면 살피지 아닌탓으로 잃어바리는 경우에는 잃어바린 물건이나 상항 긔구의 확실한 가치의

상당한 손해금을 그자에게서 받는다. 위원회는 재산과 가축을 악의로 상하게 한자를 시급하게 일에서 제외하며 꼴호즈 회원 대렬에서 제명하는 문제를 총회나 그렇지 아니면 우뽕노모첸 늬회의에 세우며 형법적 책임에 처한다.

27. 내부관리규정을 실행하지 아니며 중대하지 않은 리유로 출근 하지 않으며 로력규률을 위반하면 위원회는 그에게 대하여 아래와 같은 증벌을 처하는 권리가 있으니:

ㄱ) 첫 번에는 주의를 주고, 둘째 번에는 견책을 선포하며, 셋재번에는 최후 견책을 준다.

ㄴ) 낮은 등급의 일루 옴기며

ㄷ) 림시오 일에서 제외하며

ㄹ) 일에 질적 성적이 낮브면 위원회에서 제정한 범위내에서 평가를 낮후며

ㅁ) 꼴호즈에 및으게 손해를 위원회서 제정한 금액대로 배상 케하며

ㅂ) 로력규률을 게속적으로위반하면 위원회는 그를 꼴호즈회 원사이에서 제명하는데 대한 문제를 총회(우뽕노모첸늬회의) 에 세울 권리가 있다. 증벌규정은 보통 회원에게나 선거 받은 회원에게나 다 같이 적용한다.

아래와 같은 위반된 행위에 대하여는 특별히 또는 용서없이 증벌을 줄 것이니:

ㄱ) 정한 시간전에 일을 정지하던지 지도자의 허가 없이 개인 의 일로 일을 내버리는 것.

ㄴ) 궐공과 늦게 출근하는 것.

ㄷ) 홀인 정신으로 출근하거나 일할 때에 술 먹는 것.

ㄹ) 중대한 리유없이 생산률을 실행하지 않는 것.

ㅁ) 일을 등한히하고 또는 질이 낮브게 실행 하는 것.

ㅂ) 지도자의 명령을 실행하지 않는 것.

ㅅ) 동산, 부동산을 등한이 갇우며 그것을 상게하는 것.

ㅇ) 식료품과 자료(곡물, 련료, 긔타)를 불결하게 갇우며 낭비하는 것이다.

28. 위원회는 위원회에서 결정한 증벌대책(증벌표)을 일반적으로 게시, 광포(위원회, 우싸지바, 바사, 긔타에)할 것이다.

로력보호

29. 일년 중의 휴가와 휴식일은 위원회에서 조절한다.

30. 유년녀자(12세-16세까지)들은 묵업은 일과 밤일에서 면제할 것이며 그일에 종류는 어떠한 것인 것을 위원회에서 작정하여 보이는 자리에 게시함으로써 일반이 다 알도록 할 것이다.

31. 위원회는 병으로 앓는 회원들에게 대하여 병이 심한 자는 의사지정소까지 갖이어가고 또 병이 위급한 때에는 의사를 다리어오는 등등의 림시적 후원을 하여줄 의무가 있다.

32. 임신된 녀자와 젖먹이 있는 유모들은 로력보호법전에 의지하여 일에서 면제한다.

로력통게

33. 꼴호즈에서는 각개 회원의 로력통게를 반다시 실행하여야 한다.

34. 일을 통게하기 위하여 그 각 종류에 의지한 매일간 작업실 향표를 긔록한다. 로동일 전날에 어떤 브리가다가 어떤 긔구를 가지고 어떤 일을 하되 몇 시어간에 얼마를 하여야 된다는 것을 작업실 행표에 긔재한다. 항구적 일군들로써 한 가지의 장구한일을 실행하기위하여 지정되는 브리가다에게는 일을 실행하는 한정 시긔를 지적하여 한 개의 작업 실행표를 써준다.

35. 일에 나가기 전에 작업실행표 긔록자나 그렇지 않으면 브리가

지르는 실행표를 가지엇다가 로동시나 로동이 끝나면 일에 소비된 시간, 실행된 사업의 질과량, 궐공을 긔록하여 그사업부분 담임자에게 준다.

36. 작업실행표는 간다, 명요하게 긔록하며 일을 필한 그일흔날전으로 꼴호즈위원회에 제출하여야 된다.

37. 로력들인 통게는 로력한 날이나 그렇지 않으면 로력한 시간으로써 게산한다.

로력의 정가

38. 꼴호즈는 모든 일에서 로력의 값을 정하되 개삯방식의 긔초우에서 실시한다. 생산률을 정할 수 없는 일에서는 로력의 개삯주는 방식대신에 시간적으로 값을 주는 방식을 적용할 수 있다.

39. 꼴호즈에서는……비준률(比準率)로써……등급의 보수망을 제정한다.

40. 위원회는 경제년도초에 생산표준과 농업긔구의 사용게획을 작성하며 자긔의 경험이나 갓갑은데 있는 우승한 꼴호즈와 쏩호즈의 경험을 취득하여 일을 등급으로 난호아놓을 것이다. 생산률표준과 로력보수등급은, 총회에서 승인하며 보이는 곧에 게시한다.

41. 생산력을 향상 시기는 유의한 발명, 긔술상 개선의 질서와 생산의 조직을 바르게하는 긔타의 대책들과 또는 우승한 생산, 재료의 절약을 하는 꼴호즈회원들에게는 꼴호즈 수입에서 떼어냄으로써 성립되는 특별상여긔금(特別賞與基金)에서 상급을 준다.

42. 고용으로 고빙되어온 전문가들은 임금을 위원회와 협정하여 받는다.

43. 동일한 일을 실행하는 때에는 남자녀자, 유년의 로력을 동일하게 값을친다.

44. 회원들과의 맞으막 결산은 돈으로나 생산품으로써 경제년도 끝에 하되 그 가격은 조절긔관에서 제정하는 가격보다 높으지 못 할 것이다. 일년어간에 가장 비용전을 요구하는 회원들(빈농민, 이주민, 긔타)은 규측에 지시한 바와 꼴호즈에 경리상 가능에 딸아서 선금을 받을 수입총액에 비하여 50%가 넘지 못하게 할 것이다.

생산협의회와 사회주의적 경쟁

45. 꼴호즈경리를 향상시기고 생산력을 백방으로 높이고 물자의 소비를 절약하기 위한 열성사업에 꼴호즈회원들을 끄어들이기 위하여 꼴호즈위원회와 생상우차스또크들과 경리의 각부분에는 생산협의회를 조직한다. 생산협의회사업에는 꼴호즈의 모든 회원들의 사업을 백방으로 전개되도록 협조할 것이다. 생산협의회들은 아래와 같은 실제적 생산문제를 연구, 토의한다:

ㄱ) 꼴호즈의 조직적, 생산적 사업계획들을 연구하며

ㄴ) 농작물의 수확과 가축의 생산고를 높이는데 조장되는 대책들을 연구하며

ㄷ) 생산률 표준, 로력의 정가, 생산력 향상과 그 통게를 제정하며

ㄹ) 로력과 경리의 향상, 발명에 대한 회원들의 의견을 심사하며

ㅁ) 로력적, 합리화적, 발명적, 긔타 성과로 상급을 주어야될 회원드을 낱아내며

ㅂ) 사회주의적 경쟁에 대한 강령 타게약 공격대의 조직, 긔타를 연구실시하는 것이다.

생산협의회는 경리의 직접지도에 간섭하지 않는다. 그의 결정

은 모든 꼴호즈위원회에서 승인된 뒤에라야 실효 있게 된다.

46. 꼴호즈는 사회주의적 경쟁과 공격대운동을 꼴호즈회원들의 각성, 그 창도적 활동의 조직에 힘있는 지도가 팀을 인정하고 다른 꼴호즈, 개인농, 공업긔업소들과 사회주의덕 경쟁게약을 체결하며 또 자체의 생산우차스또크, 브리다가, 그루빠, 골호즈회원 각 개인들 사이에 사회주의적 경쟁을 조직한다. 그와 같이 군중사업을 실시하는 긔초우에서 공격대원 그루빠와 개인공격대원들을 조직한다.

47. 우차스또크쏘베트들과 위원회는 사회주의적 경쟁의 결과를 정긔적으로 심사하여 그것을 총화한다.

문화-풍습상 수응

48. 꼴호즈는 꼴호즈회원들의 문화-풍습상 요구를 수응하기 위하여 문화-풍습 꼬미씨야를 조직한다.

49. 그과업은:

ㄱ) 문화-정치적 교양사업(꼴호즈 회원들의 정치적 수준을 향상시기고 문맹, 소식, 농학맹 등을 퇴치하고 벽신문을 발해하는 등등)을 조직하며

ㄴ) 꼴호즈와 또 전원로 동시긔에 문명적 오락(활동사진, 연극, 산잡지, 정치지식경쟁야회, 문답야회 등등)을 조직하며

ㄷ) 생산적 로력을 위하여 여자를 해방시기는데 대한 대책들(공동식사, 탁아소하긔육아원, 긔타)을 취하며

ㄹ) 간이 한의학상 구조와 야외용약상(野外用樂箱), 긔타를 셜비하는 것이다.

50. 문화-풍습 꼬미씨야에는 위원회의 위원중 한 사람이 그에 주석(主席)이 된다.

51. 문화-풍습 꼬미씨여는 꼴호즈에서의 문화사업(특히 전원로 동긔에 있어서)에 대한 책임을 전부 가진다.

9. 레쎄페쎄르 농촌쏘베트들에 대한 규정(1936년)

- 출판언어: 고려어
- 저자(발행처): 전러중앙집행위원회
- 번역: 조동규
- 출판사: 원동변강국립출판부
- 자료유형: 단행본
- 출판년도: 1936년
- 발행지: 하바롭쓰크

전로중앙집행위원회의 결정

전로 중앙집행위원회는 다음과 같이 결정 한다 :

1. 레쎄페쎄르 농촌 쏘베트들에 대하여 다음과 같은 규정을 승인
   하며 실시할 것.

2. 제 1조목에 지적한 규정을 발표함과 함께, 전로 중앙집행위원
   회 제 2차 쎅치야(제사차 소집)에서 승인한 바, 농촌쓰베트들에 대
   한 규정을 취소할 것.

3. 일 개월 긔한내로 레쎄페쎄르의 실시되고 있는 법령에, 제 1조
   에 지적된 규정으로 붙어 흘러나오는 개정을 가할 것을 레쎄페
   쎄르 인민위원 쏘베트에 위임한다.

진로중앙집행위원회 회장

마. 깔리닌

전로중앙집행위원회 비서

아. 끼쎌레브

모쓰크바, 크레믈리

1931년 정원 1일

레쎄페쎄르 농촌 쏘베트에 대한 규정.

Ⅰ. 총측

1. 농촌쏘베트는, 그가 수응하는 지역 내에서 최고 주권 긔관으로 되는 바 이 긔관을 경유하여 브를레따리아트는 자긔의 독재를 실시한다.

2. 농촌쏘베트는, 자긔의 모든 사업에서 실시되는 법령들과 상부 긔관의 지령들을 지도 삼아가지고, 다음과 같은 긔본적 과업들을 실행 한다:

   ㄱ) 농촌의 고용-빈농민 및 중농민 군중을 조직하며, 농촌경리와 농촌의 풍습상태의 사회주의적 개조에 대한 방책들을 실시하며, 국가의 공업화에 참가하며 토호 및 긔타 계급적 원수人분자들에게 대한 진공을 진행하며 전반적 단합화에 긔초하여 토호들을 계급과 같이 청산한다.

   ㄴ) 농촌적 의의를 가진 모든 문제들을 해결하며, 구역, 주, 변강, 공화국, 전통맹적 의의 가진 문제들을 토의하여 이에 대하여 자긔의 의견들을 상부긔관에 제출한다.

   ㄷ) 자긔의 관리하에 있는 모든 긔관,긔업소 단체들 지도하며 자긔의 관할 내에는 있지 않으나 자긔의 지역 내에 있는 긔관, 긔업소, 단체들의 사업들 감시하며 자긔의 지역 내에서 국가 긔관 및사회적 단체들이 실시하는 방책들에 방조를 준다.

   ㄹ) 모든 긔업소 단체,개인들,이들에게 부담시기는 국가적 의무를 실행하도록 하는 방침을 취한다.

   ㅁ) 계급적 쁘롤레따리적 정책을 악화하는 일과 투쟁하며 자긔 지역 내에서 모든 공민, 직원들이 쏘베트 주권의 법령과 지령을 실행하는가를 감시한다.

3. 농촌 쏘베트는, 그에게 허여한 권리의 한게 내에서는, 의무적 결정들을 짖으며 행정적 책벌을 취한다.

4. 자긔의 자립적 예산안을 가진 농촌 쏘베트는 이 방면에서의 법률상 권리를 가진다.

5. 농촌 쏘베트는 구역집행 위원회에 직적 복종한다. 도시에 련결된 농촌지방에서는 농촌 쏘베트들이 해당한 시 혹은 이 도시의 구역 쏘베트에 복종한다. 시 및 구역 쏘베트는, 이들에게 복종되는 농촌쏘베트들에 관하여, 구역집행위원회가 가진 그 모든 권리와 의무를 리행한다.

Ⅱ. 농촌 쏘베트가 처리하는 조목들

6. 쏘베트 개선과 또 쏘베트 대회의 대표선거를 조직하여 진행하는 방면에서 농촌쏘베트는 다음과 같은 일을 한다:

ㄱ) 농촌선거 꼬미씨야를 조직하여 결산-선거 깜빠니야를 진행한다.

ㄴ) 선거원을 상실시길 자들을 나타내며 선거권을 살실시길 자들을, 구역 집행 위원회에서 승인한 명록에 의하여 항구적으로 통게한다.

ㄷ) 구역 쏘베트대회에 대표를 선거한다.

7. 농촌 쏘베트가 조직-군중 사업방면세서는:

ㄱ) 자긔사업에 로동자, 고용자, 꼴호즈원들과 또는 농촌의 빈-중농민층을 인입시긴다.

ㄴ) 쏘베트 건설에 녀자들을 인입시기며 이 녀자들을 지도적 사업에 등용함에 대한 방침을 취한다.

ㄷ) 고용자들과 빈농민들 가온대서 게통적 사업을 진행하며 고용자들과 빈동민 그루빠의 사업을 조직, 개선함에 대한 방침들을 취하며 이들의 처리하에, 농촌쏘베트에서 처리할

모든 중요 문제들을 내어세운다.

ㄹ) 농촌에서의 정치, 경제적 깜빠니야를 진행하며 또 이것을 위하여 넓은 로력군중을 조직한다.

ㅁ) 쏘베트 및 꼴호즈 인재를 양성시시기며 재양성시킴에 대한 모든 방침을 취한다.

ㅂ) 선거자들의 총회를 소집하고(이회의에, 선거권 상살자들을 참예시기지 말면서)이들 앞에서, 적어도 일 년에 셰번식 자긔 사업에 대한 결산보고를 하여 이들의 처리하에, 쏘베트, 경리 및 문화건설상 모든 중요문제들을 내어세운다.

8. 민족정책 방면에서는 농촌쏘베트가 소수민족들의 권리와 리해관재를 옹호하며 이들의 정치, 경재 및 문화적 수준을 향상 시기며 이들을 쏘베트 건설에 인입시킴에 대한 방침을 실시한다.

9. 농촌쏘베트가 게획-통재 사업방면에서는:

ㄱ) 그 쏘베트가 수웅하는 지역 내에서의 경리 및 사회-문화 건설게획을 작성한다. 그리고 이 게획을 구역집행위원회에 제출하여 승인을 얻는다.

ㄴ) 농촌쏘베트의 직접 관리하에 있는 긔관, 긔업소의 실행적 분석 게획들을 승인하며 이 게획의 실행을 조장한다.

ㄷ) 쏘베트에 복종하지는 않으나 이 쏘베트의 저역 내에 있는 긔관, 긔엽소, 단체들의 실행적 분석게획을 토의하며 이에 대한 자긔의 결론을 주며 이 게획의 실행들 조장한다.

ㄹ) 통재사업에 대한 농촌 전임위원을 선거하며 필요한 통게사업들을 진행한다.

ㅁ) 가호등록장들을 둘 것이다.

10. 농촌쏘베트가 농촌의 경리를 사회주의적으로 개조하며 발전시기는 방면에서는:

ㄱ) 현존한 꼴호즈들을 공고케하며 새 꼴호즈들을 조직함에

대한 방침을 취한다.

ㄴ) 단합경리와 긔타 꼬뻬라찌야 단체들의 계획을 토의하며
승인한다.

ㄷ) 꼴호즈 건설에 참가하는 모든 긔관, 긔업소와 또는 그 쏘
베트의 지역 내에있는 꼴호즈 자체의 사업에 대한 보고를
계속적으로 청취한다.

ㄹ) 자긔들에게 대차나 또는 농긔들을 달라는데 대한 단합경
리들의 청원에 대하여 결론을 준다.

ㅁ) 단합경리에서 새 건설을 지도한다.

ㅂ) 단합경리와 쏘베트경리에서 로동력과 또 긔술일人군들을
옳게 세우는가를 감시 한다.

ㅅ) 꼴호즈와 또는 농촌경리 협동적 련합체의 비법적 결정들
을 정지시기며 이에 대한 통지를 시급히 구역집행위원회
에 한다.

ㅇ) 보통적 농촌경리 협동적 련합체를 가장 높은 형식으루 전
환시기며, 전반적 단합화가 되지않은 구역들에거는 개인
빈종-중농민들의 경리를 단합화 방행으로 발전시기면서
향상시김에 대한 방침을 취한다.

ㅈ) 쏩호즈와 엠떼쓰를 조직하며 공고케 하는데 있어서 방조
를 준다.

ㅊ) 파종면적을 확장하며 수확고를 높이며 축산업 및 특별 농
작물들을 발전시김에 대한 방침을 취한다. 농긔들을 잘
리용하도록 감시하며 토지정리, 관개화, 수리경리개선에
대한 방침을 취한다.

ㅋ) 토지국유화에 대한 법령과 지령을 실천하며 단합경리에서
나 개인경리들에서 토지들과 전택들을 옳게 또는 맛당하
게 리용하는 것을 감시하며 필요한 경우에는 이들에게서

토지와 전택들을 앗아낼 문제를 상부긔관 앞에 세운다.

ㅌ) 토지회의 모든 사업을 지도하며 토지회 결정을 변경 취소하며 각 경우에 있어 구역집행 위원회의 결정을 지도 삼아가지고, 전반적 단합화된 구역에서는 이토지회을 없이 어던진다.

11. 농촌쏘베트가 생산병면에서는:

ㄱ) 자긔의 관할 내에 있는 생산긔업소를 개업(開業)시기며 새 것을 조직한다.

ㄴ) 농촌의 의의를 가진, 보통 채굴물의(돌, 모래, 첨토) 지방산지를 관리한다.

ㄷ) 수공업적 긔업들을 조직하며 발전시기며 이 수공업자들을 생산적 공리화시김에 대한 방침들을 취한다.

ㄹ) 농촌쏘베트의 관할 내에 있지 아니하는 생산긔업소라도 이들의 사업을 감시하며 이들이 생산재정게획을 실행하도록 후원한다.

12. 농촌쏘베트가 산림경리 방면에서는:

ㄱ) 지방적 의의 가진 삼림을 관리한다.

ㄴ) 수공업적 및 목재-화학 생산업을 조직한다.

ㄷ) 지방적 의의가진 삼림을 옹호하는 일을 조직하며 전국가적 의의 가진 삼림과 삼림재식지 옹호에 참가하며 삼림에서의 화재와 삼림 채벌규률 위반들과 투쟁함에 대한 방책들을 취한다.

ㄹ) 지방적 의의를 가진 삼림에서 채벌하고 못하는 일을 해결하여 준다.

ㅁ) 전 국가적 의의를 가진 삼림으로 붙어 내어주는 목재의 특전적 폰드를 분배한다.

13. 농촌쏘베트가 공급, 꼬뻬라찌야, 상업반면에서는:

ㄱ) 로력자들을 다 공리화에 포괄하며 꼬베라찌야 단체들의 사업을 개선시킴에 대한 방침들을 실시한다.

ㄴ) 고용자들과 빈농민들을 공리화에 망라시기며 단합화 시킴에 대한 폰드에넣는 재정을 제때에 또는 옳게 리용하도록 감시하며 이 폰드로 붙어 내어주는 대차를 제때에 환부하도록 방침을 취한다.

ㄷ) 상업망들에서, 상업에 대한 규정을 실행하는가를 감시할 것이며 예정된 가격을 준수하는가를 검렬한다.

ㄹ) 시장(린까, 바자르, 야르마르까)에 대한 감시를 한다.

ㅁ) 상업망에서 쓰는 상업-창고집들과 상업지점들에 대한 세금을 정한다.

14. 농촌쏘베트가 예산안-재정방면에 서는:

ㄱ) 농촌예산안을 작성하며 이것을 구역 집행 위원회에 제출하여 승인을 받으며 자긔 농촌 예산안 범위 내에서 재정 출랍계획을 승인하며 독립적 예산안이 없는 경우에는 수입-지출 예산표를 작성한다.

ㄴ) 농촌 예산안에 있어, 한 예산안 조항 범위 내에서는 재정을 전대(轉代)한다.

ㄷ) 부렴 원천들을 게산하며 세랍과 수집금들을 받는 일을 진행한다.

ㄹ) 지방세랍, 수집금과 또는 농촌 예산안에 산제하여 넣어야 할 세랍상 수입금들의 랍입케 하는 일, 이 금액을 총게하며 또 환부하는 일에 대한 문제를 해결한다.

ㅁ) 그 쏘베트 지역 내에서 들어올 모든 세랍과 수집금에 대한 미랍(未納)조와 또 벌금을 받아내며 이것을 물지 않는 자들의 가산을 등록하여 이 가산을 경매한다.

ㅂ) 유전적 재산들을 통게하여 맡으며 이것을 보관함에 대한

방책들을 취하여 발견한바 유전물에 대한 것을 구역집행
위원회에 통지한다.

ㅅ) 농촌 경리 대차조로, 모든 가지의 꼬베라찌야, 사회적 단
체, 국가공채, 국가 저금국에 주므로써 주민들의 재정을
모집함에 대한 모든 방책을 취한다.

ㅇ) 주민들에게 부렴자결을 조직하며 진행한다.

ㅈ) 보험하여 할 대상들을 통지하며 의무적 보험금을 수집하
며 모든 가지의 의용적 보험의 발전을 조장한다.

15. 농촌 쏘베트가 지방경리, 안전설치, 도로부설 방면에서는:

ㄱ) 자긔의 공동적 긔업소, 사회적 건축물 폰드(주택, 학교, 변원
긔타)의 건축과 수선을 실행하며, 이것을 옳게 리용하는 일
을 조직하며, 사회적 건축물의 통게를 진행하며, 물산의
총 목록을 작성하며, 사회적 건출물 폰드의 리용에 대한
세금을 정하며, 농촌에서의 소방대사업을 조직한다.

ㄴ) 농촌 의의 가진 도로, 다리, 긔타 도과로(渡過路), 제방, 관
개상 건물(관개, 방축등)을 보전하며 새것을 건축한다.

16. 련락방면에서는 농촌쏘베트가 지방 련락사업(우체부, 전보, 전화,
라지오)등을 발전시기며 체신 인민위원부에서 작성하는, 농촌
련락조직 초안을 토의하고 이 초안에 대한 자긔의 결론을 준다.

17. 농촌 쏘베트가 로력방면에서는:

ㄱ) 모든 긔관,긔업소 개인들이 로력법전을 옳게 직히는 가를
감시한다.

ㄴ) 고용자들과 체결한 로력조약들을 등록하며 또는 고주들이
조약을 실행하도록 감시한다.

ㄷ) 설정된 경우에 있어 주민들을 로력, 운수 및 도로수선에
관한 복무에 처한다.

18. 농촌쏘베트가 인민 교육방면에서는:

ㄱ) 농촌 로력자들의 문화-정치적 수준을 높임에 대한 방책을 취하며 의무적 교육실시와 문맹퇴치 사업을 진행하며 농촌 예산안으로 유지되는 문화-교양긔관들을 조직하고 이 긔관들을 지도한다.

ㄴ) 아동들의 사회적 교양 사업을 지도하며 레교전 교육긔관(아동공원, 유치원 등)들을 조직하며 고아들과 또 아해들들 그저 바려두는 일(부모들이)과 투쟁함에 대한 방침을 취하며 유년자들에 대한 후견과 미성년 녀자들에게 대한 후원을 조직한다(전로 중앙 집행 위원회의1931년 십 월 20일 결정원문에서 -1931년도-법률집 제65호 464페지).

ㄷ) 농촌경리, 긔타 직업긔술적 지식에 대한 군중적 전파를 조직하며 꼴호즈 청년학교, 긔타 학교들을 쏩호즈, 꼴호즈또는 공장, 제조소에 배속시기는 일을 진행하며 학교-농작 우차쓰크를 조직하며 학교 내에와 긔타 교육 긔관내에 소긔업소(마쓰쩨르쓰까야)를 조직한다.

ㄹ) 구차한 학생들에게 신발, 의복, 식료를 보장하여 주는 일을 조직한다.

19. 농촌쏘베트가 건강 보호방면에서는:

ㄱ) 농촌예산안으로 유지하는 치료긔관, 위생사업 긔관, 유치원들을 지도한다(전로 중앙집행위원회의 1931년 십 월20일 결정원문에서 - 1931년도 법률집 제 65호464 페지).

ㄴ) 위생상 감시 사업을 조직하며 전렴 및 사회적 군중으로 알른 전렴들을 예방함에 대한 방침들 취하며 이 전렴병들과 투쟁한다.

ㄷ) 주민들 가온대, 위생상 지식을 전파 시기며 체육발전시김에 대한 방침들을 취한다.

ㄹ) 둔박한 자, 정신병자들에게 대한 보호사업을 조직한다.

20. 농촌쏘베트가 사회적 보장방면에서는:

ㄱ) 사회적 보장을 받을 권리를 가질자들을 통계하며 은사름과 보조금을 정하여 보수한다.

ㄴ) 불구자들의 생산 알쩰리야와 불구자들에게 대한 긔타 로력적 방조를 조직한다.

ㄷ) 이전 붉은 적위군, 공민전쟁 때에 빨지산, 붉은 군인들 중으로 붙어 불구자들과 토호들의 악행으로 인하여 희생된 자들, 반혁명과의 투쟁과 전선에서 사망한 자들의 가족들과 붉은군인 가족들에게 대하여 예정한 특전과 우월점들을 실시하며 우에 열거한 자들의 농민경리를 빨리 단합화시기도록 하는 방침을 취한다.

ㄹ) 농민상조회 사업을 지도한다.

ㅁ) 성년자인 불구자(쇠경, 귀먹어리)들에 대한 보호를 조직하며 필요 되는 경우에는 소식 없이 없어지엇으나 죽은 자들의 물산에 대한 보관을 조직한다.

21. 농촌쏘베트가 국방을 공고케 하는 방면에서는:

ㄱ) 증모병, 군인복무자들, 군인복무 의무를 가진 자들과 또 배후병에 속한 자들을 통계한다.

ㄴ) 말, 술에, 소장등 물들을 통계한다.

ㄷ) 정식적 군사복무에 공민들을 증모하는 일을 진행함에 참가한다.

ㄹ) 로-농 붉은 군대루 증모된 자들의 가족의 권리 및 물산상 리해관계를 보호하여 준다.

ㅁ) 군사상 지식을 전파하며 선전하는 사회적 단체들의 사업을 발전시기며 또는 사격 및 긔타 종류의 체육을 발전시김에 대한 방침들 취한다.

ㅂ) 모든 종류의 련습 군사상 모집과 또 증모생들의 모집 진

행에 방조를 준다.

ㅅ) 의무적 군사상 복무를 거절하는 일과 또는 증모시에 증병과 또 모든 자긔의 요구를 거절하는 일과 투쟁한다.

22. 농촌 쏘베트가 재판-검사방면에서는:

ㄱ) 농촌사회적 재판을 조직하며 그의 사업에 대한 보고를 듣는다.

ㄴ) 인민재판에 참가할 인미위원을 선거하는 일을 조직한다.

ㄷ) 재판의 판결을 실시한다.

ㅁ) 해당한 경우에는 공증(公證)적 동작을 취한다.

ㅂ) 보수가 없이하는 강제로 동의 판결을 받은 자들의 로력을 리용하는 일을 조직한다.

23. 농촌쏘베트가 혁명적 질서와 사회적 안전을 유지하는 방면에서는:

ㄱ) 자긔 지역에서 사회적 안전과 혁명적 질서의 유지를 보장하며 쏘베트 주권에서 진행하는 방침들을 반대하는 토호들과 긔타 반쏘베트적 분자들의 출연과 맹렬히 투쟁한다.

ㄴ) 범죄적 행동을 예방하며, 범죄자들을 발로, 체포하며 범죄의 자리와 자최를 집힘에 대한 방침들을 취한다.

ㄷ) 수삭도 하며, 건물을 압수도 하며, 흑자들을 체포하는 일을 진행한다.

ㄹ) 주정군, 불량자, 비밀제주업, 비밀음주점과 투쟁하며 주정음료 매매를 감시한다.

ㅁ) 농촌사업 실행원을 선정한다.

ㅂ) 행정적 책벌을 줌에 대한 결정을 실행한다.

24. 농촌쏘베트가 총 관리방면에서는:

ㄱ) 일흠과 성을 곧히는 것 외의 모든 인사들 옥을 하며 모든 필요한 증명서류를 내어준다(전로 중앙 집행위원회의 1933년 칠월

1일 결정원문에서 - 1933년도 법률집 제43호 171페지).

ㄴ) 그 쏘베트가 수응하는 지역 내에서 일하는 모든 의용단체들과 동맹의 지방지부들을 통게하며 이들의 사업을 감시한다.

ㄷ) 종교단체에 대한 법령을 실천하는 여하를 감시한다.

Ⅲ. 농촌쏘베트의 조직

25. 맛당히 각 농촌마다 조직되는데 그 제뿌따트 총수가 3명 이하로는 되지 못하고 또 100명의 주민에 한명의 제뿌따트가 선거된다. 적은 촌락들이 촌 농촌쏘베트를 선거하기 위하여 련합하되 다만, 이렇게 하는 것이 주민들의 경리, 및 정치, 문화생활과 또는 민족적 리해관계에 손해가 없는 경우에서라야 한다. 본 조목에 예전된 대표수효에 대한 노르마를 지방조건들에 의하여 변할 수 있는데 자치공화국, 중앙집행위원회, 변강, 주집행위원회, 자치주 집행위원회의 결정에 의하여 하며 이것을 즉시 전로 중앙집행위원회루 통지한다.

26. 농촌쏘베트를 선거함과 동시에 촌쏘베트 위원수의 1/3되는 수효로 쏘베위원 후보들을 선거한다.

27. 쏘베트 선거에는, 선거 당시에 그쏘베트의 지역에 있으며 레쎄페쎄르 헌법에 의하여 선거권를 리용하는 전체주민들이 참가한다. 그 쏘베트지역내에 거주하는 주민각층(로동자, 농민, 사무원 등) 선거자들은 한 가지 노르마르(25조에 예정된) 쏘베트 선거에 참가한다.

28. 농촌쏘베트는 일년 긔한으로 선거된다. 긔한전 선거는 다음과 같은 경우랴야 진행된다:

ㄱ) 쏘베트위원 전체에서, 위원후보 총수가 다 올리어가도, 위원총수의 절반이 나아간 경우에 있어.

ㄴ) 선거자들의 2/3가 요구하는 경우에 있어.

ㄷ) 농촌쏘베트에서 계급적 쁘롤레따리적 정책을 악화하는 경우, 이 쏘베트에 이류분자들이 들어 있는 경우, 쏘베트가 전혀 사업하지 않는 경우; 우에 지적한 조건에 의하여 농촌 쏘베트를 다시 선거할 문제는, 구역 집행위원회에서 해결한다.

29. 농촌쏘베트 위원들과 위원후보들은, 쏘베트, 그의 쎅치야, 제뿌따르 그루빠 사업에 열성적으로 참가할 책임을 가지엇으며 선거자들과 농촌 사회단체들과 밀접한 관계를 가지며 농촌쏘베트, 그의 상무위원부, 그의 회장이 맡기는바 위임을 실행하며 자긔 사업에 대하여 농촌 쏘베트와 선거자들 앞에서 총화한다.

30. 쏘베트 위원들과 그의 후보들은, 그 쏘베트가 수응하는 지역 내에서 일하는 긔관, 단체의 회의, 협의회에 발언권을 가지고 참가할 수 있다.

31. 선거자들은 자긔들이 선거하였으나 자긔들의 위임을 수행치 못하는 제뿌따트들을 임의의 시간에 소환(불러내오는 것)할 수 있는 권리를 가지엇다. 소환된 제뿌따트를 위원후보가 대신하며 후보가 있는 경우에는 다른 자를 선거한다. 어느 제뿌따트를 소환하여 내옴에 대한 결정은, 선거자들의 다수 가결로 접수되며 또는 이 회의에, 선거 지단에 있는 선거자들의 40%가 참가하여야 이 결정이 확실한 결정이 된다. 소환하여 내옴에 대한 접수된 결정은 종결적 결정으로 인증되며 이에 대하여 소송하지 못한다.

32. 농촌쏘베트는 쏘베트의 각 위원들의 권리에 있어, 그가 선거권을 상실하는 경우 외에는 이 권리를 상실시기지 못한다. 농촌쏘베트는, 제뿌따트들을 불러내 옴에 대한 문제를 다음과

같은 경우 선거자들 앞에 세운다:

ㄱ) 그 제뿌따트가 자긔의 사업에서 게급적 쁘롤레따리적 정
책을 악화하는 경우.

ㄴ) 제뿌따트의 책임을 게속적으로 실행치 않는 경우.

33. 농촌쏘베트의 회의는 그 쏘베트위원수의 절반 이상이 참가하
여야 확실한 것으로 인정한다.

34. 가장 중요한 문제들을 해결하기 위하여 발언권만 가지게 하고
로동자, 고용자, 꼴호즈원, 빈, 중농민 열성자들을, 쎅치야 회
원, 당, 직업동맹, 공청회, 꼬뻬라찌야 및 긔타 사회단체 대표
들과 또는 녀자대표회 대표들과 농촌의 긔타 직원들(의사, 농학
사, 교원, 토지정리자 등)을 참가 시기는 쏘베트 확대회의를 소집한
다.

35. 주권을 주민들에게 갓갑게할 목적으로 농촌쏘베트의 순회 회
의를 소집한다.

36. 농촌쏘베트의 집행긔관은:

ㄱ) 쏘베트 성분에 위원이 15명 이하가 되지 않는 경우에는
상무위원부.

ㄴ) 회장.

ㄷ) 농촌쏘베트의 전임위원들.

37. 농촌쏘베트의 상무위원부은, 구역집행위원회에서 정하는, 위
원수효로 조직되며 농촌쏘베트의 회의 사이에는, 실시되는 법
률과 또는 구역 집행위원회의 특별 결정으로써, 농촌쏘베트
쁠레눔의 처리하에 넘구어 놓은 문제의 해결 외에는 농촌쏘베
트의 모든 권리를 리용한다.

38. 농촌쏘베트회장은 농촌쏘베트가 자긔의 위원들 중에서 선거하
며 또 이 회장은, 자긔에게 농촌쏘베트가 준 바 권리의 한게
내에서, 농촌쏘베트의 명의로써 모 필요한 방침을 취하며 동

시에 이 방책들에 대하여 농촌쏘베트 상무위원부나 혹은 뽈네
눔에, 갓갑은 어느 회의에서 통지한다.

39. 농촌쏘베트 회장은 구역 집행 위원회의 승락이 없이는 자긔
책임실행을 끊지지 못하며, 쏘베트위원들은 쏘베트의 승락이
없이는 자긔의 책임실행을 끊지지 못한다.

40. 쏘베트 서긔는, 쏘베트가 선거하는데 맛당히 이 쏘베트의 위
원중으로 선거하며, 특별한 경우에는 선거권 가진 자들 중으
로 붙어 선거한다.

41. 각 촌들과 이 촌들은 수응하는 농촌쏘베트와의 항구적 련락을
맺기 위하여 이 촌락들에, 농촌쏘베트 전임위원들을 선거한
다. 쏘베트가 있는 그 촌락에서는 전임위원을 선거치 않는다.

42. 농촌쏘베트 전임위원은, 그 촌락 선거자들 총회에서 선거하되
그 촌락이 거주하는 농촌쏘베트위원 중으로 선거하며, 위원들
이 없는 경우에는 농촌 쏘베트위원후보 중으로 붙어 선거한
다. 만일 이 촌내 쏘베트 위원도 없고 위원후보도 없는 경우에
는 전임위원을 선거자들 중으로 붙어 선거한다. 전임 위원은
농촘쏘베트로 붙어 승인된다.

43. 농촌쏘베트 전임 위원들은, 자긔가쏘베트의 대표로되는 촌락
에서, 농촌 쏘베트의 총지도와 특별한 지시에 의하여 자긔 사
업을 진행한다. 전임위원은 자긔의 사업에 대하여 쏘베트 앞
에서와 선거자들 앞에서 결한하며 쏘베트의 승락이 없이는 자
긔의 책임 리행을 정지하지 못한다.

44. 큰 농촌로력자들과 쏘베트와 직접 련락을 공고케하기 위하여
가호들의 그루빠와 주택들에 쏘베트위원들을 배속시긴다. 가
호들 그루빠와 주택들에 배속되 위원들은 또 긔타 쏘베트위원
들은 자긔 사업을 쏘베트의 지도하에서 진행한다.

45. 농촌 쏘베트내에는 농촌쏘베트의 경리-재정상 사업과 자긔의

관할 내에 있는 긔관, 긔업소의 경력-재정사업을 진실하게 게속적으로 감시하며 또는 농촌 쏘베트의 군중사업조직을 감시하는 것을 자긔 직접 목적으로 세우는 여러 가지 검사 꼬미씨야들이 조직된다. 농촌쏘베트 검사꼬미씨야는 특별법령으로 재정된 절차에 의하여 조직되며 사업한다.

46. 농촌의 넓은 로력자 주민들을 쏘베트 사업에 인입시길 목적으로, 농촌쏘베트 내에, 다음과 같은 쎅치야를 조직한다. 보편적으로 농촌경리 쎅치야(생산협의회), 부분적으로-녀자사업에 대한 쎅치야, 문화-교양쎅치야, 재정세랍쎅치야, 상업-꼬미쎅치야, 풍습쎅치야, 지방조건들에 의하여 긔타 쎅치야도 조직할 수 있다. 쏘베트가 있지않는 촌들에서는 지방 쎅치야가 조직된다. 쏘베트지역 내에 꼴호즈들과 굵은 꼴호즈의 생산지단이 있으며 또는 쏩호즈들과 혹은 큰 생산 긔업소들이 있는 경우에는 이 긔관들 내에 제뿌따트 그루빠를 조직한다. 섹치야, 제뿌따트 그루빠, 선거자들의 총회는 이들에 대한 특별규정에 긔초하여 동작한다.

10. 꼴호즈에서의 문화와 생활제도(1931년)

- 출판언어: 고려어
- 저자(발행처): 전러중앙집행위원회
- 출판사: OGIZ[2]
- 자료유형: 단행본
- 출판년도: 1931년
- 발행지: 하바롭쓰크

목 차

문화의 얼골을 꼴호주르

꼴호즈운동은 점점 더 확대된다. 많지 못한 농호를 가지엇던 적은 꼴호즈들의 자리에 농촌, 부락의 전체를 망라하는 굵은 꼴호즈들이

---

2 1930년 7월에 결성된 국립서적-저널출판협회(ОГИЗ : Объединение государст венных книжно-журнальных издательств)

자라나며, 이런 촌락들을 전반적 단합화의 구역으로 전환 시기면서 있다.

이 거대한 사회주의적 개조를 따라서, 우리는 꼴호즈생활을 정돈할 줄을 알아야하며, 로력을 바로 조직하며, 사람들의 사회주의적 의식을 향상 시기며, 통게, 검열하는 일을 정돈하며 꼴호즈에서의 생활제도를 개조하여야할 것이다. 오직 이렇게 하고야 단합화를 튼튼히할 수 있다.

이것을 가장 빨리 실현하려할 때 우리에게는 문화가 부족된다. 진실로 문화가 부족된다. 꼴호즈 남녀희원들의 정치상 및 문화상 수준을 향상시기고 그들의 풍습을 개조하는 일은 우리사업의 투쟁적 파업이다

문화-생활젯도 방면으로 꼴호즈들을 받드는 일이 경제상 성과들보다 뒤떨어지고 또 이것이 의심 없이 꼴호즈들의 장래사업-경제적 발전을 지체시길 수 있는 것을 각 꼴호즈회원과 일반 쏘베트 사회가 명념하여야한다. 이와 같이 중요한 사업상에 우승한 문화적 력량을 집중하며 그들로 하여곰 얼골을 꼴호즈에 돌리게 하여야 한다.

문화-생활제도를 개선하기 위한 꼬미씨야를 조직할 것.

꼴호즈에서 문화-생활제도에 관한 사업을 거저 닥치어오는 대로, 깜빠니야식으로 하지 말고 설게있게, 순서 있게 향상 시기기 위하여 꼴호즈안에 문화-생활제도 개선위원회들을 조직하여야한다.

문화-생활제도 개선위원회의 주요한파업들은 꼴호즈외원남녀들의 문화상 수준을 향상 시기며 모든 정치-교육사업을 실시하며 새 형식의 생활제도를 세우며 꼴호즈주위에 있는 주민들 사이에 그것을 선전할 것이다. 문화-생활제도개선위원회는 선거긔판이다. 그는 꼴호즈 집행부를 돕아주기 위하여 통상회의에서 선거한다. 위원회의 인원수는 꼴호즈가 크고 적음을 따라 3, 5, 7, 9인으로 될 수 있다. 몇 개의

농촌, 지단, 부락으로 성립된 대규모의 꼴호즈에서는 각농촌, 지단 혹은 부락의 대표들을 이 위원회의 성분에 들여보내며 지방에서 문화 -생활제도, 사업을 지도하게 할 것이다. 문화-풍습위원의 성분으로는 청년들과 여자들을 많이 선거하는 것이 좋다. 그들은 이런 사업하기를 다른 사람들보다 더 원하며 이사업에 취미를 더 붙인다. 꼴호즈 집행부와 밀접한 연락을 취하며 위원회의 권위가 더 많게할 목적으로 집행부임원들 중에서 한사람을 문화- 습위원회의 의장으로 선거한다. 문화-풍습위원회의 임원들은 로력시간 외에 모든 사업을 진행하며 또 그 로력에 대하여 아모 보수도 받지 않는다. 다만 례외로, 대규모의 꼴호즈에서는 위원회의 의장 혹은 서긔가 꼴호즈내 다른 모든 작업을 면할 수 있다.

꼴호즈안에 문화의 풀무를 만들어 놓을 것.

각꼴호즈 내에서 문화-교육사업을 전개하기 위하여 붉은구석, 중람소 혹은 구락부를 두어야한다. 여긔에는 문명식으로 수양을 받음에 상당한 모든 보조-신문, 서적 및 긔타가 보장되어야하며 이 안에는 여라가지 크루소크, 연극, 도서실과 및 긔다를 조직하여야 된다. 꼴호즈집행부에서는 문화-풍습위원회와 함께 위선 문화-풍습사상업에 쓸 가옥을 설비하며 만일 이런 가옥이 없다면 거물질력을 따라 새로 가옥을 건축하여야 된다.

문맹퇴치, 의무교육, 강습 등 사업

≪무식자들의 손으로 사회주의를 건설하지 못한다≫고 레닌은 말하엿다. 꼴호즈회원들은 농촌에서 사회주의를 실현하는 자들이니 꼴호즈 내에 무식자들이 있어서는 안된다. 꼴호즈에서 문맹퇴치를 실시하기는 조직되지 못한 농촌에서 하기보다 쉽다. 이 과업을 실현하기위하여 문화-생활제도개선위원회에서는 모든 글 모르는 35세전

꼴호즈 남녀회원들을 통게하며 문맹퇴치소로 쓸 가옥, 득본, 공책, 연필 및 긔타 긔구를 준비함에 대하여 정치교육 긔관들과 교섭할 특별인원들을 선발한다. 문맹퇴치에 쓸 교원은 정치교육 긔관에서 보내거나 혹은 꼴호즈단체의 력량이 충분히 있으면 그것을 리용할 수 있다. 아직 탁아소나 유치원이 없는 곧에서 어린 아이들을 가진 꼴호즈녀자회원들의 문맹을 퇴치하려면 어린아이들을 보아주는 일에 여자공청회원들과 여자삐오네르들을 끄어들여야할 것이니 여긔에는 두 가지 양식이 있다. 각 어린 아이를 공청회원 혹은 삐오네르에게 맡기어 어미가 공부하려 갈 때에는 어린아이를 보게 하며, 또 다른 방식으로는 어린아이들을 모도 한 장소에 모이어놓고 청년들에게 맡기어 보게하는 것이다.

의무교육-이것은 전동맹볼셰비끼공산당 제16차 대회에서 세워준 투쟁적 과업이다. 당과정부에서는 의무교육에 쉬지 않고 주위를 한다. 농촌에서의 모든 학교집의 건축은 전반적 단합화의 구역에와 꼴호즈들 령역 안에 실시하라는 지령들이 있다. 만일 학교가 꼴호즈에서 먼 거리에 있으면 학교 내에 꼴호즈회원 자녀들의 긔숙사를 설치하여야 된다. 소학교, 중학교 및 대학교에 꼴호즈회원 자녀들을 입학시길 때에 그들은 공업 로동자들의 자녀와 같은 권한을 가진다. 각 농업학교에 입학시길 자리들은 꼴호즈회원들에게 특별히 보낸다.

꼴호즈 내 의무교육의 실시는 꼴호즈 열성자들의 력량으로써 그것을 촉진시기어야 된다. 모든 학교안 에는 의무교육의 실시를 위한 후원회를 조직하여야 된다. 이후 원회들은 가옥과 교사들을 주마 빈궁한 아동들에게 교과서를 무료로 공급하기 위하여 무슨 원인으로던지 학교를 단니지 못하는 8세된 아동들을 통게하여야 한다. 한 마듸 말로 하면 후원회는 그 꼴호즈 내에 초등의무교육을 실시하는 일에 각 방면으로 후원을 준다. 아동들의 주소로 붙어 3낄로메틀 이상 되는 거리에 학교가 있는 경우에는 꼭 아이들을 학교로 실어가는 일을 조

직하여야 된다. 이렇게 실어가는 일은 꼴호즈 주민들의 힘으로써 조
직할 것이다.

꼴호즈 내의 학교는 장래의 사회일군들-단합적 긔초우에서 생활할 새 농촌의 건설자들을 준비한다. 학생들은 단합경제의 관습과 상식을 얻는 동시에 과학적으로 농작하는 방법을 배흔다. 다만 책만 가지고 이것을 배홀 수 없다. 학생들이 몸소 농업에서 로력하는 일을 정당히 조직하여야 된다. 이것을 하기 위하여 학교에 농토를 떼어주며 로력이 아동들의 힘에 맞지 못하는 근에는 꼴호즈로붙어 긔게로써 학생들을 돕아 줄 것이다. 어린이를 그룹빠가 적은 어린이 꼴호즈에 련합되고 굵은 문명식 살림으로 장성되는 실례들이 벌서있다. 이런 꼴호즈는 모쓰크바주 웰로꼴남쓰크 부근에 있는데 이 꼴호즈에서는 거대한 살림을 창설 하엿다.

꼴호즈회원들은 학교후원회를 경유하여 어린이들이 농업상 지식과 관습을 얻도록 학교에서 배양되는 일을 협조하여야한다. 훓이 학생들이 자긔들 가정보다 앞서나가게 되어 가정에서는 학생을 지도할 능력이 없고 아동들은 점점 덤낳이 상당한 지도를 요구한다. 그러므로 큰 꼴호즈안에는 할 수 있는 대로 만저 어린이들의 공동 긔숙사를 설치하고 그 안에 지도긔관을 두어야한다. 성년자들의 짖도없이 이와 같은 단합단체를 내바려둘 수 없는 것이니 학교 교원들 중에서 한 사람이 지도자로 될 수 있다.

꼴호즈 어린이들 긔숙사 안에 생활관리규정(제도)은 의사와 함께 그것을 작성하여야 된다. 초등의무교육을 실시하며 학교수효를 증가함과 아울러 꼴호즈 청년학교들을 지방에 조직함에 시급히 착수하여야 된다. 5년 계획말에 가서 레쎄페쎄르에는 꼴호즈 내에와 전반적 단합화의 구역에 3천개 이상의 이런 학교들을 조직하여야 되겟다. 꼴호즈 청년 학교는 꼴호즈건설에 쓸 열성자를 새공격대와 문화일군들을 준비한다. 꼴호즈들은 자긔들 청년을 이 학교에 보내며 학교의 경비를

낸다. 학교를 맞후고는 이 젊은 일군들은 농천의 단합적 살림에 대한 상식과 관습을 가지고 꼴호즈 살림을 향싱시기려고 농촌으루 돌아온다.

정치-교양사업

1930년도에 레쎄페쎄르 인민교육위원부에서는 꼴호즈의 정치교육사업에 대한 세게획을 승인하고 벌서 지금은 그것을 실시한다. 이에 대한 특별한 주목과 대책은 어대보다 먼저 굵은 쏩호즈, 꼴호즈들과 그것들 의련합체와 전반적 단합화의 구역과 긔게 뜨락또르 지정소에 집중되엇다. 구역 중심 지역에는 상설도서관들과 책점들을 지금 설립하며 아직까지도 착수하지 못한 곧에는 장차 설립할 것이다. 종람소들의 사업은 확장 될 것이다.

꼴호즈의 벽신문과 로농긔자운도

경제건살과 문화-생활제도 방면에 있어 꼴호즈들은 벽신문과 또 활자신문을 통하여 꼴호즈건설에 있는 모든 악화와 그릇된 것을 반대하며, 생산력을 높이기위하며, 로력규룰을 위하며, 문맹퇴치를 위하며, 종교적 미신과 주정하는 일을 반대하여 결정적으로 꾸준히 투쟁하여야 될 것이다. 로동자, 고용농민, 빈농민, 꼴호즈 열성자들과 꼴호즈 지식자들 사이에서 튼튼한 로농긔자 야드로를 창설하는 사업을 굳세게할 것이다.

생산적 교육

꼴호즈의 생산사업에 모든 꼴호즈회원들이 더 자미를 붙이게 하며 꼴호즈 건설에 직접 참가하게하기 위하여 생산협의회 및 위원회를 조직한다. 위원회 및 협의회의 회의에는 보통 꼴호즈회원들이 출석 할 수 있다. 생산협의회에서는 각종의 꼴호즈작업을 먼저 토의하여 강구한다. 보통 꼴호즈회원들 중에 누구던지 작업의 개선향상을 위하며 결점들을 퇴치하기위한 의안을 제출 할 수 있다.

사회주의적 경쟁의 계약을 체결하며 공격대들을 창설하며 사회주의적 경쟁계약의 실행과 공격대운동을 통게, 검열하는 일을 조직함에 있어 꼴호즈 생산협의회는 발기자, 주동자로 되어야한다. 여러 사람이 잘 보는 자리에 게시판을 거는 것은 통게와 검열에 가장 좋은 형식이다. 게시판은 두 부분이 있어야 되나니 곳 검은 게시판과 붉은 게시판이다. 검은 게시판에는 모든 뒤떨어진 자, 태업자들의 이름과 전체의 모든 결점을 긔록하며, 붉은 게시판에는 모든 성과들을 긔록한다. 이방침은 뒤떨어지고 게으른 일군들을 채쪽질하는 반면에 부즈런한 일군들을 더 권장하는 것이다. 이밖에 각꼴호즈안에는 최소한도의 농학상, 축산학상 상식을 배호는 농업 크로소크들을 설치하여야된다. 구역 혹은 꼴호즈 농업긔사들을 이 사업에 끄어들이어 이런 크루소크들의 조직을 돕아주며 또 그것을 지도까지하게 할 것이다.

여자들과 청년들사이에의 사업

지금으로 붙어 30년전, 1901년에 브.이.레닌은 농민문제에 대하여 쓰기를 "농민들의 처지를 개선함에 어대서 나아갈 길을 찾으며 또 어떤 수단으로써 그것을 성취할가? 다만 로동운동에 가담하면서, 사회주의 제도를 의한 투쟁에서와, 다른 생산수단들(공장, 제조소, 긔재 및 긔타)처름 토지를 공유화시기기 위한 투쟁에서 다른 생산수단들(공장, 제조소, 긔재 및 긔타)처름 토지를 공유하시기기 위한 투쟁에서 그들을 돕아주면서라야 적은 농민들을 자본의 압박ㅇ에서 풀어낼 수 있다…"라고 하엿다.

그 때로 붙어 30년이 지낫다, 그 중에서 벌서 13년 동안은 로동자와 함께 농민들이 정권에 참가되며 사회주의를 건설하고 있다. 농촌의 사회주의적 개조에 있어 현시 중요한 게단인 꼴호즈들은 갈사록 자라나며 튼튼하게 된다. 어제까지도 각각 변변치 못한 적은 살림을 붙잡고 있던 수만의 농민남녀들은 온홀에 와서 꼴호즈를 건설하는 자들의 대렬에 열성으로나선다.

꼴호즈건설에 열성적으로 참가하기에는 상식과 경험이 부족하다는 것을 꼴호즈회원 여자마다 스스로 알고 있다. 여자들은 흙이 꼴호즈 주민들 중에서 가장 뒤 떨어진 부분으로 된다. 그러므로 우리는 지도적 사업에서 그들을 적게 보며 관리 및 검열긔관에서 더욱 적게 보게 된다. 그래서 여자들은 항상 꼴호즈 건설문제를 바로 리해하지 못하여 단합화의 발전에 조력하지 못하는 수가 있을 뿐아니라 이 발전에 지장을 주는 수가 있다. 그러므로 문화-생활제도 개선위원회는 꼴호즈 녀자회원의 문화상 또는 정치상 수준을 향상시기며 그 긔술을 향상 시기는 모든 대책을 취해야 될 것이다. 여자들 사이에 문화-정치 사업을 실시하는 동시에 꼴호즈 녀자회원들을 지도사업과 선거긔관에 용감하게 내세울 것이다. 그리고 첨각바면으로 등용된 녀자들을 실지사업에서 돕아주며 후원하여야 된다. 학교와 강습소에 여자들을 많이 보내며 사회 및 문화-풍습상 사업에 그들을 끄어들일 것이다, 여자대표회-이것은 정치교육의 첫 게단이다. 당야체이까가 있는 꼴호즈마다, 또 여자대표회를 지도할 수 있는 공산당원들이 있는 꼴호즈에 마다 여자대표회를 조직할 것이다.

꼴호즈청년들도 혹시 절제를 받게된다. 꼴호즈의로인들은 흙이 청년들을 신임하지 아니하여 그들을 중요한 지도사업에 등용하지 않는다. 처연들은 우리를 교대할 자들이다. 그들에게는 신생활에 대한 신념이 많으며 적극성과 용감성이 더 있다. 그러므로 주저치 말고 지도사업에 청년들을 용감히 등용하며 학교와 강습소에 많이 보내어야 된다.

농촌에서 사회주의건설을 끝까지 완성함에 있어 꼴호즈회원들은 청년들을 교양함으로써 진실한 자긔의 후게자들을 준비할 것이다.

꼴호즈회원들의 일하고 남은 시간을 리용할 것.

할호 동안에 중역을 한 뒤에 꼴호즈회원들의 여가와 쉬는 시간을

리용하는 일을 정당히 조직하는 것은 큰 의의를 가진다. 이것은 꼴호
즈회원들로 하여곰 술 마시고, 잡긔 줌억닥치 따위로 여가를 보내는
넷날 습관을 버리게 하는 것이니 그들의 문화상 요구를 수응해주는
일많은 주의를 기울이어야한다. 지도자들과 문화-생활제도 개선위원
회들은 꼴호즈 안에 음악, 창가 및 연극 크루소크들을 조직하는 일을
각 방면으로 후원할 의무가 있다. 꼴호즈청년들 중에는 음악을 좋아
하고 노래나 타령을 알고 연극배우의 소질을 가진 이들이 언제던지
충분히 있는 것이다. 이것을 쓸데없는 일로 보아서는 안된다. 문명식
위안은 다만 리익만 준다.

순회활동사진은 가장 문명식인 위안과 정치 및 생산적 교육의 훌륭
한 방법들 중의 하나는 활동사진과 라지오다. 굵은 꼴호즈나 무덕이
련합처에는 순회활동사진긔게를 가질만한 모든 가능성이 있다. 이
사진긔의 가격은 600원이 넘지 않는다. 가장 헐한 조건으로 사진판
(렌따)도 세낼 수 있다. 입장료를 5~10전으로 하여 활동사진을 보이
는 방법으로써 순회활동사진의 경비를 얻을 수 있다. 그리고 이 수입
으로 사진띄를 세내며 긔게를 각금 수리하기에 넉넉할 것이다.

라지오는 최근에 와서 단지 도시로 동게급에게 뿐만 아니라 농촌의
농민에게까지 거대한 환영을 받고있다. 각꼴호즈회원은 구락부나 종
람소외에도 자긔의 집에 앉아서 라지오를 들을 수 있다. 문화-생활제
도 개선위원회는 중앙라지오방송국으로 붙어 라지오장치를 받아 50
내지 100개의 농민들 집에 라지오 듯는 긔게를 놓을 수 있다. 꼴호즈
들에게 활동사진긔와 라지오를 공급할 예산으로 꼴호즈 중앙에서는
중앙소비조합동맹과 총협약을 체결하엿다. 이 협약에 의지하여 각
구역소비조합은 활동사진긔와 라지오듯는 긔게의 일반 설비품을 공
급할 의무가 있다. 활동사진긔와 라지오듯는 긔게를 가장 헐한 조건
으로 공급하는 것이니 이에 대한 비용을 두렵어할 필요가 없다. 그밖
에 6개월 동안이나 내지 일년까지 월부로 갚는 것을 허락 한다.

교당들을 학교, 식당, 문화회관 등으로

농촌경제의 단합과는 단지 토호들만 매장하는 것이 아니라 종교까지 매장하는 것이다. 모든 꼴호즈에 군중적 무신론자운동이 장성되는 일은 꼴호즈건설과 련쇄된다. 여러 꼴호즈들은 농민군중 자신들의 주장으로 벌서 교당의 문을 닫고 교당의 종을 공업화 폰드에 넘기어주엇다. 크라쓰노뽈란쓰크 지방에 있는 기간트 꼼무나에서는 교당문을 닫고 꼴호즈회원들의 힘으로써 그것을 학교와 구락부와 식당으로 곤처만든다. 새로 설비된 구락부에는 군중적문화-교육사업이 넓이전개 된다.

종교와 투쟁하는 방면에서 행정적 처분의 실책과 결정적으로 투쟁하면서 동시에 꼴호즈 및 일반 농민군중 사이에 반종교 사업을 꾸준이 하여야 한다. ≪꼴호즈운동에서 당정책을 악화시기는 일과 투쟁하는데 대한≫ 1930년 3월 15일 결정으로 당중앙간부에서 준 지령을 잘 긔억하여야 된다:

≪일반주민들의 자원이라하여 그 내용을 거즛 은페하는 행정상 절차로 교당문을 닫는 행동을 결정적으로 중지할 것이다. 다만 농민들의 절대다수가 사실로 자원하는 경우에만 교당문을 닫는 것을 허락하되 주집행위원회에서 주민대회의 결정을 승인하여야 된다≫.

우리는 반종교 선전을 꾸준히 하는 방법으로써, 민중을 속이는 교당 긔타 종교긔관의 폐지를 위한 투쟁을 진행하면서 교당문을 닫고 그것을 구락부, 문화회관, 식당 등으르 쓰도록 적당히 만들 것이다. 이와 동시에 문화긔관들의 건설을 힘있게 할 것이다. 우리 쏘베르트 국가 안에서, 5백 만개의 훌륭하게 설비된 미치광이 양성소(교당)가, 전체 일만 5천개뿐의 거츨게 설비된 도서종람소와 대립되어 있는 형편을 더 참을 수 없다.

꼴호즈회원들은 비록적은 문화긔관망이라도 주밀히 발전시기기 위하여 적극적으로 투쟁하여야 된다. 각 꼴호즈에서는 무신론자들의 출판물을 주문하여 전투적 무신론자들의 크루소크를 조직하며 또 비록 더딜지라도 그들을 경유하여 반종교 사업을 전개하여야한다.

교당은 모든 외부의 장치와 찬송가와 성대한 의식 등등으로써 사람들을 미혹시긴다. 사람들을 종교로 붙어 분리시기기 위하여, 세례대신에 십월을 벼풀며 종교식의 장례대신에 음악대를 리용하며, 교회식의혼례를 거행하는 대신에 공청회식 혼례 등등을 거행하며 꼴호즈 안에서 사회적 새의식을 넓이 실험하여야 된다.

구역 정치교육긔관들과 무신론자 쏘베트는 이런 사업에 꼴호즈회원들을 힘써 돕아주어야 한다.

꼴호즈에서의 생활제도를 개조할 것

대규모의 단합살림의 궤도로 소규모의 개인농민살림을 옮기는 일은 써른 시긔 안에 벌서 그 우월점을 보이엇다. 큰 꼴호즈따에는 굵을 빠꾸는 법이 실시되며 좋은 씨앗을 심으며 비료를 주며 복잡한 농업긔게들을 사용하며 뜨락또르로써 밭을 갈며 좋은 종자 가축을 두기 위하여 축산업을 전개 시긴다. 이것은 모도 꼴호즈 회원들의 로력을 쉽게 하며 단합살림 전체의 수확률과 수입률을 높이며 부분적으로는 각 꼴호즈회원들의 생활정도를 낮게 한다. 그러나 다만 새 혁명식의 생활 제도루 옮겨야만, 온홀까지 여자-꼴호즈 회원을 압박하던 낡은 생활제도의 뿌리를 아조 빼여버리어야만 꼴호즈 생활의 우월점이 더 현저히 낳다날 것이다. 꼴호즈 녀자회원들에게 해방이 될 가능성을 주지 않은 낡은 생활제도의 근거는 가정로력에 긔초한 식사와 세탁과 아이 걸우는 일이다. 전체 꼴호즈 살림에서 전형적 실례를 들어보자. 토지가 공유화 되엇으며 중요한 농업 긔게들이 공유화 되엇으며 로동가 측이 공유화 되엇으며 공동으로 쓰는 오양, 허덕간, 곡물 창고들이 있다. 그러나 주택을 가지고 보면 그것은 모도(꼼무나는 제하고) 개인들의 소유대로 있다. 실상, 농산 아르쪨리 규측에는 이런 건축물들의 공유화를 예정하지 못하엿다. 그러나 일의 리익을 위하여 꼴호즈회원들 자신의 리해관게를 위하여 무엇이든지, 밥 짓는 일이라도 공통화 시길 수 있다. 단합적으로 곡식을 심으며 단합적으로 밭을 갈며 단합적으로 곡실을 건우며 혹시 단합적으로 곡실을 짛어 쌀을 낸다. 이런 모든 단합적 동작을 한 뒤에는 그것이 꼴호즈 녀자회원 각 개인들의 밥짓는 가마루 들어 가게 된다. 여긔에서 가령 200명의 식구를 가진 50가호의 농호로 된 농산 알쎌리에서 50명의 꼴호즈 녀자회원이 매일 부엌에 불을 때어 밥을 짓는데 매집의 주부가 매일 네 시간식(이것은 최소 한도로) 밥짓는 일에 허비 한다면 모든 주부들을 합하여 200시간을 허비할 것이니 할호에 열 시간식치더라도 20로 동일이 될터이다. 만일 공동으로 밥짓는 집을 세운다면 밥짓는 일에 전체로 4인이 요구되고 그 남아지 사람들은 다른 일을 할 수 있을 것이다. 공동식사에 있어도 그렇다, 공동식당을 설치하고 강습소에서 식모를 준비시기고 공동감독을 잘하면 맛있고도 값싸게 식사를 할 수 있으며 꼴호즈 녀자회원들의 90%나 각 부역에서 일하지 않고 그 로력를 보다 더 가치 있는 작업에서 리용할 수 있다. 여자가 꼴호즈 내에서 음식이나 만들지 않으면 그들에게 할 일이 없다고 보는 것은 옳지 못하다. 당과 정부가 가르치는 여러 가지 중요한 대책들 곳 양돈업, 양금업, 우유생산, 과수업, 채포업, 여러 가지 수공업 및 긔타를 발전시기는 파업을 여자들이 보람있게 실행할 수 있다. 꼴호즈 집행부에서는 문화생활제도 개선위완회워 함께 이 일을 하여야 된다. 생활상 조건들을 공동화시기는 리익점을 꼴호즈회원들게 설명하여주며 이에 대한 모범을 보이는 일에 문화-생활 개선위원회와 공청회 야체이까가 주동자가 되어야한다. 특히 로동력이 긴장될 때, 녀름농사를 할 때에 공동식사를 조직할 필요가 있다. 소비조합에서는 꼴호즈의 공동식사를 발전시기는 방면으로 조력하여야 된다.

공동 목욕탕과 세탁소를 건설할 것.

집마다 물을 덥히고 빨래질을 함에 무수한 시간이 든다. 산술을 해보지 않아도 얼마나 공연한 트로력과 공연한 화목이 없어지는 것을 알 수 있다. 뿔래하는 일을 들어 말하자. 일상 농촌의 환경에 있어 음식을 끓이며 아이들이 있는 집에서 빨래를 하게 되므로 더럽은 뿔래에서 냄새와 습긔가 가득하게 된다. 이런 제도는 밭비없이 하여야 하겟다. 물론 긔게화된 목욕탕과 세탁소에 대하여는 아직 말할 여지가 없다, 이런 것들은 가장 굵은 모범적 꼴호즈에 설비될 수 있다. 건축긔사들은 꼴호즈 내 공동목욕탕-세탁소의 건출 계획을 이렇게 작성하엿다. 한 개의 큰집을 건축하되 복도로써 집을 두 부분에 난흐고 한 부분에는 의복 벗는 방, 몸 싳는 방, 땀 내는 방-세 칸으로 된 목욕탕을 시설하고 또 다른 쪽에는 뿔래질 하는 방, 뿔래를 말리우는 방, 달임질하는 방-역시 세 칸으로 된 세탁소를 둘 것이다. 물 덥힐 그릇은 집 복판에 두어 목욕탕에서와 세탁소에 고동으로 사용하게할 것이다. 잉리하면 화목과 로력이 많이 절약된다. 이런 목욕탕은 일정한 일군에게 맡기어 일하게 하며, 꼴호즈 녀자회원들은 번차로 목욕탕에 물 덥히는일을 하게할 것이다. 빨래질도 두 가지 방법으로 할 수 있다. 꼴호즈내에서 빨래하는 일을 일정한 여자들께 맡기거나 그렇징 낳으면 각 꼴호즈 녀자회원이 덥은 물과 완전한 설비가 있는 세탁소에 와서 세탁하게할 것이니 이렇게 하면 그들의 주택을 더럽히지 않도록 보장할 수 있다.

어린이들을 보육하는 긔관의 조직

꼴호즈회원의 자녀들에게 옳은 사회적 보욕을 벼프는 일은 거대한 정치적, 국가적 의의를 가진다. 이것은 어린이들을 진실한 사회주의 건설자로 교육시기며 아이때 붙어 단합적 관습이 박이게 함에 필요하다. 아이 때붙어 사회적 보육을 잘 받으면 어린이들이 단정하여 지며 몸을 깨끗이 걷우며 로력과 자연을 사랑하는 성질을 얻게 된다. 사회 보육은 꼴호즈의 로력녀자를 사회주의 건설에 끄어들이며 남자와 한 가지로 생산작업과 사회-정치사업에 내세우기를 요구한다. 이것은 다만 가정생활로 붙어 그들을 완전히 해방시기는 조건하에서만 할 수 있다. 아이 보는 책임을 여자들에게서 덜어주며 아이들을 걷우는 모든 걱정을 그들에게서 벗기어야 된다. 이것은 다만 꼴호즈 안에 탁아소, 유치원, 아동공원들을 조직함으로써만 할 수 있다.

꼴호즈 내의 양아기관들은 담과 같은 종류를 가질 수 있다. 아이들이 난날 붙어 3세까지 보육을 받는 탁아소는 두 가지가 있으니, 곳 상설탁아소와 농사철에만 조직되는 림시 탁아소가 그것이다. 유치원은 3세붙어 7세까지 되는 아이들을 수용한다. 아이들에게 상당한 단합적 로력의 교육을 주는 것이 유치원의 과업으로 된다. 그리고 녀름 농사철 동안에 림시 탁아소와 같은 목적을 가진 어린이 공원들을 조직할 것이다. 보육기관에 수용되는 아이들의 수효는 평균 40~50명이다. 보육기관으로 쓸 집은 꼴호즈에서 새로 건축한다면 건출비로 장기 대부를 받거나 그렇지 않으면 공유화된 가옥들 중에서 혹은 압수하여 꼴호즈에 인게한 가옥들 중에서 그것을 설비할 수 있다. 건실한 꼴호즈는 이런 건축물의 설비에 쓸 재정을 가질 것이며 힘이 약한 꼴호즈에서는 소비조합 혹은 꼴호즈 긔관으로붙어 보조를 받을 수 있다. 당분간은 인민교육부와 보건부에서 보육기관의 지도자들을 보내게 될 것이며 그담에는 꼴호즈 녀자회원들 중에서 강습을 경유하여 지도자를 준비할 수 있다. 보육기관 안에서 아이들 먹이는 비용은 가정에서보다 더 많이 들지 않고도 그들은 더 낫게 먹을 것이다. 보조역을 하는 인원들과 아이보는 녀자들과 식모들은 꼴호즈에서 선발할 것이다.

문화-생활제도의 개조사업에 요구되는 재정을 어떻게 얻을가?

문화-생활제도에 관한 사업에 요구되는 재정은 여러 가지 재원으로 붙어 얻을 수 있다. 이런 재정을 얻어 냄에 주요한 방침 - 이것은 1) 꼴호즈의 총 수입에서 이렇ㅇ한 파센트를 떼는 방법으로, 2) 여러 단체들, 가령 소비조합, 농업조합, 농춘후원회등 등의 보조로 붙어 3)꼴호즈의 문화-생활사업비로 계획의 의경작으로 붙어 4) 꼴호즈의 힘으로써 연극, 가극 및 활동사진을 흥행하여 그 입장료의 수입으로 붙어 5) 의용적으로 일을 더하는 따위로 붙어 수입을 얻을 것이다.

문화-생활제도에 관한 긔관들, 가령구락부, 보육긔관, 목욕탕, 세탁소, 식당 등등을 새로 건설할 목적으로 문화-생활제도의 건설을 후원하는 폰드에서 가장 유리한 조건하에 3년으로 붙어 25년까지의 긔한으로 장긔대부를 받을 수 있다.

사업을 계획있게 하며, 경험을 교환할 것.

문화상 수준의 향상과 꼴호즈내 생활제도의 개조에 있어, 그 과업은큰데다, 력량과 재정은 국한되므로 이 력량과 재정을 가장 적당히 리용하기위하여 꼴호즈내 문화-생활개선의 사업을 위한 상당한 예산을 세워야된다. 이것은 꼴호즈의 생산계획을 작성하는 것처름 미루 계획을 작성하여야만 할 수 있는 것이다.

경험의 교한은 아조 중요한일이니 문화-생활제도의 개선을 위한 위원회읠군들은 이 사업의 성과와 결함을 통게하여야된다. 그리하여 선진 꼴호즈들은 이 방면에서의 사업을 시작하는 다른 꼴호즈에게 모범적 경험을 전하여주어야한다. 경험의 교환은 문화-생활제도의 개선사업을 서로 심사하여보는 방법으로써, 또 문화-생활개선위원회들의 회의를 개최하는 방법으로써 그것을 실행할 수 있다.

(1931년 농민년감 오기즈-모쓰크바판에서 가리어내은 것)

11. 전동맹공산당 원동변강위원회 결정(1931년)

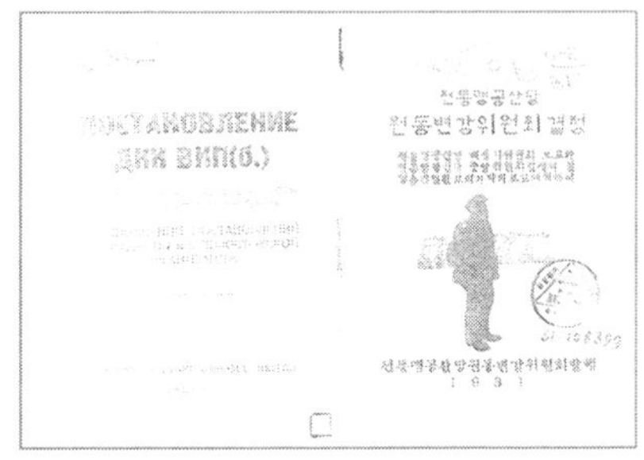

- 출판언어: 고려어
- 저자(발행처): 전동맹공산당 원동변강위원회
- 자료유형: 단행본
- 출판년도: 1931년
- 발행지: 해삼위(블라디보스토크)

전동맹공산당 원동변강위원회 결정

(전동맹공산당 해삼시간부의 보고와 해삼당단체들에 대한 전동맹공산당 중앙간부결정의 실행을 검열한 부리가다의 첨부보고에 의지하야)

해삼시당간부서긔 까스라드제동무의 보고와 해삼당단체들에 대한 중앙간부 결정의 실행을 검열한 쁘촐긴 동무의 첨부보고를 듯고, 전동맹공산당 원동변강 간부뷰로는 당의 총방향으로붙어 빗그러지는 경향을 반대하야, 특히 제일의 위험되는 우경을 반대하야 적극적으로 투쟁하며, 아래로 붙어의 자긔비판을 넓이 전개하는 긔초에서 해삼당단체와 그의 당적지도는 지난 시긔에 있어 도덕상, 사상사으로 건전하고, 지도하는 열성들을 로동자화시기고, 당의 총방향의 주위에 자긔의 대렬을 밀접하게하는 거대한 사업을 진행하면서 수공업과 어업과 목선업에서의 개인적 요소들을 단결시킴에 대한 중앙간부의 지시를 실행하엿으며, 레닌적 민족정책을 위한 결단적 투쟁의 원측에서 동방 로동자들에게 물질적, 문화적으로 수응해주며, 대민족 애국주의를 반대하는 투쟁에 당단체와 로동자 군중을 동원시기며 지도사업에 640명의 로동자를 등용하엿으며 생산의 중요한 부문의 로동자들을 공업과 무역과 또는 어업을 급속히 발전시기는 방면에서 큰 성과를 달성하엿음을 지적한다.

그와 함께 변강간부 뷰로는 시간부와 당단체의 사업에서 모든 굵은 결점과 부족이 있음을 지적한다:

ㄱ) 중요한 긔업소들과 운수에 있어 생산계획을 못다 실행하엿다(모든 생산은 29/30년에-93.3%, 1931년 첫 석달에-76.6%; 원동공장은 29-30년에-90%, 31년 첫 석달에-87%; 파네르공장은 29-30년에-95%, 31년 첫 석달에-72%). 특별히 원가의 감하와 다른 품질저하 시에 대한 중앙감부의 지시를 실행하지 못하엿음을(중요한 긔업소에 있어서 원가가 감하 될 대신에 적지 않게 장성되엇다)지적한다.

ㄴ) 경제긔관들로 붙어 긔본적 건축사업의 범위와 긔한을 어기는 일이 당단체의 편으로 붙어 결정적 타격을 받지 못하엿으며 새 건축사업에서의 당-군중사업이 원만히 전개되지 못하엿다.

ㄷ) 로동자들을 위한 주택긔금의 총장성에 있어서 공동긔금으로 로동자들에게 공급하는 일이 원만치 못한대로 그냥 낡아있으며 특히 생산로동자들의 주택건축을 위한 재정이 못다 리용되고, 형편 없는 지경에 있다.

ㄹ) 산업재정계획의 실행을 보장하기위한 공급의 방식이 원만히 개조되지 못하엿다(공격대원들에게 대한 우월한 공급, 오랜 일군들을 생산에 처매는 일긔타). 도시부근의 채마농사가 장성됨을 불구하고 량적으로, 특히 질적관게로 보아 그것이 확실히 원만치 못하며, 체레까측에서는 로동자들의 공금에 있어서 게급적 악화를 보이게 되엇다.

ㅁ) 긔업소에서 당-군중사업의 전개가 원만치 못하게 되엇으며 게절로동자들 가운데서, 새 건축에서. 어장에서, 고기잡이배 만드는 로동자들 가운데서 그의 관게가 확실히 원만치 못하엿다. 당단체는 당-군중 사업에서의 중력을 부리가다, 쓰메나, 체흐, 군가쓰, 가와사끼, 긔타에루 전환하는 원측에서 아직 개조되지 못 하엿으며 공격대와 공격대원들을 당-군중사업의 주석으로 하지 못 하엿다.

중요한 경제긔관들의 사업에서의 굵은 결점의 표현과 특히 어업과 새 건축에 있어서, 최근에 오아서 산업재정계획을 못다 실행한 것은 무엇보다 이 경제긔관의 지도에서 우경긔변주의적 사실이 있으며, 작업에서의 긔술을 소유할 줄 모르고, 로동군중의 자라나는 열성과 창발력에 의탁할 줄 모르는 관료주의가 있은 결과로 나온 것이며, 경제적 자립을 실시하는 사업에서의 관료주의적 악화가 있으며 긔본적 건축에서 재정을 많이 리용하지 못엿으며, 근거있는 긔술-경재게 모든 사업은 반듯이 체흐와 브리가다와 쓰메나에서의 당-군중사업에 대한 중앙간부의 결정을 속히 실현하는 원측에서 조직 될 것이니 당의 지시와 또 자긔의 상당한 결정의 실행을 검열하며 사업의 경험과 졸은 모범으로써 야체이까를 실지적으로 돕아주는 일을 지도의 중심 문제로 주력해야 될 것이다.

2. 시간부의 중요한 과업으로 모든 경제긔관사업을 확실하게, 원만하게 개조하도록 보장하며 동시에 경제적 자립을 실현하는 사업에서의 곤료주의적 악화를 퇴치하하며 지도하는 산업일군들이 사업의 긔술을 소유하며 로동군중의 자라나는 열성과 창발성 의탁하는 진실한 단일관리제를 실시하는 일을 써른 긔한에 도달할 것이다.

3. 철도와 해상운수에 대한 중앙간부의 결정을 실행하는 일에 당 단체들을 동원시기며 해삼위의 철도망과 항구를 속히 개조하는 일에 특별한 주의를 기울일 것이며 밤낮을 계속하여 짐을 실고 부리우는 일의 긔게화를 최대한 도로 응용하고 또 앞으로 확장시기며 똔수(용적)를 합리적으로 리용할 것이다. 시간부와 항구위원회는 배일군들의 성분을 선택하고 햐상시기며 해상과 철도운수에서의 당-군중 사업을 향상시김에 대한 지도를 지체말고 실현할 것이다.

4. 어업긔의 사업을 진행하는 주위에서 해삼시 간부의 진행한 큰

사업을 지적하면서 어업생산에 수응하는 어업구역과 긔업소의 당 단체를 튼튼히 하며 어업에 긔게화 된 고기잡이배를 최고 한도로 리용하며 생산에서 브리가드제로 루휴간(밤낮)의 고기잡이를 조직하며 어부들을 늘 바다에 나가 있게하기 위하여 그들의 해변(륙지)사업의 부담을 벗기어 주는 일에 결정적 방침을 쓰어야될 것이다. 당원과 공청회원들은 고기잡이 긔술을 소유하는 일을 첫재 당면과업으로 내세우며, 그리하기 위하여 상당한 강습을 조직하며, 어업게획을 실행하며 넘치게 실행하기 위하여 모든 당단체와 로동자군중을 동원시기어야 될 것이다.

5. 개인적 부분들을 중개업적 늉통으로붙어 사회적, 조합적 조직으루 이전시김에 결정적 방침을 쓸 것이다.

6. 로동자주택을 건축하는 사업의 급속한 전개와 주택긔금을 리용하는 방면에서 게급적 방향을 실시하는 일을 엄중한 과업으로 내세우면서 주택정책을 속히 실행함에 대하여 제일 결정적 방침을 쓸 것이다. 주택조합사업의 발전이 불원만함을 지적하면서 이 사업을 전개하며 주택건축 문제의 주위에 넓은 로동자들의 협동성을 집중 시길 것을 시간부에 제의한다.

7. 최고 한도로 지방물산을 리용하며 도시부근의 채마농사를 발전시기는 방법으로 로동자들의 실제임금을 향상 시기는 사업을 정중한 과업으로 내세우면서 산업 재정 게획의 실행에와 공격대들에게 낱을 돌리도록 분배 긔관들의 사업을 개조하며 그 지도를 튼튼히 하도록 보장할 것이다. 도시구역에 데어붙인 농촌들의 농업방향을, 목축업과 채소업으로 변환시기는 방향으루 바꾸기 위하여 꼴호즈를 튼튼히 하며, 장성시기는 원측에서 모든 방침을 연구하여야 될 것이다.

8. 레닌의 민족정책의 모든 악화와 특히 대민족 애국주의와 부분적으로, 검사와 재판사업의 실지에서 반듯이 투쟁을 계속하여

야될 것이다. 긔업소에서 지금까지 볼 수 있는 동방로력자들의 생활상 또는 경제상 불균등의 페단을 두말없이 퇴치하도록 보장할 것이다.

소수민족들의 문화-풍습상 공급(학교, 도서관, 출판물, 구락부)의 확장을 보장하며 고등긔술 전문학교와 공장제조 소학교 긔타에 그들을 많이 끌어들이는 방법으로 그들 중에서 쁘롤레따리적 긔술자를 양성할 것이다. 쓰따르신까들의 가리운 형식과의 투쟁을 전개하며 중국 로동자들 사이에서 당의 영향과 지도를 적극적으로 튼튼히 하며 동방로력자들 사이에서 위선 하급경제일군(부리가질, 십인조의 감독자, 긔타)을 빨리 양성하는 일을 도달할 것이다.

9. 원동변강집행위원회의 꼼푸락치야는 공과대학을 부문화시기는 문제를 촉진할 것이며, 시 간부는 대학내 야체이까에 주는 당지도를 힘쓰면서 고등긔술전문학교의 완전한 사업을 보장할 것이다.

10. 골쏘베트와 그 각부문의 사업을 중요한 정치, 경제문제에 낯을 돌리도록 결단적으로 전환시길 것이다(어업긔, 공업과 운수재정 계획리실행, 민족문화의 건설에).

11. 직업회에 대한 지도를 튼튼히 함에있어 해삼위시간부가 취한 방침을 시인하면서 그들의 낯을 생산에 돌리게 하며 사회주의 경쟁과 공격운동에 산지도와 구체적 지도를 주는 방면에 결정적 전화이 있도록 보장할 과업을 내세운다.

12. 생산 로동자들로 당단체를 장선시기는 속도가 만족치 못하며, 당에 선발해 들이는 방면에서 당야체이까의 사업이 아조약하며, 중요한 경제부문(세건축, 어업생산, 선박운수로동자)에 당원성분이 매우 적은것을 지적하면서, 1931년 십월 일일까지 당 단체의 전체성분에서 생산로동자들의 비중이 55% 이상이 되도록 보장하는 과업을 세워가지고 좋은 로동자브리가다들을 당에 끄어이는 방면에 계속적 사업을 전개하라고 시 간부에 제의한다.

1920~30년대 교육 강령

　제3장에는 '초등학교 강령'과 '사범 전문학교 강령에 의하여 공부하는 교원 – 통신강리 학생들과 속성과 생들을 위한 자료집', 그리고 '사범전문학교 강령에 의하여 공부하는 초급학교 교원자격 향상에 대한 재료'를 담았다.

　'초등학교 강령(수학, 지리, 자연학, 체육)'은 1932년 8월 25일에 초등학교 수학, 지리, 자연학, 체육에 대한 기초를 공고히 하기위하여 전동맹(볼쉐비키)공산당 중앙위원회의 결정에 의하여 작성된 것을 고려어로 번역하여 연해주 일대 한인학교에 배포한 자료이다. 이 강령에서 교육인민위원부는 초등학생들의 연령별 특성에 맞춰 수학, 지리, 자연학, 체육 과목의 학습 내용과 분량을 배정하는데 주안점을 두었다. 초등학교 4년 동안에 반드시 배워야할 수학 과목의 내용은 1) 임의의 명수와 불명수의 정수 사칙연산, 2) 매트로의 척도와 시간의 단위, 3) 분수와 소수에 대한 초보 지식, 4) 직관적 기하에 있어서 노력과 측정과 작도 등과 관련한 초보적 지식, 5) 정수와 분수의 응용 문제 풀이이다. 지리 과목의 내용은 3년급 강령, Ⅰ.공산에서의 정향(定向), Ⅱ.지명의 근본 형상과 약도에 대한 학습, Ⅲ.지상수와 지하수, Ⅳ.지도를 이용한 첫 번째 수업, 지도공부의 기초, Ⅴ.지구와 지구의와 반구도의 표시, Ⅵ.기상과 기후, Ⅶ.지구의 여러 기후대에서의 주민의 생활과 자연 현상 등이며, 자연학은 서론, 1년급 강령, 1.가을, 2.겨을, 3.봄의 내용으로 짜여 있으며, 체육 과목 내용은 교육 방법 해설, 1.초등 체육의 과업, 2.학교에서의 체육 사업 형식, 3.학업―교육상 조직의 체육, 4.강령 작성의 원칙, 5.학교 체육의 조직 설계 작성 및 통계, 6.과정 진행에 대한 교수법 지침, 초등학교 체육 과정의 표준설계, 7.작업전 체조와 분시체조 조직방법 지시, 분시체조 등으로 짜였다.

'사범 전문학교 강령에 의하여 공부하는 교원 ― 통신강의 학생들과 속성과 생들을 위한 자료집(1936년, 고려어판)'은 사범학교 통신강의 속성과정 학생들을 위한 자료집이다. 이 자료집의 '사범학교 속성과 학생들에 대한 지시안' 내용은 Ⅰ.속성과의 목적과 과업, Ⅱ.속성과 입학 절차, Ⅲ.속성과 학생들의 권리와 의무, Ⅳ.시험조직에 대하여, Ⅴ.속성과 학생의 졸업절차, Ⅵ.속성과 학생들의 작업행정에서의 통계사업 등 이다. 사범학교의 단계별 교과목 종류(조선어, 러시아어, 수학, 자연지리, 인체해부학과 자연지리, 식물학, 생리학, 산술교수법, 소련헌법, 소련역사, 경제지리 등)와 과목당 수업시간 등을 구체적으로 제시하고 있다.

'사범전문학교 강령에 의하여 공부하는 초급학교 교원자격 향상에 대한 재료(고려어판)'는 초급교원 자격 향상을 위한 교안설계로서 과정별〔1936년 정월강습, 이월-오월 강습, 하기강습, 구월 -십이월 강습; 1937년 정월강습, 이월-오월 강습, 하기강습, 구월 -십이월 강습; 1938년 정월강습, 이월-오월 강습, 하기강습, 구월 -십이월 강습; 1939년 정월강습, 이월-오월 강습, 하기강습, 구월 -십이월 강습〕, 과목별(1.역사와 그 방법, 2.레닌주의, 3.3.지리와 그 방법, 4.국어와 그 방법, 5.문학, 6.수학과 그 방법, 7.물리, 8.화학, 9.자연과 그 방법, 10.교육학, 11.아동학, 12.노력) 강습 시수 등을 명시하였다.

1. 초등학교 강령(수학 지리 자연학 체육, 1932년)

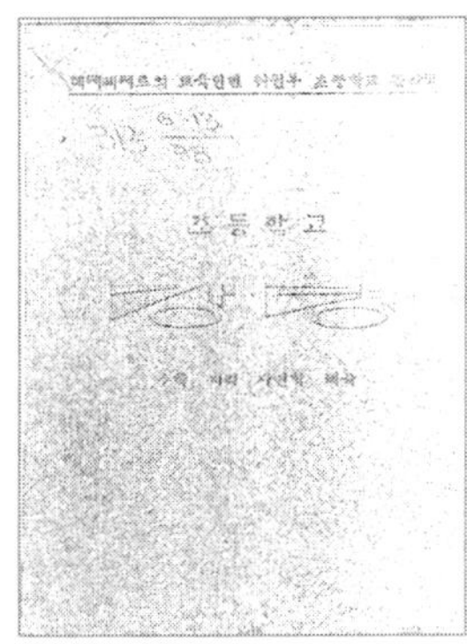

- 출판언어: 고려어
- 저자(발행처): 전동맹(볼세비크)공산당중앙위원회
  교육인민위원부
- 자료유형: 단행본
- 출판년도: 1932년
- 발행지: 해삼위(블라디보스토크)

초등학교 강령(수학 지리 자연학 체육)

수학

해석적 긔록

1. 1932년 팔월 25일, 학교에 대한, 전동맹(볼세비크)공산당 중앙 위원회의 결정에 의하여 《과학의 긔초를 확실하고, 튼튼하고, 게통있게 소유하기 위하여》 강령이 작성되게 되엇다. 여긔에서 교육인민 위원부는 출발하여 산술강령을 작성 할때에 학생들의 년령상 특성에 맞후어야 될 재료의 분량과 그배정 게통에 특별히 주목을 돌리엇다.

   학생들은 초등 학교에서 사년동안에 반듯이 아래의 것을 학득 하여야 될것이다:

   1) 임의의 명수와 불명수의 정수 사측을 튼튼히 학득하며 이 사측 운산에서 튼튼한 관습을 가지어야 될 것.

   2) 메뜨르의 척도와 시간의 단위들을 튼튼히 학득하며, 그것들을 측량상에 리용할줄 알 것.

3) 분수와 소수에 대하여 초보 지식을 소유할 것.

4) 직관적 긔하에 있어서 로력과 측정과 작도 등과 련쇄하여 가장 초보적 지식을 소유할 것.

5) 정수와 분수의 응용 문제들을 풀줄 알 것.

수학은 지리와 함께 학생들에게 축적과 에께르 등 사용법과 군사 지리의 어떤 부호들과 지면상에서의 간단한 측량법을 리용할줄 알게 하여야 될 것이다.

초등 학교의 각 학년에서마다 정수 게산이 중심을 차지하여야 될것이다. 이 방면에서 학생들의 지식과 관습을 특히 튼튼하여야 되며 자각적이 되어야 하며, 중등 학교는 초등 학교에서 주는, 튼튼히 학득한 지식에 긔초하여 분수게산에 주목을 집중하여야 될것이다.

2. 일년급 재료는 아래와같이 배정되엇나니 첫 열의 가감법, 둘재 열의 사측, 백 이내수의 헤는법, 및 십위수의 사측등이다. 이년급에서는 100이내의 사측과 1000이내의 가감법을 배홀 것. 삼년급에서는 1000승제법, 밀리온 이내수의 헤는법과 및 이에 대한 사측을 배혼다. 사년급에서는 밀리아르드의 대원위까지 배호되 게산의 가장 어렵은 경우들을 포괄하여 이 수급내에서 정수 사측을 배홀 것. 분수의 작업은 이년급 붙어 시작하여 삼년동안에 진행되며, 사년급에서 배홀 소수를 밀우 알게할 것.

긔하를 강령에 대략 소개하는 것은 학생들게 긔하학상 도형에 대한 관념의 저축, 공간에 대한 관념의 발달, 합성적 긔능과 구조상 긔능등의 발달등을 이 목적으로 한 것이다. 이 작업은 일년급붙어 시작하여 일정한 게통으로 산술, 로력에 대한작업, 및 측량과 작도 관습의 학득과 밀접히 련쇄하여야 될 것이다. 긔하의 재료에 대한 작업은 일년급과 이년급에서는 학긔마다 대략 4~5시간식, 사년급에서는 재료의 분량에 딸아 5~10시간식

배정할 수 있다.

메뜨르의 척도와 시간의 단위들은 일년급붙어 시작하여 초등 학교의 각 년급에서 배호고, 사년급에서는 모든 지나간 재료를 반복하여 끝낸다. 동시에 학생들은 여러 가지의 도량(척도, 평방척도, 체적 및 중량)의 단위 관게, 도량의 단위의 변천, 명수로의 운산, 명수 문제 운산의 학득, 선분과 면적과 체적 등의 실지적 측량에 대한 척도의 리용 등을 잘 학득하여야 될 것이다. 복명수(두 명수가 넘지않는)는 딴 과목에서 배홀 것이 아니라 불명수의 운산과 함께 병행하여 배홀 것이다.

3. 수학을 배홈에 있어서 수와 도량이 학생들의 손에서, 실제 환경을 인식하는 무긔가 되어야 할 것이다. 수학은 학생들로써의 사회주의 건설의 더 깊은 인식, 그들로서의 사회 사업의 우수한 실행, 그들이 자긔의 사회주의적 고향의 방위를 준비하는 등에 리용되어야 할 것이다.

로동에서의 자각적 규률, 정밀, 명료등 교육상 과업들은 수학 교수에 있어서 언사를 옳게 또는 정확하게 리용하는 것과 서법에서의 깨끝하고 정밀한 것, 운산결과의 책임 등을 요구하므로써 달성하여야 될 것이다.

그 목적을 달성하기 위하여 수학의 작업은 필요에 딸아 다른 학과들 자연학, 로력, 지리학 및 긔타 학과들과 및 아동들의 사회 사업과 련결하여야 될 것이다. 이 학과들은 문제들과 수학적 관습의 실제적 적용에 대한 재료를 준다. 초등 학교의 높은 학년에서 사회학, 자연학 및 긔타 학과 문제들을 수학적으로 해석하는 것은 이 학과들의 내용을 구성하는 사실과 현상을 더 명료하고 정확하게 연구함에 돕음을 준다.

수학과 다른 학과들과의 자연적 련락은 학생들의 그 모멘트에 학득하는 산술운산에서 수자적 관념과 관습 법위안에서 늘 실시되어야 할것이다. 이 련란은 어떤 경우에서던지 수학의 질서와 게통을 위반하지 말아야 할 것이다.

4. 수학의 작업에 있어서 수학과 생활과 사회주의 건설과의 련락의 구체적 형식이 되는 과업이 큰 의의를 가지엇다.

학교에서는 문제들의 해석에 크게 주목을 하여야 될 것이다. 준비된 문제와 학생들이 자긔로 짖은 문제들을 해석하는 일이 수학의 작업 게통에서 중요한 고락지가 되어야 할 것이다. 단순한 문제들에서는 산술 운산의 의미를 해석하여야 할 것이다. 단순한 문제들과 복잡한 문제들을 운산함에 있어서 수학상 관습을 굳게하며 그를 응용할줄 알게 할 것이다. 복잡한 문제들의 운산에 있어서 학생들이 해석상 단순한 형식으로 초보적 관습을 얻어야 하며, 긔정수와 구하는 수 사이의 관게를 얻을 줄 알아야 될 것이다. 이 모든 것이 학생들의 수학상 사고력을 발달시긴다.

문제들의 선택에서는 쉽은 문제로붙어 어렵은 문제루, 단순한 문제로붙어 복잡한 문제루 넘어가는 절차를 엄중히 직히어야 할 것이다.

문제들의 내용은 아동들의 생활과 로동 사회주의 지시안 자료, 및 긔타 학과들에서 취하여야 될 것이다. 재료 선택에 있어서는, 그것이 학생들에게 적당 여부를 잘 타산하여야 될 것이다.

각 년급의 문제 작성과 내용으로는 산술과 긔하학에서 전개되는 수학상 관념의 게통에 맞아야 될 것이다. 그와같이 일년급에서 학생들이 알것은 두 개―세 개 수의 화가 요구되는 문제를 푸는법과, 잔을 구하는 법과, 몇 개의 동일 가수의 화인 적을 구하는 법과, 몇 개의 등분한 상을 구하는 법과, 한 수가 다른 한수의 몇배나 되는 것을 알 것 등이다. 본 년급에서는 수를 몇배 증대시기던지 혹은 몇배 감소시기는 것이 요구되는 문제들을 풀줄과, 수의 반분과 사분지일을 구할 줄과, 간접 형식의 가감법을 알것이다.

이년급에서는 학생들이 차적 비교와 배수적 비교, 한수를 몇배로 증가하며 감소하는법, 수의 한 부분을 구하는 법, 내용으로도 몇부분에 난호는 법, 사실의 시종이 있을 때에 사건의 긔간(일주야 내에서) 계산(여긔에서는 단위 명수를 구하는 방법으로 문제들을 푼다) 등에 대한 문제들을 풀어야 한다.

이년급 끝에가아서 알 것은: ① 문제의 요건을 간단히 쓸 줄과 ② 말로 문제를 세울 줄과 운산의 방법과 ③ 운산할 것을 옳게 쓸줄과 ④ 문제를 푼뒤에 그의 운산행정을 순차로 이약이할 줄 등을 알아야 한다.

삼년급에서는 학생들이 차적 비교와 배수적 비교, 한수에서 몇부분을 취하는 법, 면적을 게산하는 법, 의미 정한대에 의하여 사실의 시간(일년이내에서)을 게산할 줄과, 단위의 부분을 가감하는 것 등의 문제들을 풀줄 알아야 되며, 단위의 부분을 가감하는 것등의 문제들을 풀줄 알아야 되며, 단위의 명수로 구하는 방법으로와 비례의 방법으로 푸는 문제들과 비례배분 및 긔타 문제들을 풀줄 알아야 될 것이다. 본 년급에서는 학생들에게서 량들 사이의 관게를 알게하며, 말로 문제를 세우게하며, 그의 해결에 적당한 운산 방법을 옳게 선택할 줄 알 것들이 요구되는 복잡한 산술문제들을 푸는대에 크게 주목하여야 될 것이다. 본 년급에서는 학생들이 서면상으로 문제를 세우는 것을 배홀 것이다.

사년급에서는 학생들이 한수의 몇 부분을 구하는 법과, 부분에 의하여 분수를 구하는 법과, 한 수의 한 쁘로쩬트 혹은 몇 쁘로쩬트를 게산하는 법고, 면적과 체적을 게산하는 법과, 간단한 분수의 가감법과, 시간의 게산등의 문제를, 삼개 법측 즉, 화차

평균수를 구하는 것, 화와 차에 의하여 두 수를 구하는 것, 배수관게에 의하여 두 수를 구하는 것 등의 문제들 및 운동에 대한 문제들을 풀어야 된다.

우에 말한 것은 학생들이 반듯이 학득하여야 될 대체적 범위요, 어떤 경우에는(학생들의 발달의 수준에 딸아) 거기에 다른 문제들을 첨부할수 있으니, 우수한 학생들게 대하여는 더 어렵은 문제들과, 여러가지 레제와 그 해법으로써 학생들의 작업과 련습에서 다양성을 가진 문제들을 주어야 할 것이다.

2, 3, 4년급에서는 복명수를 가진 식산과 응용문제들을 풀줄을 알므로써 학생들이 초등학교에서 메뜨르의 척도와 시간단위들에 대하여 운산하는 관습을 튼튼히 가지게 하여야될 시간에 대한 문제들을 풀기에는 게산긔술의 어렵으므로 여러 단위의 복명수로 복잡하게 말아야되며, 또 4학년에서는 일세긔의 이내에서의 문제들만을 풀지 말아야 된다. 적은 시일 이내(주야, 일개월, 일년이내)에서 옳게 또는 빠르게 게산하는 관습을 학생들게 주는 것이 아주 값이 있는 것이다. 학생들은 준비된 문제들을 푸는 외에 지방 재료에 의하여 문제들을 짖어 풀줄을 알아야 된다.

4년급 끝에 가아서 학생들은 아래와 같은 것을 알아야 된다:

ㄱ) 산술문제 운산에 대한 서법상 게획을 작성할 줄을 알 것.

ㄴ) 량 사이의 관계를 알고 운산 방법의 적용의 경우를 아는대에 긔초하여 문제를 푸는대에 대한 산술운산법을 옳게 선택할 줄을 알 것.

ㄷ) 암산과 서법으로 옳고, 자각적이고, 원만하게 빠르게 산술운산을 할 것.

ㄹ) 문제를 푼뒤에 그의 운산 행정을 련쇄시기면서 절차 있게 니약이 할 것.

ㅁ) 수자적 공식으로 복잡하지 아닌 문제들을 풀 것을 쓸줄 알 것.

문제들을 풀때에 학생들이 여러 가지 대의 관계를 바로 리히 하여야 될 것이다. 초등학교에서는 수학에서 연구할 대가 아주 여러가지이므로 실생활에 보통으로 맞나게 되는 대에 대하여만 배호게 되나니 그 실례를 들면 단가와 총가와 수량과의 관게, 속도와 거리와 시간과의 관게, 번노르마와 일한 시일과 생산물과의 관게, 선의 대소와 면적 사이의 관게, 본 물체의 선의대소와 체적과의 관게, 본 사실의 시말과 시일과의 관게등에 대하여 배호게 된다. 이 관게들은, 공식이나 혹은 법측을 배혼결과에 알아야 할것이 아니라, 많은 문제들을 푼 결과에와 학생들의 생활상 경험의 실증적 해석의 결과에서 배호아야 될 것이다.

문제들에서는 부긔원의 초보 상식, 수입과 지출에 대하여 긔록하는 것을 실지로 알게하여야 되며, 이외에 고급반의 학생들을 지출과 수입 문부의 처리에 이끄는 것이 유익하다(식당, 수공실 및 긔타의 문부).

5. 수학상 작업의 다른 종류 가온대에서 강령은 암산 관습의 발달에 크게 주목한다. 암산은 보통생활에 넓히 응용된다. 암산은 특히 다위수의 제법에서 쓰면서 게산을 쉽게하여 준다. 동시에 암산은 학생들의 침시와 합성적 긔능을 발달시기며, 그 경우에 필요한 게산 방법을 선택할 필요를 알게된다.

100이내에서의 운산과 1000이내에서의 쉽은 경우의 운산은 암산으로 하고 다음에 필산을 요구하여야 될 것이다. 1, 2년급에서 암산으로 게산하므로 강령은 3학년붙어만 자립적으로 암산하게 한다. 여긔에서는 암산한 것을 고정하게 긔록하게 된다. 단순한 안산의 연구로만 국한할 것이 아니라(실례를 들면 25와 50과 및 긔타수로 승하는법), 보통 암산 방법에서 학생들을 더 많이 련습시기어야 되며, 산술의 전부를 배홈에 암산의 게산을 하며 암산을 필산과 합성시기어야 될 것이다. 새 식의 문제들을 배홈에 있어서는 이것을 크지아니한 수로 암산하여 해석하는 것이 필요하며, 새 수학상 관념과 법측을 해석할 그때에도 역시 암산으로 푸는 실례와 문제들로서 출발하는 것이 유익하다. 정수로만 암산으로 련습할 것이 아니라, 분수와 쁘로쩬뜨로도 암산으로 련습하여야 될 것이다.

6. 수학의 작업에서도 학생들의 수학상 관습을 튼튼히 만드는 것이 큰 의의를 가진다. 학교는 여러 가지의 수학의 련습(수자적 문제의 해법, 식산의 해법, 수학상 유희의 조직, 교수 용품으로의 작업, 측량, 측지 및 작도 등)에 대한 실지적 작업등의 련습으로 튼튼한 관습을 창조하여야 될 것이다. 련습할 때에 먼저 교사가 학생들이 자각적으로 풀수 있게 설명하여야 될 것이다. 식산과 수자적 문제산에 대한 련습도 강실에서만 할 것이 아니라, 숙제로 주어야 할 것이다. 튼튼한 관습을 얻기 위하여 학생들의 자립적 긔록상 작업도 있어야 할 것이다. 이 작업의 내용은 수학 련습에 대하여 우에 말한 과목 종류도 될 수 있다.

7. 작업 방법에 대하여 전동맹《볼세비크》공산당 중앙 위원회의 결정에는《교사는 그가 교수하는 학과를 게통있고 순차있게 해석할 책임을 가지엇다》고 말하엿다. 수학에 있어서의 지시는 아주 중요한 의의를 가지엇다. 수학에서의 엄중한 게통과 순차는 중요한 방법적 요구의 의의를 가지엇다. 수학에서 지난 게단을 잘 학득하여야 새 게단마다 알수 있으며 학득할 수 있다.

수학에서의 새 관습마다 지난 관습에서 자라난다. 여긔에서 족음이라도 빼어놓고 배호아 주면 앞으로의 작업 란관을 준다. 그러므로 교수가 주는 수학상 관습과 지식은 일정한 게통과 순차로 배정되어야 할 것이다. 지난 게단을 잘 학득하여야 다른 게단으루 넘어갈수 있다.

수학의 작업에서(특히 하급 학년들에서) 직관적 또는 구체적 교수를 넓히 리용하여야 될 것이다. 초등학교에서는 지관 교수로붙어 추상수의 수학상 관념의 발달에루 행하여야 될 것이다. 여긔에서는 교사가 늘 살피어야 될 수학상 직관 재료〔산술궤, 상업수판, 메뜨르의 측도, 모형(메뜰, 리뜰, 그람 및 긔타), 긔하학적 도형, 긔하체의 모형, 측량긔와 작도긔(량각긔, 삼각정규, 게척 및 긔타 긔구), 간단한 측지긔 즉 실례를 들면 에께르, 권척 및 긔타 재료〕가 큰 의의을 가지엇다는 것이 해석된다. 여긔에서는 자긔로 만든 교수용품 즉 례를들면 게산에 있어서—자긔로 만든 아바크, 나무가지들 및 긔타, 긔하에 있어서는 긔하학적 도형, 물체의 모형 및 긔타 재료를 리용하는 것도 중요하다. 수학의 직관 교수에 그라프적 작업이 많은 긔능을 주나니 즉 실례를 들면 구구법의 연구에는 구형, 분수의 연구에는 원형과 구형, 면적과 체적의 연구에는 정방형, 구형, 립방체, 직방체의 작도등이 많은 긔능을 준다.

수학시간에 여러가지 수학상 유희(로또, 도미노 및 긔타 유희)가 유익하나니, 그런 유희는 1년급에서는 시간에와 고급에서는 교의 시간에 조직할 수 있다. 산술시간에는 한개의 법측도, 한가지의 위치도 아동들에게 주입적으로 가르치지 말아야 되고, 아동들이 관찰하고, 비교하고, 결론을 짛으며, 보통적이 되게 모든 작업이 조직되어야 할 것이다.

8. 강령에서 재료는 한 학년도에 4학긔로 난호이엇다. 이렇게 재료를 배정함에 있어서 교사는 그 시긔에 교수할 지식과 관습의 총 분량을 명백히 알게된다. 그러나 이것은 대략 배정할 것이다. 반의 준비와 긔타 지방 조건에 딸아서 재료는 일년동안에 강령을 다 실행하도록한 학긔에서 다른 학긔루 부분적으로 넘기어 변동 시길수 있다.

학긔의 이내에서는 재료가 산술과 긔하의 부분에 난호이엇다. 이렇게 재료를 배정하는 것은 각 부분에 딸아 재료의 량분이 얼마될 것을 세밀히 알수 있으며, 각 부분의 연구의 계통을 지적할 수 있게 된다. 수학의 작업 방법은 이 부분들 사이의 호상 련쇄, 산술에 대한 긔하학 재료의 능숙한 리용, 면적과 체적의 측량과 게산에 대한 작업의 산술상 관습 등을 요구한다.

강령은 학긔마다 새 재료만 준다. 그러나 이것은 어떤 경우에서나 한 학긔에서 시작된 작업이 다른 학긔에서 끝남을 의미하지 아니하는 것이다. 그 반대로 수학상 지식과 관습을 잘 학득하기 위하여 전학년도를 통하여 상시적으로 작업하여야 될 것이다.

실제 작업에서는 새재료를 학득함과 함께 지난 재료를 복습하여 튼튼히 함과 함께 지난재료를 복습하여 튼튼히 소유시기어야 할 것이다. 각 부분을 다 배호고서는 복습과 통게를 하여야 될 것이다. 또 학긔끝에와 학년도 끝에도 지난 것을 복습하며 통게하여야 될 것이다. 복습시간은 학긔마다 작업 설게에서 5—10시간식 예정하여야 될 것이다.

지리.

삼년급 강령

I. 공산에서의 정향(定向)

정오의 그림자와 라침반을 가지고 지바의 근본 방향들을 정하는것. 라침반의 구조를 알것.

간단히 준비된 도본으로서의 정향: 도본의 긔호와 축척 인식, 지방의 근본 방향에 의하여 도본을 옳게 조준하는 것, 지면과 그 실지 지면과의 합치, 도본에 의하여 한 위치와 다른 위치 사이의 거리와 방향을 정하는 것.

Ⅱ. 지명의 근본 형상과 약도에 대한 학습.

땅의 표면 형상과 지면 주위의 농업상 적당성.

지변의 근본 형상: 평지, 구릉, 저지, 산곡 등.

지면의 형태에 딸아 농업상 필요지, 길, 여러가지 건축등의 배치를 잘 알 것. 지형도본에 특별한 지면 물체들을 표현할 줄을 대략 알 것.

Ⅲ. 지상수와 지하수.

1. 자긔 지방의 지상수와 지하수에 대한 근본개념.

2. 지하수의 래력. 함수층과 담수층. 움물.

3. 물의 흐르는 형편. 샘, 강(江), 하(河). 강하의 부분들: 수원, 하상(河床), 하구(河口) 및 지류와 좌우 연안.

4. 갑고 있는 물: 못, 호수, 진펄.

5. 물의 작용으로서의 대륙면의 현상 변화: 연안의 침식, 여울, 섬과 반도의 생성, 게곡의 생성.

6. 경리 건설에서의 지상수와 지하수의 해롭은 영향과의 조직적 투쟁, 게곡의 생성, 연안의 침식, 강의 이동과 못의 생성 등과의 투쟁, 흐르는 물을 에네르기의 원천으로 리용.

Ⅳ. 지도와의 첫 학습. 지도 공부의 초보.

어떤 지방을 지도와 도본에다, 또는 여러가지 축척법으로 표시함을 알 것. 지도에서 축척을 감소할사록 세밀한 것들이 감소되는 것. 쎄쎄쎄르 지도에서, 자긔의 도(혹은 변강), 자긔의 구역(대략), 자긔의 주의 수부, 갓갑은 큰 도시 등을 찾아볼 것. 지도의 축척에 의하여 이 도시들 사이의 거리 판정.

자연 지도에서 륙지와 물의 표시. 해면으로 붙어 륙지의 높이. 자연지도에서의 여러 가지의 지형: 저지, 고지, 산, 바다의 여러 가지 깊이 등의 표시. 지도에서 도시, 철로, 강, 호수 표식(자연지도에서 근본지형, 강, 도시, 철도 등을 찾아 볼 줄을 알 것).

V. 지구와, 지구의와 반구도에 그의 표시.

1. 고대에는 사람들이 땅의 형상을 어떻게 상상하엿든가.

2. 땅의 구형. 지구의는─지구의 모형.

3. 지구의 자전. 주야의 교대. 지구의 회전설을 누구가 처음 주장하엿으며, 이 학설에 종교는 어떻게 관게하엿는가.

4. 극과 적도. 동, 서, 남, 북 반구들을 지구의에서 찾을 것.

5. 반구도. 지구상의 수륙 분포. 오대륙: 유로빠, 아시아, 아프리까, 압쓰트랄리야, 아메리까 등과 사람이 살지 아니하는 여섯재 대륙 남극주.

6. 대양: 북빙양, 대서양, 태평양, 인도양. 그것들을 지구의와 반구도에서 찾을 것(대양과 대륙의 일홈들을 알며 지구의와 반구도에서 그것들을 찾을 줄을 알며, 이것들의 배치를 긔억할 것). 바다는 대양의 부분.

7. 지구의와 반구도에서 방향 판정.

8. 지구의 공전. 일년간의 게절 순환에 대한 초보적 상식.

9. 지구의 다섯 긔후대. 지구의와 반구도에서의 긔후대들을 찾을 것. 그의 한게들(지구의와 반구도에서 이 대들을 가르칠줄 알 것).

VI. 긔상과 긔후.

(강당에서 학년도 첫날 붙어 매일 실행하는 단순한 긔상 관찰에 긔초하여 이 제목을 학득하게 된다)

1. 관찰에 의하여 주위 지방의 긔상변화를 알 것(지난 달들의 온도 변화. 어느 달에 어느 방향으로 센 바람이 불엇던가. 어떤 바람이 비나 혹은 눈이 오게 하엿던가. 어떤 바람에 일긔가 간조하엿던가).

2. 긔상의 변화성과 긔후의 고정성.

3. 긔상의 과학상 예보.

4. 긔상과 긔후의 연구 사업에서의 측후소의 역할.

Ⅶ. 지구의 여러 긔후대에서의 주민의 생활과 자연 현상.

1. 열대, 열대의 삼림, 싸반, 사막 등의 자연 현상(반구도에서 열대의 중요 삼림과 싸바나와 사막의 위치를 가르칠 줄 알 것). 열대 주민의 생활 현상, 열대의 락후된 주민이 자연게에의 종속, 열대 나라들의 자연부원, 이 나라들이 자본국가들에게의 점령, 그의 부원 략탈과 주민들의 예속과 피압박.

2. 한 대, 극지(極地)의 주민 생활과 자연 현상, 극지의 자연의 엄혹; 사람들이 그것을 정복하기 어렵은 것, 동토대의 주민 생활과 자연 현상(지구의와 반구도에서 극지지방과 동토대의 위치를 가르칠줄 알 것). 한대 지방의 락후된 주민들이 엄혹한 극지 자연에 종속, 극지 주민에게 대한 자본주의 영주 국가들의 불방조와 쎄쎄쎄르 극지섬들의 주민들이 엄혹한 자연게와의 투쟁에 공산당과 정부 측의 항구적 방조.

3. 온대, 삼림대, 초원대와 아열대의 자연 현상, 온대에 거주하는 민족들 및 국가들의 분포(쎄쎄쎄르, 북미합중국, 안글리야, 게르마니야, 이딸리야, 일본, 중국, 프란치야), 이 국가들의 명칭과 정치분구 반구도에서 이 국가들을 가르칠줄 알 것, 주민들의 경게적 작업에 의한 온대 지방의 자연 변화.

자연학

서론

초등학교에서의 자연학에 관한 작업의 과업들은 다음과 같다:

1. 아동들에게 대한 자연게의 생활, 자연 형상에 대한 관념으로 붙어 출발하여, 이 관념을 더 정확케하며 또 종료적 및 통속적 성질을 가진 오해들과 투쟁하며, 생물 및 무생물로 붙어의 새 팍

또르(원동력)들에 대한 지식으로써 학생들의 식견을 넓힐 것.

2. 구체적 재료를 긔초로하여 아동들에게 적당하고 명요한 형식으로써 자연게 발전의 간단한 게단적 법측들을 그들에게 보이어 줄 것.

3. 사회주의 건설 행정에서의 자연의 역할에 대한 명확한 진상을 보이어 줄 것.

4. 아동들에게 자연게의 연구에 대한 흥미를 내페하며, 자연 현상들의 탐구의 초보적 관습으로써 무장시길 것.

이러한 경우에서 자연학은, 학업의 다음 게단(중등학교 및 전문학교)에서 긔술과 과학을 소유하기에 가능있는, 사회주의적 경리의 장래 일군, 전투적 무신론자인 수백만 아동의 교양에 능력있는 무긔로 될 것이다.

초등학교에서의 근본과학 소유의 초보에는 자연학 작업을 원만히 실제화 시기는 것이 과업이다. 여긔에 있어서 자연의 《미》 앞에의 굴복, 자연력들의 앞에의 굴복으로 표현되는, 자연게에 대한 직각적 접근이 없어야 된다. 자연학에 대한 작업의 전투적 성질, 자연게에 대한 영향들의 실제적 개시, 로력자들의 리해에서 그의 개조 — 이것이 곳 쏘베트 학교에서의 자연학에 관한 작업의 특성들이다.

그러므로 작연학에 대한 강령, 그의 모든 근본 단락에 있어서 자연게에서의 발달의 모든 긔본적 법측을 설명할 때 사회주의적 경리(공업과 농촌 경리)에서의 자연 부원의 찾이한 역할을 표하는 명백한 재료를 반듯이 주어야 될 것이다. 강령에는 산업기간트 건설과 농촌 경리 개조의 진상을 아동들에게 주어야될 필요성에 대한 지시가 있다. 여긔에 있어서 학리의 연구는, 학생들의 사회—생산로력을 학과 및 교양의 목적에 복종 시기는 토대우에서 사회 공익 사업, 농촌 경리에서의 아동들의 실지사업과의 연락을 가지어야 한다. 농촌 경리에 대한 작업들은, 다만 이 작업들의 실행이 아동들로의 《과학의 긔초들》의 지식의 확장과 공고에 조력하며, 그들의 공산주의적 교양에 조력을 주며, 학리상 지식을 실제 또는 실험 작업에 적용할 줄 알므로써 무장시길 이러한, 또는 범위에서 줄 것이다.

교원은 교과서와 서적으로써의 작업. 각종 자립적 서면상 작업, 까비네트, 실험실, 수공실 등에서의 작업에 백방으로 숙련시기면서 또는 이 긔본 방법들과 아울러, 각종 실험과 용구들의 표시와 엑쓰꿀씨야(공장, 박물관, 전원, 삼림등으루의)를 리용하면서, 그들에게 교수하는 교과를 계통적으로, 순차적으로 해석하여줄 의무를 부담하엿다. 여긔에 있어서 교원은 반듯이 아동들의 학과 작업에서 리회키 어렵어 할때에는 백방으로 그들에게 돕음을 주어야할 것이다. 지식의 일정한 범위로써 무장시기는 대책에 아동들을 계통적으로 련습시길 것이다《(문제와 실습문제의 해, 모형준비, 실험실에서의 작업, 식물 채집, 학과의 목적으로써 학교 지단에서의 작업 및 긔타)》(전동맹 볼세비크 공산당 중앙위원회 1931년 팔월 25일 결정).

강령은 그 내용만 해석할 것이 아니라, 근본적으로 재료 연구의 순차적 진행을 판정할 것이며, 작업의 방법을 지시할 것이다. 자연학에 대한 강령은 특히 우에 지적한 전동맹 볼세비크 공산당 중앙 위원회의 지령을 실행하는 방면에 있어서 반듯이 지도적 규정서가 되어야 할 것이다. 이러하므로 강령에는 엑쓰꿀씨야, 실험 작업, 교원의 실험 설명, 자연게에서와 자연 구석에서의 장긔적 관찰. 학교 지단에서의 작업등의 필요의 최저한도에 대한 지시가 있다.

강령을 실행하기 위한, 교수시간 배정에 들지아니하는 관찰의 실시에 대한 필요성은 생물연구의 매우 중요한 특점으로 된다. 식물의 발전과 장성, 곤충들의 발육등 문제는 생물구석에서와 자연게에서의 실험 방법을 요구한다. 이러므로 어린 자연 학가, 어린 실험가의 크루소크에 조직되는 아동들의 단체가 필요하나니, 이들의 사업은 자연학에 관한 작업의 필요 부분으로 된다. 어린 자연 학가들의 사업이 교양적 가치와 함께, 자립적 작업에 아동들을 숙련시기는데 비상히 중요하며, 또는 탐구 사업의 관습들을 양성시긴다.

학교에서 학득한 자연과 농촌 경리에 대한 지식을 보충하고 확실케 할 목적으로써, 강령에는 녀름 과제가 편입되엇다. 이 과제를 성과 있게 실행하기 위하여는 어린 자연학가들의 단체가 매우 큰 의의를 가지게 된다.

녀름에 실행한 작업의 통게는 녀름과제의 실습에 편입되는 없지못할 조건으로 된다. 새 학년은 녀름 작업의 총화의 통게로 붙어 시작하여야 한다. 이것은 학교의 실지에서 학생들이 녀름 작업을 완전히 함에 중요하며, 또는 이것이, 교원이 자긔의 장차 사업을 설정함에 긔초 되는, 가장 풍부한 구체적 재료를 줌으로써 중요하다.

아동들의 녀름 탐구적 또는 농업적 작업의 조직에는, 조직된 아동들의 생활조건(녀름학교, 뻬오네르 야영, 육아원, 아동 휴양소 및 긔타 조건)에서 생기는 가능성들이 첫재로 리용되어야 할 것이다. 자연과 농촌경리의 관찰에 대한 개체적 과제를 각개 학생에게 주며 각개 학생의 작업을 인차 검열하여 학생마다의 녀름 과제실행 결과를 전 학습으로 인차 공동적으로 검열하는 것도 없을 수 있다.

일년급 강령.

1. 가을.

자연게에서의 가을 현상에 대한 아동들의 관념 표현. 가을의 진상:

자연게에서의 변화와 사람의 로력적 활동. 긔호로써의 가을 긔상력의 작성: 청명한날, 흐린날, 비오는 날들의 표시. 가을 삼림의 경상(청명한 날에 삼림, 공원 혹은 전원으루의 엑쓰꿀씨야). 분포된 수목들의 종류와 관목들의 4-5개 종류에 대한 식별. 침엽수와 활엽수의 종류. 가을의 나무닢들의 빛깔과 락엽. 수목의 종자와 과실들과의 식별(례하면, 시대열매, 도톨밥, 잣, 랴비나-(鹿梨)열매 및 긔타). 익조들의 겨을 모이를 위한, 열매들과 곡식알들의 준비.

날아가는 후조들. 가장 많이 분포된 후조와 과동 조류들; 새들이 어대루 과동하려 옴기어 가는가.

야생동물의 과동 준비: 서피, 고슴돌, 쑤쑤리크들. 쥐와 쑤쑤리크들은-곡식의 해수들이다. 그들과의 투쟁.

겨을 작업과 교실 장식을 위한 자연적 재료의 준비.

엑쓰꿀씨야 관찰 및 교실작업의 필수적 최저한도.

1) 닢떨어 질 때 삼림(공원)으루의 엑쓰꿀씨야.

2) 채포와 학교 농장으루의 엑쓰꿀씨야.

3) 가을 자연 역서의 총화.

4) 동물들의 과동에 사용되는 떼라리우마의 구조.

5) 삼림(공원)으루 다시 엑쓰꿀씨야를 갈 것.

2. 겨을.

겨을 자연게에서의 변화에 대한 관찰: 점점 낮이 잘으어지고 밤이 길어지는 것; 겨을의 가장 쩌른 날을 지적할 것, 소택과 강하의 결빙, 강설, 파리길의 개통. 긔호로써 겨을 긔상력의 진행: 청, 음, 우, 설. 온란한 가옥에서의 눈과 얼음 융해의 실험.

겨을에의 가축들, 덥은 축사에서의 칩이에 대한 그들의 보호(꼴호즈, 쏩호즈, 축사루의 엑쓰꿀씨야). 야수(례: 여호, 승량이, 곰, 토끼, 서피)들이 어떻게 과동하는가. 모물용 야수들의 산영에 대한 진상들. 과동 가금들에게 모이 주기와 그들에 대한 관찰. 인가 부근의 조류들의 생활에 대한 관찰(례: 비닭이, 가마귀, 감은기, 가치, 참새).

관찰과 실험의 필수적 최저한도.
1) 우차쓰크와 자연구석에서이 조류에 대한 관찰.
2) 겨을 자연의 역서 총화.
3) 엑쓰꿀씨야를 갓을 때에 눈과 얼음에 대한 관찰.
4) 눈과 얼음의 융해와 물의 결빙에 대한 실험들.

3. 봄.

자연게에서의 춘긔 변화에 대한 관찰: 날이 길어지는 것. 해볓의 온란, 해설과 해설지의 해동; 강하에의 해빙, 류빙, 강하의 창만; 물의 작용―침식 작용(강, 시내 혹은 게곡으루의 엑쓰꿀씨야). 모래와 첨토를 그 빛깔과 감촉으로써의 비교; 모래 성질에 대한 개념(흩어지기 쉽고, 수분을 잘 통과시키며, 물을 혼탁시기지 않는 것)과 첨토의 성질에 대한 개념(첨착성이 있고, 모형만들기 쉽으며, 간조한 후 경고하여지며, 물을 혼탁시며, 그것을 잘 통과 시기지 않는 것―실험).

날아오는 첫 새들. 둥이의 결구. 첫 군충들의 출현(파리, 나비; 이것들을 어대루붙어 발생되엇는가). 봄에 동물들: 도면으로 붙어의 곰의 출동; 도마배암이와 배암의 출현, 머구리의 출현; 동물들의 봄털 벗이.

교실안의 나뭇가지와 수목에서의 발아에 대한 관찰. 귀밀, 유밀, 완두 종자들의 발아에 대한 관찰. 자연과 농촌작업에 대한 일역(봄의 화첩). 첫 봄꽃들의 출현. 학교지단에서의 식물과 곤충의 발육에 대한 간단한 관찰. 움들의 출현: 무우, 완두, 긔밀등 발아의 관찰.

엑쓰꿀씨야, 관찰, 실험등의 필수적 최저한도.
1) 자연게에서의 봄 현상의 관찰, 봄 자연 력서의 진행.

체육

방법적 설명서.

체육은 초등 학교에서의 학업—교양사업 체게의 유긔적 부분이며, 보통 교육과 로력적 학습과의 결합으로써 학생들의 사회주의적 로력에와 쎄쎄쎄르 방위에 대한 준비를 조력하기 위한 목적을 가지엇다.

1. 초등학교에서의 체육의 과업:

초등 학교에서의 체육사업의 근본 과업들은: ㄱ) 장성하는 신체의 정상적 발육과 형성을 보장하며 학생들의 건강을 공고함과 련단 하는 일 ㄴ) 실용하는 근본 운동관습들의 게발 ㄷ) 열성, 창발성, 용감성, 완강성, 민활성, 신속한, 판단력, 또는 자긔 력량의 정당한 타산등의, 성질 양성을 조장할 것 ㄹ) 규률성, 동무적 협동성, 행동에서의 공동성, 사회적 책임과 의무의 인식등등 성질 양성을 조장 ㅁ) 체육—조직상, 또는 청결—위생상 관습을 양성 ㅂ) 학생들에게 체육에 대한 간의한 리론적 지식의 배양.

2. 학교에서의 체육 사업 형식.

이 긔본 과업들과에 적응하여 초등학교에서의 체육 작업은 다음과 같은 방법들로 실시된다.

<u>체육에 대한 학업상 작업</u>: 교련에 대한 학과.

<u>학업일 배정에서의 체육상 요소들</u>: ㄱ) 학생들로 더부러된 학업—교육상 작업 부분의 체육 요소들의 편입(작업전의 체조, 체육시간, 각 휴식시간에서의 체육에 대한 대책들); ㄴ) 학교사업에서의 위생 상태의 개선에 대한 방침들에 참가.

<u>교외작업</u>(학교 외의 시간, 휴식일, 방학): ㄱ) 체육 크루소크 작업 ㄴ) 체육—군중적 또는 경긔에 대한 방침들(유희, 설마타기, 목욕과 유영, 체육련습에와 몇 종류의 경긔에루의 진출과 경쟁).

<u>체육작업의 통계</u>: ㄱ) 학생들의 각 방면으로서의 체육상 준비에 대한 게속적 검렬: 노르마 표준 교법에 대한 것과 《БГТО》의 노르마 (두번재것은 13세된 아동들에게) ㄴ) 학업상, 군중체육, 경긔등에 대한 일상적 의학―교육학상 검렬: 학생들의 건강을 위한 관찰 ㄷ) 학생들의 공부와 사회상 활동이 진행되는 학교 환경의 위생상태를 위한 관찰.

3. 학업―교육상 작업 조직의 체육.

위생상 견지에서 학교의 모든 환경과 학업―교육작업을 정리함에 초등학교에서의 체육에 대한 정당한 조직의 중요한 조건이 된다. 여긔에는 반듯이 다음과 같은 대책들이 편입된다:

ㄱ) 교실과 보조실들에서의 환긔 적당한 조광 및 청결 유지; 학생들의 년령, 력량, 건강상태 등에 맞도록한 학교의 긔구와 경긔용구 긔타 긔구들을 선택 적용할 것, 대소휴식시간을 진행하기 위한 적당한 장소와 유희장의 설치

ㄴ) 학업―교육상 작업의 합리적 규정; 매일, 매주, 매월, 전학년간의 책임분배

ㄷ) 가능에 딸아 모든 체육 작업을 신선한 공긔중으루 옴길 것

ㄹ) 작업들 사이에 휴식을 신선한 공긔중에서 진행할 것

ㅁ) 상학 시간에 분시체조와 작업전매일체조 련습을 실시할 것

ㅂ) 학생들의 사회생활 제한 조직 및 위생방조.

체육교원(혹은 초등학교에서 체육을 지도하는 교원). 학교의 사 및 지도자와 함께 학생들과 사회단체를 인입하므로서 반듯이 이상에 열거한 모든 대책의 조직자가 되어야 한다.

4. 강령작성의 원측.

학교의 각 학년에 대한 강령의 재료는 다음과 같은 세별을 가지엇다: 1) 육체적 련습, 2) 체육에 대한 학리적 지식, 3) 체육―조직상

또는 청결—위생상 관습.

강령의 중심은 육체적 련습이다. 학리상 지식은 학생들로 하여곰 쏘베트 체육의 근본적 성질을 리해시기기 위하여 강령에 편입되엇다. 체육—조직상 또는 청결—위생상 관습은 체육적련습재료와 체육에 대한 학리적 지식과의 련쇄중에서 교양된다.

육체련습의 배열의 긔초에는 자라나는 후진들의 건강 공고와 각 방면으로의 육체상 발달과 과업이 서고 있으며, 또한 련습의 실용적 본질과 의의 《로력과 방어에 준비하겟다》와 《로력과 방어에 준비》란 꼼뽈렉쓰가 가장 특유한 그것들로써 되엇다. 여긔에 적응하여 육체적 습련들은 다음과 같은 두개의 근본부분으로 난혼다:

Ⅰ. 부분: 일반 준비적 체육 련습들, 유긔체이 각방면 발달. 유긔체의 각 방면 발달을 조장하는 일반 준비적 육체적 련습.

Ⅱ. 부분: 로력 또는 전투적 환경에 적용할 관습들을 교양하는 실용적 련습.

일반 준비 부분에는 특히 근육, 호흡긔, 순환긔 등의 강장과 발달에 영양을 주며 운동의 박절, 정학성, 가동성, 민활성 및 자긔 운동을 자각적으로 소유함을 배양하는 육체적 려습 재료가 편입된다.

일반 준비적 훈련 부분은 다음과 같은 특수방향을 가진 구분에 난호인다: ㄱ) 각개 근육 구분의 강장과 발달(근육의 발달과 유연에 대한 련습) ㄴ) 호흡긔, 순환긔 등이 강장 ㄷ) 가동성, 민활성 등의 발달과 도야, 자긔로써 운동할 줄 아는 긔능.

실용적 련습부분에는 직접 생활에 실제로 적용되는(실용적) 육체적 훈련이 포함되엇으며(행보, 구보, 도약, 투척, 파행, 등반, 반월, 인상, 운반, 격투, 균형, 유영, 설마타기 등) 또한 각양의 실용적 훈련의 긔술소유를 밀접히 방조하는 육체적 훈련이 포함된다.

실용성의 훈련을 연구함에 있어서 학생들의 주의를 반듯이 다수로 훈련의 실제적 의의에 유도시길 것이다.

실용 훈련의 구분은 그 류사한 표징들에 의하여 다음과 같은 구분에 난호이인다.

1. 장애물타승과 이동에 대한 방법들: 행보, 구보, 도약, 균형 련습, 반상, 반월, 파행, 설마로써의 행보3.
2. 묵에를 들어옴기는 방법들: ㄱ) 사하물(死荷物) ㄴ) 산중량.
3. 방어와 공격에 대한 방법들: 투척. 격투와 저항의 긔본들.
4. 작대의 긔본들은 행보와 련결되지 않은 독립적 실용련습 긔루빠로 분립되엇으니, 이것은 그가 자라나는 후진들의 체육준비의 전체 게통에 있어 특별히 중요한 의의를 가지엇으며 또는 체육에 대한 학교 실제 작업의 독립적 련습으로 적용되는 까닭이다.

유희는 값있는 심리―체육상 가치를 형성하며 단합적 관습을 양성함에 거대한 의의를 가진 것으로서 체육의 일개 수단으로 특별한 독립구분으로 분립하엿다.

체육부분의 학리, 체육―조직상 또는 청결―위생상 관습에관한 재료는 각개 학년에 의하여 준다.

각년급의 정상적 교범으로 작성된 실용련습이 체육련습 강령에서 중요한 역할을 가지엇다. 여긔에 있어서 특히 련습의 질적실행에 주의할 것이다.

5. 학교에서의 체육상 작업의 조직, 설게, 작성 및 통게.
A. 조직적 문제.
1. 교원은 이 강령을 리용하면서 무엇보담도 먼저 매학년의 표준교범에 대한 준비를 결정하는 근본적 재료들을 학생들에게 튼튼히 소유시킴을 보장하여야 된다.
2. 보충적 재료는 다만 근본적 재료를 충분히 연구하엿으며 소유

3　유영, 촨 배기기 및 꼰끼 타기를 강령에 편입하지 않고 과외시간에 연구하기로 한다.

하엿음에 의하여 반듯이 소개되어야 한다.

3. 교수설계내에 지정된 체육시간들은 어떠한 경우에던지 그것을 축소하지 못하며 또는 어떠한 다른 작업으로 대체하지 못한다 (례하면 명절준비, 긔타로). 이개 혹은 몇개의 학과시간들의 련합을 금지한다.

   둘 혹은 얼마의 교수시간을 연합함을 허락지 않는다.

4. 강령의 재료는 각 학년에 있어 이미 지난학년들에서 연구한 것으로 예정하고 지시하엿다. 만일 어떠한 리유로 이렇게 못되엇다면(학교 작업의 약한 성질 혹은 과거 작업의 다른 내용으로) 교원과 혹은 체육지도자들은 간단한 형식으로라도 앞서 학년들의 재료들을 연구하게 하여야 한다.

5. 강령에 지시한 육체적 련습의 모든 형식들은 학교의 행정 당국으로 붙어 학교운동장의 설치, 그의 상당한 설비, 체육실 혹은 특별히 지적한 작업실의 설비 등을 요구한다.

6. 의사는 특별한 경우에 있어 학생들을 체육상 작업으로 붙어 면제시길 때, 그 용허할 수 있는 부담의 정도와 또는 그 학생으로서 감당할수 없거나 제한적으로 감행할수 있는 련습들의 종류를 정확히 지시하여야 된다. 충분한 면제는 다만 특수한 경우에만 용허하며 그것의 체육에 대한 학리적 작업에는 관게되지 않는다.

   육체적 련습의 어떠한 종류에던지 불가능하다는 증명을 가진 허약한 아동들은 독립적 소분조로 분리시기며, 교사와 긔사의 특별한 관찰과 검렬하에 있게하여야 한다.

Б. 초등학교에서의 체육작업 설계.

교사는 각학긔 마다 재료를 배정하여 놓은 체육상 작업의 모든 부분에 대한 정향적 반년설계를 꼭 가지어야 한다.

제일 구분. 육체 련습 과정들을 위한 학업재료의 설계안 작성.

각 학년마다 강령의 근본재료는 육체련습 과정들에 있어 적당한 시간수로 각개 반년에 분배되엇다. 교수 설계안에 배정되(매주에 한시식) 그것이 각 학년에서 매반년에 18—20시 까지된다.

육체련습에 대한 재료를 반년에 분배함에 있어 게절에 딸아 그 육체련습 과정의 특성에 주의하여야 된다. 례하면, 광장에서의 자유롭은 활동이 요구되는 그러한 유희와 련습들은 그본적으로 제일 제사학긔에 편입된다. 육체련습 과정이 다수로 공긔중에서 진행되어야 한다.

각 학년에서의 교수재료는 반듯이 학년초로붙어 점차 학생들을 작업에 인입할 가능을 보장하도록 배정되어야 한다(가장 쉽은 련습들로 붙어 점차 어렵은 것들에루).

설마 타기에 대한 시간은 제이 제삼학긔의 총 시간수에서 3—4시가 되게 배정할 것이다. 설마 타기에 대하여 지시한 시간대로 실행하지 못하게 되는 경우에는 겨을 유희장에서의 과정 진행에 리용할 수 있다.

강령의 근본재료는 반년간 설계작성에 있어 다음과 같은 조건들로 된다.

1. 표준 교범과 검렬과제. 본조건에는 각 학의에 학생들이 실행하기위하여 어떤 표준 교범과 검렬과제 들일 것이 설계안작성에 지적된다.

2. 일반 준비련습들은 학긔마다 각개 련습들의 복습, 또는 강령에 편입된 긔본 련습들의 복잡화를 타산하면서 분배하엿다.

3. 실용적 련습들의 설계작성은—표준교범들의 실행긔간과 련쇄되엇다. 게절적 설질의 타산이 특별한 의의를 가지엇다. 례하면 빨리 달는 것, 닳다가 길이루 뛰는 것, 목표와 먼 거리에 대한 투척 등은 제이, 제사학긔에 편입하는 것이 적당하다(이와 또는 다른 학긔들에서 본종류들의 복습을 타산하면서). **실용적 련습들**(설마타기, 멀리

루의 투척등, 이러한 게절적 형식들을 제외하고)은 일년간에 서로 체대되며, 과정들 진행에서 복습되게 분배되엇나니 이렇게 하므로써 작업에 대한 아동들의 항구적 취미와 련습들의 소유를 원만히 보장할 것이다.

4. 유희들은 각학긔마다 일반 준비적 련습(례하면 모방적 유희) 또는 실용적 련습(례하면 장애물 타승에서의 에쓰따페따)의 앞에 서고있는 과업들을 해결함에 보조하여주는 유희들의 적당한 수를 보장하는 타산하에서 분배되엇다.

5. 각학긔마다의 간에 사학년 학생들로 더브러 이차의 체육문제에 대한 매5분식인 담화를 조직할 것이다. 이밖에 각 신입 그루빠들에있어 체육련습에 대하여 해석함에 그들 각개의 위생상 의의에 대한 간단한 해석을 하여줄 것이다.

6. 체육―조직상 관습에 대한 통게는 주로 전학년간 제삼, 제사학긔에 편입된다.

제이구분: 학업일 배정에서의 체육 조직에 대한 설게.

설제안의 보조항에는 작업전 체조와 본시체조의 진행질서를 지시하며, 근본적 꼼뿔렉쓰들을 지적하며, 연구한 재료들을 세것으로 교대할 긔간들을 규정하여야 된다.

B. 체육 교수작업에 대한 통게와 통게방법.

교수작업에 대한 통게는 다음과 같은 조건들에 의하여 진행된다. 1) 표준 교범과 검렬 과제들의 실행에 대한 통게; 2) 학생들의 규률과 품행에 대한 통게.

1. 학생들의 육체준비에 대한 평가의 판정은 표준 교범의 실행에 있어 그의 질적 실행과 량적 결과에 의하여 판정된다. 연구한 재료들의 소유에 대한통게는 반듯이 각개 과정들에서 진행할

것이며, 이외에 표준 교범들의 통게에는 각 학긔말에 일개의 체육 련습시간을 특별히 설정할 수 있다.

표준 교범들을 받음에 있어 반듯이 아동들에게 과중한 부담과 과로를 초래하지 말도록 조직하여야 된다. 체육에 대한 학생들의 급제여하를 통게함에 반듯이 체육과 련쇄된 상의한 지식과 련습들도 역시 타산할 것이다.

2. 매 학과 시간마다 학생들의 품행과 규률성에 대한 통게를 진행할 것이니: 신발을 바로신는 것, 의복의 청결과 정도, 출석.

체육에 대한 교수작업 통게는 학년 총 통게부에 기입된다(부록 No. 3―참조).

체육교사에게는 통게부에 반듯이 매일 일자가 있어야 할 것이니 거긔에 진행한 시간들에 대한 첨부적 기록을 진행할 것이다.

의사의 의학상 검렬은 적어도 일년간에 두 번은 있어야 된다.

학년의 종결은 반듯이 체육명절로써 끝맺을 것이다.

6. 과정 진행에 대한 방법적 지시.

A. 교수작업(체육 과정들).

초등학교에서의 체육교수는 다른 학과들에 비하여 여러가지 특수한 점을 가지엇다. 주로 이것은 육체 련습시간들의 진행과에 관게된다.

초등학교 첫두학년에서의 체육련습의 내용은: 모양적 운동, 가동성유희, 무도―유희; 이밖에 체조의 기본들로 리용된다. 삼―사학년에는 유희재료와 함께 체조련습이 적용된다. 경쟁의 요소들은 주로 에쓰따페따의 형식으로 실행된다.

유희의 내용과 규정은 반듯이 교육상 견지로써 고찰되어야 한다.

학생들에게 학리 지식의 전달은 체육시간의 최초 혹은, 종말에 크지않은 회화식으로 할 것이다.

육체련습 과정은 전유긔체의 군형적 련습, 유긔체를 작업에의 점

차 인입, 과도한 피로와 쓸대없는 흥분현상이 없는 용감한 상태의 도
달을 보장하는 유일한 설게안에 의하여 구성된다.

초등학교에서이 체육련습 과정의 표준설게.
제일부분—호흡부—5—7분
제이부분—일반준비부—8—10분
제삼부분—기본부—20—25분
제사부분—종결부—3—5분
과정 지속시간—45분

과정의 제일부는 반듯이 아동 꼴렉찌브의 조직과 또는 작업하는 그
들에게 쾌활한 긔분을 조성할 것을 보장하여야 한다. 과정의 이 부분
에 적당하게 설정된 과업은 즉 행보, 놀애하면서의 행보, 대렬의 긔
본 혹은 단시간 유희 등이다.

제삼년급붙어는 학년급 주번이 교사에게 학년 형편에 대한 보고를
함으로붙어 과정이 시작된다(부록 No.1—참조).

과정의 제이부는 즉 적당한 자세, 운동의 박절 급 정확성, 정향성
과 민활성 또는 자긔 운동의 자각적 소유 등을 련습 시기는 유긔체의
총 발달을 조력한다.

과정의 이 부분에도 실용적 관습들의 소유를 용이하게 하는 그러한
련습들이 편입될 수 있다.

과정의 제이 부분에는: ㄱ) 작업 전 체조 및 분시체조의 개별적 련
습들에 대한 학습 ㄴ) 일반 준비적 체조 련습들의 각개긔본(조성부분)
과 혼성(混牲) ㄷ) 동적, 유희, 운동의 숙련과 민활성을 얻게 하는 련
습: 례하면 공으로써의 유희, 균형의 긔본들로써의 유희.

과정의 제삼부는 새 실용적 관습들을 연구하며 동시에 이미 학득한
관습들의 복습과 확고 또는 변경된 환경에서의 실용적 관습들의 절약
적 리용. 정당성의 양성에루 출발되엇다.

과정의 제 사부에는 심장의 강력한 작용을 환기하는 동적 유희가 적용된다(도약, 구보, 격투 등으로써 하는 유희 등).

제이, 제삼부 내에서의 련습들의 배렬에 있어 운동의 정확과 조화에 대한 련습(투척, 균형)들이 강력성 련습에 선행되어 또는 강력성 련습들이 페와 심장의 활동을 자극하는 강력성 련습(구보, 도약) 등에 선행되도록 하는 규정을 직히어야 한다. 련습의 긔술 연구는 근본적으로 상당한 관습들의 공고와 그들의 련습에 실행되어야 한다.

제사부, 과정의 종결부는 유긔체를 안정 상태에 니르게 할 것과 및 아동을 다음 과정에 준비시길 것이다.

종결부에는 안정행보, 발끝으로의 행보, 작대의 긔본들을 포괄할 것이다. 종결부의 종말에는 놀애를 부르면서 행보함을 줄 수 있다.

과정의 제사부에서는 이상에 열긔한 모든 련습들이 아동들이 임이 아는 안정유희 또는 주의를 피뢰시기지 않으며 그들을 과도히 흥분시기지 않는 그러한 유희들로 교대할 수 있다.

과정을 진행함에 있어서 모든 련습들이 깊으고 또는 가급적으로 균등한 호흡을 동반하도록 함에 주의하여 살필 것이다.

전체 과정 진행의 행정에서 정당한 자세 완성에 특별한 주의를 돌릴 것이다.

매 육체 련습 시간들을 표준 교범과 검렬 과제들의 실행에 학생들을 접근시기는 순차적 게단이 되어야 한다.

위생—청결상 노르마와 규정을 엄수하는 것이 과정진행에 있어서 필연적 조건으로 되어야 한다.

7. 작업전 체조와 분시체조 조직에 대한 방법지시.

작업전 체조.

작업전 체조는 운동장, 광실 혹은 어떠한 다른 장소에서, 일시에 몇 개의 학년을 수용할만하게 원만히 광활하고 잘 통기된 그러한 장소에서 진행할 것이다.

일시에 몇 개 학년을 가지고 작업 전 체조를 진행함에 있어 거긔에 대하여 가장 잘 준비된 교사에게 이 련습의 지도를 맡길 것이다. 작업 전 체조의 실행에 있어 일 학년과 이 학년, 삼 학년과 사 학년을 련합함이 가장 적당하다. 만일 학교의 조건이 일시에 몇 개 학년의 련합을 불허한다면 그것을 제 학년마다 실행할 것이다(1~2학년에서는 교사, 3~4학년에서는 거긔에 대한 책임이 있는 학생들의 지휘하에서).

작업 전 체조 진행을 꼭 학업일 첫 시간을 허비하여 넣지 말어야 한다.

체조는 반듯이 매일 실행하여야 하며 련습들은 10—15일 어간에 점차로 교대되어야 한다. 체조 계속 시간은 5—8분이 넘지 말아야 된다(과정을 시작하기 전에).

아동들의 년령상 특성을 타산하여서—작업전 련습의 꼼뿔렉쓰가 첫 것은 1—2학년에 대하여와 다른 것은 3—4학년에 대한 것으로 되엇다.

작업 전 체조를 실행함에 있어 반듯이 다음의 과업들을 타산할 것이니; 1) 학업일의 조직시초, 학생들의 규률성 등에 대하여 조력할 것; 2) 일반 근육계통의 강장을 조력할 것; 3) 학생들의 유긔체에서의 물질의 일반 순환을 향상시길 것.

작업 전 체조의 표준설계안.

1. 흉곽의 확대와 척주의 진직을 위한 련습(운동과 련쇄된 깊은 호흡《신장(伸張)》).
2. 구간을 위한 련습(측면으루의 굴신).
3. 하지를 위한 련습(준기, 좌립, 무릎을 높이 드는 것, 발끝으로 굴으는 것).
4. 구간을 위한 련습. 구간의 전후 회전 혹은 굴신.
5. 교실에서의 조직적 간호.

※ 비고. 상지 근육을 위한 련습들은 다른 련습들과의 련쇄 중에서 실행된다.

분시체조.

분시체조는 학생들의 일상 작업이 실행되는 그 환경—교실, 공작실 등에서 직접 과정시간에 실행되는 육체 련습들이다.

분시체조의 실시는, 정당한 휴식 조직으로써 학생들의 작업 능력을 향상시기는 그것이다.

과정에서의 분시체조의 진행 시간은 교사로써 조절되나니, 분시체조는 보통으로 학업일의 후반일에 진행하는 것이 가장 좋으며, 분시 체조 련습들은 작업 전 체조 교련 중에서 선택하나니 이로서 특별한 교련들을 학득함에 과도의 작업을 회피식일 것이다.

분시체조를 3~4학년에서는 가장 준비된 학생으로써, 1~2학년에서는 교사로써 진행할 것이다.

분시체조의 진행시간은 1~1½분이 더 넘지 말아야 된다.

분시체조의 표준설게:

1. 흉곽의 확대와 척주의 진직을 위한 련습(깊은 호흡, 상지의 운동과 련쇄된 것들).
2. 구간을 위한 련습들(측면으루의 굴신, 회전).
3. 하지를 위한 련습들(준기, 책상, 의자에의 좌립—坐立).

※ 비고. 모든 련습에는 상지를 위한 련습들이 편입되어야 한다. 분시체조를 진행하기 전에 반듯이 창문 혹은 통풍긔를 열어 놓으며, 허리띠를 늘구며, 목도리를 헤치어 놓을 것이다.

2. 사범 전문학교 강령에 의하여 공부하는 교원 - 통신강리 학생들과 속성과 생들을 위한 재료수집(1937년)

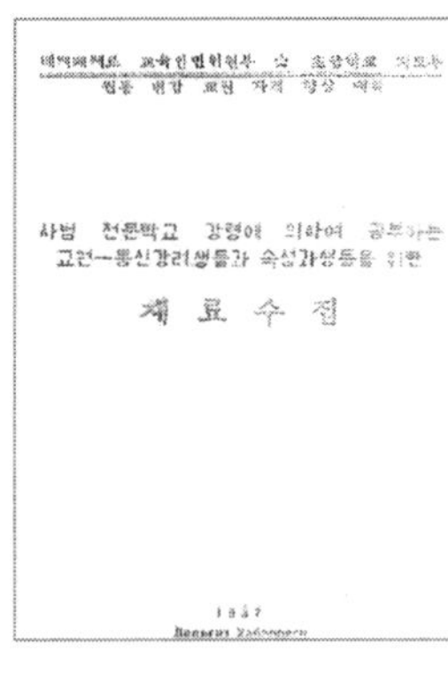

• 출판언어: 고려어
• 저자(발행처): 전동맹공산당중앙위원회 인민교육부
• 출판사: Дальгиз
• 자료유형: 단행본
• 출판년도: 1937년
• 발행지: 하바롭쓰크

본 강령에 대한 몇 가지의 변경된 점.

국어에서 — 일 년급에서는 성태학과 성음학을 배울 것이며, 이 년급에서는 문장론을 배울 것이며, 어학사에 대한 것은 배우지 않을 것.

문학에서 — 가장 긴요한 독재재료만 최소한도로 배울 것이니(그에 대한 독재 종류는 일 후에 소개할 것).

수학에서 — 삼각은 지내 뺄 것이며, 다만 긔하에 대하여만(삼각함수 급 예각만 배울 것), 그리고 항절론과 비온유톤의 이항식, 고차방정식들이 해법도 뺄 것이다.

CCCP력사, 신세긔 력사에서 — 신세긔 력사는 배우지 않고, 다만 CCCP 력사만 배울 것.

지리에서 — 이미 지정한 강령대로 배울 것.

자연학에서 — 진화론은 결말에 가서 공부할 것이며, 동물학은 특별 과정으로는 배우지 안임.

물리학은 — 간단히 진행하되, 강의생에게 대하여는 5-7학년 물리교과서를 중심으로 배울 것이며, 시험 시긔에와 문외소에서 공부하는 대는 범위를 확장하여 배울 것.

화학은 ― 강령에서 전체로 제거할 것.

교육학에 대하여는 ― 그에 대한 강령을 일후에 보낼 것이니 그동안에는 사범학교 교육학 강령에 의하여 공부할 것.

교법에 대하여는 ― 국어, 산술, 지리 자연 등 과정들을 진행하고는 시험을 줄 것이고, CCCP 력사에 대하여는 일 후에 교법에 대한 지시를 줄 것.

사범학교 속성과 강령은 두 해 동안으로 수업 긔간을 정한다. 그럼으로 교원들의 칭호 판정에서 1938년 8월 1일 내로 자격을 향상함에 있어 유일한 강령으로 된다. (속성과생들의)강령.

본 강령은, 다음에 배정된 작업재료에서 구성됨.

1. 문의소에서는 근본적으로 국어와 수학을 작업할 것이며, 자연과 물리에 대하여 실험 등을 진행할 것.

2. CCCP 력사, 교육학 교법에 대하여는 사범학교 강의부의 지도하에서 진행할 것.

3. 강의생의 자습은 근본적으로 요구되는 책자대로 작업할 것이고, 국어와 수학에서 서면상 연습과 문예해부 연습 등을 진행할 것이며, 강의생의 작업공책들은 문의소의 교원들이 검열할 것.

각 민족학교 교원들도 예정한 본 강령에 의하여 두 해 동안에 공부할 것이며 다만 모국어에 대한 시간을 더 증장시킬 것.

하긔강습 긔간도 1½월로 예정함. 이 학년 삼 학년에서 공부하는 강의생들도 본 강령에 의하여 3년제로 작업하는 자들도 화학과 삼각은 전혀 삭거할 것.

원동변강 교원자격향상대학 지렉똘 쓰베쪼브

1936년 10월 15일에 인민교육부

초급학교 부장―위노그라쓰끼 승인.

사범학교 정도로 공부하는 속성과 수업생들에게 대한 지시안.
Ⅰ. 속성과에 대한 목적과 과업.
1. 사범학교 정도를 표준한 속성과는 중등상식이 결핍한 자들로 소학교에서 일하거나, 또는 일하던 자들이 사범학교의 과정을 자습적으로 작업함을 목적함.
2. 사범학교를 표준한 속성과는 각 사범학교 내에 두되, 속성과에 대한 지도와, 조직적 사업은 교원자격향상대학(ИПККНО)을 경유하여, 변강, 주, 학무부들이 실시한다.

Ⅱ. 속성과 입학에 대한 절차.
3. 속성과생으로 입하함에 대하여는 초급 중학교 수업 정도로써, 사범학교의 모든 입학 규정을 감당할만한 자로 지금 학교에서 일하거나, 또는 과거에 교원으로 일하던 자들을 망라할 수 있다.
4. 누구던지 속성과 정도로 시험을 주기를 요구하는 자는 사범학교 지렉똘이에게 청원하되 어느 학년, 어느 과에, 어떤 과정에 대하여, 어떤 정도로써 시험을 줄 수 있다고, 명석히 지적하며 청원을 제출할 것이며, 제출하는 청원에 학식정도에 대한 증명서, 사진 두 장, 일하는 곳의 증명을 함께 첨부할 것이다. 입학 청원 접수는 일 년 동안 연긔할 수 있다. 학무부 및 입크노에서 조직한 강습을 경유하여 공부하는 속성과생들이 사범학교에 시험을 주는 모든 절차에 대하여는, 지방 학무부를 경유하여 청원을 제출할 수 있다.
5. 속성과에 제출한 입학청원서는 사범학교 지렉똘으가 직접 해결하되, 입학청원를 접수하고는 곳 10일 전에 시험치는 날자에

대하여 통지할 것이며, 청원을 거절하거나, 또는 입학 시기지 아니하는 경우에는 그 리유까지 통지할 것이다.

6. 속성과에 입학청원을 사범학교 지렉똘으가 거절하는 경우에는 변강, 주 학무부에 소송할 수 있느며, 이 소송에 대한 결과는 사범학교 지렉똘으에게나, 속성과에 입학지원자에게 10일 내로 해결을 줄 것이다.

7. 사범학교 지렉또르 명령서에 의하여 지원자를 속성과에 입격시김. 명령서 존안은 구역 학무부, 교원자격 향상대학에 보낼 것.

8. 속성과에 입격된 청강생들은 사범학교에서 속성과생이란 증권을 받는다.

Ⅲ. 속성과 생들의 권리와 책임.

9. 속성과 생들이 사범학교에 시험을 주는 데 대하여 요구하는 학년과 또는 부분적 과정으로도 줄 수 있는 권리를 준다.

10. 지금 학교에서 일하지 아니하는 청강생에 대하여는 전체 과정에 대한 시험을 주는 외에, 사범학교 교원이나, 학무부 지도원, 방법지도자 앞에서 모국어와 수학에 대하여 모범시간을 줄 것이니 범위는 교수에 질적 방면, 시간해부, 통게 등을 진행하여야할 것이다. 그리고 실지로 학교에서 일하는 동무들에는 이 절차를 적용하지 아니한다.

11. 속성과 생들이 전체로 지적한 시험 규정을 완전히 실행하고, 또는 모범 시간까지 원만히 진행한 자들에게는 사범학교 졸업증서를 주되 그 증서에 속성과로 필업한 것을 지적함.

Ⅳ. 시험조직에 대하여.

12. 속성과생들의 시험은 전적으로 사범학교 하기 졸업시험기에 진행하되, 시험 칠 자가 10인 이하가 넘지 아닐 때에는 사범

학교 지렉또르의 결정으로 시험 날자를 연긔할 수도 있고, 하
긔 강습에서 공부하는 자들게는 강습 필한 후에 학무부와 교
원 자격향상 대학의 협의로 사범학교에서 시험을 조직할 수
있다.

13. 시험 진행은 사범학교 내 강의부의 설게 안에 의하여 작성한
강령에 의하여 시험을 진행한다. 중등학교 필업자의 상당한
증명이 있난 자들에게는 아래와 같은 과정에 대하여만 시험을
줄 것. 교육론, 교육학력사, 학교위생, 로어, 산술, 력사, 지
리, 자연 등 학과와 교수방법에 대하여 시험을 줄 것. 각 민족
학교 교원들에게는 이상에 지적한 과정 외에 모국어 교수법에
시험을 줄 것.

14. 사범학교를 완필하지 못한 자들에게는 사범학교 강령에 의하
여 이미 채 시험 주지 못한 과정 외에 국어와 교육학만 주되
이 형편은 사범학교에서 공부한 긔간과, 속성과에서 공부한
긔간이 5년이 넘지 아닌 자들게만 한하고 그 외에는 사범학교
강령에 의하여 전체 과정의 시험을 주어야 할 것.

15. 시험을 조직하기 위하여 지렉또르는 꼬미씨야를 선거하되, 자
긔가 직접 회장이 되고, 과정 교원을 인입하며 시험을 진행함.

16. 시험 진행 당시에 문답긔록, 성적을 지적하기 위하여 회록을
리용할 것.

17. 속성과생의 성적은 꼬미씨야로 붙어 다섯까지 등급으로 지적
할 것이니, Отлично, хорошо, посредственно, плохо, оч
ень плохо정할 것이며, 성적은 성적 명부록에 긔록할 것이
며, 속성과생의 학생 중에도 긔록하고 인장을 찍어야 한다.

18. 꼬미씨야의 회록은 사범학교 지렉또르가 승인할 것이며, 각
속성과생의 성적에 대하여는 사범학교의 명령서로 통과할 것이
며, 명령서 존안은 학무부 급 교원자격 향상 대학에루 보낼 것.

19. 만약 속성과생이 시험에서 락제하는 경우에는 꼬미씨야의 협의로 두 번차 시험을 줄 수 있다.

V. 속성과 생의 졸업절차.

20. 속성과 생에게 내어주는 졸업증서는 사범학교 강령의 각과를 통하여 요구조건대로 시험을 준 자와, 모범시간까지 충분히 진행한 자에게 내어줌.

21. 사범학교 지렉또르는 속성과 생들의 질적 준비에 있어 각 개인에 대하여 책임을 질것.

22. 졸업생에게 직접 사범학교 지렉또르가 졸업증서를 내어주되, 속성과 생의 졸업증서는 일정한 양식으로 정하여야 할 것.

23. 속성과 생들의 사범학교를 필업한 자들의 명부는 사범학교명령서로써 통과할 것이며, 사범학교 필업생들의 명부록에 긔록할 것이다.

VI. 속성과 생들의 작업행정에서의 통게사업

24. 사범학교는 각 속성과 생들의 작업행정에서 각 개인의 리치노 예델로를 정돈하고서, 청강생들의 모든 증권, 시험, 꼬미씨야의 회록, 또는 지렉또르의 명령서들을 보관할 것이며, 그리고 사범학교에서는 양식에 의하여 명부를 등록할 것이다.

25. 속성과 생의 시험주는 각 과정에 대한 통게, 작업설게안 실행에 대한 통게 등을 긔록할 것이며, 또는 졸업증서를 내주는 날자 급 증서의 호수를 긔재할 것.

양식No. 1

_______________________________사범학교 지렉또르 앞

성   명

____

청원서.

사범학교......학년......./...................과에   시험을   주기위하여 속성과 생으로 바다주기를 바랍니다.

속성과 생에게 대한 PCΦCP인민교육부에서 지적한 모든 절차급 요구 조건을 능히 감당하기로 결심합니다.

그리고 다음에 증권을 첨부합니다:

1. 학식 정도에 대한 증권.

2. 출생증.

3. 일하는 긔관의 증명.

첫 시험은 어느 날에 주겟다고(날자를 지적할 것). 긔타 과에 대한 시험은

(과정 급 내용을 지적할 것).

나에게 보내는 통지서는 다음의 번지루 주십시오

(주소를 명석히 지적할 것).

년   월   일......................................수표.

사범학교 정도로써 공부하는 속성과 생들의 작업시간 배정.

과정수	총시간	작업시간중에서	
		교수에게서	자습
1. 고려어와 문학	200	124	76
2. 로어와 문학	300	125	175
3. 수학(산술, 대수, 긔타)	380	199	181
4. CCCP 헌법	30	14	16
5. CCCP 력사 급 학교에 대한 지시안	100	46	54
6. 지리:			
ㄱ) 자연지리	80	32	48
ㄴ) 경제지리	80	48	32
7. 자연:			
ㄱ) 인체 해부학	70	30	40
ㄴ) 식물학	60	28	32
ㄷ) 동물학	50	18	32
8. 물리(간단한 재료)	70	28	42
9. 교육학	60	30	30
10. 고려어 교법	40	10	30
11. 산술교법	30	10	20
12. 지리교법	20	8	12
13. 자연의 교법	30	12	18
	1600	762	838
검열시험 시간수는 "검"이란 자로 표시하엿음.	16	—	—

1936~1937 학년도						1937~1938 학년도					
상반긔			하반긔			상반긔			하반긔		
학업 문의소	자습	정월 강습	학업 문의소	자습	하긔 강습	학업 문의소	자습	정월 강습	학업 문의소	자습	하긔 강습
10	20	8	16	26	28	10	14	5	15	16	32
14	42	14	10	52	24검	10	24	6	15	57	32검
12	48	16	29	60	38검	18	26	10	38	47	38검
—	—	6	—	16	8	—	—	—	—	—	—
—	—	—	—	—	20	—	12	6	—	42	20검
6	18	8	14	30	4검	—	—	—	—	—	—
—	—	—	—	—	6	—	12	5	17	20	20검
6	22	12	6	18	6검	—	—	—	—	—	—
—	—	—	10	32	18검	—	—	—	—	—	—
—	—	—	—	—	—	10	32	8검	—	—	—
—	—	—	—	—	4	16	42	8검	—	—	—
—	—	—	—	—	10	—	—	—	—	30	20검
—	—	—	—	—	6	—	30	4검	—	—	—
—	—	—	—	—	6	—	20	4검	—	—	—
—	—	—	—	—	—	—	—	—	—	12	8검
—	—	—	—	—	—	—	—	—	—	18	12검
48	150	64	85	234	178	64	212	56	85	242	182
—	—	—	—	—	5	—	—	4	—	—	7

제일년급.

제일년급의 학업 설계안에 의지하여 3—5일 쎄씨야에 배당된 로어, 수학, 자연지리, 인체해부 및 생리학, 쎄쎄쎄르의 력사에 대한 긔초적 작업.

- **자습.**

- **국어**(20시).

국어 문법: 서언, 성유론, 언어의 발달과, 어휘와 언어의 관렴, 화법과 서법, 철법과 독법.

자습: 작품해부, 구안문답, 서적으로의 작업, 요지 문장 부호 사용법.

- **로어**(42시).

- **수학**(48시).

1) **산술**: 정수, 분수와 소수. 운산법측. 복잡한 산술문제의 해법. 근사치에 대한 운산.

2) **대수**: 항등적 대수변화 및 일차방정식. 복잡한 분자와 분모를 가진 대수상 분수에 대한 일반 운산법. 일차 방정식(문제의 해법).

3) **긔하**: 선과 각. 삼각형. 평행선. 사벼형. 면적의 측정. 검정시험의 리행. 궤적, 원주와 그의 긔본 성질. 호와 각의 측정. 비례성분.

- **자연지리**(18시).

자연지리에 대한 서언 및 천문지리에 대한 재료. 도본과 지도. 륙권, 수권.

긔권. 토양—식물대. 지구상의 인구. 예브로빠, 아시야. 아프리까. 압쓰트랄리야 및 대양주. 쎄쎄쎄르의 자연지리적 개관(작업은 지도의 숙습과 함께 진행됨).

- **인체해부학과 지리학**(22시).

인체 해부학 및 생리학에 대한 서론. 세포와 조직. 혈액순환. 호흡. 실험작업: 포유류의 페에 대한 관찰(까바노브 교과서에 쓰인 지시).

영양. 골격—근육게. 실험작업 : 변의 유긔물 및 광물질 부분의 연구(까바노브 교과서에 쓰인 지시) .

배설. 신경게와 감각긔. 인체의 유긔물에서의 물질교환. 결론.

• **식물학**(28시) .

사회주의적 건설에서의 식물학의 의의. 식물의 내부적 구조. 식물의 화학적 성분. 종자, 그의 구조 및 생장조건. 실험작업 : 유밀과 완두 종자의 발아를 관찰할 것.

뿌리는 물과 회분의 영양긔관. 실험작업 : 강염산에 잠긴 록색닢의 위축을 관찰하고 그를 순수(純水)에 옴기어 소생시길 것.

닢은 공긔중에서의 영양긔관. 줄기, 그의 구조 및 생리학상 의의. 발산작용. 현화식물의 번무. 포자식물 및 라자식물. 피자식물. 새 화곡작물.

제일년급.

제일년급의 학업 설게안에 의지하여 3—5일 쎄씨야에 배당된 로어, 수학, 자연지리, 인체해부 및 생리학, 쎄쎄쎄르의 력사에 대한 긔초적 작업.

자습.

국어(20시) . 로어(42시) .

수학(48시) . 자연지리(18시) . **인체해부학과 지리학**(22시) . 식물학(28시) .

▶**학과 문의소에서의 작업.**

• **국어**(10시) .

국어 문법 : 품사론, 언어발달과 서적으로의 작업.

• **자습** : 문장배렬법.

국어 문법 : 문학상 언어의 간단한 력사.

• **로어**(14시) .

- **수학**(12시).

1) **산술**: 운산정측. 복잡한 산술문제의 해법. 근사치에 대한 운산.

2) **대수**: 복잡한 분자와 분모를 가진 대수상 분수에 대한 일반 운산법. 일차방정식(문제의 해법).

3) **긔하**: 궤적, 원주와 그의 긔본 성질. 호와 각의 측정. 비례성분.

- **자연지리**(6시).

도본과 지도. 류권. 수권(작업을 지도에서 실시함).

긔권. 토양―식물 지대.

- **인체해부학 및 생리학**(6시).

1) **세포와 조직**: 개구리의 표피를 현미경으로 관찰하는 것. 골의 조직, 근육조직 및 신경조직의 세포를 현미경으로 관찰하는 것. 현미경으로 세포의 분렬(카리오게네즈)를 관찰하는 것. 산 개고리의 구개(口盖)와 해의 피막을 현미경으로 관찰하는 것.

2) **혈액과 순환긔**: 소아지 혹은 양의 심장해부. 산 개고리 뒤ㅅ발의 피막에서의 혈액순환을 현미경으로 관찰하는 것. 사람의 피와 개고리의 피ㅅ고치를 현미경으로 관찰하고서 백혈구를 얻어 볼 것.

3) **호흡**: 동맥혈이 정맥혈로 변하고, 정맥혈이 동맥혈로 변하는 것.

4) **영양**: 쥐와 긔타 설치수의 해부. 소장의 장(腸毛)를 현미경으로 관찰하는 것. 소장의 길이를 측정하여 그 동물의 체장과 비교하는 일. 각종 자양물에 대한 소화액의 작용.

5) **골격―근육게**: 개구리 다리에 있는 비장근(腓腸筋)의 신축작용을 연구할 것. 근육조직을 현미경으로 관찰할 것. 두골, 퇴골, 장골 및 부골의 연구.

6) **신경게**. 약정적 반사론에 대한 이.쁘. 빠블로브의 학설.

- 식물학(6시).

1) 식물의 구조: 산 세포에서의 원형질의 운동을 현미경으로 관찰, 세포의 분렬. 원형질에 가입된 물질을 알 것. 식물의 화학적 성분.

실험작업: ① 단백질, 지방질 및 탄수화불에 대한 특별 반응과, 그에 의지하여 유밀, 해갸우리 및 원두 종자에 전분, 지방, 단백질이 있음을 보이는 일. ② 가루를 단백질과 전분으로 난호는 것 그리고 이것들에 대한 특수반응을 구하는 것.

2) 뿌리는 물과 재의 영양긔관.

실험작업: ① 뿌리의 장성과 향지성(向地性)의 연구; ② 현미경으로 구경식물을 관찰할 것. 닢은 공긔중의 영양 긔관. 광학적 조성의 화학작용에 대한 문제의 해석 및 표해에 의지하여 닢의 근본적 배치와 형태를 알 것.

3) 포자식물과 라자식물.

실험작업: ① 고초(枯草)박떼리아의 배양 ② 푸른 아포를 배양하는 시험 ③ 수조를 관찰할 것.

4) 피자식물.

실험작업: 대표적으로 생긴 잡초를 관찰할 것.

▶ 정월 학습회의에서의 작업.

- 국어(8시).

1) 문법: 간단 구어의 문장법. 언어발달과 서적으로의 작업.

2) 국어 문법: 복잡한 구어의 문장법, 언어의 발달(철법) 서적으로의 작업(설계안, 교수안), 문장부호 사용법.

- 로어(14). (강령은 다음에 보냄).

- 수학(16시).

긔하: 우너주 및 각의 측정. 비례선분 및 상사형.

- 산술교수법(2시).

교정에 대한 예비 작업.

- **쎄쎄쎄르 력사**(6시).

강령재료를 침부적으로 줄 것임.

- **쎄쎄쎄르 헌법**(6시).

- **자연지리**(8시).

전세게에 대하여와 쎄쎄쎄르 자연지리 개관에 대하여 지리상 명칭 및 숙어를 복습할 것(백지도로써 복습할 것). 시험.

- **경제지리**(4시).

쎄쎄쎄르의 각론(지도를 리용하면서 작업함).

- **인체해부학과 생리학**(12시).

인체내에서의 물질과 에네르기의 교환. 영양. 소화. 순환긔와 림프 형성. 호흡 및 긔타 배설작용. 신경게와 내부적 쎄크렉치야. 시험.

- **식물학**(6시).

식물의 내부구조 및 의부구조 식물의 화학적 성분. 식물의물 및 염류의 섭취 및 공긔의 흡취. 식물에서의 호흡작용과 발산작용. 식물게에서의 번식과 발육. 실험과 실습을 하면서 수액의 강하하는 것. 시험.

- ▶**하반긔**.

자습.

- **국어**(26시).

국어 문법: 간단 구어의 문장법, 언어 발달과 서적으로의 작업. 품사론—명사, 동사, 형용사, 대명사, 수사, 부사, 접속사 긔타.

- **자습**: 설게안, 교수안, 강연긔록, 적요, 문장 배렬법.

- **로어**(52시).

- **수학**(60시).

1) **대수**: 멱과 근의 항등적 변화. 이차방정식 선함수와 이차함수와 및 그의 그라피크. 이차방정식으로 화할 수 있는 고차방정

식. 무리방정식, 련립방정식. 일차부등식. 급수. 지수 함수와 대수함수. 로가리픔. 지수방정식과 대수방정식. 검정시험의 실행.

2) **긔하**: 평명긔하의 게속: 삼각형에서의 메뜰 관게 및 원에서의 비례선분. 내접다각형 및 외집다각형. 정다각형. 극한에 대한 관념. 원주의 장 및 원의 면적을 구하는 법. 한해 동안 연구한 재료의 복습.

- **교수법과 산술**(20시).

학교의 교육사업 방면에서의 수학. 소학교에서 쓰는 수학강령의 분석. 실제작업: 수학재료의 게획 및 방법적 순서의 작성. 수학을 가르치는 법. 실제작업: 학과 요령을 작성하는 법. 수학상 작업의 종류. 학교에서 수학에 대한 작업을 조직하는 것. 성적을 통게하고 작성하는 법. 교과서에 대한 작업방법. 정수의 연구에 대한 법. 실제작업: 《다위수를 이위수로 제하는 법》에 있어서 학과요령을 작성하는 법. 문제를 푸는 법. 암산법. 분수. 쁘로쩬트. 측정. 긔하학상 재료. 간단한 측지법. 실제작업: 《긔하작업의 절차와 내용》에 대한 게획의 작성.

- **CCCP 지리**(30시).

CCCP의 자연지리 개관.

- **동물학**(16시).

동물의 분류법에 관한 개념. 쭈즈메르의 저서 《동물학》에서붙어 두 개의 게통수(238페지)를 벗기어내되 어떤 지질학적 시대에 와서 땅 우에 처음으로 척퇴동물이 생기엇는가를 지적하라(지질학적 시대표를 리용할 것림—《동물학》, 236—237페지).

간단한 단세포 유긔체. 강장동물. 해면동물. 실험작업: 확대경으로 기드라체를 관찰할 것.

윤형동물. 극피동물. 연체동물. 절족동물. 척색동물. 어류. 실험작업: 추석어(강물도미)의 해부.

량서류. 실험작업: 개구리의 해봐와 그 체구의 외부적 관찰.

파충류, 조류, 실험작업: 비닭이의 해부. 포유류.

• **진화론**(21시).

진화론에 대한 개념. 우주의 발생 및 지구의 력사. 진화론의 근거 진화도정의 해업. 변이와 유전에 대한 과학 및 그 의의. 달빈 시대에 오기까지 생물학의 형명적 사상의 발전. 달빈과 그의 학설. 인류의 발생. 지구상에서의 생의 발생.

▶ **학과문의소에서의 작업**.

• **국어**(16시).

• **로어**(10시).

학과 문의소에서의 근본 작업은 문장에 대하여 연습할 것이며, 서 취 등을 진행할 것.

문장 및 성음론, 품사론: 동사 그의 종류 그의 변화, 서법에서의 동 사의 구별. 대명사, 수사, 형용사. 부사, 조사, 접속사, 종지사, 감탄 사 긔타 서적으로의 작업에서 실지응용.

• **수학**(29시).

1) **대수**: 무리수에 대한 개념. 무리식에 대한운산(례제의 해법). 이 차방정식. 일차함수와 이차함수. 이차방정식의 근의 고찰. 문 제의 조건에 의지하여 이차방정식의 작성법 및 그의 해법(복잡한 문제를 푸는 련습). 이차방정식으로 변하는 고차방정식. 무리방정 식, 련립방정식. 일차부등식. 급수. 지수함수와 대수함수. 로 가리프므. 지수방정식 및 대수방정식.

2) **긔하**: 삼각형에서의 메뜰 관계 및 원에서의 비례선분(정리에 대한 증명). 내접다각형 및 외접다각형. 정다각형. 극한에 대한 긔본 관념. 원주의 장 급 원의 면적을 측정하는 법. 한해 동안 수업 한 교정의 복습.

• **경제지리**(14시).

쎄쎄쎄르 구역의 각론. 자본주의적 세계의 주요한 나라들의 개관 (지도를 리용하면서 작업할 것).

• **동물학**(10시).

동물학에 대한 서론. 동물의 분류 및 주요한 분류법의 부류에 대한 개념. 분류학과 종의 발달사. 동물의 긔본 부류의 간단한 특성. 무척 동물. 동물게의 개관.

1) **단순한 단세포 유긔체**: 아메바의 운도을 그리되 원형질의 외층과 내부적 핵과 공포를 지적할 것. 점성의 용액에 놓은 섬모충. 물에서 그의 운동을 관찰하고, 먹을 섭취하며 번식하는 것을 볼 것. 유밀 닢에 있는 cyвой ка(섬모충의 일종)를 취하여 그의 모관의 축소를 관찰할 것(학과 문의소에 필요한 재료가 없는 경우에는 학습 회의에서 이상에 지적한 작업을 진행할 것).

2) **강장동물과 해면류**: 현미경으로써 기드라의 구조를 연구할 것.

3) **윤형동물**: 지룡이의 해부. 지룡이의 피와 사람의 피를 현미경으로 볼 것.

4) **절족동물**: 검은 박퀴의 해부 및 가재의 분렬.

5) **척색동물**: 어류. 분류법으로 어류를 확정하는 것.

6) **량서류, 파충류, 조류, 포유류**: 토끼와 백색 쥐의 해부.

• **진화론**(9시).

우주의 창조설과 지구의 력사(강화). 진화론의 긔초(강화). 변이와 유전에 대한 과학. 멘젤니즘(강화). 달빈전에 생물학상에서의 진화론의 발달. 외위(外圍)가 유긔체에 주는 영향. 달빈과 그의 학설. 인류의 발생(강화). 지구상에서의 생의 발생(강화).

▶ **하긔 학과시험에서의 작업.**

• **국어**(28시).

문장론과 성음론: 품사론에 대한 력사적 개념. 전체 품사에 대한

문장적 해부.

ㄱ) 구어의 종류.

ㄴ) 속어에 대한 관념.

문장의 실지작업에서: 적요, 작문, 설게안 작성. 시험.

• **국어교수법**(20시).

교수방법에서 문자변을 교수하기 전에 문자에서의 고음, 저음 구별. 어절에 대하여, 독법고 교수에서의 각 학년에 대한 차별.

• **로어**(24시).

• **문학**(26시).

1) 민족학. 전설. 현대민족학.

2) 18세긔 하반긔의 문학: Д.И.Фонвизин 맻 А.Н.Радищев의 작품.

19세긔 상반긔의 문학: И.А.Крылов, К.Ф.Рылев. А.С.Грибоедов, А.С.Пушкин, М.Ю.Лермонтов, Н.В.Гоголь, А.И.Герцен, И.А.Гончаров, А.Н. Островский.

Фонвизин의 작품 《Недоросль》의 희극에서 활동하는 인물의 언어. Крылов의 물어에 있어서 그 어조. Грибоедов의 저작 《Горе от ума》 희극의 구성 및 어체. 실지작업: А.С.Пушкин의 소설 《Евгений Онегин》의 해석. М.Ю.Лермонтов의 소설 《Герой нашего времени》의 해석. Н.В.Гоголь의 포에마 《Мёртвые души》의 해석. 강령에 지적한, Герцен의 저 《Былое и думы》에서의 인용구절의 해석. А.И.Герцен 《Кто виноват》 소품의 해석. И.А.Гончаров의 소설 《Обломов》의 해석. А.Н. Островский 소설 《Гроза》의 해석.

• **수학**(38시).

대수: 일차부등식. 로가리프므. 지수에 관한 개념의 확장. 대수표로써의 계산.

• **산술교수법**(12시).

수학에 대한 설게의 분해. 교과서의 분석. 학교에서 수학에 대한 통게표. 학교에서의 수학시간. 통신교육을 받는 학생들이 학교에서 과정을 치르는 것을 구경할 것. 지도자가 가르치는 과정에 참가할 것. 과정의 요령작성. 지도자의 감시하에서 이 과정을 수 학생이 진행하며(먼저 배호아가지고) 다음에 이것을 토의할 것.

• **력사**.

1) **쎄쎄쎄르 력사**(20시).

강령적 재료는 다음에 지적할 것이다.

2) **쎄쎄쎄르 헌법**(8시).

• **경제지리**(12시).

교정에 대한 총게적 강화. 시험.

• **지리교수법**(8시).

소학교에서 지리를 가르치는 일반적 문제, 삼년급 강령 련쇄 방법적 문제: a) 학생들과 같이 지리학상 수학려행을 실시할 것, 6)《게절순환》에 대한 제목으로 과정을 진행할 것. 사년급 강령에 관련된 방법적 문제. 쎄쎄쎄르의 제일 및 제이 긔후대에 관한 상세설게안의 작성.

각종 작업을 실시하는 방법. 다음의 문제들에 대한 강화: 교수하는 행정을 자비로 만든 긔구, 표본, 문예서류 및 변강학적 제료로써 시설하는 것; 학생들에게 지도, 지도책 및 분배재료를 공급하고, 그들과 더브러 교내 및 교외에서 게통적으로 작업하는 것.

변강적 재료의 리용과 변강학적 작업에 열성적으로 참가하는 것. 수업생들이 안출(案出)한 교수설의 분해 및 편가. 삼사년급에 대한 일년 학과생산을 작성하되 각 제목이나 모범적 과정에 관하여는 교수행정의 비품 및 재료교수의 방법을 지적할 것.

• **동물학**(10시).

1) **윤형동물, 연체동물, 적족동물 및 극피동물은 독특한 부류**: 이 부문에 관한 실제적 교시 및 절족 동물에 대한 작업(곤충류의 각파를 분류학으로 정하는 것).

2) **척색동물**: 척퇴동물의 대한 및 발달사. 어류의 과와 목을 규하는 실제작업. 시험.

• **진화론**

진화론에 대한 개념. 우주의 발생과 지구의 력사. 암석과 광물의 채집을 관찰할 것. 진화론의 긔초. 진화도정을 해석하는 각종 방법. 발생학 및 우생학. 라말크 및 쓰.일델의 학설. 신(新)라마크주의. 달빈학설. 인류의 발생. 인류의 진화에 잇어서 로력의 역할. 지구상에서 생물의 발생.

강화에는 표본, 골격, 모형, 인체해부도 및 긔타 긔구를 열람하면서 진행할 것. 시험.

• **자연학 교수법**(12시).

교정에 대한 시초적 작업. 소학교에서의 자연학의 과업 및 국정교과서의 구성된 원리.

소학교에서 쓰는 자연학의 강령. 실제작업: 자연학 강령의 매 제목에 관하여 일이년급 학생들의 지식의 범위 및 그 내용을 해명할 것. 소학교에서의 자연학 교수방법.

1. 사년급의 한 제목을 취하여 과정을 볼 것.

2. 삼년급의 한 제목을 취하여 과정을 볼 것.

3. 일이년급의 한 제목에 의지하여 야외루 견학을 갈 것.

• **교육학**(리론)(12시).

사범학교의 강령으로 작업할 것.

이년급.

상반긔.

자습.

• **국어**(14시).

품사의 종류에 대한 복습 간단구어의 활용법. 복잡한 구어의 활용법. 언어발달. 서적으로의 작업. 검열사업.

• **로어**(24시).

• **국어 교수법**(24시).

시간의 실지 교수법에서의; 독법에서의 순차, 독법에서의 고저 급 장단을 검열 아동들이 독법에서 오해하는 것을 교정. 작업실구안 작성을 다음에 게속으로

1. 제이학년에서 긔사문 랑독과 소설의 역할을 분담적 랑독.

2. 제삼학년에서 긔사문 랑독.

3. 제사학년에서 고저, 장단의 분변과 묘사적 랑독.

• **문예독재와의 교법작업.**

1) **행용서류, 책자, 신문으로의 작업**

학생들에게 대하여 비작업적 서류들을 지적할 것이며, 서류를 랑독하고는 인차 설명하여줄 것.

2) **정서법과 문장에 대한 교수법.**

실지작업의 문장학에서 가장 고뢰되는 문제들을 설명, 증명할 것이며, 문장에서 대한 연습을 강실 내에서 조직할 것 시간교수에서 초급학생들의 문장에서 흙이 착오되는 특수점들을 해부 셜명할 것이다.

3) **언어발전에서의 교수법.**

실지작업: 학생들이 자유제목으로 작문한 것을 종합하여 그중에 가장 우승하고, 술술하고, 부족한 것을 보아서, 비교하면서 언어발달에서 아동들이 착오를 얻게할것.

• **문학**(30시).

19세긔 하반긔의 문학: И.С.Тургенев, Н.Г.Чернышевский,
Н.А.Некрасов, М.Е.Салтыков-Щедрин, Г.И.Успенский, Л.
Н.Толстой, А.П.Чехов.

• **수학**(26시).

1) 대수: 지수함수 및 대수함수. 대수. 지수방정식 및 대수방정식.

2) 긔하: 립체긔하에 대한 서론. 공간에서의 선과 면.

• **력사**.

쎄쎄쎄르 력사(12시).

• **자연학의 교수법**(5시).

1) 서론: 소학교에서의 자연학의 임무 및 국정교과서의 편찬원리.

2) 소학교에서 쓰는 자연학의 강령: 각 학년의 과목 범위 내에서
자연 연구에 대한 체게의 해석. 소학교 1, 2, 3 및 4년급에서
자연학에 대한 작업방법.

• **물리학**(42시).

1) 긔게학.

직선운동: 다음의 정의를 정확히 해석할 것이다. 속도와 가속도는
특수한 물리적 수치, 그들의 명칭. 웩또르 및 쓰깔랴르에 대한 관념,
정의 가속도와 부의 가속도, 공식의 공통성. 자립적으로 문제를 푸는
데와 관련된 곤란의 해결.

2) **긔게학의 긔본법측**: 다음의 정의를 정확히 해석할 것이니 관
성, 힘 및 질량, 뉴똔의 셋재 법측의 내용을 실례로써 보일 것.

3) **단위제**: 한 단위제를 다른 단위제루 레로써 변할 것.

4) **자유락체**: 질량과 중량의 차이를 정확히 해석하며, 질량단위
를 긔술상 단위제로써 인출하며, 질량단위를 한 단위제로 붙어
다른 단위제에루 변할 것(레로써).

5) **운동의 합성**: 다음의 문제들을 해석할 것: 력의 동작과 운동

체의 형태와의 독립성. 직선운동과 등속도운동의 로정 및 속도의 합성, 속도의 분해.

6) **던진 물체의 운동**: 다음의 문제들을 해석할 것. 우으로 수직되게 물체를 던진 물체의 로정공식. 부의 속도 및 지편선과 평행으로 던지엇거나 각을 니루게 던진 물체의 로정 그라피크.

7) **원주로서의 등속도 운동**: 다음의 문제들을 해석한다: 곡선으로 운동하는 속도의 방향; 원주로서의 등속도 운동에 있어서 그의 가속도 및 방향 그리고 원심력과 구심력의 착력점.

§ 84의 1—5문제를 푸는 데서 생기는 어럽은 문제의 해석.

1) **긔게적 에네르기**: 작업. 다음의 문제들을 해석할 것이다: 물체를 수평선으로 옴길 때에 중력의 작업이 없는 것. 운동에네르기의 공식을 인출하되 부분적 무제에서 고찰할 것; 작업 단위가 여러 가지 단위제로서 성립되는 관게(구체적 실레에서); 각종 체제의 공율단위 간의 관게, 에넬기에 대한 관념.

2) **단위제**: 긔본 단위 및 유도단위. 각종 체제로써 보는 속도, 가속도, 힘의 단위 및 그것들의 관게(강화 및 문제의 해결).

3) **자유락체**: 자유락체 공식. 질량과 중량. 질량으로 중량으로 표시하는 것, 락체의 가속도(보이면서 강화할 것).

4) **진동 및 파상운동**: 파동의 발생의 전파. 그 종류와 성질. 반향(실험으로서 강화할 것).

5) **음**: 간섭, 타음, 음색, 음향(실험으로서 강화함).

6) **액체**: 액체 및 긔체의 삼추, 확산, 브로운 운동(실험하면서 강화함).

7) **가스**: 보일—마리오트의 법측(실험 작업, 강화).

8) **증긔 및 대긔**: 천긔, 그의 변하는 원인 및 천긔 예보(실험 작업, 강화).

9) **정력학**: 다음의 개념들을 해명할 것이다: 합력, 분력, 균형력,

중력의 중점, 힘의 엇개, 힘의 모멘트, 우력.

10) 긔게에서 작업법측: 다음의 관념을 해석할 것이다. 대포, 긔게, 중력의 작업과 로정의 형태가 관게 없는 것. 에넬기의 불멸측.

11) **열 및 분자운동론의 긔초. 열양게**: 다음의 개념의 정체를 해석하는 구체적 례증을 볼 것 온도, 열량, 열용량게, 열의 긔게적 당량(열평형 방정식은 여러 문제들을 풀므로써 해석할 것).

12) **고체**: 고체에 대한 정의 또는 표본과 모형으로 공간의 망상체에 대한 관념을 해석할 것.

13) **액체**: 다음의 문제를 해석한다. 체적의 탄성 및 액체의 표면.

14) **가스**: 온도와 압력이 불변할때에 가스 체적의 질적 및 량적 관게.

• **교육학**(리론)(26).

▶**학과문의소에서의 작업**.

• **국어**(10시).

• **로어**(10시).

1) **문장학과 복잡한 구어**: 복잡한 구어의 종류(문장 해부) 복잡구어 조직연습.

구점, 종점, 문표, 감탄표 연습. 비유법에 대한 종유의 차이점.

2) **언어발달과 책자 및 신문으로의 작업**: 적어도 두 종류의 론문에서 론강을 작성.

• **문학**(14시).

19세긔 하반긔의 문학: И.С.Тургенев, Н.Г.Чернышевский , Н.А.Некрасов, М.Е.Салтыков-Щедрин, Г.И.Успенский , М.Н.Толстой , А.П.Чехов.

• **수학**(18시).

1) **대수**: 가리폼, 지수방정식 및 대수방정식.

2) 긔하: 체긔하, 공간에서의 면 및 선.

• **물리**(16시).

교정의 서언.

1) **긔계학의 긔본법측**: 뉴똔의 제일법측, 뉴똔의 제이법측, 뉴똔의 제삼법측. 문제의 해법.

2) **긔계학**: 서론. 직선운동. 긔계학의 긔본 법측. 단위적 자유락체. 운동의 합성. 던진 물체의 운동. 원주로서의 등속도 운동. 긔게적 에네르기, 작업. 정력학. 긔게에서의 작업 법측. 수상— 긔상정력학의 문제. 진동 및 파상운동. 음

3) **열 및 원자운동론의 긔초**: 열량게. 물체의 열팽창. 원자운동론의 긔초. 고체. 액체. 가스. 증긔. 대긔중에서의 증긔.

▶**정월학과 시험회의에서의 작업**.

• **국어**(5시).

복잡한 구어에 대한 서취.

• **국어교수법**(6).

문예작품의 실지작업. 행문, 신문, 책자들을 리용함과, 정서법, 문장에 대한 교법. 언어발달의 교수법. 시험.

• **문학**(4시).

19세긔 문학에 대한 시험.

• **로어**(6시).

• **수학**(10시).

긔하: 상반긔에 재료를 자립적으로 연구함에 있어서 곤난한 문제의 해석.

• **력사**.

쎄쎄쎄르 력사(6시).

• **자연학 교수법**(8시).

각 반에서 쓸 매 제목 범위에 한하여 자연을 학습하는 체게. 소학

교에서 자연을 학습하는 방침의 측정. 방법을 선택하는 전제조건. 이년급 및 사년급의 강령에 의하여 산 대상 및 사진을 보이면서 과정을 칠 것. 물과 공긔의 성질을 보이면서 과정을 진행하는 방침. 시험.

• **물리학**(8시).

첫 상반긔에 재료를 자립적으로 연구함에 있어서 고난한 모든 문제들의 해결.

• **교육학**.

리론(6시).

력사(4시).

이년급.

자습.

• **국어**(16시).

복잡한 구어. 어학사의 개념, 어학 급 서법에 대한 력사적 관념. 언어학에 대한 관념. 문예상 언어학. 언어 급 서법. 서책으로의 작업. 서면상 언어 검열사업.

• **문학**(74시).

20세긔 문학: М.Горький , А.Блок, Демьян Бедный , А.Серафимович, Ф.Гладков, А.Фадеев, В.Иванов, В.Маяковский , М.Шолохов. 만년의 쏘베트 문학. 아동문학. 시험.

• **수학**(47시).

1) **긔하**: 이면각 및 다면각. 이년급 재료의 복습.

2) **립체긔하**: 각주의 체적. 까왈레르의 정리. 회전체. 구. 구의 표면적 및 체적 및 그의 부분.

3) **대수**: 나우똔의 이항식 및 그의 성질. 대수의 복습. 긔하의 복습. 삼각의 복습. 시험.

- **로어**(57시).
- **력사**.

근대 력사(34시).

- **물리학**(60시).

전긔. 정전학. 원자 구조에 대한 관념. 험전저(시험). 전긔의 밀도(절연한 원초형의 도체, 시험구 및 험전긔에 대한 시험). 전장과 감응―자유전자와 부자유전자(시험). 전위. 전긔용량. 음의 법측과 낄흐고프의 법측. 전류의 근본법측. 완전한 전로에 있어서 낄흐고프법측 및 음의 법측(시험). 전류의 전장(제목의 내용에 관한 시험).

1) **전류의 자장**: 암뻬르의 가설. 측전긔. 전자석의 감응. 전긔화의 긔초.

2) **액체 및 가스를 경유하여 전긔의 통과**: 발광작용. 광이 동일 매질로와 이중매질로 통과하는 것. 광에네르기의 석출 및 흡수. 전파. 에네르기가 변환 및 불멸하는 경우의 총람. 검정시험의 리행.

- **교육학**.

강령에 대한 재료의 연구: ① 교육학의 리론―50시, ② 교육학의 력사―30시.

▶**학과문의소에서의 작법**.

- **국어**(15시).

복잡한 구어. 언어발달사. 인류사회에서의 언어발생, 세계유일에 대하여, 문예상 언어. 문예상 언어에 대한 관념.

고려어의 철학적 견지. 고려문예상 언어의 발전의 근본적 게단. 언어급서신. 책으로의 작업. 요령 급 필긔법.

- **문학**(22시).

20세긔 문학. М.Горький , А.Блок, А.Серафимович, Ф.Гладков, А.Фадеев, В.Иванов, В.Маяковский , М.Шолохов. 아동

문학.

• **로어**(15시).

• **수학**(38시).

1) **긔하**: 집체긔하의 게속: 다각형, 원형체.

2) **대수**: 항렬론과 니우똔의 이항식.

　　　　　대수, 긔하 및 삼각 교정을 복습하고 문제들을 풀 것.

• **물리학**(20시).

정전학. 전류 법측 전류의 자장 및 류동하는 전류에 대한 그의 작용. 전류의 호상작용.

▶**하긔 학과 시험회에서의 작업.**

• **국어**(32시).

지난 일 년 동안 공부한 재료들을 복습하면서 ― 그중에서 미불명한 부분을 연구.

• **문학.**

20세게 문학: 20세게 문학의 개관. М.Горький 소설 《Дело Артамоновых》의 해석. Фадеев 소설 《파과》의 해석. В.Маяковский 의 시집. М.Шолохов의 소설 《열리어진 처녀지》의 해석. 근년 쏘베트문학의 대관. 아동문학 시험.

• **로어**(32시).

• **수학**(38시).

리론산술. 게산, 명위법 및 각종 게산법 수에대한 관념의 발달 및 확장. 사측의 리론적 근거 및 법측. 정제론 및 공약수. 분수론. 근사치론의 주요모멘트. 비 및 비례관게 및 그의 응용. 삼각법과 대수를 리용하므로써 립체긔하에 대한 문제를 푸는 것. 구술시험 및 서면상 시험.

• **력사**

1) CCCP 력사

2) 력사 교학법(20시)

3) 쎄쎄쎄르 헌법(20시)

• **물리학**(22시).

1) **전긔. 전류의 자장**: 다음에 문제들을 해석할 것: 직류, 환류 및 쏠레노이드의 지락선 방향. 자석의 감응, 좌수법측.

2) **전긔화의 긔초**: 전류의 운전 시에 그의 공률, 전류운전과 관련된 게산.

3) **전긔가 액체 및 가스로 지나가는 것**: 전지의 대전체 및 비대전체의 극촤작용과 비극촤 작용과 관련된 문제들을 해석 및 가스의 이온촤.

4) **발광작용**: 동종 매질 및 이종 매질로의 광의 통과. 다음의 문제들을 해석할 것: 조명 법측(문제의 해법), 완전한 내부적 반응, 겨을 및 렌스에서의 반형의 렌스공식의 고찰. 작성. 광 에네르기의 발사 및 흡수. 발광작용 및 흡수작용에 대한 문제, 포랑운 페르선, 까또르 및 까날로브광의 성질에 대한 문제를 해석할 것. 렌트겐광의 특징.

5) **전긔자석 감응**: 파자데이 법측(시험을 하면서 강화할 것). 렌츠의 법측. 감응의 전동력. 자긔 감응(시험하면서 강화).

6) **전긔화의 긔초**: 전류의 발생긔. 전긔 에네르기의 전달(수학려행) 액체 및 가스로 전류의 통과. 액체의 이온 전달성 및 전행 법측. 가스의 이온화. 분해된 가스에 있는 발전체 및 가스로 전류가 통하는 것(시험하면서 강화).

동종매질 및 이종매질로 광의 분포(실험 작업).

7) **광에녀르기의 발사 및 흡수**: 발광 쓰뻬크뜨르 및 흡수 쓰뻬크뜨르, 그의 굴곡, 쓰뻬크뜨르의 나타나지 않는 광. 렌게노브광 (시험하면서 강화).

8) **전파**: 전긔 및 자긔진동에 대한 관념. Затухающие и незату хающие колебания. 라지오 전신, 라지오 전화(시험하면서 강화) 시험.

• **교육학**.

다음의 강령으로 재료의 론술: а) 교육학의 리론—36시, б) 교육학의 략사—16시. 시험.

• **학교위생**(20시).

서론. 아동시대 및 유년시대의 특성. 아동시대 및 유년시대에 질병 및 사망 학생의 개인 위생. 교사 및 교정에서의 위생 교내의 학업비품 및 경리비품의 위생.

교내사업 조직에 대한 위생적 요구. 아동식료의 위생. 아동건강을 보호 및 튼튼히 시키는 방침. 시험.

3. 사범전문학교 강령에 의하여 공부하는 초급학교 교원자격 향상에 대한 재료

- 출판언어: 고려어
- 저자(발행처): 전동맹공산당중앙위원회 인민교육부
- 자료유형: 단행본
- 출판년도: 1935년
- 발행지: 해삼위(블라디보스토크)

해제: 초급교원 자격 향상에 대한 재료설게안 배정.

▶1936년 정월 강습.

- 국어와 그 방법: 교수시수-16시.

  문법: 서언-2시, 성음론-12시, 언어발달과 서적으로의 작업-2시.

  자습: 작품해부, 구안문답.

- 지리와 그 방법: 교수시수-12시.

  자연지리: ① 서언, ② 수학적 지리총론, ③ 도본과 작도.

- 력사와 그 방법: 교수시수-12시.

  쎄쎄쎄르 력사: ① 9세긔 전까지 우리국가의 교대사력, ② XI-XV 세긔의 봉건제도 붕괴.

- 수학과 그 방법: 교수시수-16시.

  승멱과근-10시, 비례성분과 상사형-6시.

▶1936년 이월-오월.

- 국어와 그 방법 : 교수시수-12시.

  문법: 어구와 그의 구조-8시, 언어 발달과 서적으로의 작업-4시.

  자습: 철법(구상, 표현), 요지초록, 의작.

- 지리와 그 방법: 교수시수-12시.
  자연지리: ④ 육권, ⑤ 수권, ⑥ 긔권
- 력사와 그 방법: 교수시수-12시.
  ① 중앙봉건제국의 형성(XⅥ-XⅦ), 로시아 제국주의 형성, XⅦ세긔의 군사관료 전제국(강령처음붙어 지난재료 복습)
- 수학과 그 방법: 교수시수-12시.
  상사형 게속과 삼각형과 원에서의 척도 관게.

▶ **1936년 하긔 강습**
- 국어와 그 방법 : 교수시수-76시(문법-40시, 문학-36시).
  문법: 품사론-36시,언어 발달과 서적으로의 작업-4시.
  자습: 문장 배렬법.
  교육전문학교 일학년 시험표준.
- 지리와 그 방법: 교수시수-26시.
  자연지리: ⑦ 토양식물대, ⑧ 인구, ⑨ 유로빠, ⑩ 아셰아, ⑪ 아프리까, ⑫ 아메리까, ⑬ 압쓰트라리야, ⑭ CCCP의 자연지리상 개관(자연지리 총시험).
  쎄쎄쎄르 경제지리: Ⅰ. 쎄쎄쎄르의 국민경리 보통형상-6시, ① 혁명정 로시아의 국민경리 ② 쎄쎄쎄르의 국민경리 조직체, ③ 쎄쎄쎄르의 근본적 생산력 발전과-진행. 지리방식-10시.
  * 서언(지리교수에 보통문제들)-4시, 강령에 대한 방식적 문제 3,4학년에 대하여-6시.
- 력사와 그방법: 교수시수-30시.
  ① 농노봉건 제도에 공황과 자본제도 발전(XⅠX세긔 초 반긔), ② 자본주의 발전, 로동운동과 로시아의 맑쓰주의발생(19세긔 초반긔), ③ 제국주의 시긔에 황제 로시아(쓰똘리린개혁까지). 쎄쎄쎄르의 력사에 대하여 시험치르되 정월 강습재료를 함께할 것. 초급학

교의 력사.

* 교수 방법: 초급학교의 력사 교수에 대한 과업-2시, 초급학교
의 력사 설게-12시, 참고재료 급 설비-2시

• 수학과 그 방법: 교수시수-60시.

① 이차방정식-12시, ② 함수와 도시-8시, ③ 이차방정식과 연
립 방정식과 연립방정식을 포함한 방정식-10시, ④ 급수-10시,
⑤ 내접다각형과 의접다각형-10시, ⑥ 극한, 원주의 장과 원의
면적-8시.

• 문학: 교수시수-36시.

뿌르낀-〈예브게니 오네긴〉-6시, 레르몬또브-〈우리시긔의 영웅〉-
4시, 긔타 문학가들의 작품-26시.

자습 : 교육전문학교 일학년 시험표준.

▶ **1936년 구월-십이월.**

• 국어와 그 방법 : 교수시수-18시(문법-14시, 문학-4시).

문법: 간단한구어의 문장법-10시, 언어 발달과 서적으로의 작업
-4시.

자습: 설게안, 교수안, 문장배열법, 문장부호사용법, 감상문 련습.

• 지리와 그 방법: 교수시수-8시.

쎄쎄쎄르의 경제지리: Ⅱ. 쎄쎄쎄르의 산업. ① 산업에 대한 보
통개관, ② 전긔, ③ 흑색금속, ④ 유색금속, ⑤ 긔게제조산업,
⑥ 화학산업, ⑦ 록재제조산업, ⑧ 식료품산업.

• 력사와 그 방법: 교수시수-8시.

쎄쎄쎄르 력사(계속). ① 반동긔, 제국전쟁의 반동긔 급 제국주의
전쟁.

• 수학과 그 방법: 교수시수-14시.

0-360°각의 삼각함수. 자습.

• 문학: 고골로불어 체르니솁쓰끼의 문학자습에 대한 훈시-4시.

자습: ① 고골리 - 〈Мёртвые души〉 - 상하권, ② 게르쩬 - 〈Былое и думы〉, ③ 곤차로브 - 〈Обломов〉, ④ 오쓰뜨롭기 -〈Гроза〉, ⑤ 뚜르게넵 - 〈Отцы и дети〉, ⑥ 체르니솁쓰끼 - 〈Что делать?〉.

▶1937년 정월 강습

• 국어와 그 방법 : 교수시수-18시.

문법: 간단 구어의 문장법-12시, 언어 발달과 서적으로의 작업 -6시.

자습: 설게안, 교수안, 강연긔록, 적요, 문장 배렬법.

• 수학과 그 방법: 교수시수-34시.

① 일반 지수와 대수함수 및 방정식-18시,

② 촉각법-16시, 자습.

• 문학: 교수시수-4시.

자습: 교육전문학교 이학년 시험표준.

▶1937년 이월-오월.

• 국어와 그 방법 : 교수시수-12시.

문법: 복잡한 구어의 문장법, 언어의 발달(철법)서적으로의 작업 (설계안, 교수안), 문장부호 사용법-하긔 강습 준비-12시.

• 지리와 그 방법: 교수시수-10시.

쎄쎄쎄르의 경제지리: Ⅲ.쎄쎄쎄르의 농촌경리(5시). ① 농촌경리의 보통개관, ② 알곡경리, ③ 긔술작물, ④ 목축, ⑤ 긔타 각종의 농촌경리-산물, ⑥ 각 구역의 농촌경리 긔술화.

Ⅳ.운수(5시). ① 운수의 의의와 그의 개건사업, ② 철도운수, ③ 강하운수, ④ 항해운수, ⑤ 자동운수, ⑥ 항공운수.

- 력사와 그방법: 교수시수-10시.

  쎄쎄쎄르 력사: ① 이월혁명으로붙어 10월혁명까지.

- 수학과 그 방법: 교수시수-14시.

  대수를 응용하는 삼각형의 해법, 자습.

- 문학: 하긔 강습 강령에 의한 여러 작가들의 작품을 초록하면서 자습하되 교육 전문학교

제2학년 시험표준.

▶1937년 하긔 강습.

- 국어와 그 방법 : 교수시수-28시.

  문법: 복잡한 구어의 문장법(계속)-18시, 소학교에서의 독법교수 방식-10시.

  자습: 교육 전문학교 제이학년 시험표준

- 지리와 그 방법: 교수시수-14시.

  쎄쎄쎄르의 구역별(6시). ① 제정로시아의 구역별, ② 쏘베트 국가의 민족정책, ③ 경제적 구역별과 실대적 경리, ④ 쎄쎄쎄르의 구역적별과 각주의 경제적 부문, ⑤ 쎄쎄쎄르의 구역적 개관(10시) 자본국가의 경제적 지리: Ⅰ. 국민경리의 개관(5시). ① 세계분열, ② 자본국가의 경리특증과 발전의수준, ③ 세게 경제의 지리상 근본조건. Ⅱ. 몇 국가의 경제적 개관(20시). Ⅲ. 총게-3시. ① 제국주의 국가사이에 근본적 모순점, ② 자본국가와 쎄쎄쎄르(경제지리 총시험).

- 력사와 그 방법: 교수시수-20시.

  1) 쎄쎄쎄르 력사: ① 10월혁명과 쎄쎄쎄르의 형성, ② 사회주의의 개건과 전환과 쎄쎄쎄르의 사회주의승리-쎄쎄쎄르력사 제이편에 한한 시험.

2) 현대력사: ① 과거 부르수아혁명, ② 불린서의 부루수아대혁
명으로붙어 보,불전쟁-파리꼼무나까지(현대력사 I .II .III까지).

• 수학과 그 방법: 교수시수-52시.
 ① 직선과 평면의 위치 관게-12시, ② 다면체-15시, ③ 선 전체
 -15시, ④ 니유똔 공식.

• 문학: 교수시수-28시.
 ① 네크라쏩 - 〈Кому на Руси жить хорошо〉 - 6시, ② 쓰세
드린 - 〈Господа Головлевы〉 - 5시, ③ 우쓰팬스끼 - 〈Власт
ь земли〉, (1, 2, 3, 4 и 9 очерки) - 4시, ④ 르, 또으쓰또이
 - 〈Анна Каренина〉 - 8시, ⑤ 체홉 - 〈Крыжовник〉, 〈Чело
век в футляре〉, 〈Вишневый сад〉 - 5시, 자습 10시.

▶ 1937년 9월-12월.
• 국어와 그 방법 : 교수시수-12시.
 문법: 어휘와 언어의 력사, 화법과 서법, 철법과 독법.
 자습: 담화와 작품에서의 요지, 문장부호 사용법.
• 력사와 그 방법: 교수시수-16시.
 ① 파리꼼무나(제삼-사장), ② 침약주의 세긔 새전환(제오장).
• 수학과 그 방법: 교수시수-14시.
 수학과 그 교수 방법-14시, 산술복습, 자습.
• 문학: 로시아의 현대문학에 대한-청강.

▶ 1938년 정월 강습.
• 국어와 그 방법 : 교수시수-10시.
 문법: 문학상 언어의 간단한 력사.
• 력사와 그 방법: 교수시수-
 현대 력사 진행에서 시험.

- 수학과 그 방법: 교수시수-20시.

  산술복습, 자습.

- 물리: 교수시수-8시.

  서언: ① 운동의 근본 종류-2시, ② 긔게학의 근본 정의-2시, ③ 곡선 운동, 원심력-2시, ④ 일과 에네르기야-2시, 등속 운동과 불등속 운동, 니유똔 두 번째의 정의, 기계학적 단위.

- 자연: 교수시수-18시.

  식물학: 교수시수-2시.

▶ **1938년 이월-오월.**

- 국어와 그 방법 : 교수시수-8시.

  문법: 철법과 독법에 대한 방식.

  자습: 하긔 강습 준비로 교수 방법에 관한 재료.

- 력사와 그 방법: 교수시수-8시.

  ① 혁명전 제국주의의 비상 발전긔.

- 문학: 교수시수-8시.

  로시아 현대문학 발달의 근번적 게단에 대한 간단한 강령.

  자습: 현대 로시야 문학에 대한 작업 계속.

  ① 므.고리끼이 - 〈Дело Артамоновых〉, ② 브로끄 - 〈Двена дцать〉, ③ 끼릴로바와 게라씨모바의 시, ④ Басни и песни Демьяна Бедного, ⑤ Серафимович - 〈Железный пото к〉, ⑥ Гладков - 〈Цемент〉, ⑦ Фадеев 〈Разгром〉, ⑧ В.В. Иванов 〈Бронепоезд〉, ⑨ Маяковский - Стихи, ⑩ Шолох ов - 〈Поднятая целина〉.

- 물리: 교수시수-18시.

  ① 원주속 운동과 긔게에서 그의 응용-2시, ② 합력과 부력-2 시, ③ 일과 공률, 그의 변화, 운동 에네르기와 위치 에네르기,

마찰과 계속수. 유호률-2시, ④ 운동의 변화, 진자, 음악-4시, ⑤ 액체와 긔체에 대한 압력, 빠쓰깔레와 알흐메드의 법축-4시, ⑥ 열학: 팽창, 온도와 열량, 열의 전파-4시, 자습 40시. ① 기긔학의 근본적 법측-2시, ② 원운동의 전달에 대한 게산과 그 학력-4시, ③ 힘의 측정, 합력과 분력의 게산 문제-6시, ④ 일과 공률의 측정에 대한 문제, 일의 산출률 측정, 공률 유효률 -6시, ⑤ 불리적 운동, 파동, 음악-4시, ⑥ 액체와 긔체의 긔게적 성질에 대한 근본위의 작업, 부력-8시, ⑦ 열의 변화와 팽창률을 열량게로서의 츷정 10시.

- 자연: 숙제로 63시.

▶ **1938년 하긔 강습.**

- 국어와 그 방법 : 교수시수-43시.

  문법: 교수 방식(독법, 문법-20시; 화법, 철법-20시, 국어 설게안-3시).

  자습: 국어 교수방식.

- 력사와 그 방법: 교수시수-47시.

  ① 혁명전 제국주의 발전긔, ② 1914-18년 침약주의전쟁, ③ 무산혁명 시긔와 자본주의 총공황, 현대 력사에 대하여 제이장 총시험.

- 문학: 아동 예술적 문학- ① 서언: 이 문학의 특점과 현대 아동문학, 전아동문학의 력사적 안게-6시, ② 아동문학에서 예술가들, ③ 서구라파문학(그도역시)-6시, ④ 현대 아동문학(그도역시)- 10시. 자습: 교육전문학교 3학년 식험표준.

- 물리: 교수시수-24시.

  ① 자연열. 분자운동설-2시, ② 아그레나뜨느예 형편과 그의 궤도-2시, ③ 긔체에 대한 법측-4시, ④ 액체에서의 분자들의 병동-2시, ⑤ 열긔게-4시, ⑥ 열량게로와 가스 법측에 대한 실험

실 작업-6시, ⑦ 전긔에 대한 서론-4시. 자습-10시.

- 부력의 증긔 발생-4시. Бой ля-Мариотта와 Гей-Люссак의 법측에 대한문제-4시, 열긔관의 작업과 구조-2시.

- 화학: 교수시수-20시.

  ① 화학의 근본관념과 법측과 학리, ② 엄소, 염산, 갈로이드족, ③ 원소의 주긔와 원자의 구조.

  자작업-10시.

- 교육학: 교수시수-20시.

  교육학의 학력. ① 학교의 파업과 공산주의적 교양의 근본 문제-6시, ② CCCP의 교육제와 자본국가의 교육제-3시, ③ 초급학교의 교육 방법-5시.

- 아동학: ① 아동들의 발전에 대한 근본적 상식-10시, ② 아동의 년령 차이-2시, ③ 내교전 년령-5시, ④ 학교 녕령-13시.

▶1938년 9월-12월.

- 물리: 교수시수-10시.

  전류의 관념. 직류전의 법측-6시, 자석과 전자석-4시, 자습: 전류의 계산, Кулон의 법측-8시, 전류의 법측에 대한 것, 전긔 에네르기의 게산-12시, 자장과 지구자장 급 자장에 대한 개념, 전자석의 응용-8시.

- 화학: 교수시수-8시.

  류황과 질소족. 자습-20시.

- 자연과 그 방법: 교수시수-10시.

  교과서로의 지난 과제의 작업.

  인체 해부학: 서언, 섬유와 인체에 대한 서언, 혈액순화, 호흡.

- 교육학: 교수시수-10시.

  교육학의 학력, 작업 시간은 초급학교에서의 교수사업의 근본형식-5시, 교과서와 참고서-5시.

- 아동학: 학교 년령-6시, 교외 아동4시.

▶ **1939년 정월 강습.**

- 물리: 교수시수-8시.

  ① 전류의 실험 작업-4시, ② 전자석의 감응과 전긔 긔게의 응용 -4시.

- 화학: 교수시수-5시.

  탄소족-

- 자연: 교수시수-10시.

  인체해부: 소화급 피부결체 조직과 신경조직.

- 교육학: 교수시수-10시.

  교육학의 력사, ① 고대사회 때의 교양-1시, ② 서유로빠 중세긔 교양-1시, ③ 사유로빠의 교양과 교육학, 유로빠의 년대.

- 아동학: 교수시수-10시.

  ① 학년 아동의 06시, ② 실험-아동학에 총시험-4시.

- 로력: 교수시수 10시.

  목재제조에 실습-10시.

▶ **1939년 2월-5월.**

레닌주의-자습-30시.

- 물리: 교수시수 -14시.

  ① 액체와 가스에서의 전긔류통-4시, ② 교류전류와 전자석에 대한 관념, 라지오-6시, ③ 평면경, 사진술, 삼능경(긔하학적 '광학')-4시. 자작업-34시.

  ① 전긔분해와 그 응용-6시, ② 긔체의 이온화 경향. 음극광, 음극람빠와 그의 응용-6시, ③ 교류전류, 전자석과 그의 전파-10

시, ④ 렌쓰의 관념과 법측급 단위, 거울과 렌쓰에서의 현상-12시.
- 화학: 교수시수-
  강습 전 과제: 교과서로의 연구 즉 유긔체 화합-14시.
- 자연과 그 방법: 교수시수-16시.
  인체해부: 호흡작용, 인체 내의 자연적 순환, 생물 진화론-14
  시. 아동과 미성년 아동들의 건강보호에 대한관념.
- 교육학: 교수시수-10시.
  교육학의 학력, 초급 학교의 교육에 대한 근본적 방식-5시, 통게
  사업 작업안-34시, 초급 학교의 학생조직-2시.
- 로력: 자습-40시.

▶ **1939년 하긔 강습**
- 레닌주의: 교수시수-50시.
- 물리 교수시수-48시.
  ① 액체와 긔체에서 전긔류통에 대한 안개-4시, ② 교류전류와
  그의 성질. трехфаз에 대한 관념. 변압긔-6시, ③ 전긔변동과
  전파-6시, ④ 전철광의 학리와 물리적 평면경-10시, ⑤ X 광선
  Радиоактив(방사형 원소). 물질구성에 대한 관념-6시, ⑥ 전긔분
  해와 거울에 대한 작업-6시, ⑦ 지난재료의 문답과 복습-10시.
  자습-4시. 물리시험.
- 화학: 교수시수-18시.
  유긔체 화합의 근본 종류, 자작업-6시. 시험 준비 화학시험-
  자연과 그 방향: 교수시수-60시.
- A. 진화론-44시. 진화론상에싀 한 인체생리에 관한시험.
- Б. 초급학교에서의 자연교수 방식에 대한 시험.
- 교육학: 교수시수-36시.
  a) 교육학의 학리-15시(10), ① 국제아동운동-5시(11), ② 교외

아동들에게 대한 교양사업-5시(12), ③ 교사는 학교에서 학업
교양사업에서 조직하며 지도자이다-3시(13), ④ 학교의 지도
와 운전-2시. 총시험-

Б) 교육학의 력사-4시(3). ① 최근 서유로빠의 교육과 교육학(게
속)(§4)-5시.(4), ② 서유로빠, 북미합중국의 최근에의 교육학
교육에 대하여-7시(5), ③ CCCP의 교육학 력사-9시.
총시험-

• 로력: 교수시수-40시.
① 조회와 까르돈으로의 작업-6시,
② 침공, 그물뜸과 상자결는 작업-7시,
③ 초급학교에서의 로력에 대한 방식-7시,
④ 철 사용법-5시,
⑤ 미술 보형에 대한 작업-15시.

초급 중학교 지식 정도 가진, 초급 학교 교원 자격 향상에 대한 작업강령

과정별	총시간수	1936				1937				1938				1939		
		정월강습	이월-오월	하긔강습	구월-십월	정월강습	이월-오월	하긔강습	구월-십이월	정월강습	이월-오월	하긔강습	구월-십이월	정월강습	이월-오월	하긔강습
교원들의 강습시간	1568	56	48	252	48	56	48	252	48	56	48	252	48	56	48	252
작업시간	1696 215	16 12	192 12	72 50	192 8	16	192 10	72 52	192 16	16	192 8	72 47	192	16	192	72
1. 력사와 그 방법	244 50		46	20	40		30	10	50		30	18			0	50
2. 레닌주의	54 142	12	12	42	8		10	58							30	24
3. 지리와 그 방법	110 247	0 16	32 12	12 54	20 14	18	20 14	26 38	14	10	14	43				
4. 국어와 그 방법	268 112	6	46	10 36	40 4	6 4	48 0	10 28	52 4	2	30 8	18 28				
5. 문학	138 270	16	12	10 70	28 14	2 34	30 14	10 76	30 14	20	24	4				
6. 수학과 그 방법	320 130	10	68	20	64	8	64	16	60	10 8	18	24	10	8	14	48
7. 물리	118 60									2	40	10 20	28 8	0 6	34 8	4 18
8. 화학	60 160									18	0	10 40	20 10	0 6	34 10	4 36
9. 자연과 그 방법	150 82									2	68	12 20	30 10	0 6	34 10	4 36
10. 교육학	134 50											0 30	54 10	16 10	30	34
11. 아동학	60 50											0	60	0 10	0	40
12. 로력	40													0	40	0

IV

맺음말을 대신하여

끝으로 1933년 10월 26일부터 동년 11월 13일까지 3주 동안 조선과 일본의 출판물에 게재되었던, 일본의 조선침탈을 옹호하는 기사를 분석하여 이를 사회주의 시각에서 반박한 '조선의 사회상(1934년 고려어판)'을 '맺음말을 대신하여' 싣는다.

조선의 사회상(1934년)

- 출판언어: 고려어
- 저자(발행처):
- 출판사: 외국로동자출판부
- 자료유형: 단행본
- 출판년도: 1934년
- 발행지: 해삼위(블라디보스토크)

우리가 발표하는 재료들은 비교적 얼마 안되는 쩌른 기간(1933년 십월 이십육일로부터 십일월 십삼일까지의 삼주일간)에 조선 밋 일본 부르주아적 출판물에 긔재된 것을 수집한 것이다. 그런데 매우 가혹한 검열의 구속을 바든이 만치 안흔 재료는, 일본 출판물이 말하는 『태평하고 행복스럽게 생활』하여간다는 조선에 대한 이약이를 그림짚쪽과 가티 뒤집어 논는다. 사실인즉 일본제국주의ㄱ(의) 참혹한 압박을 밧는 식민지 조선은 아메리카 잡지 『차이나 위클리 레비유』에서 말하는 바와 가티 『폭발성을 가진』나라인 것이다.

〈도시〉

『조선에서 공장의 증장은 동시에 로동쟁의, 유년로동을 리용하는 것, 위생설비가 업는 것 등을 함께 가저온다. 로동자가 열 명 이상이 일하는 긔업소들에 대한 통게는 이러하다. 즉 방직 공장 수는 147개소이오, 화학공자수는 - 221개소이오, 요리제조소는 - 583개소이오, 각종제조소는 - 168개소이오, 그 외의 공장수는 4개소이니 총수는 1,311개소이다.

이 공장들에서 일하는 로동자 수로 말하면 식료공이 21,381명이오, 방직공이 16,606명이오, 화학공이 13,768명이오, 각종 로동자가 512명이오, 철동이 4,576명이다.

이 공장들에서 일하는 십사세 미만의 유년 아동의 수는 794명에 달하고, 하로에 십이시간 이상을 일하는 공장 수는 32개소이다. 유년 아동들에게 야간로동을 식힌다. 로동임금과 위생설비에 결함이 만타』(1933년 십월 이십육일부 『대판조일』신문부록 조선조일에서).

『부산 고무공장에서 일하는 녀직공들의 파동은 더욱 놉하간다. 동맹파업을 발서 네 공장을 포괄하엿다. 경찰은 동맹 파업자들의 배후에는 『비밀결사』가 활동하고 잇는 것을 알고 잇다』(1933년 십월 이십팔일부의 『경성일보』).

고무공장의 녀직공들의 시위운동은 엇쌔던 일어낫다. 녀직공들은 잉태한 부인들과 젓먹이의 어린 것을 데린 어머니들을 압장에 내세웟다』(1933년 십월 이십구일부의 『경성일보』에서).

『평양대동 고무공장에서는(1933년 십월 십칠일에) 공장 관리자 측에서 양보할 것을 약속하엿다. 그리하여 로동자들은 다시 일할 것을 승낙하엿다. 그러나 공장 관리자 측에서는 그들이 승낙한 조건 중에서 하나도 실행하지 안헛슬 쑨더러 도로혀 동맹파업에 참가한 자들을 개인 개인히 해고식혓다. 그럼으로 로동자들은 그들을 속히 일자리로 다시 듸려을 것을 요구하엿다. 그러나 공장 관리자 측에서 이 요구던지 저 요구던지든 간에 다 들어주려고 하지 안는 것 쌔문에 쏘 다시 로동자들은 십월 삼십일에 동맹파업을 일으켯다』(1933년 십월 삼십일 일부의 『조선신보』에서).

『례산(충청남도)』에 잇는 제사공장에서는 삼백 명의 녀직공들이 동맹파업을 단행하엿다. 동맹파업이 일어난 원인은 공장 관리자 측이 음식을 개선하라는 데 대한 녀직공들의 요구조건을 들어주지 안은 것

재문이라고 한다. 녀직공들은 식당을 들수시엇다. 선동자 십 명은 체포되엇다』(1933년 십월 삼십일 일부의 『조선신보』에서).

『부산 고무공장의 동맹파업이 잘 해결되어가는 째에 남선 고무공장에서 일하는 육십 명이상의 녀직공은 십월 삼십일에 동정파업을 선언하엿다. 환전고무공장에서 일하는 이백 명 이상의 녀직공들도 역시 파업하엿다. 부산지방에 잇는 모든 공장 중에서 일하는 공장은 오직 하나뿐이다. 동맹파업은 총동맹파업으로 커질 위험이 잇다고 한다』(1933년 십월 삼십일 일부의 『부산일보』에서).

『경성 길강인쇄소에서는 십일월 육일에 일백 오십 명의 로동자들이 동맹파업을 단행하엿다. 로동자들은 일할 째에 휴식시간을 줄 것, 해고당한 자들에게 해고금을 내어줄 것 등을 요구한다』(1933년 십일월 팔일부의 『조선일보』에서).

〈농촌〉

『북부조선을 개척하는 사업이 시작된 뒤로 북부지방 특히 평안남도로 모혀드는 화전민의 수는 굉장히 늘어간다. 재작년에 조서한 수자에 의하면 평안남도에는 화전민이 일만칠천십일 명이엇는데 금년에는 그들이 십이만일천팔백이십구 명이 되엇다. 당국은 화전민의 수가 이러케 굉장하게 자라는 것을 두통거리로 생각한다』(1933년 십월 이십일부의 『조선신문』에서).

『법무국에서 조사한 수자에 의하면 1933년 이월서브터 십월까지에 소작쟁의 수는 칠백십칠 건에 달한다. 소작재의는 오는 곳보담도 남조선에서 만히 일어낫다. 즉 전라북도에는 이백 사건, 전라남도에는 이백 이십 오 건, 경상남도에는 일백 삼십칠 건, 충청남도에는 칠백 칠 건이엇섯다』(1933년 십월 삼십일부의 『조선일보』에서).

『농촌진흥책에 관련하여 조선총독부는 농가의 수입 지출을 조사하엿다. 조사한 결과에 대한 그례로는 경상남도 진주군을 들 수가 잇는 데 거긔에서는 일 년 동안을 내려오면서 조사를 계속하여 내려왔다. 그런데 농가를 세 종류로 즉 자작농, 반소작농, 소작농으로 논앗다. 그 수자는 다음과 가튼 것이다』(단위는 세입 세출을 원으로 하엿다).

	수입	지출	여재
자작농	189.09	173.05	16.04
반소작농	106.40	105.00	1.40
소작농	70.00	70.00	–

『이 수자는 농민의 수입금이 업다 함과 또 농촌경제를 얼마만큼이라도 향상식힐 가능성이 업다 함을 표시한다』(1933년 십일월육일부의『조선신문』에서).

『1915년에 경긔도에는 소작인이 총농호수의 46%엇섯는데 1933년에 와서는 그 수자가 68%에까지 늘엇다. 일 년에 평균 이천 명의 자작농이 자긔의 토지를 일코 소작농민이 된다』(1033년 십일월 칠일부의『대판조일』부록 조선조일에서).

『충청남도 서산군에서 고리대금업자들의 립도차압수가 이백육십 건이 된다. 경기도 태인군에서는 정월서브터 십월까지에 고리대금업자들이 백미를 차압하는 소소이 이천 건 이상에 달하엿다』(1933년 십일월 십일부의『조선일보』에서).

『경상북도에서는 지주들과 고리대금업자들이 소작인에게서 그들의 부채를 다 바더들이려고 애쓴다. 여러 지방에서 립도차압을 행한다. 그 외에도 대구지방에서는 소작료가 총수황의 65내지 95%에 달한다』(1933년 십월 십일일부의『동아일보』에서).

『충청남도 유성군의 군청에서는 농촌진층이란 표어 밋헤서 강제로 색옷을 입히며 강제로 로인들로 하여곰 머리를 싹게 한다. 얼마 전에 그 지방의 어쩐 장터에서 그 때문에 농민충돌이 일어낫다』(1933년 십일월 십일일부의 『조선일보』에서).

『십일월 십일일에 홍원농민폭동 사건의 예심이 종결되엇다. 이 예심은 이 년 동안이나 쓰으럿다.

1931년 팔월에 함경남도의 칠십여 지방에서는 시위운동을 하며, 방화 및 강탈적 행위를 한 농민소동이 일어낫섯다. 소동을 이르킨 농민들은 수마원의 가격이 되는 지주들의 문서를 불사러버렷다. 농민조합원의 이천 명 중에서 삼백십 명이 체포되엇다. 일백삼십일 명이 발서 검사국으로 넘어갓다』(1933년 십일월 십일일부의 『조선일보』에서).

『최근 삼 년 동안(1930~1932)에 일본에 잇서ㄱ(서)는 한 사람이 소비하는 쌀이 일 년 에 한 섬 일곱 되 세 홉이된다. 그런데 조선에 잇서ㄱ(서)는 그것이 너 말 일곱 되 세 홉에서 더 지나지 못 한다. 이것는 조선사람의 대다수가 생활형편에서 짜라서 혹은 자긔들의 긱료를 주리기도 하고 혹은 살 대신에 다른 잡곡을 먹게 되는 그 결과들을 내게 되게 되지 안홀 수 업는 것이다』(1933년 십일월 십삼일부의 『조선일보』에서).

〈전조선의 형무소들은 만원 되어잇다.〉

『전조선의 이십 육 개소의 형무소에 감금되어잇는 죄수는 일만 구천 명 이상에 달한다. 모든 형무소는 다 만원 되어잇다. 형무소—들에는 세로 체포한 죄수들을 수용할 자리가 업다. 일본에서는 한 다다미에 한 사람식, 대만에서는 한 사람 반식이 돌아가는데 조선에서는 한 다ㄱ(다)미에 평균 네 사람식이 돌아간다. 조선에서는 간수 한 사람이 열 사람의 죄수를, 일본과 대만에서는 일곱 사람의 죄수를 감시하게 된다』(1933년 십월 이십 이일부의 『부산일보』에서).

『작년에 경성에서 공산주의적 단체를 조직하엿다는 혐의로 체포된 리정렬 이하 십 명 사건은 예심이 종결되어 재판에 넘어갓다. 그들은 작년에 오월 일일, 팔월 일일, 광주학생사건의 일 주년 긔념일인 십일월 삼일에 격문을 산포하엿다. 그들은 맹목적으로 공산주의를 밋는 자다』(1933년 십월 이십육일부의 『경성일보』에서).

『조선총독부에서 발표한 수자에 의하면 금년 초로브러 좌익단체사건으로 말미암아 체포된 자의 수는 삼천 명 이상에 달한다. 작년에 체포된 자의 수자는 사천 명에 달하엿다. 작년에 함경남북도에서 로동자들의 비밀결사ㄱ(사)건으로 말미암아 대검거가 잇섯다. 금년에는 검거의 다수가 남선지방에서 일어낫다. 동시에 일본의 좌익전협(로동조합) 단체의 영향이 밋는 것을 볼 수 잇다』(1933년 십월 이십육일부의 『조선중앙일보』에서).

『지금 전조선의 이십 육 개소의 형무소에는 미결수까지 아울럿 수천 명이나 되는 정치범이 감금되어잇는데 그의 다수는 조선의 인쩰리겐치야 청년이다』(1933년 십월 이십팔일부의 『경성일보』에서).

『경찰은 금년에 와서 십일월 칠일을 더욱 크게 경게한다. 위험인물들을 감시하며 공장들과 긔타 여러 긔관을 감시하며 우편통신을 검열한다』(1933년 십월 십팔일부의 『조선일보』에서).

『십일월 사일에 서울에 잇는 전문학교에서는 삼백 명의 2,3학년 학생들이 동맹휴학을 단행하엿다. 이 동맹휴학의 원인은 몃 사람의 학생을 퇴학식힌 것이라 한다. 학생들은 학생회 조직권을 인정하기를 요구하엿스며 학생감시를 페지하기를 요구하엿다』(1933년 십일월 오일부의 『대판조일』부록 조선조일에서).

『십일월사일에 홍남 질소공장에서는 십월 혁명긔념일에 당하여 격문을 산포하엿다. 경관들은 공장을 둘러싸고 공장으로브터 나오는 사람들을 일ㄱ(일)히 수색하엿다.

십일월 육일에 합홍에 잇는 남녀학교에서는 십월혁명의 십육주년 긔념일에 당하여 격문을 산포하엿다. 경관들은 몃 사람의 혐의자들을 검거하엿스나 격문을 산포한 범인은 아직도 체포하지 못하엿다.

경상남도 부산에서는 십월혁명 십육주년 긔념에 당하여 격문이 나타낫다는 보도를 전한다. 격문은 일본(동경, 대판)으로브터 넘어왓다 한다. 경관들은 모든 공장 및 제조소를 둘러싸고 잇스며 그리고 특히 고무공장에서 동맹파업을 일으킨 로동자들을 더욱 주목하고 잇는 중이다』(1933년 십일월 칠일부의 『조선일보』에서).

『십월혁명 긔념일이 닥처옴을 따라 조선의 각 도시에서는 위험인물들을 대중적으로 검거한다.

전라남도 광주군에서는 십월 삼십을로브터 십일월 칠일까지 검거가 계속되엇는데 남자와 여자들이 만히 체호되엇다. 십일월 육일에 마산에서는 칠십 명을 체호하엿고 전도시를 수색하엿다』(1933년 십일월 구일부의 『동아일보』에서).

『황해도 사리원에서는 『적색교원비밀결사』한 단체가 발각되어 그런 투자로 얼마 전에 김교원 이하 열명의 교원이 체포되엇다. 십일월 팔잉레 그들은 치안유지법 위반죄로 해주검사국으로 넘어갓다』(1933년 십일월 십일부의 『조선중앙일보』에서).

『십일월 육일에 십월혁명 긔념일 다시브터 마신에서 시작된 검거는 지금까지도 계속되어간다. 십일월 팔일에 지방의 좌경청년들 중에서 림상수 이하 오십여 명이 쏘다시 체포되엇다. 체포된 자들의 가택을 수색한 결과에 금지된 좌익서적 삼백 십부가 탈로되엇다. 이 검거는 비밀에 부친다』(1933년 십일월 십일부의 『조선일보』에서).

『함흥에서는 십월혁명 십육주년 긔념을 당하여 격문이 산포되엇다. 위험분자들의 가택을 수색한 결과에 그들에게서 이 인쇄물이 발각되엇다. 김인학 이하 여덜 사람이 체포되엇는데 그들은 엄중한 심문을 당하고 잇다』(1933년 십일월 십일부의 『동아일보』에서).

『십일월 칠일에 부산 동래고등보통학교에서는 교원 육 명을 퇴직식히라는 요구조건을 가지고 일백 오십 명이 불시에 동맹휴학을 단행하엿다. 동맹휴학한 3,4학년 학생들은 문을 다더 걸고 단식동맹을 하엿는데 그들은 그들이 제출한 요구조건들이 전부 승인될 째까지는 단식동맹을 세속하리라 한다』(1933년 십일월 십삼일부의 『조선중앙일보』에서).

〈조선은 일본의 식민지다〉

(려행긔 중에서)

이.미하일로브

나는 일본에서 밤중에 쩌낫다. 긔선을 타게 되는 하관에 와서 나는 맛치 군사적 요새의 환경인듯한 감상을 밧덧다. 시가에는 등불이 매우 적은듯 하엿다. 정거장과 부두에는 경관과 헌병들이 만히 잇섯다. 그들은 외국사람들을 혐의나 잇는 듯이 주목하여본다. 하관-무사는 이것이 일본의 촬영 및 사생(그림 그리는 것) 금지긔(지) 대중의 하나이다. 이것은 뢰호내해와 동시에 일본해로 통하는 관문인 가장 중요한 전략적 지대이다.

긔선에는 조선으로 파송되는 일종 소부대의 병사가 잇섯는데 그 병사들을 특별히 조직된 시위행렬이 전송하엿다. 여자들, 점원들 및 학생들이 모와들엇다. 누가 그들을 부투로 불러드렷는지 알수업다! 각 긔관은 번가러 전송할 의무가 잇다고 말들한다. 이번에 전송하는 사람들은 『대환』백화점의 긔를 들고 나온 사람들이다. 긔선은 부두에서 천긔(천)히 쩌나기 시작하엿다. 전송하는 사람들과 쩌나가는 긔선에 잇는 병사들 사에 느려노흔 가지각색의 긴조희 오락기들이 날리고 잇섯다. 전별을 웨치는 우렁찬 소리는 더욱더 놉하진다. 얼마 후에 그 우렁찬 소리는 잠긔(잠)하여젓다. 군인들은 갑판에서 내려왓고 등불이 반짝이는 해안은 멀리 쩌러젓다. 긔선은 웅긔(웅) 소리를 내면서 캄긔(캄)한 어두운 밤속으로 들어갓다. 우리는 대마해협을 지나서 압흐로 나갓다.

나는 부산정거장에서 긔차가 부산을 등지고 다라나는 것을 보던 째에 처음으로 조선을 보앗다. 임의 북방의 일본농촌에서 가난한 농민

생활에 저즌 나의 눈으로도 이 조선의 농촌의 놀나운 정상을 상ㄱ(상) 하기는 어렵다. 토담으로 싸흔 가련한 초가집들은 거의 다 퇴락하여 젓스며 벽에 난 구녕은 묵고 더러운 섬택이로 틀어막엇거나 혹은 가리워노앗스며 지붕은 더러운 집흐로 덥히웟다. 얼마 후 서울 근방에 와서도 나는 이와 가튼 농촌을 보앗다. 그리고 그 농촌의 집속까지도 구경하엿다. 참으로 나는 어대에서던지 이와 가티 가난하게 생활하는 농촌을 아직 본 적이 업다. 집안 세간이란 다만 거츤 널쪽으로 맨든 밥상과, 낡어서 식컴엇테 된 궤짝과 반이나 쌔트러진 독들뿐이다. 밤이 되면 농촌은 아조 컴ㄱ(컴)한 속에 잠긴다. 석유를 쓰는 남포불만 하여도 그것을 사치스러운 것이라 한다. 넓고 곱게 지은 학교집은 도모지 구경도 할 수 업다. 이런 것은 모다 일본에만 남어 잇다. 농촌에 잇는 조고마한 점방은 보건대 농촌사람들의 부와 사치의 한게이며 그 사람들의 희망과 부럼의 대상인듯한 그 점방은 물건과 아울러 가개집을 통트러 십 원 내지 이십 원이면 살 수 잇는 그러한 『긔업』이다.

나는 이 농촌과, 서울의 조선사람이 사는 동리를 돌아단이면서 형언할 수 업는 애처로움과 슬품을 늣끼게 되엇다. 째뭇고 헐벗고 불결한 아희들의 모양을 볼 째에, 이 한심한 생활정도와 거리에서 도라단이는 사람들의 눈속에 실망의 밋치 잇슴을 볼 째에 이 애처로운 마암이 소사올낫다. 일본사람들은 조선사람들을 『게으름뱅이』라고 부른다. 사실 서울에서는 수천 명의 성년들과 건강한 사람들이 백주에 거저 헤매고 잇는 것을 볼 수 잇다. 그들에게는 아모대도 손을 붓칠 곳이 업고, 그들은 생산수단을 일엇고, 그들에게서 략탈하여 낸 그 정상이 아조 명활하게 보인다. 바로 여긔에 그 『게으름』의 원인이 백혀 잇다는 것이다. 최근 몃 해 동안에 일본사람-동양척식회사와 수리조합 및 일본인들-들이 토지를 쌔앗는 행정은 대체로 끚낫다는 것을 늙은 사람들이 나에게 이약이하여 주엇다. 약75~80%의 토지면적은 일본지주들의 수중으로 넘어갓다. 나는 되는대로 신문의 조사란을

펴노흐면서 읽는다.

『전라북도에 잇서ㄱ(서)는 농촌이 심하게 궁핍하여감으로 인하여 적고 큰 토지소유자들의 비온한 토지는 거의 전부가 동양척식회사나 식산은행에 저당되어 잇다. 삼천 명의 통지소유자들이 지고 잇는 부채의 총액은 사천 사백만 원에 달한다』(1933년 삼월 이십삼일부의 『동아일보』에서).

완전히 『신임』할 수 잇는 신문이오 쪼한 일본주인에게 아조 충성스러운 조선 부르주지의신문이 이와 가티 긔재한다. 나는 이것이 검렬하에 잇는 신문에 긔재되어 잇다는 것을 다시 한번 더 말하여준다. 그리고 늙은 사람들은 얼마쯤은 바로 이 신문의 보도에 의하여 쪼 얼마쯤은 옴기는 말에 의하여 조선의 각도에서 굶어 죽어가는 가족이 수만으로 게산된다는 것과 쪼한 도시로는 밤이 되면 길가와 시가지에서 잠자는 령락된 농민의 쩨가 모혀든다는 사실을 이야이한다. 그런데 『자유주의자』인 조선총독 우가씨는 만주에서 좁쌀을 수입하는 세금을 50%나 높히는 법령을 제정하엿다. 이것은 조선사람들로하여곰 사치스러운 이따위 조밥이나마 먹지 못 하게 하는 것이다. 지금에 와서 자긔들의 논(답)에 훌륭한 벼농사를 짓는 조선농민들에게 좁쌀이 사치스러운 량식이 되어가는 것은 사실이다. 일본의 어쩐 잡지에 씨워잇는 바와 가티 『좁쌀은 조선사람의 대다수가 먹고살아 가는 가장 긴요한 곡식인』것이다. 좁쌀은 매년 이런 이백 오십만 원에치나 수출된다. 그리고 백미는 매년 일억만 원에치나 수출된다. 그 아름답고 즐거움에 가득한 벼이삭으로 일우원진 기름진 벌판에 처참하게 섬가티 쩌러저 잇는 동리를-나무로 맨든 태고적 뭉툭한 연장으로 일하는 가난한 사람들이 사는 오막사리 집들-이 짓발핀 사람들이 온갖 중세긔적 반야만적으로 살어 가는 정상을 눈으로 볼 그 째에 그 사실을 더욱 늣기게 된다.

이러한 처지에서 사는 조선사람의 로동력이 헐할 것은 말할 것도 업는 일이다. 그의 로동력은 일본인의 그것보다 두갑절이나 써러진다. 즉 조선로동자들은 막상 하여야 하로에 삼십 전의 삭전을 밧는다고 한다. 한 조선인 가족이 이원 오십 전으로 한 달 동안 살아(?)간다. 이런한 모든 형편에 맛설 만콤 조선 상업자본도 보잘것업시 미약함 불구하고 일본사람들은 그것에짜지도 지탕하여가며 발전될 여지를 주지 안는다.

그러타면 민족적 압박은 어쩐가! 나는 임의 주되는 지주가 일본사람이라는 것을 말하엿다. 소작료를 거두어들이는 지주들의 관리자들이 소작농민을 내리누른다.(물론 일본지주는 조선농촌에서 살려는 생각은 하지 안는 것이다.) 그리하여 조선사람은 - 소작인이고, 일본사람들은 - 지주와 관리자들인 것이다.

도시에서 잇서ㄱ(서)는 조선로동자나 사무원이 동일한 긔업소나 은행이나 상점 안에서 쪽가튼 기술을 가지고 일하면서도 일본사람보담은 두 배나 더 적게 밧는다. 중등학교와 전문학교에 잇서ㄱ(서)의 입학률에 차이를 두는 것, 조선인 아동과 일본인 아동이 단이는 초등학교가 다른 것, 조선 국경을 써나서 일본에 들어가는 것도 자유로 못하게 하는 것, 초등학교에서 일본말을 의무적으로 교수하는 것, 이 모든 식민지적-민족적 압박은 더욱히 관청과 경찰의 안하무인한 취급과 란폭한 행동으로서 한층 더 심하여진다.

일본의 집정자들의 의견에 의하면 만주에 잇서ㄱ(서) 중국사람들을 학살하는 것이 일본군벌의 위세를 독구는 일이라고 한다. 그쑌만 안이라 이것은 만일을 경게하기 위한 포악한 데로가 첨가된다. 그런데 무엇보담도 몬저 반동이 심하여 가는 것은 조선민중의 반항운동이 현저하게 장성하여 가는데 말미암은 것이다. 반항운동에 대하여서는 검렬하에 잇는 신문의 단편적 보도에 의하여서도 판단할 수 잇다. 『비밀운동은 해마다 증가되어간다. 경찰부는 칠도(십삼도중의)에 검사를 증원식히기로 결정하엿다』(1933년 삼월 십삼일부의 『조선중앙일보』에서).

모든 신문은 『공장주의자들』이 검거되는 것, 『비밀결사가 발각된 것』에 대하여 매일 보도한다.

얼마나 그 지반이 준비되고 잇는가 하는 데 대하여서는 비록 상세치는 못하나마 평양고무공장의 녀직공들이 일으킨 용감한 파업에 대한 아래와 가튼 신문긔사가 증명한다. 신문은 경찰에서 발표한 것에 의하여 이 파업을 조직한 공산주의자인 종모에 대하여 설명한다. 『그는 파업자들을 위하여 자금을 모집하여 내엇다. 그는 비밀단체를 조직하엿다. 그런데 그 비밀단체는 모다 이십 사일밧게 존재하지 못 하엿다(쎌로보카치야 사업의 한 실례이다!). 그런데 그가 어쩌케 이 쩌른 긔간 동안에 그러케 만흔 사업을 하여낸 것은 놀낼만한 일이다』(1933년 삼월 이십사일부 『경성일보』에서).

참으로 희생적으로 사업을 하려면 넉ᄀ(넉)히 만흔 일을 할 수 잇는 모양이다.

나는 심각한 괴로움을 늣기면서 이천만 민족이 사는 이 커다란 감옥에서 최근 멋 해 동안에 학교망은 주러들엇스나 경관과 검사의 정원의 수는 퍽 만히 증가된 이 나라로브터 쩌낫다. 나는 조선 력사를 조곰도 모른다. 그것을 자백하는 것은 부쓰러운 일이지만은 그러나 조선은 일본사람들이 점령하기 오래전브터 조선은 지주-농노 및 관원들로 대표된 썩어 쎄진 량반들고, 빈궁한 농노적 농민 대중을 가진 아주 썩어쎄젓고 쏘한 와해된 고리대금업적 농노적이엇슴이 나에게 명확하게 보이엇다. 일본사람들이 외국 려행자들을 쓰러드리기 위하여 쏘는 『조선민족문화를 존중히 녁인다』는 것을 표시하기 위하여 여기저기에 잇는 단청곱고 규각고른 지붕을 쓴 넷조선의 앗가운 건축긔념물들과 낡은 주택들은 봉건적 호화의 몬지로 덥힌 폐허로서 보장되어잇다.

희 두루마기를 입고 묘하게 짠 검은 갓을 쓴 성도 가튼 태도를 가지고 점잔케 단이는 늙은이들의 모양은 참으로 보기에 거북하엿다.

이 늙은이들은 넷 정자와 조고마안 탑이 남어 잇는 초라한 정원인 소위 『빠고다공원』이란 곳으로 특별히 만히 모혀든다. 여긔에는 조선사람의 늙은이들과 여자들이 왼종일 안저 놀며 쏘 아희들이 모혀들어 작란한다. 이 공원으로는 전도시의 주민들이 모혀들며 쏘 서로 맛나 이약이 하기를 일삼는다. 그들은 조선임금의 호화로운 궁정생활과 왕의 『고문』이던 원세게의 음모와, 일본총감의 음모를 긔억하고 잇는 늙은이들이다. 이 늙은이들은 예루살렘의 눈뭉의 성벽 겻흐로 모혀드는 유태사람들과 가티 그넛탑의 그늘 밋으로 모혀든다.

서울의 불결한 조선사람들이 사는 동리에는 먹을 것을 맛느라고 병들고 굼주린 부인들과 아희들이 쓰럭이통을 뒤저 헤매고 단인다. 그 부인들의 남편들은 대문 압헤서 하는 일 업시 헤매고 잇스며 한가한 사람들은 사랑방에 모혀 안저서 종일토록 바둑장기로 소일한다. 한 부분의 수조흔 사람들은 무거운 짐짝을 지어나르고 십 전이나 이십 전을 바더가지고 집으로 도라온다. 논밧헤서 모기한테 뜯찌우면서 남자, 여자 및 아희들은 그들이 먹지도 못할 벼를 심은다. 산고 수려한 아름다운 조선, 불행한 나라! 불행한 백성! 어느 농촌에던지 적어도 일본경관이 세 사람식은 잇다. 조선은 특수한 경비전화선(경찰용 전화)망으로 느리워잇다. 조선에는 일본제국주의 이개 사단과 군사-항공대가 잇다. 그러나 이것은 아모도 음이라도 주지 못 할 것이다. 정모 등과 강치연 등이 지휘하나는 터저나오는 인민폭동의 력량은 너무도 강대하다. 간도-이곳은 임의 일 년이 더 되는 동안에 허술하게 무장한 수천의 빨찌산이 긔술적으로 잘 무장한 일본군대에 대항하여오며 농민들이 일본경찰과 동시에 그들의 지주들을 뭇지르며, 여러 지장에는 일본사람들이 번듯거릴 수도 업는 곳이다. 간도에서 일어나는 이와 가튼 정세는 쏘한 미구에 전조선으로 몰려을 것이다.

독자동무들!

쎄ㄱ(쎄)ㄱ(쎄)르에 잇는 외국로동자출판부는 쎄ㄱ(쎄)ㄱ(쎄)르 안에 사는 조선사람들의 로동자들과 쌸호즈원들을 위하여 정치적 서적들을 출판하기 시작하엿다.

본 출판부가 이런 서적들을 을케 발행하엿는가? 책기 잘 인쇄되엇는가? 라는 데 대하여 우리는 흥미를 가지고 잇다. 우리는 당신들의 의견을 알고 저하는 것이니 아래에 쓴 문제들에 대하여 대답하여주기를 바란다.

1. 당신이 어쩐 책을 읽엇는가(책 제목을 쓰라)?
2. 당신의 책에 쓴 내용을 잘 리해하엿는가?
3. 당신이 무어슬 리해하지 못 하는가?
4. 활ㅅ자가 조혼가? 그리고 당신에게 그 활ㅅ자들이 읽기에 편리한 가?
5. 책가위가 조혼가?
6. 책을 더 조케 만들기 위하여 무엇을 당신들이 제의하고 십혼가

   (더 조혼 조희나, 활ㅅ자를 더 크게 혹은 더 적게 하는 것이나 그림이나 혹은 기타 여러 가지에 대하여)?

7. 당신이 어듸에서 책을 어덧는가?
8. 당신이 어쩐 책을 밧기 원하는가?
9. 당신의 리력을 쓰라

   ㄱ. 생년월일

   ㄴ. 무슨 사업을 하는가

   ㄷ. 당원인가

   ㄹ. 멋 해나 당신이 책을 읽는가

10. 만일 우리에게서 책을 밧기를 원하거던 당신의 주소와 성명을 써 보내라.